法兰西文化简史

杨宁霞　著

中国出版集团
中译出版社

图书在版编目（CIP）数据

法兰西文化简史 / 杨宁霞著. —北京：中译出版社，2020.2（2023.3重印）
ISBN 978-7-5001-6199-8

Ⅰ. ①法… Ⅱ. ①杨… Ⅲ. ①文化史－法国 Ⅳ. ①K565.03

中国版本图书馆CIP数据核字(2020)第021044号

出版发行：中译出版社
地　　址：北京市西城区车公庄大街甲4号物华大厦六层
电　　话：（010）68359827；68359303（发行部）
　　　　　68005858；53601537（编辑部）
邮　　编：100044
电子邮箱：book@ctph.com.cn
网　　址：http://www.ctph.com.cn

出 版 人：张高里
责任编辑：范　伟　吕百灵
封面设计：优盛文化
排　　版：优盛文化

印　　刷：三河市华晨印务有限公司
经　　销：新华书店
规　　格：710毫米×1000毫米　1/16
印　　张：18.5
字　　数：340千字
版　　次：2020年2月第1版　　印　　次：2023年3月第2次

ISBN 978-7-5001-6199-8　　定价：59.00元

前　言

　　法国是一个历史悠久、文化灿烂、经济发达，并在国际舞台上发挥着重要作用的国家。一提起法国，很多人都怦然心动，神往已久。不过，虽然大家对法国向往已久，可真正了解法国的人却很少。绝大多数人对法国的认识仅仅停留在一些表面的具象事物上，如埃菲尔铁塔、卢浮宫、巴黎圣母院、凯旋门、塞纳河、香榭丽舍大街等。即便有些人对雨果、大仲马、莫泊桑、莫奈等法国文学家、艺术家的名字如数家珍，并对古典主义、浪漫主义、印象主义等派别津津乐道，但由于其对法国文化历史知之不多，因此，就不可能弄清各个事件的来龙去脉，更无法认识他们的历史地位。上述现象证明，向广大中国读者介绍一些法国文化知识显得尤为必要。这也是本书写作的出发点。

　　本书名为《法兰西文化简史》，"史"是中心。然而，历史的主体是人，所以论史就必然要论人。写文化史，必然得写诗人、画家、音乐家。尽管写史必须写人，但是必须把人放在史中写，放在历史的运动中写，将个人和历史的整体相结合。因此，必须力戒将一本史书写成名人传记集。本书不致力于写传记式的文化史，所以尽量不列专门章节论述某个作家、艺术家，而是把作家、艺术家放在文学艺术思潮、流派、运动中，或者放在他所处的文学艺术分期中来论述，这样做的结果就是，这种论述必须是比较概括的，必须是与创作活动密切相关的。作家、艺术家的生平介绍一般都略去，即便是很有趣的事情，倘若与创作活动没有直接关系，也都一律舍去。读者想要对某位作家、艺术家作深一步地了解，只能从传记或者传记式的史书中寻找答案。如果这本书真的激起读者的兴趣，吸引他去找更多的书来读，那么在一定意义上来说，本书的目的也就达到了。

　　本书在撰写过程中参考和借鉴了部分专家、学者的研究成果和观点，在此表示最诚挚的感谢。另外，由于时间和精力有限，书中难免存在局限与疏漏之处，敬请读者不吝赐教。

目　录

第一章　魅力之国——法兰西

第一节　法国的国土与人口

一、国土面积

法兰西共和国（The Republic of France），简称"法兰西"或"法国"（la France）。国名来源于古代的法兰克王国名——Frank，它在日耳曼语中原意为"自由的""勇敢的"。今之 la France 是从拉丁文 francia 演变而来的。

法国位于欧洲大陆西部，面积为 551602 平方公里，包括科西嘉岛和沿海岛，但不包括海外省和海外领地，占欧洲大陆面积的 5%，是西欧最大的国家，在欧洲仅次于俄罗斯，位居第二位，在世界排名第 40 位。

二、地理位置

法国最北端在敦刻尔克东北角，处于北纬 51°5'；最南端在比利牛斯山脉东南，处于北纬 42°20'，科西嘉岛最南端处于 41°20'；最东端在阿尔萨斯东北角，处于东经 8°18'；最西端在布列塔尼半岛最西头，处于西经 4°42'。法国领土除了地中海中的科西嘉岛外，大致呈六边形：三面临海，三面靠陆。东南临地中海，西濒比斯开湾和大西洋，西北隔拉芒什海峡和加来海峡与英国相望，正北面向北海。在陆地上，东北部紧靠比利时、卢森堡和德国，东部与瑞士、意大利和摩纳哥相邻，南部与西班牙和安道尔接壤。法国本土东西南北之间的距离大体上都在 1000 千米左右，布局比较均匀。例如，从最北部的敦刻尔克到最南部的卡尼古或从最西部的韦桑岛到东部的斯特拉斯堡的距离大体上都是 950 千米。从西北部的布雷斯特到东南部的芒通是 1050 千米。从西南部的昂代到东北部的洛泰堡则是 1000 千米。总之，法国本土没有一个地方距离海岸的直线距离超过 500 千米。正因为法国本土的边疆在地图上呈现出优美的和比较对称的六边形，所以法国常常又被称为"六角国"或者"六边形"。

法国国境线全长 5500 千米，其中海岸线长约 3300 千米，在西欧国家中首屈一指；陆地边界中约 1000 千米沿山脉走向，并且一般是以山顶线为界，如比利牛斯山脉和阿尔卑斯山脉等；195 千米则是以莱茵河的左岸为界。但是，法国北部的边界则不是依据任何自然地理因素，而是与邻国共同达成协议而划分的，切断了从摩泽尔河至伊泽尔河之间的很多河流及其流域。法国领土除了法国本土外，还有沿海诸岛屿，其中，地中海的科西嘉岛最大，面积为 8680 平方公里。此外，沿着大西洋海岸线星罗棋布地分布着众多的岛屿，如韦桑岛、贝勒岛、努瓦尔穆捷岛、约岛、雷岛和奥莱龙岛等，大大小小的岛屿总共有 150 多个。

法国处于地球北半球的中心，是世界各国、各大洲和各个地区的空中交通枢纽和中转站，是从陆路通往欧洲其他国家、南欧和西北欧的重要桥梁。法国首都巴黎与欧洲联盟总部所在地布鲁塞尔相距仅 300 千米，与英国伦敦仅有 350 千米，与德国柏林相距约 400 千米。法国与东欧国家的距离也不算远。自巴黎到捷克的路程不过是巴黎到法国南部海滨城市尼斯的距离。巴黎至俄罗斯首都莫斯科也只有 3000 千米。正因为如此，法国人常常把自己的国家称为西欧和欧洲联盟的中心。在西欧诸国中，只有法国成为大西洋、北海和地中海之间的桥梁，充当西欧和北半球通向北美、非洲和南半球的快捷通道。法国地理位置十分优越。

三、地形与气候

（一）地形

法国本土整个地势的特点是东南高西北低。东部和南部为山脉所环绕，其海拔高度都在 500 米以上。中南部是中央高原，其海拔高度在 250 米和 1000 米之间，有些地方会达到 1000 米以上。东北部的海拔高度在 250 米至 500 米之间。中部和中西部的海拔高度在 100 米至 250 米之间。法国本土的沿海地带海拔都在 100 米以下。

法国本土地形的另一个特点是低地、平原和低台地多于山地，法国本土的海拔平均高度为 342 米，充分证明了这一特征。占法国本土 4/5 面积的是平原和丘陵，其中，海拔 250 米以下的平原地带占总面积的 60%，处于海拔 100 米以下的低地占 25%。介于 250 米至 500 米的丘陵地带占总面积的 20%。500 米以上的山地占总面积的 17.8%（科西嘉岛除外）。因此，法国是一个以平原为主的国家。

如果以法国本土南部的努瓦尔山口开始画线，向东北方向经过埃斯皮努斯山脉、塞文山脉、里昂内山脉、博若莱山脉、沙罗莱山脉，再向北通过科多尔台地、朗格勒高原和福西耶山脉，最后到达阿尔萨斯的圆顶山，形成了 S 形的南北走向。这条 S 曲线把法国本土分为两部分：S 曲线以西在地质构造上叫海西地区，S 曲线以东是比利牛斯—阿尔卑斯地区。正是这个海西地区集中了法国本土绝大部分的低地、平原和台地，如巴黎盆地、加龙平原、阿基坦盆地、阿摩里卡丘陵地、安格洛弗拉芒盆地。在阿摩里卡丘陵地还分布着大大小小的盆地，如雷恩盆地、南特盆地、基乌盆地、沙托兰盆地等。其中，巴黎盆地位于法国北部，东西宽约 450 千米，南北长约 300 千米，大部分属于塞纳河和卢瓦尔河流域。阿摩里卡丘陵位于法国西北部，包括诺曼底和布列塔尼。加龙平原位于中央高原的西南部，是河流冲积的一个大三角形盆地。S 曲线以东也分布着一些平原和谷地，尤其从阿尔萨斯到鲁西永，形形色色、大大小小的平原、盆地和谷口位于山岳之前或者穿插在两个山脉分支之间。索恩—罗纳谷地位于中央高原和阿尔卑斯山脉之间，谷地宽 20—30 千米，由北向南蜿蜒直达地中海沿岸，是地中海到法国内地的通道，在历史上是贸易、军事调动和殖民的必经之路。至于低地，主要分布在大西洋、拉芒什海峡和加来海峡的法国沿岸部分，面积辽阔。在地中海的法国沿岸部分也有相当面积的低地。正是这些低地、平原、低台地和谷地，使法国成为对外最敞开的国家，在世界之林中成为既有地理上的优势又有地形上优势的为数不多的国家之一。

中央高原也处在海西地区，位于法国中南部，海拔平均高度为 715 米，最高达到 1886 米。中央高原面积约 8.6 万平方千米，囊括了法国本土的 22 个省。法国本土一些重要的河流都以此作为分水岭，从而形成中央高原的辐射状水系。中央高原在古老年代曾经是火山活动最活跃的地区，至今还留下了火山喷发所造成的遗迹。

法国本土地形的另一个特点是山脉的分布和构成对法国的农业和交通的发展都没有造成不利的影响。高山都分布在东部或边境上。

阿尔卑斯山脉位于法国东南部，地势最高。阿尔卑斯山脉的海拔平均高度为 1121 米，其主峰勃朗峰耸立在法国与瑞士和意大利交界的边境上，海拔高度为 4807 米，为欧洲的最高峰。其他山峰还有罗什布吕纳峰，海拔为 3325 米；大贝拉尔山峰，海拔为 3048 米。这些山峰终年为积雪和冰川所覆盖。在北部阿尔卑斯山脉分布着大大小小的"横谷"，如沙布莱横谷、阿尔沃河谷、阿油西横谷、尚贝里横谷、大沙特勒斯横谷、格勒诺布尔横谷、韦科尔横谷等。这些横谷使阿尔卑斯山脉的对外联系更加方便，也造成了阿尔卑斯山脉北部气候的特殊性。在南部阿尔卑斯山脉，山峦起伏，连绵不断，直达地中海沿岸。

汝拉山脉在阿尔卑斯山脉的西北部，比较低矮，平均海拔为660米。在汝拉山脉及其周围分布着一些高原和台地。阿登高原位于法国东北与比利时接壤的边境，是古老山地的残余，无明显的山脊，平均海拔仅为300米。

比利牛斯山脉横贯法国西南边境，从比斯开湾一直延伸到地中海，总长为450千米，宽80—140千米，平均海拔为1008米。比利牛斯山脉的山峰大多在海拔2000米以上，如卡尼古峰为2784米，南比戈尔峰为2872米，阿尼峰为2504米。一些山峰都有现代冰川覆盖。它的东西走向把法国与西班牙分隔开来，因而对这两国的交通有较大的影响。在比利牛斯山脉中，还深藏着一个与法国和西班牙接壤的内陆小国安道尔。

法国本土全境的河流数量众多，大大小小的江河溪流总共长约27.7万千米，水量充沛，地面水资源共有约1万亿立方米。这些河流大部分发源于中央高原，并以此为分水岭流向北方或南方。这些河流主要有：

塞纳河。它是法国北部最重要的河流。它发源于法国东部的朗格勒高原，横贯巴黎盆地，在勒阿弗尔港口注入拉芒什海峡（英吉利海峡）。塞纳河全长776千米，流域面积为7.86万平方千米，占法国本土面积的1/7，其中有540千米可通航。塞纳河的主要港口有勒阿弗尔、鲁昂和巴黎，其总货运量位居全国第一位。塞纳河流域是法国经济发达的地区。上游建有多座水电站，而沿岸地区的石油化工业和炼油业十分发达。塞纳河的主要支流有瓦兹河和马恩河，并通过运河与莱茵河、索恩河和卢瓦尔河连接起来。

卢瓦尔河。它是法国最长的河流。它发源于法国东南部的塞文山脉中的维瓦赖山，穿过中央高原，流经罗阿纳、奥尔良、图尔、昂热、南特，在圣纳泽尔注入大西洋中的比斯开湾，全长1012千米，流域面积约11万平方千米。卢瓦尔河通过运河与塞纳河和索恩河连接起来。

罗纳河。它是法国第二条大河。罗纳河发源于瑞士南部的阿尔卑斯山脉，在法、瑞边境形成日内瓦湖，流经法国东南部的里昂、瓦朗斯、阿维尼翁，然后在马赛港附近注入地中海。罗纳河全长812千米，流域面积9.9万平方千米。在历史上，罗纳河是赫赫有名的黄金水道。大量的外来商品通过罗纳河从地中海沿岸运往内陆地区。因此，罗纳河流域不仅留下了大量的历史文化遗迹，而且在这条河的两岸工厂和企业星罗棋布，是法国重要的工业区。罗纳河的主要支流有索恩河等，并通过运河与马赛港及法国北部和中部的主要水系连接起来。

　　加龙河。它发源于西班牙境内的比利牛斯山脉，流经图卢兹、马尔芒德和波尔多注入大西洋中的比斯开湾。加龙河全长 575 千米，流域面积 4.48 万平方千米。河谷地带是法国主要的水果产地，特别是葡萄产地。加龙河与多尔多涅河汇合后形成一个三角口，叫吉伦特河口，注入比斯开湾。

　　在法国北方，还有许多河流发源于此，或上游在法国境内，流经邻国入海，如默兹河、摩泽尔河和莱茵河（左岸）等。

　　法国本土的河流及其支流彼此距离较近，能够用运河连贯起来，所以法国很早就开凿了运河。1604—1643 年，法国开凿了第一条运河——布里亚尔运河，在法国北部把塞纳河和卢瓦尔河连接起来。1666—1681 年开凿的南运河，在法国南部把加龙河和地中海连接起来。1693 年开始修建的斯卡尔普运河则把斯卡尔普河和德尔河连接起来。

　　18 世纪开始，因为航运的需要，运河的开凿以更大的规模开展起来。在这个时期开通的法国运河计有：卢万运河、索姆河侧的运河、克罗扎运河、诺福塞运河、中央运河（或称沙罗莱运河）等。在法国大革命前，已开凿的运河达到 1000 千米。

　　19 世纪，为了满足工业革命和工农业迅速发展的需要，法国开凿运河的速度进一步加快。从 1815 年至 1830 年运河的长度增加了一倍，1830—1848 年又增加了一倍。在当时修建的运河有圣康坦运河、贝里运河、罗纳河和莱茵河之间的运河、马恩河和莱茵河之间的运河、煤矿运河或称萨尔运河、东部运河、勃艮第运河、桑布尔河和瓦兹河之间的运河等。

　　20 世纪开始，法国运河不仅在数量上进一步增加，还对老的运河进行整治，加以疏通，加深加宽。目前，运河像密密麻麻的蜘蛛网分布在法国本土，尤其在法国本土中部和北部的土地上。

（二）气候

　　法国本土与赤道和北极的距离大体相等，恰好处在它们的中间，因此，法国大部分地区处于温带，只有南部地区属于亚热带。又由于法国本土三面环海和三面靠陆，因而受海洋性气候、大陆性气候和地中海亚热带性气候的交互影响。总的来说，法国本土的大部分地区为海洋性气候，冬暖夏凉。年平均气温在 10℃—14℃，最低气温 0℃，最高气温 22℃。但是，法国各个地区的气候差别比较大。

　　法国本土西部面向大西洋，属于典型的海洋性气候：冬暖夏凉，温和湿润，适宜农作物的生长。如地处法国西部的布列塔尼半岛 1 月平均气温为 7℃，8 月平均气温为 17℃。又如，在该半岛最西边的布雷斯特的海洋性气候十分典型，冬季不像所处

5

同一纬度（约为 48°4′）的地区应有的那样严寒（1 月平均气温为 6.3℃），夏季不像所处同一纬度的地区应有的那样酷热（7 月平均气温为 16℃）。常年气温变化不大，只是在冬季向夏季或夏季向冬季转换时有较大的变化。

越向东，越向内陆，则内陆性气候的特征越来越明显，夏季和冬季的气温相差越大。例如，巴黎正处在西部布列塔尼和东部阿尔萨斯的中间，是海洋性和大陆性交叉混合型气候：10 月到来年的 4 月属于海洋性气候，4—9 月是大陆性气候，年平均气温为 11.2℃，1 月平均气温为 3.5℃，7 月平均气温为 18.4℃，冬季阴天多雨寒冷潮湿，夏季炎热晴朗少雨。东部靠近边境的斯特拉斯堡同西部的布雷斯特大体处在同一纬度上，却是典型性的大陆性气候，从 1 月至 7 月气温和降水量逐渐增加，从 8 月至 12 月则逐渐减少。1 月平均气温为 0.4℃，7 月平均气温为 19℃，气温温差接近 20℃。

法国南部受地中海海洋性气候的影响，夏季干热，冬季充满阳光，春季和秋季多雨。夏季平均气温为 22℃，冬季平均气温为 8℃。例如，地处法国南部的尼斯面临地中海，1 月平均气温为 8.7℃，7 月平均气温为 22.9℃。波尔多面临大西洋的比斯开湾，秋季和冬季受比斯开湾强烈的海洋性气流的影响，降雨较多且雨量大；春季和夏季，特别是夏季主要受地中海亚热带气流的影响，少雨炎热。波尔多 1 月平均气温为 5.6℃，7 月平均气温为 20.9℃。马赛濒临地中海，春季和秋季是多雨的季节，而夏季降雨量逐渐减少。该地区只有 4—9 月是纯粹的地中海型气候。马赛 1 月平均气温为 6.7℃，7 月平均气温为 23.8℃。里昂 1 月平均气温为 2.6℃，7 月平均气温为 20.7℃。图卢兹是法国南部城市，但距离地中海较远，受海洋性气候影响减少，春季的降雨量超过秋季。

中央高原的高海拔及处于北方平原和南方低地之间的位置，使之气候十分特殊。夏季酷热，但降雨量充沛；冬季多寒风和大雪。总之，中央高原的气候十分恶劣。

在法国这块六角形的土地上，陆地上和海上吹来的风在此形成交会点，使之成为真正的风口。长期以来，居民们对于使雪融化的风、带来雨水的风，甚至冻坏他们庄稼和林木的风都起了不同的名字。比瑟风是来自北部和东部的一种凛冽的寒风。塞尔斯凡风来自阿基坦盆地，常常伴随着雨水。奥唐风是来自比利牛斯山脉的狂风，能够驱散云层。密斯特拉风是穿过罗纳河峡谷的北风。这种风在冬季猛烈和冰凉，在不停的吹动中刮走了大量的水蒸气；而在夏季它使过热的大气更加干燥，常常卷起阵阵旋风般的尘土。

法国大部分地区雨量适中，年降雨量一般在 600—1000 毫米，少数地区在 600 毫米以下，如巴黎年降雨量为 550 毫米，1 月为 54.3 毫米，7 月为 53.6 毫米。只有几个地区的年降雨量在 500 毫米以下，如普罗旺斯和朗格多克的滨海地区、卢瓦河流域的伊利埃地区、博斯平原和佩尔什之间的边界区、阿尔萨斯等。山区降雨量比较多，每年可达 1000—2000 毫米。特别是比利牛斯山脉和北阿尔卑斯山脉的几个最高山峰及汝拉山和中央高原的几个山顶的年降雨量在 2000 毫米以上。降雨量从东向西递减，如斯特拉斯堡的年降雨量为 700 毫米，1 月为 51 毫米，7 月为 73 毫米。年降雨量较少的区域在南特、亚眠、穆尔默隆和普瓦捷所形成的四边形内。总的来看，整个法国在秋季降雨量最大，春季和夏季次之，但在地中海和大西洋的沿岸地带秋季和冬季的降雨量也较多，如尼斯的年降雨量为 800 毫米，1 月为 82.7 毫米，7 月为 15.6 毫米。

法国本土的霜冻期集中在冬季。地中海和大西洋沿岸地区的霜冻期不足一个月，但地处法国东部的洛林地区的霜冻期可达 80 天以上。在海拔 1000 米以上的地区，霜冻期超过 3 个月，如朗格多克、普罗旺斯、索恩河－罗纳河和瓦朗斯以南的高地，霜冻期在 3 个月以上。中央高原的霜冻有时也会在春末和秋季出现，对农作物的生长危害极大。

法国本土大部分地区降雪的日子有限，但在海拔 500 米以上的高原地区如中央高原、洛林、上索恩省等每年降雪达到 20 天。在海拔 1000—1500 米以上的山地及中央高原海拔 1200 米以上的地区，积雪可延续 4—5 个月，那里即使在夏季也会降雪。

总体来看，法国本土的气候温和，大部分地区的气候得天独厚。但是，天有不测风云，在一些局部地区的确难免会出现反常的气象，其时间长短也不一样。尽管法国属于西方发达国家，但也会受到恶劣气候引起的自然灾害的困扰，给国民经济造成不小的损失，也使人民生命、财产和生活受到危害。

四、行政区划

法国的行政区划有大区、省和市镇共三级。法国还有 5 个海外行政单位：法属波利尼西亚、圣皮埃尔和密克隆群岛、瓦利斯群岛和富图纳群岛、圣马丹、圣巴泰勒米；3 个特别海外领地：新喀里多尼亚、法属奥斯特拉勒和安塔尔克地格、克利珀顿岛。

（一）大区

法兰西第五共和国政府在实施经济和社会发展的中、长期计划和领土整治时，意识到成立独立的经济大区的必要性，先后于 1959 年 1 月和 1960 年 6 月颁布两个法令，确定在法国本土建立 21 个大区，每个大区由邻近的几个省组成。每个大区成立一个省际会议并任命一个总协调人，就经济发展的计划和领土整治，会同民间经济社团来统筹和协调基金的分配及使用。法国政府还于 1964 年 3 月将各大区的协调机构规范化和制度化，总协调人由省长兼任，改称为大区长，负责实施政府在本地区的经济发展和领土整治的政策。由民间经济社团建立的各种经济发展基金会改为大区经济发展委员会，作为大区的"准议会"，对本地区的经济发展发挥咨询的作用。法国政府还于 1970 年 1 月决定把科西嘉分离出来，独立成立一个大区。这样，法国本土共有 22 个大区。此外，在海外还建立起 4 个大区。但是，此时的法国大区仅仅是一个经济实体。1982 年，法国政府颁布的有关权力下放的法令才正式确认大区为地方行政单位。自此，法国行政区划由原来的省和市镇两级变为大区、省和市镇三级。

法国 22 个大区为：阿尔萨斯、阿基坦、奥弗涅、勃艮第、布列塔尼、中央大区、香槟－阿登、科西嘉、弗朗什－孔泰、法兰西岛、朗格多克－鲁西永、利穆赞、洛林、南部－比利牛斯、北部－加来海峡、下诺曼底、上诺曼底、卢瓦尔河地区、皮卡第、普瓦图－夏朗德、普罗旺斯－阿尔卑斯－蓝色海岸、罗纳－阿尔卑斯。

大区议会是大区的最高自治权力机构。它主要从事大区经济发展及与此有关的工作，如执行国家中、长期经济和社会发展的计划，促进本地区的经济开发和发展，扶植本地区的中、小型企业，支持本地区所管辖的省、市镇的经济活动，推动公私混合经济的发展，制订本地区的经济计划，编制年度职业培训大纲和中等教育校舍建设和管理，分配和使用国家调拨的经费。

大区区长是中央政府任命的大区最高行政长官，任期 6 年。进入 21 世纪以来，大区最高行政长官的职权有所扩大。他领导大区所辖省的省长，同时兼任大区行政机构所在省的省长；他负责执行大区议会的决议，贯彻中央政府有关发展大区经济的法律和政策，监督法律的实施和大区财政的运行；他领导大区所属的行政机构和中央派驻机构。

（二）省

省是比大区低一级别的行政区域，每个大区包括数个省。跟大区相似，省由每六年直接普选产生的省议会管理和对其经济和社会领域的事务进行财政拨款。各省是在 1790 年法国大革命中建立，标准之一是所有的公民能够在一天内到达专区政府所在地。省的职责范围经常与大区重叠。同大区相似，每个省有一个省长管理行政事务。

法国的省有：安、埃纳、阿列、上普罗旺斯－阿尔卑斯、上阿尔卑斯、海滨阿尔卑斯、阿尔代什、阿登、阿列日、奥布、奥德、阿韦龙、罗纳河口、卡尔瓦多斯、康塔勒、夏朗德、海滨夏朗德、谢尔、科雷兹、上科西嘉、南科西嘉、科多尔、北海滨、克勒兹、多尔多涅、杜、德罗姆、厄尔、厄尔－卢瓦尔、菲尼斯泰尔、加尔、上加隆、热尔、纪龙德、埃罗、伊勒－维莱纳、安德尔、安德尔－卢瓦尔、伊泽尔、汝拉、朗德、卢瓦尔－谢尔、卢瓦尔、上卢瓦尔、卢瓦尔－大西洋、卢瓦雷、洛特、洛特－加隆、洛泽尔、曼恩－卢瓦尔、芒什、马恩、上马恩、马耶纳、默尔特－摩泽尔、默兹、莫尔比昂、摩泽尔、涅夫勒、北部、瓦兹、奥恩、加来海峡、多姆山、大西洋－比利牛斯、上比利牛斯、东比利牛斯、下莱茵、上莱茵、罗纳、上索恩、索恩－卢瓦尔、萨尔特、萨瓦、上萨瓦、巴黎、海滨塞纳、塞纳－马恩、伊夫林、德塞夫勒、索姆、塔恩、塔恩－加隆、瓦尔、沃克吕兹、旺代、维埃纳、上维埃纳、孚日、约纳、贝尔福、埃索纳、上塞纳、塞纳－圣但尼、瓦勒德马恩、瓦勒德瓦兹。

省议会是省的最高自治权力机构，它决定省财政预算，负责地方税收，管理城市、交通、教育等。省议会选出4—7名省议员组成省委员会，具体负责省议会的行政事务。

省长是由中央政府任命的省最高行政长官。省长的主要职责是确保地方公共安全，确保公民的权利和自由，监督地方政府法令的合法性，以及协调中央政府的就业、经济发展、环境、社会融合等政策在地方的落实。

每个省又被分割为数个专区，驻有专区区长，职责是辅佐省长的事务。法国总共有342个专区。

（三）市镇

市镇是法国的基层行政单位，也是法国最古老的行政区划。

法国大革命废除了封建制，改革了地方管理体制和制度，重新划分了地方行政单位，建立了新的、统一的市镇组织。这些市镇组织就是当代法国市镇的前身。第二次世界大战后（简称二战），随着法国经济和社会的发展，农村型的市镇迅速减少，城市型的市镇明显增加。但是，市镇无论大小和无论哪种类型（巴黎、马赛和里昂除外）都一律平等，职权大体相同。

目前，法国本土有36565个市镇，平均面积为14平方千米。大部分市镇人口一般不超过3500人，约有40个城市人口超过10万人。在这些市镇中，巴黎、马赛和里昂享有特殊的地位。

市镇议会是市镇的最高自治权力机构。市镇议会组织和建立市镇行政机构及其他公共机构，讨论和通过市镇年度财政预算。

市长由市镇议会选举产生，任期6年。市长既是中央政府代表，又是市镇的最高行政长官。市长作为中央政府的代表，颁布和实施中央政府的法律、规章和法令，维持社会治安，管理户籍。市长作为市镇的最高行政长官，执行市镇议会的决议，任命市镇官员，领导市镇工程，主持市镇司法和公安工作。市政府由市长和市长助理组成。市长助理的数量按市镇的大小设置 1—12 名。市长助理由市镇议会选举产生，任期 6 年。

（四）巴黎市

巴黎是法兰西第五共和国的首都，它是一个具有特殊地位的领土单位，具有市和省的权能。

巴黎作为一个市，在国家政治生活中的地位举足轻重。巴黎市设市议会、市长和市政府。

巴黎市议会行使巴黎省议会的职权，巴黎市长是法定的巴黎市议会议长。

巴黎市长和市长助理由市议会选举产生，任期 6 年。巴黎市长作为中央政府的代表，负责颁布和实施法律和法令，任免市政官员，召集和主持巴黎市议会会议，实施市议会所通过的决议。巴黎市长作为巴黎市的最高行政长官，全权处理巴黎市的政治、经济、教育、文化和城市规划等问题，领导市政府的各个行政机构。市长助理共 18 名，分别负责巴黎市的预算、总务、住房、城市规划、路政、运输、社会事务、学校、环保、地方生活、交通、工商业、产业和体育，等等。

巴黎市划分为 20 个区，每个区设置区委员会和区长。区长主要负责与户籍有关的事务，也可以代表市长助理处理区里的紧急事务。区委员会由区内的市议会议员、区长和巴黎市议会推荐的成员组成。区委员会是咨询性的机构，每季度召开一次例会。应巴黎市市长或巴黎市议会的请求，区委员会要讨论提交市议会的草案。

（五）共同体

为了加强各邻近市镇在公共交通、经济、公共工程等方面的合作，还建立了许多共同体，整合了不同层次的协作。目前，有 32223 个市镇（88.1% 的法国本土市镇）参与 2510 个不同类型的共同体。

城市共同体。总共 14 个，是等级最高的市镇间合作组织，拥有至少 50 万居民，并且包括至少一个 5 万居民以上的城市。其职能包括经济规划、交通管理、用水管理、垃圾处理等。

城郊共同体。总共 156 个，由一个至少 1.5 万人口的城市的周围、5 万以上居民规模的社区组成，其职能通常比城市社区小。

市镇共同体。总共 2334 个，没有人口限制，职能更小。

新集合体协作会。总共 6 个，是最小的协作组织。

（六）海外省、海外行政单位和特别海外领地

马约特省。根据 2001 年 7 月 1 日法律，马约特应是"海外省级行政单位"，2011 年起成为海外省。马约特拥有一个议会，同时执行着省议会和大区议会的职能。马约特省下辖 17 个市镇，组成同等数量的选区。

法属波利尼西亚被命名为一个"海外属国"，它有一个地方政府，由"法属波利尼西亚总统"领导。它的居民具有特殊公民身份，可以投票参加大区议会选举。地方政府同样可以与各国及各国际组织谈判协议。法属波利尼西亚下辖 5 个子行政区域，下分 48 个市镇。

圣皮埃尔和密克隆群岛具有一个等同省的地位，设有一个省议会。它拥有两个市镇。

瓦利斯群岛和富图纳群岛拥有特别的地位。它由 3 个王国组成：阿罗、锡加维和乌韦阿，同时定界了 3 块区域。3 个王国的国王负责地区议会，地区议会还包括 3 名来自法国的国家代表。而单院制的法律权力掌握在普选产生的地区议会手中。

圣马丹的法属部分于 2007 年 2 月 22 日脱离瓜德罗普成为独立的海外行政单位。

圣巴泰勒米同样于 2007 年 2 月 22 日脱离瓜德罗普成为独立的海外行政单位。

新喀里多尼亚也是一个海外属国，拥有很大的自治权。它有一个地区议会，选举产生其政府。新喀里多尼亚的法律自治权目前是所有法国海外领土中最大的。它下分 3 个省和 33 个市镇。

法属奥斯特拉勒和安塔尔克地格位置在印度洋南边，由几个岛屿组成。1955 年 8 月 6 日法律确定，法属奥斯特拉勒和安塔尔克地格为法国特别海外领地，享有行政和财政自治的权利。该特别海外领地划分为 5 个区，统一由最高行政长官管理。该特别海外领地的行政机构设置在法国海外省留尼汪。

克利珀顿岛是太平洋公海上的小岛，它被列入法国国家公有财产列表中。它处于总理管辖下，由法属波利尼西亚高级专员具体负责。

（七）其他领土

法国还拥有法属南方和南极洲领地，它划分为 3 块区域：凯尔盖朗群岛、阿姆斯特丹岛和圣保罗岛、克罗泽群岛。它们从 2004 年 12 月起由驻在留尼汪的一名省长管理。

此外，印度洋上分散的小岛，由驻在留尼汪的一名省长代表法国政府管理，属于海外事务部管辖。

五、人口、民族、语言

（一）人口

截至 2017 年，法国人口总数达到 6719 万，其中法国本土人口 6370 万，海外省人口 210 万。法国人口占欧盟 27 国人口总数的 13%，仅次于德国，排名第二位。在欧洲，法国人口仅次于俄罗斯和德国，排名第三位。

1. 二战后人口的演变

第一，迅速增长阶段（1946—1975 年）。二战后至 20 世纪 70 年代中期，法国人口有了较快增长。1946 年法国人口为 3984.8 万，1954 年为 4278.1 万，1962 年为 4645.9 万，1970 年为 5050 万，1980 年为 5370 万。法国人口的年平均增长率 1946—1968 年为 1%，1968—1975 年为 0.7%。法国人口迅速增长的主要原因是：首先，法国政府采取了鼓励生育和奖励多子女家庭的政策和措施，从而大大提高了法国妇女的生育率，如 1945—1949 年年平均生育率为 20.3‰，1950—1954 年年平均生育率为 19.5‰，1955–1959 年年平均生育率为 18.4‰，1960—1964 年年平均生育率为 18‰，1967 年为 16.8‰，1976 年为 13.6‰。1945—1960 年，法国妇女生育率的年平均数不仅要比战前高出许多，而且在欧洲诸国中也名列前茅。其次，这个时期法国政府建立了健全的、覆盖面广的社会保障制度，尤其是医疗和退休的社会保险体系，从而使法国人口死亡率大大降低，如 1951 年为 12.2‰，1976 年进一步降到 10.5‰。最后，法国政府大量吸收外国移民，从而使这个时期的法国人口激增。

第二，稳定增长阶段（1976—）。从 20 世纪 70 年代中期开始，法国人口每年增长的数量保持在 20 万—30 万，没有出现大起大落的现象：如 1976 年为 5279.8 万人，1980 年为 5373.1 万人，1990 年为 5662.4 万人，2000 年为 6075.1 万人，2005 年为 6281.8 万人，2010 年为 6461.3 万人，2011 年为 6494.9 万人，2017 年为 6711.8 万人。在这期间，法国生育人口每年保持在 70 万—85 万人，如 1976 年为 72 万人，1980 年为 80 万人，1990 年为 76.2 万人，2000 年为 77.9 万人，2005 年为 80.8 万人，2010 年为 83.3 万人，2011 年为 82.3 万人，2012 年为 82.2 万人。死亡人口每年保持在 50 万—60 万，如 1976 年为 55.7 万人，1980 年为 54.7 万人，1990 年为 52.6 万人，2000 年为 54.1 万人，2005 年为 53.8 万人，2010 年为 55.1 万人，2011 年为 54.5 万人，2012 年为 57.1 万人。死亡率 1985 年为 9.9‰，1990 年为 9.2‰，2000 年为 8.9‰，2005 年为 8.6‰，2010 年为 8.4‰，2017 年为 8.8‰。在这个时期，法国人口生育率年平均在如 1986 年为 14‰，1990 年为 13.4‰，2000

年为 13.3‰，2005 年为 12.8‰，2010 年为 12.6‰，2017 年为 12.6‰。这样的生育率比 20 世纪 50—70 年代，甚至比战前都要低，但是由于法国人口的基数自 20 世纪 80 年代以来已经增大，其出生婴儿的绝对数量也相应增加。至于生育率下降的原因，首先，这个时期法国经济长期不景气，法国家庭主张少要孩子，以便减轻家庭负担。其次，越来越多的法国妇女参加工作和走向社会，使得生育数量减少。最后，越来越多的法国年轻人不结婚而实行同居，即便是结婚也是晚婚，如男子和女子晚婚的平均年龄分别为 28 岁和 26 岁，比 10 年前均推迟 3 年，因此，造成生育率下降。

2. 人口密度

从历史上看，法国人口密度在逐渐提高。根据每平方公里人口数量统计：1800 年为 51.3 人，1850 年为 66.2 人，1900 年为 73.8 人，1950 年为 76.4 人，1967 年为 91 人，1990 年为 104 人，2000 年为 107 人，2003 年为 108 人，2007 年为 112 人，2011 年为 115 人，2017 年为 123 人，法国人口密度在欧洲联盟和欧洲属于中等偏下的国家。

在法国本土，人口密度因地区不同而不同，而且差别很大。经济发达的北方人口密集；经济相对落后或偏远山区则人口稀少。

3. 性别比例

法国女性无论增长速度和数量都已超过法国男性。法国本土女性占法国总人口的比例：1970 年为 51.2%，1980 年为 51.2%，1998 年为 51.3%，2004 年为 51.4%，2010 年为 51.6%。2011 年，法国本土女性总数为 3366.8 万，男性总数为 3161.2 万，2017 年分别为 3409.7 万和 3302.1 万。事实上，在出生和孩提时候，法国男性要多于女性，但是，成年男性因战争和工伤事故等原因，死亡率高于成年女性，因此，男女比例关系颠倒过来。

无论男性还是女性，由于工作和劳动条件的改善、生活质量的提高、社会保障制度的实行，其平均寿命都大大提高了。法国男性和女性的平均寿命，2000 年分别是 75.2 岁和 82.8 岁，而 2005 年分别是 76.7 岁和 83.8 岁，2011 年分别是 78.2 岁和 84.8 岁，2012 年分别达到 78.4 岁和 84.8 岁。20 世纪初，法国人平均寿命仅在 50 岁左右，1950 年为 66.3 岁，2000 年增加到 79 岁，而 2007 年达到 81 岁，2016 年为 81.5 岁。法国女性的平均寿命在欧洲国家中高居榜首，在世界上仅次于日本居于第二位。而法国男性的平均寿命，在欧洲国家中仅居中游水平。虽然近 10 年以来法国男女之间的平均寿命的差距有所减小，但是，这个差距仍然高于多数欧洲国家。

4. 年龄结构

在法国本土，20 岁以下的青少年占法国人口的比例：1946 年为 29.5%，1950 年为 30.2%，1960 年为 32.3%，1970 年为 33.2%，1980 年为 30.6%，1990 年为 27.8%，2000 年为 25.6%，2017 年为 22%；20—59 岁人口占法国人口的比例：1946 年为 54.5%，1950 年为 53.6%，1960 年为 51%，1970 年为 48.8%，1980 年为 52.4%，1990 年为 53.2%，2000 年为 53.8%，2010 年为 52.7%，2011 年为 52.3%；65 岁以上人口占法国人口的比例：1946 年为 16%，1950 年为 16.2%，1960 年为 16.7%，1970 年为 18%，1980 年为 17%，1990 年为 19%，2006 年为 16.5%，2010 年为 16.8%，2017 年为 19.7%。自 20 世纪 80 年代以来，法国青壮年人口在总人口中的比例不足一半，而 60 岁以上老人在法国人口中的比例越来越高，法国已经进入老龄化社会。根据联合国教科文组织关于 65 岁以上人口所占比例达到 15% 以上则为 "超老年型" 社会的规定，法国也已经进入超老年型社会。

5. 城乡人口结构

二战后，随着法国经济的发展，城市化日益加速，人口逐渐向城市集中。法国城市人口占全国人口的比重也不断上升，1946 年为 53.2%，1975 年为 68.4%，1999 年为 75.5%，2010 年进一步上升到 77.5%。从 1999 年到 2010 年的 10 年间，1368 个农村型的市镇提升为城市型的市镇，从而使城市面积扩大了 20%。2017 年，法国城市人口占总人口的 80.2%。法国的城市化表明，法国总人口的 3/4 生活在城市中，余下的 1/4 生活在乡间。

6. 人口问题

法国人口面临诸多问题，如人口老化、年龄结构不合理、男性和女性比例失调、结婚减少和同居增加、单亲家庭越来越多、同性恋、失业率高居不下等。值得指出的是，由于生育率低下和人口增长缓慢，法国人口在欧洲联盟中、在全欧洲和在全世界的比例都在逐渐下降。法国人口在欧洲人口中的比例：1800 年为 15.7%，1900 年为 9.7%，1965 年为 7.8%。法国人口在世界人口中的比例：1700 年为 4%，1850 年为 3%，1964 年为 1.5%，20 世纪 90 年代末为 1.1%，2000 年为 0.9%，2015 年进一步下降到 0.7%。

（二）民族

1. 法兰西民族

法兰西民族是法国的主要民族，约占法国人口的 90%。

法兰西民族是以高卢人为主体的。远在公元前 1000 年左右，被希腊人称之为凯尔特人自中欧山区向西迁居在塞纳河和加龙河之间。罗马的恺撒大帝在征服高卢记事里，称阿尔卑斯山、比利牛斯山和莱茵河之间的地方为高卢，称凯尔特人为高卢人。正因为居住在高卢中心地带的高卢人是最早有文字记载和人口最多的种族，所以被史学家确认为法兰西民族的祖先。高卢雄鸡也成了法兰西民族的象征。随后，在漫长的岁月里，高卢人与先后来高卢定居的伊拜尔人、罗马人、勃艮第人和法兰克人逐渐融合，终于在 15 世纪末至 16 世纪初形成了具有鲜明特性的法兰西民族。

从人种形态学上看，高卢人的后裔可以分为两大类型：一种为金发蓝眼，身材高大；另一种为圆头，棕色或灰色眼睛，中等身材。但由于法兰西民族是由许多种族长期融合而成，所以从人种形态上法兰西民族又呈现出多样性。

法兰西民族在长期演变和发展过程中也逐渐培养出自己的性格：热情奔放，浪漫，宽容，懒散，健谈，幽默，追求自由、平等、理想和法度。

2. 少数民族

法国的少数民族有阿尔萨斯族、弗拉芒族、布列塔尼族、巴斯克族和科西嘉族等。阿尔萨斯族主要集中居住在法国东部阿尔萨斯地区，约有 140 万人。弗拉芒族是日耳曼民族中的法兰克人的后裔，主要集中居住在法国北部和东北部，约有 10 万人。布列塔尼族主要集中居住在法国西北部的布列塔尼半岛，是 5—6 世纪自大不列颠岛渡海迁居的部分布列通人的后裔，约有 125 万人。巴斯克族主要集中居住在法国南部比利牛斯山脉西部，约有 15 万人。科西嘉族主要集中居住在科西嘉岛上，约有 30 万人。

正因为法兰西民族和少数民族的混合，所以不存在一种人造的典型法国人，只有几种突出的类型：阿尔萨斯人瘦小、金发；阿尔卑斯山人矮小圆颜；奥弗涅人肤色深，眼睛常常是蓝色的；巴斯克人长着大脚板；诺曼底人肤色红润、发色金黄。

（三）语言

法国的官方语言为法语。法语属于印欧语系中的罗马语族，从拉丁语演变而来。公元前 2 世纪，在法国定居的高卢族使用高卢语言，但在罗马的恺撒大帝入侵高卢后，拉丁语作为征服者的语言在 1 世纪至 4 世纪逐渐占据统治地位。5—6 世纪，法兰克人的占领带来了日耳曼语（亦称罗曼语）。7—12 世纪使用古法语。12 世纪末叶开始，法国封建王朝在政治上统一，巴黎成为法国的首都和文化中心，巴黎的法语也就统一了其他方言。13—16 世纪，法国使用中古法语，文字逐步统一起来。1539 年，法国国王弗朗索瓦一世正式颁布命令，以法语为书面文字用于官方和私人的文件。17世纪，法国的语言及其文字进一步走向统一，进一步走向标准化和规范化。法语成为近代、现代和当代法国的国语。

18世纪以来，法语随着法国在世界上影响的扩大而成为一种国际交流的语言工具。尤其在欧洲各国的上流社会和外交界，法语成为时髦的和高尚的语言，不讲法语似乎有失贵族身份和风度。直到20世纪初，法语仍然保持着相当的影响力，尤其是在联合国成为工作语言之一，同时也是国际条约和协定使用的标准文字。目前，法语除了法国本土和海外省、海外领地使用外，原法属殖民地的非洲国家仍然以法语作为官方语言。还有一部分比利时人、瑞士人、加拿大人也使用法语。在亚洲，越南、柬埔寨和老挝使用法语。据统计，目前世界上说法语的人口总共有2.7亿。

法语是一种优美的语言，语音上没有重读的音节，讲话语速平稳，柔美动听；文字具有严谨、可靠、规范和明晰的特点。但是法语的语法比较复杂。动词需要变位还要分时态，在作为谓语时，动词跟随主语变动。名词和形容词有阳性和阴性之分，还有单数和复数之别。名词之前还有冠词，也分为阳性、阴性、单数和复数。在发音方面，有小舌音，以圆唇音居多。

法国人热爱自己的语言，很高兴使用本民族的语言与他人交谈。如果外国人用英语而不用法语与法国朋友交流，甚至会引起对方的反感，导致双方产生尴尬和不愉快。

法国的少数民族除了讲法语外，还有本民族的语言文字，如阿尔萨斯族讲德语的一种方言，巴斯克族讲不属于印欧语系的巴斯克语，弗拉芒族讲弗拉芒语，科西嘉族讲意大利语的一种方言。布列塔尼地区有近100万人讲布列塔尼语，他们有自己的文化，出版自己的报刊。

六、国旗、国徽、国歌、国花、国鸟

（一）国旗

法兰西第五共和国宪法第二条规定，蓝、白、红三色旗为国旗。法国国旗呈长方形，长与宽之比为3：2，旗面由三个平行且相等的竖长方形构成，从左至右分别为蓝、白、红三色。正因为如此，法国国旗又称为"三色旗"，也称为"蓝白红旗"。

法国国旗的来历有多种说法，其中最具代表性的说法是：1789年法国大革命时期，巴黎国民自卫队就以蓝、白、红三色旗为队旗。白色居中，代表国王，象征国王的神圣地位；红、蓝两色分列两边，代表巴黎市民；同时，这三色又象征法国王室和巴黎市民的联盟。三色旗也曾是法国大革命的象征，三色分别代表自由、平等、博爱。

（二）国徽

法国没有正式的国徽。法兰西第五共和国宪法第二条规定，蓝、白、红三色旗是法兰西第五共和国的国旗，同时也是国家的标志。

传统上，法国采用大革命时期的一枚黑、白两色的椭圆形纹徽作为国家的标志，纹徽的中心图案是一支代表正义与权威的束棒，庄严地宣告法兰西共和国的自由、独立和主权。束棒两侧交叉着象征和平与胜利的橄榄枝叶和月桂枝叶，掩映着饰带上书写的法国大革命的口号：自由、平等、博爱。纹徽下悬挂着一枚光荣勋章，象征着1789年法国大革命的光辉将永载史册，彪炳千秋。

1999年9月起，法国政府决定将"蓝白红三色旗""玛丽安娜""自由、平等、博爱""共和国"整合成一个全新的"标识"：背景是蓝白红三色旗，玛丽安娜头像嵌在三色旗的居中白色上。三色旗下面的小写字是：自由、平等、博爱。再下面的大写字是"法兰西共和国"。它作为政府机构的统一形象标识，同时在相关的各种材料上出现，如小册子、内部的和公开的出版物、宣传活动、信笺抬头、名片等。中央政府率先使用这一新的形象标识，随后各部门和地方也相继效仿（它们也可以同时使用自己原有的标识）。

（三）国歌

法兰西第五共和国宪法第二条规定，国歌是《马赛曲》。

《马赛曲》又译为《马赛进行曲》，原名莱茵军团战歌，歌曲由多才多艺的青年军官克洛德·约瑟夫·鲁热·德·利勒上尉在1792年4月25日晚作于当时斯特拉斯堡市长家中，并于4月29日在当地的军械广场组织演唱，结果大受欢迎。同年6月下旬，马赛志愿军前赴巴黎时沿途高唱这支歌曲。同年8月10日巴黎人民武装起义中，马赛义勇军又高唱这支歌冲进了王宫。从此，马赛曲风行全法国，被革命军民到处传唱。由于这支歌是由马赛义勇军带到巴黎的，所以被称为《马赛曲》。

由于《马赛曲》鼓舞人民为保卫祖国而战，发挥了巨大的团结、教育和战斗的作用，成为自由和民主之歌的代名词，因而被法兰西第一共和国于1795年定为法国国歌，并沿用至今。

（四）国花

法国是一个鲜花之国，首都巴黎有"花都"的美誉。法国国花是鸢尾科的香根鸢尾，它体大花美，婀娜多姿。鸢尾花只有三枚花瓣，向上翘起；外围的另外三瓣乃是保护花蕾的萼片，向下翻卷。另有一些鸢尾的花心深处还长有三枚由雌芯变成的长舌形瓣儿。鸢尾花大而美，花朵既像起舞的彩蝶，又似翻飞的隼鹰。法国人用鸢尾花表示光明和自由，象征民族纯洁、庄严和光明磊落。

（五）国鸟

法国的国鸟是公鸡。公鸡除了有观赏和经济价值外，还有报时的本领，所以，自古以来受到法国人的喜爱。另外，公鸡勇敢、顽强的性格也受到法国人的青睐。直到今天，法国人以"高卢鸡"代表法国而自豪。

第二节　法国的政治概况

法国是近代资本主义政治发展的典型国家，在其历史上曾出现过形形色色的政治制度，这些政治制度非常复杂和多样。

法国历史上政治制度的演变历史，内容涉及 1789 年以前法国的政治制度、1789—1870 年法国的政治制度、1871 年巴黎公社的政治制度、1870 年以后法国的政治制度等方面。

法国资产阶级在近现代为实现其专政所采取的以单一中央集权制为核心，议会制、总统制和半总统制交替使用的共和政权组织形式和统治方法。

一、两院议会、多党制政体

1997 年 6 月，以社会党为核心的左翼联盟在法国提前举行的议会选举中将执政的右翼联盟击败，并组成社会党、共产党和绿党联合政府，法国政局再次出现了总统和总理分属不同政治派别的"左右共治"的局面。左翼政府上台后，在对内政策上执行了一些改革措施，并收到了一定的效果。在外交政策方面，总统和总理注意协调在一些重大国际问题上的立场，力求以一个声音对外。从总体上看，右派总统与左派政府共处情况良好。

法国现行的政治体制是由宪法来规定的。宪法明确了国家的性质及总统、政府和议会各自的权力、职责和义务。

（一）宪法

法国现行宪法于 1958 年 9 月 28 日投票通过，这是法国的第 16 部宪法，该宪法在执行过程中曾进行过多次修改。

宪法赋予总统一系列权力，以保证他在履行政治责任时拥有充分的权威。宪法规定，总统是国家元首和武装部队统帅，指导国家大政方针，任期 7 年，由选民直接选举产生。总统有权任免总理和总理提名的内阁成员名单；主持内阁会议、最高国防会议和国防委员会；有权解散议会；可以超越议会将某些重要法案提交公民投票表决；在非常时期，总统有权"根据形势需要采取必要措施"。在总统不能履行职务或缺位时，由参议院议长代表总统行使职权。根据 2000 年 9 月 24 日公民投票的结果，法国将修改宪法，从 2002 年起，总统任期将由 7 年缩短至 5 年。

（二）议会

法国的议会是立法机构，由国民议会和参议院组成。议会的基本权利和任务是制定法律，议会的另一项重要职权是审议政府的财政预算案、财政修正案和财政法规。议会拥有对总统和政府的监督权；对政府的质询权和弹劾权；可以通过不信任案追究政府的责任；有批准（或反对）宣战等权力。

国民议会有 577 个席位，每名议员代表单一的选区，由民众通过两轮直接普选产生，任期 5 年。国民议会的主要职责是立法讨论和表决。国民议会有权对政府通过不信任案，或表示不赞同政府的施政纲领或政策声明。在此情况下，总理必须向总统提出政府辞职。法国总统在与总理和两院议长磋商后有权解散国民议会。国民议会设有文化家庭和社会事务委员会、经济事务委员会、外交事务委员会、国防和武装力量委员会、财政事务委员会、法律事务委员会 6 个常设委员会。

现任法国国民议会议长是弗朗索瓦·德·鲁吉，他是"共和国前进"运动成员。

（三）政府

政府是国家行政事务管理机构，须履行共和国总统制定的方针政策，同时也要向议会负责。法国政府由总理、国务部长、部长、国务秘书等成员组成。总理由总统任免，政府其他成员由总统根据总理建议任免。现任法国总统为埃马纽埃尔·马克龙，1977 年 12 月 21 日出生于法国北部城市亚眠，法国前经济部长。2017 年 5 月 14 日，正式就任法国总统。现任法国总理为爱德华·菲利普。部长有 18 名，国防秘书有 4 名。

（四）司法机构

分为普通法院和行政法院两个系统。在这两个系统之上设争议法院，负责受理这两种法院在权限上的争议案件。

普通法院，分为民事和刑事法院两类。

民事法院包括以下几类：①初审法院，审理一般民事案件，全国有 473 个；②大审法院，审理较大的民事案件，全国有 181 个；③上诉法院，进行终审判决，全国有 33 个；④高等法院，是普通法院等级中最高一级的审判机关，设在巴黎，它只负责审理原案判决时所引用的法律是否适当，如取消原判，须发回一审法院重新审理；⑤专门法院，处理比较突出的各种社会问题，包括商业法庭227个、仲裁法庭270个、治安法庭116个。

刑事法院包括以下几类：①大审法院轻罪法庭，负责审理监禁2个月至5年以下的轻罪案件；②重罪法院，负责审理重大刑事案件，每省设1个；③上诉法院刑事庭，做终审判决；④最高法院刑事庭；⑤专门法院，包括少年法庭、商务法庭、社会保险法庭等。

行政法院，是处理与政府行为相关的行政司法管辖体系，包括以下几类：①行政法院，有33个；②上诉行政法院，有6个；③最高行政法院，负责审理涉及政府法令及相关的行政诉讼案件或公民对国家机关提出的诉讼。院长由总理兼任。

法国的检察机关没有独立的组织系统，检察官均派驻在法院内，但他们行使的职能是独立于法院的。

（五）主要政党

法国实行多党制。政党制是法国第五共和国政治体制的重要组成部分。政府是由在议会选举中占多数席位的政党或政党联盟组成，总统竞选的候选人也是由政党推举并以政党为活动基础的。因此，政党是执掌国家政权的必由之路，政党制在法国政治生活中发挥着重要作用。法国目前的主要政党为：共和国前进党、国民阵线、共和党和社会党。

1."共和国前进"运动

现为法国执政党，前身为马克龙于2016年4月领导创建的政治团体"前进"运动。核心创始成员大多来自社会党改革派和民间社会，后又陆续吸纳了大量来自右翼温和派、中间派等派别人士，成员数量和政治影响力迅速扩大。

主张超越传统左右翼理念分歧和党派之争，兼容并蓄，博采众长。经济政策上奉行右翼自由主义，倡导改革创新、促进就业、增强市场活力、刺激经济、减轻税负；社会政策上奉行左翼价值理念，重视民生教育，维护社会公平正义；外交政策上坚持以独立自主为核心的"戴高乐—密特朗"主义，以欧盟为重点，以法德轴心为抓手，努力捍卫欧洲一体化，平衡发展同世界各大国之间的关系，努力维护法国在欧盟内部和国际舞台上的地位和影响力。

2017年6月11日，法国内政部公布法国国民议会选举第一轮投票初步统计结果，以"共和国前进"运动为首的联合阵营在选举第一轮投票中大幅领先，有望在下届国民议会中占据绝对多数。

2017 年 6 月 19 日，法国内政部公布的国民议会选举最终结果显示，总统马克龙创立的"共和国前进"运动与中间派政党"民主运动党"组成的联合阵营收获 350 个议席，成功获得国民议会绝对多数。

2017 年 9 月 24 日，法国参议院对部分议席进行改选。计票结果显示，现任总统马克龙所属的"共和国前进"运动在参议院中仅取得 23 席，未能实现新的突破。右翼的共和党赢得 148 席，继续维持参议院多数派地位，加上中间党派的约 50 个席位，中右翼阵营已经远超 175 席的绝对多数门槛。左翼的社会党最终获得约 70 席，稳住了参议院第二大党的地位。

选举结果公布后，"共和国前进"运动发表声明说，参议院的选举方式本身就对新生政党不利。声明还说，此次选举结果与 2014 年和 2015 年地方选举如出一辙，没有反映出"新的政治平衡"。但"共和国前进"运动仍将致力于在参议院打造"理念多数"，即团结尽可能多的参议员，以支持为国家转型而进行的各项改革。

2. 国民阵线

国民阵线成立于 1972 年 10 月，前身是被取缔的极右组织"新秩序党"。党员约 10 万人，多为中小工商业者。1986 年国民阵线在议会选举中首次进入国民议会。代表极端民族主义思潮，煽动排外情绪，强调"要把法国从欧洲控制和世界主义中拯救出来"，呼吁"进行一次反对新共产主义和世界主义的十字军讨伐"。党主席让-玛丽·勒庞在 2002 年首轮总统选举中胜出，对法朝野上下和欧洲政坛震动极大，在第二轮中被法左右翼联手击败。后来，由于法经济社会矛盾突出，该党影响再度上升。

在欧债危机爆发、法国经济复苏乏力、失业率居高不下、欧洲难民危机和恐怖主义接踵而至的影响下，国民阵线借机大打移民、安全、就业牌，民意支持持续冲高。2012 年 4 月，在法国总统选举第一轮投票中，国民阵线候选人玛丽娜·勒庞（让-玛丽·勒庞之女）得票率 17.9%，创历史新高。2014 年，国民阵线在 3 月市镇选举中赢得 10 多个市镇执政权；在 5 月法国欧洲议会选举中，得票率超过 25%，位居各党之首。2015 年 12 月，国民阵线在大区议会选举的首轮投票中，以 28% 的得票率力压传统两大政党社会党和共和党，居全国第一。

玛丽娜·勒庞于 2011 年 1 月开始担任党主席，2017 年 4 月 24 日宣布辞去主席职务。

3. 共和党

法国右翼政党。前身为法国前总统希拉克于 2002 年创立的人民运动联盟，2015 年 5 月由原党主席尼古拉·萨科齐改为现名。法国共和党为法国主要反对党和参议院第一大党、国民议会第二大党。

2017年6月立法选举中，共和党与独立民主联盟组成的中右翼联盟获得131席。

4. 社会党

于1902年3月由饶勒斯领导的独立社会党联盟、布鲁斯领导的社会主义工人联合会（可能派）、阿列曼领导的革命社会主义工人党等合并而成的法国左翼政党。法国社会党的党员近20万，多为公职人员和知识分子。

1971年6月，社会党（时称"工人国际法国支部"）同密特朗领导的"共和体制协议会"合并，在法国东北部城市埃皮纳勒召开了全党代表大会，"工人国际法国支部"正式更名为社会党。密特朗在大会上明确表示反对"第三种力量"路线，主张同法共建立"左翼联盟"，并当选为社会党第一书记。

法国社会党主张工人阶级政党不受一种学说的局限，社会变革可以通过改良来实现。第一次世界大战期间受社会沙文主义影响，领导人参加政府。1920年都尔代表大会上发生分裂，多数派另组法国共产党。1935年7月，与法共、激进社会党等组成反法西斯人民阵线，并在1936年大选中获胜，建立以莱昂·布鲁姆为总理的人民阵线政府。第二次世界大战期间，许多党员参加抵抗运动。1945年到1959年始终参加执政。1959年后组织渐趋分裂，党员人数减少。1965年与另外几个党派组成民主与社会主义左翼联盟，竞选总统失利。1969年7月，与其他几个社会主义派别合并为新的法国社会党。1971年与密特朗领导的"共和体制协议会"合并，称社会党，密特朗任第一书记。1972年与法共等签订《共同施政纲领》，结成左翼联盟，1978年左翼联盟破裂。1981年5月大选获胜，成为主要执政党，密特朗当选为总统。至今，该党已执政11年。执政以来，扩大国有化范围，提高劳动人民福利，实行地方分权，取得了一定成效。它奉行民主社会主义，对内主张多党制，扩大地方民选机构权力，实行混合经济；对外谋求欧洲联合，加强同第三世界国家的关系。1991年12月特别代表大会确定了今后的战略是反击极右派、抨击右派、联合左派。党的决策机关是代表大会，每年举行一次。领导机关是指导委员会、执行局和全国书记处。现任第一书记为让·克里斯托夫·冈巴德利斯。社会党在2017年的两大选举中遭受"大洗牌"式清洗，上届国民议会中279席，2017年只保住29席。

二、法国政治制度

实行半总统制。它是介于总统制和议会制之间的一种国家政权形式。它的主要特点是：①总统由普选产生，任期7年，连选连任。2000年6月后任期改为5年，由普选直接产生。总统权力很大,是国家权力的核心。宪法规定,总统通过自己的仲裁,保证公共权力机构的正常活动和国家的稳定;总统是国家独立、领土完整和遵守共同体协定与条约的保证人。总统除拥有任命高级文武官员、签署法令、军事权和外交权等一般权力外,还拥有任免总理和组织政府、解散国民议会、举行公民投票、宣布紧急状态等非常权力。②政府是中央最高行政机关,对议会负责,其权力和地位比以前大为提高。除拥有决定和指导国家政策、掌管行政机构和武装力量、推行内外政策等权力外,还享有警察权和行政处置权、条例制定权和命令发布权。总理由总统任命,领导政府的活动,对国防负责,并确保法律的执行。实际上总理须听命于总统,起辅佐总统的作用。政府成员由总理提请总统任免。③议会由国民议会和参议院组成,其地位和作用较第四共和国有所下降,原拥有的立法权、预算表决权和监督权三大传统权力受到总统和政府的限制。如议会的立法内容和范围缩小,弹劾权受到严格的规定。议会无权干预总统选举和总理的任命。

三、地方制度

实行中央集权制。20 世纪 80 年代权力下放,增设大区,地方政府由原来的省、市镇两级变为大区、省和市镇三级。通过改革,取消了中央对地方的监护,加强了地方议会的自治权,从而改变了数百年来的高度中央集权,缓解了高度官僚集权的弊害。

四、公务员制度

第五共和国进一步完善了公务员制度。它对第四共和国的《公务员总章程》进行了修改和补充,并制定了专门的章程。这些章程把文官的考试、录用和培训结合起来(见法国公务员制度)。

政党制度实行多党制。法国政党众多,不够稳定,政党的分裂、合并、改组和新建时有发生,政党之间经常组成或解散联盟。第五共和国成立后,政府通过对选举法的改革,使党派相对减少,并保持相对稳定。1944 年以来,历届政府都是由一党或多党联盟组成的政府(见法国政党)。

五、公民权利制度

公民除享有《人权与公民权宣言》所规定的权利外,还享有劳动权、工会权和社会保障权。

第三节　法国的经济概况

法国是西方发达的工业国，是继美国、德国、日本之后的世界第四经济、贸易和科技大国。法国实行的是市场经济体制，产权的基本形式是私有制，经济高度对外开放，奉行自由贸易和投资政策。

第二次世界大战后，法国政府采取国家经济计划政策，使国民经济得到迅速恢复，1948 年，法国国内生产总值和工业生产指数已达到战前水平。20 世纪 50 年代至 70 年代是法国经济起飞时期。在此期间，法国把发展中心转移到石油化工、电子和机电、汽车、高速火车、宇航、通信设备等新兴工业部门，以此为龙头带动了法国工业的全面发展。这期间，政府加大了对农业的投资，有力地促进了农业和食品加工业的发展，为法国农业现代化奠定了基础。20 世纪 80 年代后，法国经济进入缓慢增长阶段。物价上涨，失业人数增加，经济增长缓慢且不稳定。20 世纪 90 年代初期，法国经历了战后最严重的经济衰退期，1993 年国内生产总值下降 1%，失业人数突破 300 万。90 年代中期以后，法国经济恢复了增长。政府通过适度扩张的财政政策、调整税收、加大国有企业的私有化程度、实施青年就业计划等措施，使经济得以保持增长势头。由于外部宏观环境的好转及内需的进一步扩大，法国各主要经济指标均有所提高和改善，外贸保持盈余，失业率有所下降，通货膨胀、长短期利率接近历史最低水平。

经过战后几十年的发展与调整，法国经济已经实现了由传统型向现代型的转变，并开始向后工业社会过渡。工业在国民经济中的比重不断下降，而商业性服务业（包括邮电、电讯、咨询、房地产、旅馆、餐饮、文化、娱乐、体育）产生的增加值则大幅度增长，农业在国民经济中所占的比重较小。

2016 年以来，法国经济增长势头良好，法国 2016 年的 GDP 增长率为 1.2%。2017 年和 2018 年，经济增长速度进一步加快，两年年均增长 1.5%。之后，增速仍将加快，在 2019 年和 2020 年分别达到 1.6% 和 1.7%。通货膨胀预计从 2016 年的 0.2% 上升到 2017 年的 1.2%，然后在 2018 年又下降到 1.1%。推动法国经济加速增长的因素包括马克龙当选总统使人们对法国经济重拾信心，政府出台一系列经济改革措施及全球经济回暖，尤其是欧元区经济向好。

随着美国经济的反弹和法国向新兴经济体出口的增加，2017 年和 2018 年法国经济增长的前景十分光明。

美国经济的反弹与英国经济的放缓形成鲜明对比。受益于世界经济和全球需求的扩张，美国的私人投资将会反弹，特别是在制造业领域。此外，特朗普政府宣布的扩张性财政政策将会促进经济增长，减税和潜在的军事与基础设施开支可能会达到更高的水平。与之相反，英国的经济增长将会放缓，原因是"脱欧"谈判的不确定性及英镑贬值后消费者购买力的下降。然而，英镑的疲软会对其货物出口有利。日本经济2017年增长强劲，主要是因为出台了大规模刺激计划。随着财政刺激措施的消退，2018年经济增速略有放缓。

2017年，全球对法国出口商品的需求增长3.4%，2016年法国出口增长2.4%。增长加快的原因包括美国经济复苏、巴西和俄罗斯从衰退中崛起以及新兴经济体的进口需求的增加。2018年，全球对法国出口的需求增长3.6%，这主要归功于美国需求的增长以及来自德国私营部门投资的增长。

2. 对外贸易

自2015年开始，法国经济对外贸易的增长一直为负，2015年对法国GDP的贡献率为-0.3%，2016年甚至达到了-0.8%，这也有2016年恶劣天气对法国农作物的影响，因为法国的农产品占其对外出口的很大一部分。2017年，对外贸易对法国经济的负面贡献将有所缓和，估计贡献率仅为-0.1%，2018年贡献率将为零。

经历了2016年的停滞之后，2017年法国出口总额增长3.4%，2018年将增长3.7%，因为2017年和2018年全球需求增长3.4%和3.6%，而且天气没有像2016年一样继续糟糕下去。

法国对外进口在2017年和2018年分别增长3.6%，与2016年保持同样的增长速度，并与全球整体的需求增长保持一致。

根据法国海关的统计数据，以FOB价计算，法国商品贸易逆差从2015年的450亿欧元轻微增加到2016年的480亿欧元。虽然能源进口呈逐步削减的趋势，但非能源贸易的赤字却呈现出了不断扩大的趋势。随着油价再次上涨，2017年和2018年的贸易逆差进一步增加。

3. 国内私人需求

法国国内消费者购买力将继续上升，但增速放缓，2015年增长1.6%，2016年增长1.9%。2016年工资购买力的增幅为1.2%。工资购买力增幅缩小的原因主要是因为伴随着市场上就业增长势头的强劲，通货膨胀也进一步卷土重来。到2018年，消费者购买力增长。实际工资的增长率加快，2018年增长1.2%，这与整体劳动生产率的 1.4% 的增长是一致的。

与此同时，法国 2016 年居民消费增长 1.8%，2017 年增长 1.2%，2018 年增长 1.5%，与消费者购买力增长相一致。居民储蓄率预计保持稳定。

4. 居民投资

在 2016 年上涨 2.1% 之后，居民投资的增长率在 2017 年达到 3.5%，2018 年增长率达到 3.6%。这种增长既归因于较好的经济形势，例如，消费者购买力的提高和就业率的上升，也反映出法国国内财政状况的改善。2016 年 1 月 1 日为购房者提供的零息贷款及对新增购房的一系列税收激励都是促进居民投资的积极因素。至 2018 年底，建筑许可证的发放水平恢复到 2010 年和 2011 年的水平。

5. 企业投资

得益于 2013 年开始实行的低利率和较高的折旧补贴措施，2016 年，法国企业投资增长强劲，增长率为 4.0%。随着折旧补贴措施的到期，这一增长速度将会逐渐放缓，但由于有着国内和国外需求的支撑，2017 年的增长速度为 3.2%，2018 年为 3.0%。

6. 通货膨胀率

2016 年，法国的通货膨胀率为 0.2%，2017 年为 1.2%，主要原因是能源价格的上涨和商品价格的管制。油价的升高和能源税的实施为法国的通货膨胀率贡献 0.6 个百分点。核心通胀率稳定在 0.6%。虽然从服务业来看，名义工资增长迅速，通货膨胀率比较温和，但这会被欧元升值所导致的进口制成品价格降低所抵消。

由于能源价格的影响，法国的通货膨胀率将在 2018 年小幅回落至 1.1%，因为传统的预测是基于不变的油价和汇率。然而，核心通胀率会小幅上升，制成品价格在 2018 年较稳，因为它们将不再受汇率的拖累，而是会受到外国商品价格和非能源商品价格的提振。此外，随着名义工资的加速，服务业的通货膨胀率将会继续上升。

7. 就业市场

在法国，经济的强劲增长带来了就业岗位的繁荣，2016 年国内新增 18 万个就业岗位。2017 年，就业岗位总量仍保持同样的速度增长，2017 年就业岗位大约增加 20 万个。到 2018 年，就业岗位总量增长缓慢，新增就业岗位 8.5 万人。就业减少的原因在于，2017 年开始，针对企业的招聘补贴逐步减少，并在 2018 年结束补贴。

2016 年，市场部门就业形势出现明显改善，就业增长自 2007 年以来最高。2016 年法国的市场部门新增就业岗位 15.5 万个，而 2015 年新增岗位仅为 1.5 万个。就业岗位的增加主要是得益于竞争力提升和就业税收抵免（CICE）、《责任和团结协议》及中小企业招聘奖励计划的综合影响。这种积极影响在 2017 年继续存在，并继续创造 17 万个就业岗位。由于经济增长较快，就业增长预计将抵消旨在降低劳动力成本的措施的影响。2018 年，在既有政策下，市场部门的就业继续增长。这一增长将得到经济增长的推动，但由于对企业招聘的补贴计划（PME 计划）于 2017 年上半年结束，因此会对就业产生阻碍效果。

2017 年，法国的非市场部门的就业增长放缓，平均每年新增 2 万个工作岗位，而 2016 年为 3 万个。2017 年 GDP 为 2.57 万亿美元，排名世界第五位，仅次于美国、中国、日本、德国。2017 年法国国内生产总值（GDP）增长率达到 1.9%，相比 2016 年的 1.1% 有明显上升。虽然最近 10 年来，法国平均经济增长率不超过 2%，但总体处于增长态势。

第四节　法国的特色资源

一、名胜古迹

法国的名胜古迹很多，有 30 多处被联合国教科文组织列入世界文化和自然遗产，与意大利、西班牙、中国等同为世界遗产最多的国家之一。现介绍其中的一部分。

（一）卢瓦尔河流域的古堡群

法国堪称古堡之国。中世纪开始兴建了许多古堡，达 3.6 万座，构成法国文化遗产的重要组成部分。其中，在巴黎南部的卢瓦尔河流域以图尔为中心周围 200 千米地带集中了 140 多座古堡，是法兰西文明的见证。法英百年战争时期，法国王室曾到卢瓦尔河谷地区避难，王公贵族和达官贵人纷至沓来。他们在这个风景秀丽、气候宜人的河谷大兴土木，修筑富丽堂皇的宫殿和城堡，作为休闲和享乐之地。古堡的建设一直延续到 16 世纪。这些古堡星罗棋布地坐落在山谷绿荫树丛之中，古堡内部装饰豪华气派，雕梁画栋，独具匠心。参观卢瓦尔河流域的古堡，不仅把游客带入仙境，而且带回到遥远的年代，感受法国中世纪的历史生活。所以这段河谷被后人称为"君王河谷"，联合国教科文组织将其列入世界文化遗产。在这些古堡中，著名的有 17 座，如富丽堂皇的昂布瓦斯城堡（图 1-1），创作旷世名作《蒙娜丽莎》，绰号称"拉约孔德"的达·芬奇曾经在这座城堡附近度过晚年并在城堡里谢世。此外，还有富有浪漫情调的"水上城堡"舍农索、贞德晋见王太子请缪抗英的希农城堡、达·芬奇亲自设计的尚博尔城堡等。

图 1-1　昂布瓦斯城堡

（二）枫丹白露宫

　　位于巴黎市中心东南偏南 55 千米处。枫丹白露原意为"美泉"。这里风景绮丽，森林茂盛，古迹众多，自古以来就是狩猎避暑的胜地。最美的是弗朗索瓦一世的画廊。室内有众多的寓意画、水果装饰品、花环彩带和丰富的石膏花饰、雕塑品，是带意大利风格的法国文艺复兴艺术的典范。在枫丹白露宫中有一个中国馆，收藏和展览圆明园珍宝。这座 16 世纪的宫殿，直到 19 世纪它的修缮扩建都未停止过，各个时期的建筑风格都在这里留下了痕迹，众多著名的建筑家和艺术家参与了这座法国历代帝王行宫的建设。

图 1-2　枫丹白露宫

（三）凡尔赛宫

位于巴黎西南 15 千米处，凡尔赛是伊夫林省省会。17 世纪由路易十四下令修建凡尔赛宫殿和花园，后来成为三代帝王之家，法国的政治中心。

图 1-3　凡尔赛宫

凡尔赛宫殿是欧洲最宏伟、最辉煌、最美丽的皇家宫苑之一。宫殿为古典主义风格建筑，立面为标准的古典主义三段式处理，即将立面划分为纵、横三段，建筑左右对称，造型轮廓整齐、庄重雄伟，被称为是理性美的代表。其内部装潢则以巴洛克风格为主，少数厅堂为洛可可风格。凡尔赛宫是法兰西艺术的瑰宝。

这座以奶油色砖石砌成的庞大宫殿，以东西为轴，其中轴线长达 3 千米，南北对称。整个宫殿占地面积为 111 万平方米，其中建筑面积为 11 万平方米，园林面积为 100 万平方米。宫殿西面是一座风格独特的法兰西式大花园，风景秀丽，大小道路都是笔直的，形成几何图案。道路两旁耸立着栩栩如生的人物石雕，被称为"跑马者的花园"。其宫殿外观宏伟壮观，内部陈设及装潢也富有艺术魅力。500 多间大殿小厅金碧辉煌，非常豪华。墙面多由五彩大理石镶制，或用锦缎裱糊。宫室里吊着各种巨型水晶灯，晶莹璀璨。主要宫殿的墙壁和天花板上布满壁画和天顶画，题材主要是神话故事和国王战绩。著名的镜厅，位居宫殿中央西侧，长 73 米、宽 10.5 米、高 12.3 米。镜厅墙面嵌着 17 面长方形的大镜子，每面镜子由 483 块镜片组成，在光线的反射下闪闪发亮，令人头晕目眩（图 1-4）。

图1-4　镜厅

（四）朗布依埃城堡

朗布依埃城堡位于凡尔赛市西南，它以古老的伊夫利纳森林中心的庄园——朗布依埃命名，地处谢弗洛兹上山谷天然公园中。城堡的花园向外延伸，水在小山谷低凹处流淌，并交错形成了6个小岛。拿破仑一世把朗布依埃城堡建成了一个狩猎聚集地和住宅区，1870年城堡成为法国国家财产。

图1-5　朗布依埃城堡

（五）圣日耳曼昂莱城堡

距巴黎西郊 23 千米，是文艺复兴式的建筑艺术风格。它始建于 16 世纪，曾经是历代国王的行宫，路易十四诞生在这里。其周围有一座美丽的花园环绕。城堡现已辟为国家古代文物博物馆。圣日耳曼昂莱城堡附近是一座拥有 4 万人口的同名城市。

图 1-6 圣日耳曼昂莱城堡

（六）圣米歇尔山

法国著名古迹，又是天主教除了耶路撒冷和梵蒂冈之外的第三大圣地，位于芒什省一个小岛上，距海岸 2 千米。小岛呈圆锥形，周长 900 米、高 88 米，由耸立的花岗石构成。涨潮时，海水铺天盖地滚滚而来，淹没岛屿四周的沙滩，形成孤岛独悬；退潮时，滩涂无垠，岛陆相连。涨潮与落潮的潮差约为 14 米，堪称自然奇观。古时这里是凯尔特人祭神的地方。公元 8 世纪，在岛上最高处修建一座小教堂城堡，奉献给天使米歇尔，成为朝圣中心，故称米歇尔山。公元 969 年在岛顶上建造了本笃会隐修院。1211—1228 年在岛北部又修建了一个以修道院为中心的 6 座建筑物，具有中古加洛林王朝古堡和古罗马式教堂的风格。在这孤悬的袖珍小岛上修建规模宏大的建筑，创造了鬼斧神工的"西方奇迹"。其中的大教堂为欧洲哥特式建筑中最古老、最杰出的建筑之一。圣米歇尔山上还珍藏有数量可观的珍贵书籍，有"书城"之雅号。圣米歇尔山已被联合国教科文组织列入世界文化遗产。

图 1-7　圣米歇尔山

（七）圣艾蒂安大教堂

位于谢尔省会、法国的地理中心——布尔日市中心。始建于 1195 年，历时 60 多年才完工，是第一批哥特式建筑，隶属于同种风格建筑中的佼佼者。它以均匀的比例、雕刻、绘画及彩色玻璃闻名。它设计风格俭朴，两个侧面的走廊、两个回廊，没有教堂的十字形翼部。它坐落在一个花团锦簇的花园中。由于没有十字形翼部，广场的空间获得了侧面的透视效果和紧凑感。第一个回廊的天花板的高度是 21.3 米，第二个是 9.3 米。两个回廊天花板高度的不同使第二个回廊也能像第一个那样修建三拱式拱廊和天窗。第一个回廊、小型化处理的第二个回廊和中心广场的空间构成了独特的金字塔空间形式。

图 1-8　圣艾蒂安大教堂

大门上粘贴的图画是《最后的审判》的主题画。其后右侧大门上的是"圣艾蒂安"主题画，左侧的是"圣母玛丽亚"的主题画。在欧洲的哥特式建筑中，圣艾蒂安大教堂堪称典范。

（八）亚眠主教堂

位于索姆省亚眠市的索姆河畔。亚眠大教堂建于 1220 年，由 3 座殿堂、1 个十字厅和 1 座后殿组成。其中十字厅长 133.5 米、宽 65.25 米，从地面到拱顶内侧高为 42.3 米。外观为尖形的哥特式建筑，墙壁被每扇 12 米高的彩色玻璃窗代替，几乎看不到墙面，开启了建筑史上的新阶段。教堂的墙壁上雕饰有基督教先知、信徒和法国历代国王的画像。教堂有巨大的连拱，拱门与拱廊之间用花叶纹装饰。教堂的支撑柱都是 4 根细柱和 1 根圆柱组成的束形柱。亚眠大教堂门洞里，表现宗教题材的雕像非常著名。三座门上的雕刻群表现各种宗教修养、圣人传及创造大地的历史。因此，有人称其为"石头上的百科全书"。正门雕塑的是《最后的审判》；北门雕塑的是殉道者；南门雕塑的是圣母生平，这一组组雕像被称为"亚眠圣经"，是极富表现力的雕刻精品。人们无一不为这座哥特式教堂的宏伟和雕刻群的瑰丽气势而惊叹折服。

图 1-9　亚眠主教堂

（九）普罗万

法国塞纳－马恩省市镇，位于巴黎东南 77 千米处。它在中世纪是一座防御城镇。由于交通便利，它在 12—13 世纪成为香槟地区乃至整个欧洲的重要市集，曾一度发展成为仅次于巴黎和鲁昂的法国第三大城市。2001 年 11 月 13 日，普罗万古城和中世纪集市入选世界遗产名录。

图 1-10 普罗万

二、著名城市

法国有许多既古老又现代化的城市，其中的一些城市在世界上闻名遐迩。这里介绍其中的巴黎、圣但尼、里尔、里昂、马赛、戛纳、尼斯、图卢兹、波尔多、南特、阿维尼翁和斯特拉斯堡。这些城市与中国北京的时差，在夏令制时（每年3月末最后一个周日至10月末最后一个周日）的时差为晚6小时，冬令制时（当年10月末最后一个周日至次年3月末最后一个周日）的时差为晚7小时。

（一）巴黎

巴黎，法国首都，世界著名大都市之一。位于法国北部巴黎盆地的中央，市内面积105平方千米左右，2010年人口224.4万。周围7个省连同巴黎市区形成法兰西岛大区，也称为大巴黎，总面积达1.2万平方千米。

巴黎是一座历史悠久的古城。最早，它只是塞纳河中间斯德岛上一个高卢族的巴黎人居住的小渔村。公元4世纪，它逐渐发展成为小市镇，并取名为巴黎。6世纪初，巴黎成为法兰克王国的首都。自此以后，巴黎逐渐向塞纳河两岸扩展，到18世纪前后，巴黎已经成为一座大城市，包括巴黎发源区、香榭丽舍大街、塞纳河上的石桥、协和广场和卢浮宫（图1-11）等，相当于现在的1—10区范围。19世纪的第二帝国时期，巴黎进行了大规模的改造和建设，出现了大小凯旋门（图1-12）、歌剧院（图1-13）、埃菲尔铁塔（图1-14）、塞纳河上的金属桥、火车站和地铁等，相当于现在的11—20区范围。20世纪以来，在巴黎市边缘地区进行建设，修筑现代化的交通，扩大巴黎市的面积，从而使巴黎成为更加现代化的大都市。

图 1-11　卢浮宫

图 1-12　凯旋门图

1-13 巴黎歌剧院

图 1-14　埃菲尔铁塔

巴黎是法国的政治中心，作为法国的首都，总统府、总理府、中央政府、议会两院、最高司法机构等中央政治机构都设在这里。巴黎还是国际活动的场所，联合国教科文组织总部所在地，许多国际专业机构也常设在这里。每年在巴黎都要举行许多国际会议、博览会和展览会。

巴黎是法国的经济中心。巴黎集中了全法国工业生产总值的约 1/4。巴黎的工业，特别是汽车、飞机、电器、光学、精密仪器、纺织和化妆品等都很发达。巴黎还是法国的金融中心和商业中心。在距离凯旋门以西仅 5 千米远的拉德方斯，是法国和欧洲最现代化的商业区。在那里，建设有写字楼 247 万平方米，其中商务区 215 万平方米、住宅区 1.56 万套，拥有面积达 10.5 万平方米的欧洲最大的商业中心。这里也是欧洲最大的公交换乘中心，拥有 67 公顷的步行系统，集中管理的停车场设有 2.6 万个停车位，交通设施完善。拉德方斯已经成为世界三大 CBD（中心商务区）之一，另两处为纽约曼哈顿和东京银座。它代表着欧洲的现代经济形象。拉德方斯的标志性建筑是"国家工业科技中心""四季商业中心""新凯旋门"等。

巴黎是法国和欧洲的交通中心，市内交通也十分快捷。巴黎共有三个机场：戴高乐机场、奥利机场和布尔热机场。巴黎地铁自 1898 年第一条线路通车，到 1938 年已经基本上形成了地下交通网。现在，巴黎拥有 16 条线路，全长 180 千米，设有 360 个车站，其中有 100 多个换乘站，基本上能够通向巴黎市各个角落和各个旅游景点。巴黎地铁在地下形成一个纵横交错的四层结构，与地铁相连的还有 4 条快速地铁，全长约 200 千米，设有 133 个站，通向巴黎近郊区和远郊区及其景点。当然，巴黎地面公共汽车线路也十分密集。为了旅游方便，巴黎还专门开辟了旅游观光的汽车线路和塞纳河上游艇线路。此外，巴黎拥有 1800 多家旅店和 9 万多张床位，在住宿方面也非常方便。

巴黎市区塞纳河上的桥共有 36 座，建造年代不同，建筑式样各异。其中有 26 座桥的历史都在百年以上。这些用石砖、钢铁建造的桥记录了战争的演变，王朝的兴衰，历史的变革。多少电影艺术家、歌词作曲家，多少诗人、画家、文人墨客，曾在桥上沉思遐想，汲取灵感。巴黎的每一座桥都有一段历史，诉说着历史的变迁和人民的哀乐。塞纳河上最古老的桥称"小桥"，连接西岱岛和河的左岸，据说该桥已有 2000 年的历史。最著名的桥是新桥（图 1-15），最壮观的桥是亚历山大三世桥（图 1-16）。

图 1-15　新桥

图 1-16　亚历山大三世桥

巴黎是一座世界历史名城，拥有众多的名胜古迹，如现代巴黎的象征——高耸入云的埃菲尔铁塔、世界三大建筑之一的哥特式教堂——巴黎圣母院（图 1-17）、肃穆壮观的圣心教堂（图 1-18）、气魄宏伟的凯旋门和著名的夏尔·戴高乐广场、富丽堂皇的凡尔赛宫和爱丽舍宫、建筑之花枫丹白露宫、内有拿破仑墓的荣军院（图 1-19）、雄伟壮观的协和广场和广场中心耸立的埃及方尖碑（图 1-20）、著名的巴士底广场（图 1-21）、艺术家心中的圣地——蒙马特尔（图 1-22）、令人敬仰的巴黎公社社员墙（图 1-23），还有许多名人如雨果、巴尔扎克等的故居，安放法国历史名人骨灰如伏尔泰、卢梭、左拉、雨果、饶勒斯等的先贤祠（图 1-24），巴黎塞纳河两岸的风景，巴黎市内和郊区的许多宫殿和古堡群等，都令人流连忘返。

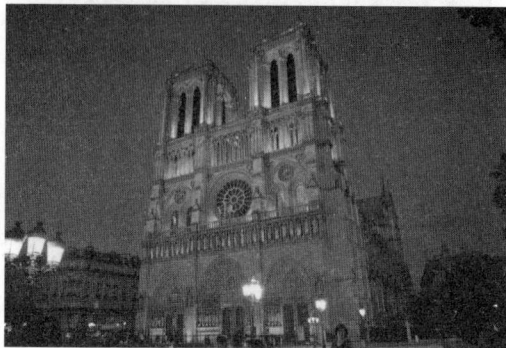

图 1-17　巴黎圣母院

图 1-18　圣心教堂

图 1-19　荣军院

图 1-20　协和广场埃及方尖碑

图 1-21　巴士底广场

图 1-22　蒙马特尔

图 1-23　巴黎公社社员墙

图 1-24　先贤祠

　　巴黎是世界文化中心之一。它拥有 60 多个著名的博物馆和展览中心，除了陈列 1.2 万件精美艺术品的世界级博物馆卢浮宫外，还有罗丹雕塑博物馆、毕加索博物馆、奥赛博物馆、时装博物馆、吉梅博物馆、法国历史博物馆、巴黎市现代艺术博物馆、艺术和新作博物馆、非洲与大洋洲博物馆、群众艺术与传统博物馆、装饰艺术馆，还有几家展示中国和亚洲艺术的博物馆。此外，尚有军事、海军、人文、自然、技术、海洋博物馆及钱币、邮政、广播、时装、电影、乐器、钟表、眼镜等博物馆，以及格雷万蜡像馆。

　　巴黎拥有许多著名的高等专科学院。其中巴黎索邦大学、综合科技大学、国立行政管理学院、高等师范大学等，这些高等学府培养了一批又一批高级技术、行政和管理人才。法国的总统、总理、部长和科学家等大多毕业于这些学校。设置在巴黎市环形路南边的巴黎大学国际城里有许多国家的留学生宿舍，居住着各个国家的留学人员。

　　法国科学院、巴黎国家图书馆、别具一格的现代派建筑蓬皮杜文化中心、闻名遐迩的拉丁区、塞纳河畔的旧书市及许多美术馆、剧院等，都散发着迷人的魅力。巴黎还是文学家、艺术家的摇篮，其"街头艺术"——民间文艺活动长久不衰。法兰西大菜和世界各地的美味佳肴等，都极富魅力。

　　巴黎代表着法国的浪漫和时尚，不愧被誉为"世界之都""浪漫之都""花都""光明城""都市中的女王""时装之都"。

（二）圣但尼

　　圣但尼，巴黎北郊的卫星城市，人口近 10 万。圣但尼堪称法国的"十三陵"。历代国王，从 5 世纪的克洛维斯国王到 19 世纪的路易十八，差不多都安葬在圣但尼的大教堂里。他们坟墓的雕刻是非凡的珍品。

（三）里尔

里尔，北部加莱海峡大区的首府，又是北方省的省会，也是法国诺尔的一个重镇。市中心有 23.4 万人，加上周围卫星城市，形成了"大里尔"都市圈。

里尔地处西欧心脏，高速火车南下巴黎不到一小时，通过英法海底隧道到伦敦也不过一小时多一点。交通的四通八达和便捷使里尔成为国际性的经济、金融、商贸和文化中心。

里尔市及其所在大区是法国重要的工业区之一，早先以冶金和纺织业为主，现已发展成综合工业基地。其铁路器材产量占全国总产量的 50%，电力生产居全国第二位，印刷业居全国第二位，机械制造居全国第三。

欧洲最大的纺织企业"霞日"集团生产基地就在该地区。

里尔市中心的旧交易所是历史上著名的交易市场，其西北有一座军事城堡，即城堡式的要塞，其南部有一个在国际上享有盛誉的巴斯德研究所。

（四）里昂

里昂是法国第三大城市，人口有 48.4 万。它位于索恩河和罗纳河的交汇处，是北欧南下和南欧北上的战略走廊。远在中世纪开始，它就逐渐发展成为欧洲丝织业中心和丝织品集散地，故有"丝绸之乡"的称呼。目前，里昂纺织品产量占法国的 80%。此外，里昂的冶金、机器制造、电力、化学、环保业都很发达。里昂大学是世界上著名的学府之一。1921 年创办的里昂中法大学，为新中国培养了一批革命和建设人才，如周恩来等。里昂市图书馆还珍藏着许多古版书和孤本书。里昂也是"法国烹调之都"，其美味佳肴久负盛名。

里昂拥有一座占地 500 公顷的古城，其名气与历史价值仅次于意大利的威尼斯。它被联合国教科文组织列为世界文化遗产。

里昂和马赛、戛纳、尼斯、法国东南部延绵 300 多千米的地中海海滨通常被称为"蓝色海岸"（图 1-25）。这里气候温和湿润，阳光充足，风光旖旎。蓝色的海水、金黄色的沙滩、绿色的棕榈树，加上粉红色的屋顶嵌在山间，海面绿色的岛屿星罗棋布，构成了一幅幅绚丽的风景画。法国著名的旅游城市如马赛、戛纳、尼斯等像一串珍珠一样排列在"蓝色海岸"线上。一年四季，这里游人如织，尽情地享受大自然赐予的阳光、海水和沙滩。"蓝色海岸"是法国旅游业的第二大景点。

图 1-25 蓝色海岸

（五）马赛

马赛是法国第二大城市，又是法国第一大海港。人口有 85.1 万。马赛是法国历史名城，在法国大革命时期，马赛 500 名士兵进军巴黎途中高唱《马赛进行曲》，激发了革命的热情，后来它成为法国国歌，马赛的名字也就响亮于世界了。马赛港分为旧港和新港。旧港是 15 世纪路易十二时代所建。港湾呈长方形，航道狭窄，地势险要，为马赛的心脏地带，城市繁华街道都集中在这里。正对着旧港的伊夫岛是游览胜地，大仲马在《基督山伯爵》中描写的主人翁被囚禁的监狱就在此。新港是法国最大的对外贸易港口。马赛市内还有中世纪的著名建筑和大教堂等古迹。

（六）戛纳

戛纳地处法国东南部，人口有 10 万。戛纳面对地中海，海水蔚蓝，高大的棕榈，彩色沥青铺路。沿岸耸立着国际会议中心和豪华的大饭店，港湾停泊着大大小小挂着各国国旗的游艇。这里几乎天天举行文艺活动和召开国际会议，其中每年 5 月中下旬举行的戛纳国际电影节与柏林国际电影节和威尼斯国际电影节并列为世界三大国际电影节，所颁发的金棕榈大奖是各国电影业人士力争的对象。节日期间，世界各国当红的电影明星荟萃于此，向观众展示自己的风采。此外，戛纳每年还举办国际音乐节、国际香水节等。每逢夏天，戛纳海滩上挤满来自世界各地的游人，他们或晒太阳，或下海游泳。晚上，滨海大街举办各种文艺活动。对面的莱兰岛是旅游胜地，设有国际少年营地。东边不远的戈尔夫瑞昂是当年拿破仑一世从囚禁的小岛逃回登陆并向巴黎进军的地方。东北部不远的格拉斯是著名的法国香水产地，素有"世界香水之都"的美称。瓦洛里则是法国陶器之乡，著名的画家毕加索定居之地。

（七）尼斯

尼斯地处法国东南部的帕隆河河口，濒临地中海，人口有34.3万。它呈现出一派地中海式的旖旎风光：滨海林荫大道长达4000米，彩砖铺地，花坛似锦，棕榈摇曳，入夜灯火辉煌。尼斯拥有国际航空站、铁路线和海上航线，通向巴黎和国外重要的城市。尼斯每年2—3月间举行的狂欢节，与巴西里约热内卢的狂欢节和威尼斯的狂欢节齐名。至今，尼斯狂欢节已经举办了129届，每届狂欢节持续3周左右。狂欢节期间，花车游行、观众欢腾、儿童嬉戏，直到深夜。街道两旁出售玩具、假面具、气球及彩纸、彩带的摊位比比皆是。为了烘托狂欢节气氛，招揽更多顾客，摊主们还纷纷戴起了小丑帽和五彩假发。尼斯狂欢节每年都吸引成千上万的外国游客来尼斯观光游览。

（八）图卢兹

图卢兹位于法国西南部加龙河畔，人口有44.2万，是法国第四大城市。它同法国其他南部城市一样，散发着天然和古朴的气息。作为中比利牛斯地区的首府和一个开满鲜花的城市，它的魅力不仅来自丰富多彩的历史，而在于与未来紧紧相连的活动。

图卢兹早在中世纪就已经发展成为大西洋沿岸和地中海沿岸之间的经济文化中心。目前，它已经拥有了航空航天工业、化工、机械、电器、轻工业等多种行业，以及科技含量更高的机器人、信息、微电子、生物工程等新兴行业。其中，图卢兹的航空航天工业更是闻名于世，它的各种型号的空中客车、火箭是佼佼者。

在图卢兹市内，有许多文化古迹，其中有罗马式的大教堂以及中世纪的雅各宾修道院、剧院等。

（九）波尔多

西部的波尔多濒临大西洋，有陡壁悬崖、峡谷幽林，也有沙滩和阳光。布列塔尼是别具一格的法国乡间风光。圣米歇尔山是最负盛名的景点之一。圣马洛是有名的石头城。昂热周围是古堡群。

波尔多地处法国西南部的加龙河下游，人口有23.9万。它是法国西南部经济、交通和文化中心，造船业和酿酒业十分发达。尤其是波尔多葡萄酒和白兰地酒闻名遐迩，其中红葡萄酒被列为世界葡萄酒的"皇后"。法国葡萄酒和其他名酒正是通过波尔多港口运往世界各地。

（十）南特

南特法国西部城市，位于卢瓦尔河河口，是卢瓦尔河大区首府和大西洋岸卢瓦尔省省会。人口有 28.5 万，是法国第六大城市。

南特是法国西部大西洋的重要港口和工商业城市。其工业主要有造船业、化学工业（主要是肥料和油漆）、机械制造业（机车和飞机零部件）、有色金属冶炼和食品等工业。在食品工业中，主要生产传统的果品和干货。港口贸易以进口石油为主。

历史悠久的南特老城区弥漫着中世纪的气息：笼罩着神秘气氛的大教堂，耸立着的古老城堡，纵横交错的狭窄街道及宁静的广场。在南特市区，充满文化氛围。凡尔纳博物馆介绍"世界科学幻想小说之父"儒勒·凡尔纳的生平及其作品，如脍炙人口的《气球上的五星期》《海底两万里》《神秘岛》等。

（十一）阿维尼翁

阿维尼翁位于法国南部，沃克吕兹省省会，人口有 9 万。14 世纪时，罗马教皇居住在这里的教皇宫，故阿维尼翁有"教皇城"之称。13 世纪末，由于罗马政教各派别之间的激烈斗争，直接威胁到教皇的安全。因此，在法王菲利普四世的支持和安排下，1309 年，教皇克莱芒五世决定从罗马迁居到阿维尼翁，直到 1378 年。由于教皇的迁居，教徒们就把阿维尼翁作为朝拜的圣地。从教皇宫俯视阿维尼翁城市，可以看到环城的城墙和 12 世纪遗留下来的横跨罗纳河的古朴桥梁。在这座哥特式建筑下面的广场上，小宫殿和圣母院教士的罗马主教堂构成了一组特殊的纪念碑，凸显阿维尼翁在 14 世纪基督教化的欧洲所扮演的突出角色。阿维尼翁于 1947 年开始创办艺术节，每年 7、8 月间举行。它是法国历史最长、影响最大的艺术节之一。阿维尼翁已被联合国教科文组织列入世界文化遗产。

（十二）斯特拉斯堡

斯特拉斯堡地处法国东北部边境，阿尔萨斯大区的首府，下莱茵省省会，人口约有 27.2 万。它属于温带半大陆性气候，夏季温度高。它是法国东北部水陆空交通枢纽，是新兴工业中心。斯特拉斯堡是欧洲议会和欧洲联盟其他许多机构的所在地，故有"欧洲心脏"之称。

斯特拉斯堡古城具有 2000 年的悠久历史，老城区保持了完好的古老风貌：广场、教堂、博物馆、旧市场星罗棋布。城市西部河滨的"小法兰西"河道纵横，圣母院大教堂高耸入云，其建筑风格堪称哥特式建筑的典范。斯特拉斯堡被联合国教科文组织列为世界文化遗产。

三、建筑艺术

在介绍法国的名胜古迹和著名城市中，会强烈地体会到在法兰西这块广袤的大地上，存在着风格迥异的形形色色的建筑物，从教堂、城堡、宫殿、桥梁、钟楼到城市的布局、建筑、广场、集贸市场、民宅，无不渗透着艺术的风格，从而深深地感受到法兰西建筑艺术的魅力。正是这些建筑艺术，吸引了来自世界各国的艺术家和观光者，使他们从中获得灵感，从而激发出创造力。

（一）建筑艺术发展史

早年凯尔特人（高卢人）建造了一些城堡神庙。公元前 6 世纪初，法国南部沿海地带出现了希腊的殖民地，这一带的建筑物使用了希腊的柱式。公元前 2—1 世纪，罗马征服高卢后在罗马艺术影响下具有一定规模的城市开始出现。公元 8—9 世纪，在查理大帝的倡导下，出现了复兴古代文化运动；11—12 世纪，中世纪艺术进入繁荣阶段。在这期间，罗曼式、哥特式、巴洛克风格的建筑物相继风靡一时。

17 世纪，法国进入古典主义时期，其中，宫廷古典主义日益占上风。这种古典主义追求造型严谨，应用古典柱式结构，内部装饰丰富多彩。在这个时期，建造了许多宫廷和纪念性广场等建筑群，以及离宫别馆和园林，为欧洲其他国家所仿效。1715 年路易十四死后，法国建筑艺术不再忍受古典主义的严肃理性和巴洛克的喧哗，从事追求华美和闲适，从而诞生了洛可可建筑艺术风格，并引领了欧洲建筑艺术的潮流。洛可可风格讲究精致典雅、小巧可爱，给人一种温馨的感觉。这个时期，大量舒适安谧的城市住宅和小巧精致的乡村别墅出现了。当然，古典主义风格的建筑艺术并没有消失，它仍然表现在一些建筑物中，如巴黎的协和广场和南锡市中心广场。

18 世纪末至 19 世纪初，法国是欧洲资产阶级革命的中心，也是古典复兴建筑活动的中心。法国流行折中主义建筑艺术，巴黎高等艺术学院是当时传播折中主义艺术和建筑的据点。总的来说，折中主义建筑思潮依然是保守的，没有按照当时不断出现的新建筑材料和新建筑技术去创造与之相适应的新建筑形式。折中主义建筑的代表作有：巴黎歌剧院，剧院立面仿意大利晚期巴洛克建筑风格，并掺进了繁复的雕饰，它对欧洲各国建筑有很大影响。

19 世纪末，工业化的完成和科技革命的方兴未艾猛烈地冲击了法国的建筑艺术，促使法国古典主义和折中主义的没落，加速了现代主义建筑艺术风格的兴起。其主要表现为以钢铁替代石料作为建筑的主要材料，以现代主义的艺术理念设计和建设会馆、展览厅、博物馆、标志性建筑物、广场、住宅等。例如，1889 年在巴黎建设了高耸入云的埃菲尔铁塔，1977 年建成了酷似化工工厂的蓬皮杜文化艺术中心（图 1-26）。

图 1-26　蓬皮杜文化艺术中心

20 世纪 80 年代，法国建筑及建筑艺术进入了一个崭新的发展阶段。随着后现代主义的喧嚣声日渐低落，建筑及其艺术的多样化表达却日益明显。但这些表现遵循的仍然是现代主义建筑的一些基本原则，即运用现代机器美学的原理，将建筑的工业化特征加以艺术的表述，表达一种现代、高科技、光洁、精美，体现速度、效率与环境的建筑艺术风格。其代表作有巴黎的新凯旋门、卢浮宫的玻璃金字塔入口、法兰西国家图书馆等。

（二）五彩缤纷的建筑艺术

罗曼式建筑艺术又称为罗马式的建筑艺术，因古罗马式的券、拱而得名。它是以古罗马建筑艺术为基础，同时受到东方和蛮族文化的影响。它是 9—13 世纪法国的主要建筑风格，其建筑形式以修道院和教堂为主。主要特征是厚实的砖石墙，狭小的窗口，半圆形拱券，逐层的门框装饰，高大的塔楼。其代表作是安德尔、卢瓦尔省省会图尔市的圣马丹教堂。

11 世纪下半叶，哥特式建筑首先在法国北部兴起，随后向欧洲其他国家发展，一直延续到 16 世纪。哥特式建筑艺术的特点是，以垂直线和拱券为主，给人挺拔、高雅之感。它采用细长的立柱代替墙面支撑整个建筑，立柱间的空间镶嵌了巨大的彩色玻璃窗，十分鲜艳夺目。

巴黎圣母院是法国早期哥特式教堂的代表作。它位于法国巴黎市中心的西岱岛上，是天主教巴黎总教区的主教堂。巴黎圣母院建于 1163—1250 年。它的建造全部采用石材，其特点是高耸挺拔，辉煌壮丽，整个建筑庄严和谐。雨果在《巴黎圣母院》中比喻它为"石头的交响乐"。站在塞纳河畔，远眺高高矗立的圣母院，巨型大门的四周布满了雕像，一层接着一层，石像越往里层越小。所有的柱子都挺拔修长，与上部尖尖的拱券连成一气。中庭又窄，又高，又长。从外面仰望教堂，那高峻的形体加上顶部耸立的钟塔和尖塔，使人感到一种向蓝天升腾的雄姿。巴黎圣母院的主立面是世界上哥特式建筑中最美妙、最和谐的，立柱和装饰带把立面分为9块小的黄金比矩形，看起来十分和谐匀称。后世的许多基督教堂都模仿它的样子。

索姆省省会亚眠的亚眠大教堂是法国哥特式建筑鼎盛期的代表作（1220 年），被联合国教科文组织列为世界文化遗产。它长 137 米、宽 46 米，横翼凸出甚少，东端环殿成放射形布置 7 个小礼拜室。中厅宽 15 米，拱顶高达 43 米，中厅的拱间平面为长方形，每间用一个交叉拱顶，与侧厅拱顶对应。柱子不再是圆形，4 根细柱附在 1 根圆柱上，形成束柱。细柱与上边的拱券气势相连，增强向上的动态。教堂内部遍布彩色玻璃大窗，几乎看不到墙面。教堂外部雕饰精美，富丽堂皇。这座教堂是哥特式建筑成熟的标志。

此外，还有马恩省兰斯市的兰斯大教堂（图 1-27），又称为兰斯圣母院和厄尔－卢瓦尔省省会沙特尔的沙特尔大教堂，它们与亚眠大教堂和瓦兹省省会博韦的圣皮埃尔教堂一起，被称为法国四大哥特式教堂。斯特拉斯堡大教堂也很有名，其尖塔高142 米。

图 1-27 兰斯大教堂

　　法国哥特时期的世俗建筑数量很大，与哥特式教堂的结构和形式很不一样。由于连年战争，城市的防卫性很强。城堡多建于高地上，石墙厚实，碉堡林立，外形森严。但城墙限制了城市的发展，城内嘈杂拥挤，居住条件很差。多层的市民住所紧贴狭窄的街道两旁，山墙面街。二层开始出挑以扩大空间，一层通常是作坊或店铺。结构多是木框架，往往外露形成漂亮的图案，颇饶生趣。富人邸宅、市政厅、同业公会等则多用砖石建造，采用哥特式教堂的许多装饰手法。

　　文艺复兴式建筑艺术 15 世纪产生于意大利，随后传到欧洲和法国，从而在欧洲各国形成了各自的建筑艺术风格。在法国，形成了法国文艺复兴式的建筑艺术风格。

　　法国文艺复兴式的建筑艺术风格的主要特征是，用精美的大理石雕塑，以表现人文主义的人体立体雕像和浮雕装饰立柱与墙体，还以人文主义的人体绘画来装饰穹顶和墙面。法国文艺复兴式的建筑艺术风格主要代表作是卢浮宫、巴黎市政厅、凡尔赛宫、荣军院。

　　卢浮宫位于巴黎市中心的塞纳河北岸，始建于 1204 年，历经 800 多年扩建和重修，特别是在 16 世纪的改建中具有了文艺复兴式建筑艺术风格。卢浮宫占地面积 45 公顷，建筑面积为 4.8 公顷，全长 680 米，整体建筑呈"U"形，分为新、老两部分，老的建于路易十四时期，新的建于拿破仑时代。宫前的金字塔形玻璃入口，是华人建筑大师贝聿铭设计的。卢浮宫是法国历史上最悠久的王宫，曾经居住过 50 位法国国王和王后，1792 年法国大革命时期的国民议会宣布作为博物馆。卢浮宫博物馆闻名天下，不仅仅在于其展品之丰富和珍贵，更在于博物馆本身便是一座杰出的艺术建筑。卢浮宫东立面是欧洲古典主义时期建筑的代表作品。自东向西横卧在塞纳河的右岸，两侧的长度均为 690 米，整个建筑壮丽雄伟。用来展示珍品的数百个宽敞的大厅富丽堂皇，大厅的四壁及顶部都有精美的壁画及精细的浮雕，处处都是呕心沥血的艺术结晶，让人叹为观止。参观这座艺术殿堂是一次让人难以忘怀的美好享受。

　　巴黎市政厅是巴黎自 1357 年以来的市政厅所在地，位于巴黎市区塞纳河北岸。由意大利著名建筑师包加多尔设计，1533 年动工。红胡子沉浸于文艺复兴精神，拆除"柱房"，制订了高大、宽敞、光明、完善的建设计划。该建筑 1628 年才完成。目前的巴黎市政厅是在 1871 年 5 月原大楼被焚毁后重新修建的（图 1-28）。

图 1-28

新落成的市政厅长 120 米、宽 50 米，内含 3 个庭院。除中央主楼接近原貌外，其余建筑均反映了 19 世纪盛极一时的新文艺复兴风格。主楼正面的壁龛饰有 196 座名人塑像，右侧栏杆上两组青铜群雕分别象征"科学"和"艺术"，主楼正面的两组石雕象征"劳动"和"塞纳河与马恩河"；钟座上方雕塑名为"巴黎市"，三角楣上的两座雕塑分别象征着"谨慎"和"警惕"。市政厅内部装饰极其华丽。各类风格的油画、壁画、镶嵌画、饰毯等装饰工程曾调动 150 位艺术家，花费了近 30 年的时间。

巴洛克式建筑艺术是 17—18 世纪在意大利文艺复兴建筑基础上发展起来的一种建筑和装饰风格。"巴洛克"一词的原意是奇异古怪的珍珠。其特点是外形自由，追求动态，喜好富丽的装饰和雕刻、强烈的色彩，常用穿插的曲面和椭圆形空间。这种风格在反对僵化的古典形式、追求自由奔放的格调和表达世俗情趣等方面起了重要作用，对城市广场、园林艺术以至文学艺术部门都产生影响，一度在欧洲广泛流行。随后，法国成为巴洛克世俗建筑中心，修建了许多巴洛克式的城堡、广场、宫殿等。法国巴洛克式建筑艺术的代表作是凡尔赛宫宫内装饰、路易十四广场、胜利广场、巴黎郊区的拉斐特城堡等。

洛可可式建筑艺术 18 世纪 20 年代产生于法国，是在巴洛克式建筑的基础上发展起来的，主要表现在室内装饰上。洛可可风格的基本特点是纤弱娇媚、华丽精巧、甜腻温柔、纷繁琐细。洛可可风格的装饰多用自然题材作曲线，如卷涡、波状和浑圆体；色彩娇艳、光泽闪烁，象牙白和金黄是其流行色；经常使用玻璃镜、水晶灯强化效果。洛可可建筑艺术风格反映了法国路易十五时代宫廷贵族的生活趣味，故别称为"路易十五式"。洛可可在形成过程中还受到中国艺术的影响，特别是在庭园设计、室内设计、丝织品、瓷器、漆器等方面。由于当时法国艺术取得欧洲的中心地位，所以洛可可艺术的影响也遍及欧洲各国。这种风格的代表作是巴黎苏俾士府邸公主沙龙（图 1-29）和凡尔赛宫的王后居室。

图 1-29　苏俾士府邸公主沙龙

现代主义建筑艺术以现代主义的建筑艺术理念设计和建造房屋、标志性建筑物、展览馆等，并用钢铁代替石料作为建筑的基本原料。其代表作是埃菲尔铁塔、蓬皮杜文化艺术中心等。

埃菲尔铁塔屹立在巴黎市中心的塞纳河畔。1884 年，为了迎接世界博览会在巴黎举行和纪念法国大革命 100 周年，法国政府决定修建一座永久性纪念建筑。经过反复评选，亚历山大·古斯塔夫·埃菲尔设计的铁塔被选中，1889 年铁塔建成后就以埃菲尔的名字命名。塔高 320 多米，4 个塔墩由水泥浇灌，塔身全部是钢铁镂空结构，共有 1 万多个金属部件，用 259 万个铆钉连接起来，灯泡 2 万个，总重量约为 11500 吨。埃菲尔铁塔是世界上第一座钢铁结构的高塔，铁塔共有 4 层，每层有一个平台，在铁塔塔顶可以观赏巴黎全城迷人的景色。从 1985 年圣诞节起，铁塔改用碘钨灯照明，夜晚塔身呈现金黄色，既节省电，也更加美观。埃菲尔铁塔已成为法国和巴黎的标志性建筑。

蓬皮杜文化艺术中心于 1977 年建成。整座建筑占地 7500 平方米，建筑面积共 10 万平方米。文化艺术中心的外部钢架林立、管道纵横，并且根据不同功能分别漆上红、黄、蓝、绿、白等颜色。因这座现代化的建筑外观极像一座工厂，故又有"炼油厂"和"文化工厂"之称。中心大厦南北长 168 米、宽 60 米、高 42 米，分为 6 层。大厦的支架由两排间距为 48 米的钢管柱构成，楼板可上下移动，楼梯及所有设备完全暴露。东立面的管道和西立面的走廊均为有机玻璃圆形长罩所覆盖。大厦内部设有现代艺术博物馆、图书馆和工业设计中心。它南面小广场的地下有音乐和声学研究所。中心打破了文化建筑所应有的设计常规，突出强调现代科学技术同文化艺术的密切关系，是现代建筑中重科技派的最典型的代表作。

后现代主义建筑艺术源于 20 世纪 80 年代，法国建筑艺术混合了现代主义建筑艺术和后现代主义建筑艺术，从而使法国建筑艺术日益多样化。其突出的特点是充分利用现代建筑的设计理念，并充分使用高科技和新兴的原材料，表现现代化的建筑物，如巴黎的新凯旋门、法兰西国家图书馆等。

新凯旋门是为了纪念法国大革命 200 周年而兴建的标志性建筑，于 1992 年建成。它是一座结构简洁却又令人惊奇的、壮观的巨大建筑物。从远处望去，就像是一个巨大的"门框"，屹立在拉德方斯新区的现代建筑中。正因为它的造型与戴高乐广场的凯旋门十分相像，所以又被人们俗称为"新凯旋门"或"现代凯旋门"。新凯旋门与市中心的卢浮宫及凯旋门在同一条轴心线上，卢浮宫高 25 米，凯旋门高 50 米，于是决定把新凯旋门的高度确定为 100 米，正好是成倍增长，步步高升。同时又因为卢浮宫门前的广场宽 100 米，香榭丽舍大街的宽度也是 100 米，所以新凯旋门的宽度也就确定为 100 米。把城市建设的整体性与艺术性如此巧妙地结合在一起，确实令人赞叹不已。新凯旋门与老凯旋门都被人称为"门"，但在实际用途上却是截然不同的。老凯旋门完全是一座纪念性建筑，新凯旋门则有着实实在在的使用价值。新凯旋门两边的门柱其实是两座百米高的办公大楼，而顶部相连起来呈门状的地方是一个巨大的餐厅和空中花园。整座建筑面积达 6 万平方米，里面不仅设有政府的办公机构，还设有国际通信中心、会议中心、展览馆、画廊和音乐厅等，每年这里都要接待来自世界各地数以万计的客人和观光者。

法兰西国家图书馆，又称为"密特朗图书馆"（图 1-30），于 1995 年建成。密特朗图书馆位于巴黎东南塞纳河边。这座由法国前总统密特朗决定建造的超级图书馆占地 7.8 公顷，总面积为 35 万平方米。它以 4 幢直插云霄相向而立形如打开的书本似的钢化玻璃结构的大厦为主体，4 座大厦之间由一块大概有 8 个足球场大的木地板广场相连。中央是一片苍翠茂盛的树林，围绕着这片浓密的树林是它的两层阅览室，其中有 2 个主阅览室，分别有 2 个足球场大小。图书馆拥有 2000 个座位的普通阅览室和 1500 个座位的学者阅览室，珍藏了 1100 万册书籍，30 万余种杂志，2000 份专业资料和 1500 万幅珍贵的版画等。新楼除阅览室外，还有 1 个视听室、1 个大会议室、6 个小会议室，以及每年举行各类文化活动像音乐会、研讨会、展览的设施。图书馆设有餐厅、咖啡厅、专卖店、书店等，为读者提供各种便利服务。

图 1-30　密特朗国家图书馆

第二章　法国的诞生

第一节　旧石器时期的文化

法国是一个文明悠久的国家。早在远古洪荒时期，法兰西土地上就有人类居住。在人类体质发展的直立人阶段，法国有距今 25 万年前的阿拉果人。距今 4 万年前，为晚期智人阶段。晚期智人是与现代人一致的人类，人类起源的过程到这里最终完成。晚期智人的主要化石代表是 1868 年在法国维泽尔河流域克罗马农山洞发现的克罗马农人。克罗马农人身材魁梧，脑容量达 1600 毫升，超过现代人的平均值。克罗马农人已经能创造艺术水平可与现代绘画大师媲美的洞穴壁画，故其体质结构、智力水平与现代人无异，相差的只是社会发展的先后，也就是说，只有时代的区别而再无体质的区别。

迄今为止，已在法国发现从旧石器时代到铁器时代各个时期相当系统的人类文化遗址。法国考古学家莫尔蒂耶曾根据欧洲的材料，用进化论的观点提出了将旧石器时代分为阿舍利、莫斯特、梭鲁特、马格德林等期的莫尔蒂耶编年法。法国发现的旧石器文化，其实就是这套编年法的基础，不过其要更加丰富多彩，充分体现了法国旧石器文化发展过程的连续性和完整性。

阿布维利文化是欧洲旧石器文化初期较早阶段的文化，最初发现于法国北部的索姆河下游的阿布维利城，并由此得名。阿布维利文化的年代约为 40 万至 10 万年前，其典型遗物是一种打制粗陋的石斧，长 10—20 厘米。阿舍利文化是继阿布维利文化之后的一种文化，是法国考古学家佩尔息于 1847 年在法国北部的圣·阿舍利发现的，遂由此得名。其地质年代在更新世中期，距今约 40—30 万年，典型遗物手斧系直接导源于阿布维利文化，但打制技术较进步。莫斯特文化是欧洲旧石器时代中期文化。最初发现于法国多尔多涅的莫斯特，并由此得名。1869 年，莫尔蒂耶在这里进行过调查。莫斯特文化的年代起始为距今 20—15 万年，结束在距今 4—5 万年间。其特征是如一时期的阿舍利手斧消失，转而以石片工具制作系统为主，尤以石片精心制作的边刮器和三角形尖状器为典型。奥瑞纳文化属欧洲旧石器时代后期文化。1860 年发现于法国南部的奥瑞纳村山洞中，并因此而得名。其年代在公元前 3 万至公元前 2.5 万年前。典型石器有石叶、尖状器、刮削器和雕刻器等。山洞中还发现有写实的洞窟壁画、象牙制圆雕和浮雕女雕像及用贝壳和鱼脊椎骨制成的装饰品。梭鲁特文化是介于奥瑞纳文化和马格德林文化之间的一种文化。最初发现于法国里昂附近的梭鲁特，故而得名。1866 年，莫尔蒂耶在这里调查时，在一堆马骸骨下发现。年代在公元前 18000—前 15000 年。打制石器技术较高，掌握了压制法。典型石器有桂叶形尖状器，并有大尖状器等。尖状器的原材料的石刃长达 30 厘米以上，是迄今所知最大的石器。剥离技巧高超。虽有精细的骨针，但骨器和雕刻都不发达。马格德林文化为欧洲西南部旧石器时代晚期的文化。最初发现于法国多尔多涅省韦泽尔河右岸的马德莱娜，从而得名。其时代在公元前 2 万年至公元前 1 万年。法国考古学家步日耶曾将该文化分为 6 期。常见石器有刮削器、雕刻器和石叶等。骨、角器制作技术进步，并有投矛器。绘画和雕刻技术都很发达，洞窟壁画有拉斯科克斯和阿尔塔米拉洞窟等，技术高超，色彩富丽，是研究当时的艺术生活的重要资料。

到了早期智人阶段的旧石器中期文化，社会发展明显有加速之势。创造这一时期文化——莫斯特文化的尼安德特人具有和现代人一样大的脑量，故其智力亦大大超越直立人。石器制作的精致，用火的普遍（表明已有人工取火的发明）、遗址中兽骨大量存在反映的狩猎之成功，都说明了这点。但最能标志此时人类思维已渐复杂的证物，则是墓葬的出现。1908 年，在法国的拉·费纳西山洞首先发现了尼安德特人的墓葬，近年又陆续在此发掘，结果表明此洞可能被当时的人专门用作墓地，生活住所另在别处。过去已在此发现了两具成年人和几具孩童的尸骨，近年发掘则显示了十几座墓坑和若干墓墩的迹象。墓葬本身说明，当时人类已有某种死后去向的迷信或宗教观念的萌芽。

旧石器晚期文化的最突出的成就就是出现了人类最早的艺术作品，而且水平相当高，并不亚于其后各时代的艺术。发现这些艺术作品最集中的地方，也在法国中部南部一带，北及德、法相邻的莱茵河流域，西达西班牙的坎塔布雷亚山脉。从时间上看，出土遗物中的角骨制品上的雕刻似乎早于洞穴壁画，但并不等于说两种艺术形式的产生有先后，因为雕刻中包括线刻画，它实际上就是当时人用石器刻于角骨表面的"绘画"。这些艺术品的共同特点是皆着眼于写生传神，是真正的造型艺术。前述莫斯特文化期墓葬的花草装饰（或花环）及椭圆形象牙板的出现，已表明人类审美观念有所萌芽，因此，在其后的数万年间，逐渐发展到刻画动物、人类以至较生动的造型技巧，自是必然的趋势。另一批很有代表性的早期雕刻作品，就是那些可做母系社会象征的妇女雕像。考古学家曾因其为裸体女像而称之为"维纳斯"，以比附于希腊罗马的裸体女神像。刻于法国洛赛尔岩壁上的妇女浮雕像，右手举着一只角状容器，可能是表现一位执行某种宗教仪式的妇女或女族长。从欧洲日后留传的以角杯象征丰收的神话看，她也可能是在执行祈祝丰产的仪式。看来这些原始艺术品都含有某种宗教巫术的意义，绝不是什么"纯艺术"。但这些作品反映的造型技巧和写实程度，都表明当时人类的智力已与今人无异，创造这些作品的克罗马农人甚至获得"石器时代的希腊人"的美称。

这时期造型艺术的最高表现则是洞穴壁画。目前一般认为这些壁画主要创作于马格德林文化期，虽然其源起可能在梭鲁特期或者更早一些。现在发现有壁画的洞穴在法国已达 70 处，在西班牙北部亦有较多的典型遗址，其中最著名的是法国的封·德·高姆洞、拉斯科克斯洞和西班牙的阿尔塔米拉洞。从技法上看，壁画艺术最初是轮廓勾勒，然后表现动作与明暗，最后达于多色渲染。这一由低到高的过程可能经历了漫长的岁月。就每个绘画者来说，从学习技艺到担任正式创作，大约也经历了较长时期的训练。因为从遗址中已发现的刻画于角、骨、岩壁的习作草图和画像风格的接近程度看，可知有一定的学习组织和师徒传授的存在。但是，在当时的社会条件下，不可能产生完全脱离生产的专业人员。因此，无论是作画的师傅，还是习艺的门徒，都同时是集体狩猎的劳动者，而且往往是其中眼力尤为锐敏的猎人。正是这种狩猎劳动的生活体验，奠定了他们艺术创作的写实基础；因而也有人把这些洞穴壁画称为猎人的艺术。其中杰作如封·德·高姆洞的驯鹿、阿尔塔米拉洞的野牛、拉斯科克斯洞的野马等，都完全够得上"栩栩如生"的评语。无论鹿之优美、牛之威力、马之快捷等，皆表现得逼真而富于气韵，具有异乎寻常的高质量。特别令人感兴趣的是，拉斯科克斯洞中有一匹被研究者称为"中国马"的野马画像，色彩渲染酷似中国水墨画，圆腹短腿的体形和细步慢跑的神韵也和中国传统的奔马图不谋而合，可见当时艺术家技艺之高超。

自从洞穴壁画发现以后，研究者们就注意到这些壁画总是作于洞穴深处，有时甚至幽曲狭窄难以通行，作画必以人工照明（遗址中出土众多石制油灯，可能还用火把），作成后也不准备让人经常观看。这些情况不仅说明壁画决不会用于任何装饰观赏目的，也指出了它可能具有的巫术含义和宗教（图腾）作用。近年来，研究者又另辟蹊径，不是从民族学提供的事例寻找原始艺术的动机，而是从艺术品本身的细节探讨它原有的内容。法国学者勒鲁瓦－古朗根据法国 65 个洞穴中动物形象及符号的详细编号，研究其出现的频率与分布状况，发现野牛、野马几乎占一半比例，分布也有一定规律，往往是野牛位于洞穴中央处的主要壁面，而野马则遍见其他各处及中央，因此他提出牛代表雌性、马代表雄性之说，既和原始人可能萌发的世界阴阳两极的思维有关，也反映了当时社会以女性为中心的结构。美国学者马尔夏克则据显微观察和红外线摄影而发现壁画形象和角骨刻画多有不断重复的规律刻痕（或重叠），认为这些迹象可能代表某种节令和日历的观察，因而具有季节符号的意义。这样一来，有些看似随意组合的动物就都包含着原始人类研究自然现象的信息。例如，在法国蒙特加尔第出土的一只鹿角指挥棒上的线刻画，紧凑排列了两只海豹、两只蛇、一只鲑鱼和三根野草。在显微镜下观察，可见鲑鱼有钩状之吻，这是每年春季产卵洄游时的特征，于是其他图像的含意也就迎刃而解：原来这是一幅春季来临时的物候观测图：春风初拂，鲑鱼洄游，海豹追逐，蛇类交配，草木发芽。马尔夏克还认为壁画形象也具有季节符号含义，例如，上述的"中国马"，它的圆腹表明是在夏季换毛季节所见的特征，其他牛、鹿形象亦可类推。虽然这些研究仍有不少可争议之处，却告诉我们这些原始艺术杰作同时兼有多种功能，它们不仅是人类艺术宝库中的珍品，也可能是传达某种科技信息的工具。

第二节　法兰克国家的建立

最早出现在法国沿岸的是腓尼基人，时间在公元前 1000 年左右。公元前 600 年左右，希腊人开始移民法国，在罗纳河河口的马西里亚（今日马赛）建立城市。大约在同一时期，凯尔特人自中欧山区移居法国，罗马人把该地称为高卢，把当地居民称为高卢人。当时的凯尔特人处于原始公社崩溃阶段。公元前 2 世纪末，罗马人两次入侵高卢，建立罗马行省。公元前 58 年，恺撒征服高卢，高卢开始罗马化：推行奴隶制，引进先进的生产技术，提倡拉丁语，建立基督教会，授予罗马公民资格。

日耳曼民族大迁徙影响了高卢的发展。西哥特人和勃艮第人分别建立了王国。法国国名来源于公元 4—5 世纪自莱茵河东岸入侵高卢的一个日耳曼蛮种部落——法兰克人，法兰西意为法兰克人的王国。法兰克王国的奠基者克洛维是部落酋长墨洛温之孙，他建立的王朝即为墨洛温王朝，政府便设在巴黎。

　　克洛维于 496 年在斯特拉斯堡战胜入侵的阿勒曼人，之后不久，他率领 3000 名法兰克武士皈依基督教，取得了罗马教会对他的支持。克洛维时期编纂了《伊利克法典》。最初的稿本有 65 章，用拉丁文写成，记载了不少古老的习惯法。法典表明，法兰克人这时已经组成农村公社——玛克公社。玛克公社中占多数的是自由的公社农民。在玛克公社内，绝大部分土地还是公有的。只有宅旁土地归公社成员私有。可见，玛克公社是土地公有制向私有制的过渡阶段。公社内部已出现贫富分化和阶级差别。除公社土地所有制外，还存在大土地私有制。法兰克的刑事诉讼程序除采用宣誓证明制外，还采用神意裁判法和搏斗法。法兰克人的玛克公社给濒于绝境的西欧带来了新的生气，推动了社会生产力的发展。

　　克洛维死后，国土分给 4 个儿子，此后 200 年间，法兰克王国长期处于分裂状态。8 世纪初，东、西法兰克之间的争夺尤其激烈。东法兰克宫相查理·马特在北方恢复秩序，732 年，在普瓦提埃击退了阿拉伯人的入侵，重新统一了法兰克王国。为了确保兵源，他以服骑兵役为条件分封土地给贵族，实行采邑制，目的是加强王权。751 年，他的儿子丕平在教皇的支持下正式继位，建立了加洛林王朝（751—987年）。丕平为答谢教皇，两次出兵意大利，打败入侵意大利的伦巴底人，迫使伦巴底国王将所侵占的罗马地区诸城市和拉文那总督区交给教皇统治，史称"丕平献土"。从此，在历史上便出现了一个世俗的教皇国。

　　768 年，丕平之子查理继位。查理大帝是法兰克国家最杰出的君主。在他统治的46 年中，连年出征意大利、西班牙、日耳曼等地区。到 800 年，他已把过去罗马帝国统治下的西欧广大地区置于自己的控制之下，并由教皇为他加冕，查理成为西方皇帝。法兰克国家的版图东抵易北河和多瑙河，南面包括意大利的大部分，西南至厄布罗河，北抵北海，其疆域之大，可与昔日的西罗马帝国相媲美。查理帝国在当时的国际事务中威望很高。十几年以后，拜占庭皇帝也不得不正式承认查理为法兰克国家的皇帝。

　　8—9 世纪，法兰克的封建化进程大大加快，封建土地所有制确立，玛克公社被封建庄园所代替，自由农民转化为依附于封建主的农奴。

第三节　法兰克国家的文化

　　西罗马帝国灭亡以后，教会保留了古代的文化，成为文化的传播者。在墨洛温王朝时期，所有的学校都是教会和修道院办的。教会把从古代世俗教育承袭下来的几门学科称为七艺，即语法、修辞、逻辑、算术、几何、天文、音乐。七艺主要用来为教会服务，例如，形式逻辑成为教会同异端辩论的工具、音乐在做礼拜时使用、天文学用来计算教会的节日和发布各种预言。在修道院里保存着古代希腊、罗马作家的手稿。在修道院的缮写室里，修道士除了抄写宗教书籍以外，还抄写希腊、罗马作家的作品。虽然他们在抄写时有时用小刀刮掉羊皮纸上不利于基督教的内容，但是他们对古代手稿的保存仍有一定的贡献。

6世纪时，墨洛温王朝出现了两个有名的作家，即历史学家图尔的主教格雷戈里和诗人福尔图纳图斯。格雷戈里勤于著述，他说："我写过十卷《历史》、七卷《奇迹集》、一卷《教父列传》；我编撰过一卷《诗篇》注释；我还写过一卷关于教会祈祷仪式的书。"在格雷戈里的著作中，《法兰克人史》最为重要。这部著作的撰写前后历时近20年，最后一章完成于他去世之年。全书共10卷，详尽而略古，最有价值的部分是第五卷以后的各卷。在这些卷所包括的时间里，格雷戈里已就任都尔主教。《萨利克法典》和《法兰克人史》通常被视为墨洛温王朝早期最重要的两部史料。前者为五六世纪法兰克人的社会制度勾画出一张清晰图景；后者为6世纪，特别是它的后半期的法兰克国家生活描绘了一幅生动画面。福尔图纳图斯是格雷戈里的同时代人，生于意大利，曾在拉文那学习拉丁文学。后迁居高卢，与法兰克王公贵族过从甚密，与格雷戈里也相识。福尔图纳图斯在墨洛温王朝宫廷吟诗赋歌，创作了许多歌颂诸王的长诗、颂歌、古体赞辞和教会圣歌。

加洛林王朝时期，法兰克人的文化水平不高，识字的人仍旧很少，甚至查理大帝的大多数官吏均处于文盲状态。不过，在查理大帝时期，法兰克国家的文化有了一定的进步。所以法国历史上有"加洛林文艺复兴"之称。查理大帝是位有教养的君主，懂得希腊语和拉丁语，喜欢奥古斯丁的《上帝城》，晚年仍孜孜不倦地学习。他支持奖励学术和教育事业，延聘各地学者到宫廷讲学，著名的学者有英格兰的阿尔昆、伦巴第的保罗和比萨的彼得。阿尔昆为英国著名教会学者比德的门徒，学识渊博，深得查理大帝尊敬，查理大帝称他为老师。阿尔昆受查理大帝的委托，组织了一所皇宫学校，让皇家子弟入学，也接受部分平民孩童就读。当时有些教士未受过多少教育，所写的书信文辞鄙俗，不能用正确的语言表达，不能很好地执行教会使命，于是查理大帝兴办寺院学校，以便提高教士的文化水平。查理大帝还赋予神父向各处传播文化的使命，在村庄里建立免费的学校，教人民识字。阿尔昆亲自为孩子们编写课本，宫廷学院在埃克斯培养一批教师，然后派往各地农村。查理大帝肯定了教士的特权，但他要求教士提高欧洲的文化水平。阿尔昆的学生艾因哈德是一位优秀的古典学者，著有《查理大帝传》。全书虽然只有两三万字，却是查理大帝时期的重要史料，并且叙事明快，文情并茂，是世界历史文库中的要籍之一，传诵甚广。当查理帝国分裂时，出现了历史学家尼泰德。尼泰德为王室成员，是查理大帝的外孙，早年受过古典教育。他熟知加洛林王朝的政事，著有《四卷史》，记载了查理大帝的三个孙儿之间为瓜分帝国而进行战争的情形，止于843年《凡尔登条约》的订立。尼泰德的记载具有巨大的史料价值。

在加洛林王朝，一种非常清晰易读的新字体——加洛林小写字体得到推广。修道院僧侣用这种新字体抄写了不少教会作品和古代作家的手稿。手抄本还画有以《圣经》为题材的精美插图。流传到现在的罗马作家的作品，几乎都是在这个时期，而且主要是在高卢用加洛林小写字体抄写的。尽管拉丁文又成为有学问的人的语言，人民的语言却也得到鼓励，并且在城市里发展起来。查理大帝自己说法兰克语，但他密切注意各省高卢—罗马居民口头语言的演变：罗马化各地区所使用的变体拉丁语，受了蛮族方言的影响，慢慢变成了一种新的语言，从而产生后来的中世纪法语。

查理大帝希望经过革新的教会有一个壮观的环境。他号召欧洲最好的建筑师、雕刻家和画家，建造修道院、隐修院、教堂。卢瓦雷的日尔米尼·德·普雷教堂，圣日尔曼德奥塞尔教堂的地下墓地，都是这一巨大努力的见证。查理大帝时期的建筑受拉文那的拜占庭风格的影响。查理大帝曾下令在首都阿亨和其他各地修建宫殿和大教堂。他在阿亨兴建了一座雄伟华丽的教堂，用金银加以装饰，正门和旁门都用坚固的黄铜制成。教堂的大理石柱是从罗马和拉文那运来的。查理大帝在阿亨的宫殿虽已荡然无存，再也无法看到阿尔昆所说的"新雅典"的风貌，但这座豪华的教堂依然保存。加洛林时代的手工艺品也受拜占庭的影响。在象牙和金属制品、珐琅和照明装饰方面，都显示出加洛林时代手工艺人的精巧技术。

第四节　法兰西的诞生

查理大帝的统一事业未能持久。查理帝国是在征伐的基础上建立起来的，故而只能是一种暂时的不巩固的军事行政的联合。查理大帝在世时，他的中央集权政策比较有效，这位杰出的封建君主从政治舞台上消失以后，他的不稳固的帝国便难以维系。查理大帝死后不久，查理帝国便开始土崩瓦解。查理大帝的儿子路易（虔诚者）生前就指定他的儿子罗泰尔继承皇位，但罗泰尔的兄弟日耳曼人路易与查理（秃头）联合起来共同反对，并于 842 年在斯特拉斯堡立誓结盟。《斯特拉斯堡誓言》是用两种语言表达的，两人都在对方的部众面前宣誓：日耳曼人路易向秃头查理的部众说的誓言是罗曼语，即最初的法语；秃头查理向日耳曼人路易的部众所说的誓言是条顿语，即最初的德语。双方军队则用他们自己的方言发了誓。《斯特拉斯堡誓言》说明这两个国家的本族语言已经形成。843 年，罗泰尔与其两弟妥协，三方签订《凡尔登条约》。查理帝国一分为三：莱茵河以东归日耳曼人路易，称东法兰克王国；莱茵河以西归秃头查理，称西法兰克王国；罗泰尔仅辖北意大利及东西法兰克王国之间的一块狭长土地，即后来的洛林。近代西欧德、法、意大利三个国家就是在查理帝国分裂的基础上形成的。东法兰克王国发展为德意志，西法兰克王国发展为法兰西，罗泰尔的领地的南部则形成意大利。870 年，日耳曼人路易和秃头查理又瓜分了东西法兰克之间的洛林。

法兰西国家的疆域虽基本确定，但法国的政治统一远未完成。9 世纪，诺曼人开始入侵，911 年在北部建立了诺曼底公国。从 9 世纪末起，加洛林家族与罗贝尔家族为了争夺王位纷争达 100 年，987 年，罗贝尔家族的于格·加佩登上王位，建立了加佩王朝（987—1328 年）。

10—15 世纪，法国农业、手工业、商业有所发展，人口逐渐增长，到 14 世纪20 年代，约达 1600 万。在交通要道，出现了许多新兴城市，成为手工业生产和商业贸易的中心。西欧各地商人云集香槟集市进行交易。从 11 世纪起，一些城市发动公社运动，通过武装起义或金钱赎买，取得了自治权。市民有选举市长、成立市议会和建立城市法庭等权利，城市公社保证每个市民的人身自由，"城市的空气使人自由"这句名谚，说的就是这种情况。随着城市的兴起，出现了一个新的社会阶级——市民阶级，他们成为与特权等级（教士、贵族）有别的第三等级。商品货币关系的发展加强了国内的经济联系，为国家的统一创造了有利条件。

加佩王朝初期，王室直接控制的领地只限于塞纳河和卢瓦尔河之间。各大公国、伯国割据称雄。日耳曼和英格兰君主也阻碍法国统一，英国的威胁尤大。

1337 年，英法百年战争爆发。战争是由法国王位继承问题引起的。1328 年，加佩王朝男嗣断绝，支裔伐卢瓦家族菲利普六世继位，从此开始了伐卢瓦王朝（1328—1589 年）的统治。而英王爱德华三世作为菲利普四世外孙，要求继承法国王位，遭到法国拒绝，这件事成为战争的导火索。在这场旷日持久的战争中，法国曾爆发巴黎市民起义和扎克雷农民起义。战争后期，法国涌现出一位传奇式的女英雄，人们誉之为"圣女贞德"。17岁的贞德亲率军队解救奥尔良之围。查理七世在兰斯大教堂加冕，贞德手执军旗，侍卫其身旁。但在1430年春，她在作战中却被勃艮第人出卖给英军，交由异端裁判所审讯，查理七世竟坐视不救。贞德最终以"穿戴男装""妖术惑众"等莫须有的罪名，被判为女巫，处以火刑。贞德是法兰西爱国主义精神的象征。1979年5月值奥尔良战役550周年之际，法国曾举行仪式来纪念她。罗马教皇也正式为贞德平反昭雪，恢复名誉。

英法百年战争于1453年以法国胜利而告结束，英军被逐出法国，只有加来港仍在英军手中。到15世纪末，勃艮第等最后几块贵族领地也并入了法兰西王国的版图，法国终于实现了领土统一。

第三章　11—15 世纪的法国文化

第一节　英雄史诗

英雄史诗在中世纪曾经盛行一时。它的来源是古拉丁诗、宗教诗和民歌，它形成于加佩王朝建国之后，约 11 世纪期间。这种英雄史诗既吸取了《荷马史诗》的宏丽气魄，又吸取了圣徒传中的感情灵魂，同时运用了民间说唱形式。英雄史诗都是长篇叙事诗。最短的也有一千行，长的达到几万行。它由十音节诗构成，押谐音，即押最后一个音节元音的韵。诗歌分节，每节长短不齐。目前发现的英雄史诗在 100 部左右。

英雄史诗中文学成就最高、最著名的是《罗兰之歌》。《罗兰之歌》属于 11 世纪末或 12 世纪初的作品，全诗 4002 行，共 291 节，系用罗曼语的方言写成，文字十分古老。

史诗叙述的故事发生在查理大帝时代。查理大帝出兵西班牙，征讨摩尔人即阿拉伯人，历时 7 年，只剩下萨拉哥撒还没有被征服。萨拉哥撒王马尔西勒遣使求和。查理决定派人前去谈判，但大家知道马尔西勒阴险狡诈，去谈判是非常冒险的事。查理大帝接受其侄儿罗兰的建议，决定让罗兰的继父、查理的妹夫加奈隆（又译噶努伦）前往。加奈隆由此对罗兰怀恨在心，决意报复。在谈判时他和敌人勾结，定下毒计：在查理归国途中袭击他的后队。加奈隆回报查理大帝，说萨拉哥撒的臣服是实情，于是查理决定班师回国，并接受加奈隆的建议由罗兰率领后队。当罗兰的军队行至荆棘谷时，遭到 40 万摩尔人军队的伏击。罗兰率军英勇迎战，但因众寡悬殊，终于全军覆灭，罗兰英勇战死。罗兰的好友奥里维曾三次劝他吹起号角，呼唤查理回兵来救，都被罗兰拒绝。直到最后才吹起号角，但为时已晚。查理大帝赶到，看到的只是遍野横陈的法兰克人的尸体。查理率军追击，大败敌人。回国以后，将卖国贼加奈隆处死。

　　查理一世（742—814年），或称查理大帝、查理曼，是法兰克国王矮子丕平（三世）的儿子。从768年继承王位，后来通过征略逐渐成为伦巴德人、托斯卡纳人、萨克森人的国王。800年受罗马教皇利奥三世加冕，当上西方皇帝，统治疆域基本包括今天的法国、比利时、荷兰、德国和意大利北部及中部，是罗马帝国后的又一大帝国。查理曼是中世纪一位雄才大略的君主，主张与罗马教廷合作，促进教会改革，奠定了基督教统一的基础。

　　在帝国扩张过程中，以查理皇帝为代表的基督教国家与阿拉伯伊斯兰国家不时发生战争。778年，查理曼攻下西班牙潘普洛纳，撒拉逊（中世纪西方人对阿拉伯人、伊斯兰教徒的称呼）人要求讲和，献上几名人质。查理曼随后南下进攻萨拉戈萨。萨拉戈萨深沟高垒，固守不降。查理曼围困了两个多月，毫无进展，又听到后方撒克逊人叛乱，带了军队和人质撤退。其实这是查理曼远征中的一次挫折，在他生前，法国纪年史缄口不谈这件事。

　　只是到了829年，《皇家纪事》提到查理曼那次在778年带领他的大队人马抵达比利牛斯山，为了抄近路借道位于海拔1500米的龙塞沃。8月15日，经过山石峥嵘的峡谷时遭到伏击。山区的加斯科涅武装人员从山坡直冲而下，朝着他们猛扑过去。法兰克人长途跋涉，又带了笨重的战利品，行动非常迟钝，只有招架之功。加斯科涅人掠夺了大量财物后呼啸而去。查理曼也不知道他们的身份和行踪，没有也不可能报复。他们或许就是一股盗匪，其中可能有作为内线的法兰克人，但是肯定没有撒拉逊人。显然这是一次没有政治目的的抢劫行为，因为在这事以后，加斯科涅人没有反叛事件，阿基坦人继续效忠查理，萨克森人的叛乱也不见蔓延。在这次袭击中查理曼有几位重要人物牺牲了，其中有御厨总监艾吉哈尔德、宫廷伯爵安塞姆、布列塔尼边区总督罗兰。

　　从9世纪开始流传查理大帝和他的勇将罗兰的事迹。口头文学不断随着时代的变迁而变化。那时候封建社会的发展与等级制度的确立，基督教与伊斯兰教在地中海一带争夺加剧，民间传说掺入了当时的政治社会内容和宗教神秘色彩。罗兰的故事逐渐变成基督教与伊斯兰教大规模长期圣战中的一个重要篇章。后世人确实常用神奇的语言，把一则平凡的逸事，渲染成了一篇辉煌的传奇。

　　说《罗兰之歌》是开卷之作，并不是说在此以前法国文学史上没有出现过作品。在9—11世纪之间有《圣女欧拉丽的颂歌》《耶稣受难》《圣勒日》《圣阿莱克西》等，从题目便可看出这是一些表彰基督教圣徒的道德圣行的作品，语言贫乏，牵强附会，虽然写的是韵文，但是通篇说教，谈不上文学价值。

在牛津抄本产生之时，法国通俗语言有了很大发展，其结构、形式和词汇已经能够承受长篇叙事的分量。在《罗兰之歌》中可以看到大量并列句，简单的形象和隐喻，人物的心理和意图描写，还有民歌中常见的复叠和夸张。随着各地区文化的传播，宗教斗争激发的宗教热忱，这部叙述778年龙塞沃悲剧的纪功歌，更多地反映的却是11—12世纪的时代精神和特征。今天读到的《罗兰之歌》包含了3个层次的冲突：

第一，两个世界、两种文明、两种宗教的冲突。基督教代表善、正义和天意，而伊斯兰教代表恶、不义和邪道。

第二，领主与藩臣的冲突。领主供养和保护藩臣，藩臣向领主效忠，以死相保。一名藩臣可以同时效忠几名领主；也可以既是一名领主的藩臣，又是另外藩臣的领主。

第三，藩臣与藩臣之间的冲突。好藩臣忠诚、英勇、磊落；坏藩臣不忠、怯懦、阴险。这些道德行为的准则当时是明确的，对待上帝诚惶诚恐的基督徒心灵中容不得半点怀疑。

《罗兰之歌》是欧洲中世纪的一部伟大史诗，浑厚质朴。有人赞誉说它有荷马宽阔流动的优美和但丁豪放有力的笔致。这毕竟是1000多年以前的作品，有中世纪的种种特点。若用历史观点阅读，今天的读者依然会认为这是一部卓越不凡的大作。

第二节　骑士文学

骑士文学包括骑士抒情诗、骑士传奇及根据后者改写的散文骑士传奇。

12世纪初在南方宫廷里问世的抒情诗，是骑士文学最早的成就。中世纪南方法兰西的骑士抒情诗俗称"普罗旺斯抒情诗"。普罗旺斯抒情诗植根民间诗歌传统，在诗法、曲调、表现技巧方面受民间诗歌的直接影响，并承袭了民间诗歌的一些样式。在一个半世纪的发展中，普罗旺斯抒情诗形成过近1000种诗歌格律，其中许多格律的诗都有相应的曲调。

讴歌骑士之爱，是骑士抒情诗最普遍的主题，亦是其最突出的特色。这使它不同于宣扬禁欲主义的宗教文学，不同于主张男子在两性关系中主宰一切的英雄史诗。中世纪的贵族阶级把骑士之爱称之为典雅爱情。这种流行于宫廷社会的爱情观念认为，爱情不像以前那样是女子对男子的献身和屈从，而是男子对女子的献身和屈从。女子有决定爱情的权利，而她们注重的是男子"典雅的品德"，男子博取爱情的过程，就是"典雅的品德日臻完善"的过程。

　　骑士抒情诗的作者有些是贵族，大部分是依附宫廷的职业诗人。第一个知名的南方抒情诗人是普瓦图的伯爵兼阿基坦的公爵吉约姆第九。总的来说，前期普罗旺斯抒情诗风格明快，但从 12 世纪末开始，诗风趋于隐晦，"幽晦诗人"的杰出代表是阿尔诺·丹尼奈尔。他的诗曾深深影响到但丁、彼特拉克等欧洲著名的大诗人。13 世纪的前 30 年中，法兰西北方的封建主阶级以讨伐阿尔比宗教异端为名，对南方发动两次掠夺性战争，使南方的经济和文化受到严重破坏，普罗旺斯抒情诗也从此中落。而北方的骑士抒情诗此时却达到了高潮。

　　北方骑士抒情诗的创作从 12 世纪中叶一直延续到 14 世纪中叶。保存下来的北方抒情诗稿约有 2100 首。北方抒情诗人有一个共同特点：他们的诗都把典雅爱情与战争冒险结合起来，认为骑士爱情的最高表现莫过于出生入死地去建立武功。这和南方骑士抒情诗把爱情和战争严格分开，有着明显的不同。不过总体来说，北方抒情诗在内容和形式上都不过是普罗旺斯抒情诗的重复和继续。

　　骑士传奇是北方骑士诗歌的主要作品。这是一种长篇叙事体诗歌，一般长数千行，也有逾万行的；最常见的是八音节诗体，每两行押一韵。"典雅爱情"与骑士冒险故事相结合，构成其基本题材。骑士传奇自 12 世纪中叶在北方出现，直到 13 世纪中叶，创作兴盛一时，产生了不少名著，不但在法国广为人知，而且影响及于欧洲许多地区。骑士传奇作品可分三系：古代系、不列颠系和拜占庭系。骑士传奇不以史实为依据，故事完全由作者虚构，所以比英雄史诗的情节戏剧性稍强，注重人物内心刻画，诗艺也更为纯熟。在骑士传奇中，也有极少数作品对中世纪法国封建社会的阶级、阶级矛盾和阶级斗争进行描述，在不同程度上，是现实主义的反映。在这方面，与克雷提安·德·特洛阿差不多同时代的诗人罗贝尔·华斯尤为突出。他在长篇故事诗《卢的故事》中，用相当大的篇幅，真实生动、鲜明精细地刻画了一次大规模人民起义的全部过程，对统治阶级进行了指责和讽刺，对劳动人民的苦难和斗争抱有深切的同情，并塑造起中世纪法国文学中最高大、最丰满的劳动人民的英雄群像，是中世纪文学中可贵的部分。

　　从 13 世纪初开始，散文骑士传奇竞相出现。它们大都是根据已有的骑士故事诗改写的，到 14 世纪几乎完全取代了骑士故事诗。古法语中的 leroman（"长篇故事诗"）一词，也逐渐转向具有"小说"的含义。这是小说发源的一个重要阶段。

第三节　市民文学

法国市民文学是指法国中世纪代表市民阶级利益，反映市民阶级情绪、趣味和世界观的文学。从中世纪中叶开始，随着城市的建立和发展，市民阶级在法国产生并不断壮大，它与封建统治阶级的矛盾和斗争也日益加剧。反映市民阶级生活和斗争的市民文学便应运而生。这种文学具有鲜明的阶级特性，在中世纪最后几百年间逐渐成为法国文学的主流。

一、故事诗

市民文学的样式之一是"小故事"。这是一种短小的故事诗，内容滑稽逗笑，故又称"笑话"。平均篇幅数百行，通用八音节诗句，表现手法比较简单。从 12 世纪末叶到 14 世纪初，盛行约两个世纪。从现存的 150 多篇看来，绝大多数产生于法国北部地区。作者是街头的演唱者。题材来自社会中的逸闻趣事，反映了一定的社会生活，在嘲讽中也表现了市民阶级对现实的不满。例如，《圣徒彼得和游方艺人》《驴的遗嘱》《修士丹尼斯》等，批评教会的劣迹；《撕开的鞍褥》《高利贷者的祷文》等，意在讽刺上层市民的自私和贪婪；《阿梅勒的贡斯当》《农民舌战天堂》等则表彰劳动人民的反抗和斗争。

故事诗《农民医生》讲一个农民经常打老婆，正巧公主的喉咙被鱼骨卡住，国王下令寻找名医，他的老婆就说自己的丈夫是名医，只是需要拷打才肯承认。农民于是被屈打成医，进宫后灵机一动讲了个笑话，使公主笑得把鱼骨喷了出来，农民因此成名和发了大财。这个故事通过农民来表现小市民的心理，后来莫里哀在他的喜剧《打出来的医生》里就采用了这个题材。

韵文故事把教士和骑士作为讽刺的对象。在《吃桑葚的教士》里，教士站在驴背上摘桑葚吃，嘴里说着："上帝，可别有人喊'吁'啊！"结果驴听到"吁"就跑了起来，教士跌倒在荆棘丛中头破血流。对于市民本身的缺点，这类故事除了经常嘲笑戴绿头巾的丈夫之外，有时也起到教谕的作用。例如，《撕开的鞍褥》写一个市民把财产都给了儿子，自己却被赶了出来，只得向儿子要一条被褥御寒。儿子让孙子到马厩里去拿一条垫马鞍的褥子，孙子却把它撕成两半，给了爷爷一半，留着另一半将来给父亲用，使父亲深受教育，一家人重归于好。

从亚当·德·拉阿勒在 1276 年创作和上演的"叶棚剧"开始，市民戏剧逐渐有了戏剧独白、道德剧、笑剧、愚人剧等多种形式，但是直到百年战争之后的 15 世纪才得到充分发展，产生了擅长表现人情世态的笑剧，保存下来的有 150 部，其中最著名的是《巴特林笑剧》。笑剧符合市民的审美趣味，只要能演得逗人开心，道德观念和教育意义都在其次，所以笑剧的内容大多是尔虞我诈、互相作弄，不过或多或少也有一些批判的意义，例如《巴特林笑剧》就讽刺了司法的不公。

二、市民戏剧

市民戏剧也很发达，它以表现世俗生活和富有喜剧性为特点，与宗教戏剧相对立。皮卡第地区的阿拉斯城是法国喜剧的摇篮。最早的市民喜剧作家是阿拉斯人亚当·德·拉阿勒，他创作有描写一对牧羊青年挫败了骑士的干扰而维护了纯洁爱情的《罗班和玛丽蓉的故事》和表现各种城市生活场面的"叶棚剧"。市民戏剧在百年战争期间没有多大成就，进入 15 世纪以后才得到充分发展，并确立了多种样式。戏剧独白原是对传教士布道的滑稽模仿，后成为世俗的独脚喜剧，代表作有《巴尼奥莱的自由射手》。劝诫剧是劝善惩恶的戏剧，人物通常是隐喻的，或是拟人化了的抽象事物，篇幅比较冗长，流传下来的有 65 部。闹剧以表现人情世态为特长，风格诙谐、泼辣。现存 150 部，最重要的是《巴特林笑剧》，写律师巴特林欺骗布商，手段高超，最后却败在聪明的牧童手下。另外，如《两盲人》《蛋糕与馅饼》等则趣味庸俗。愚人剧内容常涉及时事和政治，对社会弊端的揭露和讽刺比较广泛、尖锐。皮埃尔·格兰戈尔的《愚人王子》是这类戏剧的代表作。

三、市民抒情诗

市民文学另外一个重要部分是抒情诗，代表作家为吕特伯夫和维庸。市民抒情诗同民间诗歌，特别是谣曲关系比较密切，同时也受骑士抒情诗的影响。13 世纪，市民抒情诗获得较大发展，出现了吕特伯夫这样的抒写下层人民苦难的诗人。经过百年战争的摧残以后，市民抒情诗在 15 世纪中叶又一度活跃起来，产生了中世纪法国最优秀的抒情诗人维庸。15 世纪后期，乔治·沙特兰（1405—1475 年）、让·梅尔希诺等"修辞学派"诗人追求晦涩的寓意，玩弄文字游戏，把市民抒情诗引入歧途。

吕特伯夫是一个贫穷的行吟诗人，他打破了英雄史诗为贵族歌功颂德、骑士抒情诗吟唱风雅之爱的传统，首先用诗歌诉说自己的贫困，反映城市贫民的困境，从而成为第一个市民抒情诗人。他的诗歌一反慷慨悲歌或柔情缠绵的俗套，毫无保留地揭露了悲惨的现实生活，例如，在《吕特伯夫的穷困》里，他哀叹"我没有被子也没有床……一张稻草床不是床，我的床只是稻草"。他讽刺权贵、同情穷人，针砭时弊，反映了当时的社会现实。

弗朗索瓦·维庸虽然上过大学，成为文学学士，但很早就染上了盗窃的恶习，而且还杀过人，因而经常坐牢，甚至被判处过绞刑。在《小遗言集》（1456）和《大遗言集》（1462）里，他以玩世不恭的口吻嘲笑世上的一切，抨击达官贵人，感叹人间的不平，形成了现实主义的写作风格。最后他被逐出巴黎，不知所终。

吕特伯夫和维庸的诗歌形成了不同于中世纪诗歌传统的现实主义倾向，但是由赤贫和牢狱生涯造就的杰出诗人毕竟只是凤毛麟角，因此，他们没有弟子或追随者，长期默默无闻，直到19世纪才被浪漫派尊为法国抒情诗的先驱。

值得提到的是，庇护过维庸的查理·德·奥尔良（1394—1465年），是一位与维庸齐名的抒情诗人。他的父亲是公爵，儿子是国王，然而再也没有比他命运更坎坷的王公了。他13岁娶公主为妻，婚后一年母亲和妻子相继去世，父亲被暗杀。他22岁时在战斗中被俘后押到英国，关了25年才被用重金赎回。在此期间，他只能写诗寄托自己对祖国的热爱与对和平的向往，他的抒情诗达到了抒情与寓意水乳交融的境界。

与吕特伯夫和维庸相对应的，还有一批为王公贵族效劳的诗人。他们虽然不愁衣食，但是命运变幻无常，又不能直抒胸臆，所以只能借助寓意和隐喻来发泄不满，利用修辞来掩饰他们的本意，由此产生了两个诗歌流派：修辞学派和里昂派，它们形成了中世纪诗歌与七星诗社之间的桥梁。

严格说来，这些诗人投靠王公贵族，像奥尔良那样本人就是王公，实际上是贵族诗人，因此不属于市民诗人的范畴。但他们与吕特伯夫和维庸有一个共同之处，就是致力于创造一种新的抒情诗体裁，从而改革了宫廷抒情诗和骑士抒情诗的传统，有的文学史就把他们的作品都列为市民抒情诗。

修辞学派是法国最早的诗歌流派，主要诗人有乔治·夏斯特莱和让·梅希诺等。他们借用寓意和隐喻来对君主们进行褒贬，注重诗歌形式和修辞技巧，逐渐使语言丧失了字面上的意义。修辞学派的作品由于玩弄文字而晦涩难懂，直到20世纪60年代才被学者们认为是一次"流产的文艺复兴"。

里昂是法国通向意大利的门户，16世纪是最意大利化的城市。在纳瓦尔王后的影响下形成的里昂派，代表诗人有莫里斯·塞夫、路易丝·拉贝和佩内特·迪吉耶等。他们的诗作大都以爱情为主题，或运用象征，或大胆抒情，其中塞夫的长诗《德利娅》（1544），是法国第一部献给一个女人的情诗集。

四、成就

市民文学的突出成就，是大量以列那狐为共同主人公的故事诗，俗称"列那狐故事诗"。它是在东方寓言和法国民间的动物故事的基础上发展起来的，思想内容与中世纪法国社会生活紧密相连。它最鲜明地体现了法国中世纪市民文学普遍具有的讽刺性和喜剧性，在思想和艺术上都具有特色。流传至今的列那狐故事诗主要有4部，分别产生于12—14世纪的不同历史阶段，因而也明显地呈现出不同的特色。《列那狐的故事》（1175—1250年）主要表现代表新兴市民阶级的列那狐同象征封建权贵的伊桑格兰狼反复较量以求得生存的努力；《列那狐加冕》（12世纪中叶）反对封建王权；《新列那狐》（13世纪末叶）集中攻击罗马教皇为首的教会，反映了市民阶级在当时王权和教权的斗争中倾向于王权的特点；《冒充的列那狐》（14世纪上半叶）以其揭示阶级矛盾、抨击封建制度、表达市民阶级社会政治观点之尖锐、有力见长。与以动物列那狐为主人公的故事诗相映成趣的是以植物玫瑰为主人公的故事诗《玫瑰传奇》，这部作品的第二部分的思想倾向与前者类似，在艺术上却完全采取隐喻的手法。

五、影响

中世纪法国市民文学对法国乃至欧洲文学产生过深远的影响。意大利作家薄伽丘，英国诗人乔叟，法国寓言家拉封丹、戏剧家莫里哀、小说家巴尔扎克，都曾采用中世纪法国小故事的题材。《玫瑰传奇》的隐喻手法被后世作家广为应用。以莫里哀为代表的法国喜剧继承和发展了中世纪市民戏剧的优良传统。

六、经典市民文学作品赏析

（一）《列那狐的故事》

《列那狐的故事》是中世纪时期法国市民文学中最著名的讽刺故事诗。它产生于12世纪70年代，在民间流传过程中，经很多人加工，至13世纪中叶，汇集成包括27组故事，三万余行的长诗。该书的表现手法是以动物故事讽喻现实社会。把动物拟人化，借描写动物世界，来影射中世纪封建社会各阶层的人生世相。如狮王诺勃勒象征昏庸专横的国王；雄狼依桑格兰则影射封建权贵；而鸡、兔、猫、鸟等则代表底层受压人民。列那狐则具有市民阶级的特点：它机智、狡诈；既敢于和狮、狼等凶猛的动物斗争，又不断欺凌弱小的鸡、兔等。

在和雄狼的斗争中，它利用雄狼又贪又蠢的特点，以求自己生存。有一次，列那狐从车夫那里骗来几条鱼，正准备就餐时，雄狼闻风即至，要列那狐将鱼让给它吃。列那狐说，这种鱼只有出家人可以享受，狼为了想吃鱼，就答应当出家人。列那狐就让它先举行剃发仪式，用滚烫的水浇了它一头，痛得它半死。狐狸又要狼举行守夜礼，大冬天在河边守夜，用尾巴去钓鱼，就能把鱼钓到了。这条既贪婪又愚蠢的雄狼，把尾巴放在河里，守了一夜，到第二天早晨，河水结冰了，不仅没有钓到鱼，连狼尾巴都给河水冻住了。人们赶来的时候，狼又没办法逃跑，因为尾巴被冰冻住了，最后把尾巴挣断逃跑才算保了这条命。

列那狐敢于戏弄狮王，趁狮王打盹的时候，它把狮王缚在树上，待狮王呼救时，列那狐又假装好人去救它，做好做歹都是它，哄得狮王团团转。列那狐蔑视狮王的权威，把狮王悬赏它首级的告示没有放在眼里，并用计将狮王派去缉拿它的狗熊勃伦弄得满头血污。

列那狐欺侮、残害弱小动物。它和雄猫合伙弄到了一根香肠，被猫独吞了，列那狐找机会截断了猫的尾巴。公鸡商特克莱用计从列那狐的嘴里溜掉了，它气不过，一下子咬死了公鸡的 14 个儿女和鸡小妹科珀。

列那狐还深通处世哲学，它与格令巴猪谈到它本想做一个行为道德合乎上帝法律的好人，但一看到现实生活中"谎话在国王的宫中最流行，爵爷、贵妇、教士、文人都在说谎"，而"永远说真话的人，他在现在的世界上是不能通行的"，所以它"也哄骗说谎，不然便只能在门内坐着了"。

通过列那狐的一系列活动，作品真实地反映了中世纪封建社会急剧变化时期、市民阶级与封建统治阶级之间的矛盾和市民阶级上下层之间的冲突，作品成了当时社会的一个缩影。由于该书描摹动物生动形象，惟妙惟肖，影射现实真实深刻，再加上故事性强，戏剧性大，讽刺深刻，故至今仍深受读者喜爱。

（二）《巴特林笑剧》

《巴特林笑剧》则是市民文学的又一颗明珠。笑剧又叫"趣剧"或"闹剧"。它以表现人情世态见长，风格诙谐、泼辣。这出笑剧着重表现巴特林律师的诡计多端。笑剧是从巴特林律师贫困生活开始写起的。主人公巴特林是一切巧言惑众、诡计多端的律师代名词。

他为了骗取一点儿布料，让妻子和自己能穿上一套新衣裳，要尽了诡计。他跑到一家布店里去，利用他如簧之舌，居然从布商手里赊购了一些布料。临走时，他对店主说，你到我家取款时，我一定准备一只烤鸭作为佳肴以示酬谢。回家后，他嘱咐妻子准备来个概不认账的手段以对付布商。过了一段时间，布商兴冲冲地跑来他家取布款。妻子出面应付，他则装病躺在床上。妻子对布商说，我丈夫生病不起已很久了，怎么会跑到你家去赊布料呢？这是根本不可能的事。布商不仅没有吃到烤鸭，还被对方赖了账。返回店里查账时，确实是赊了布给他。因此，又再度来取款，巴特林还倒打一耙，说布商无中生有，将布商赶出家门。

笑剧进而又巧妙而合乎逻辑地把戏剧情节转到新的笑料上去。牧童偷了布商家的羊，布商到法院控告，牧童请巴特林当辩护律师。他向牧童面授机宜，要牧童在回答法官提问时，一味地学羊叫。法院开庭时，布商一眼见到巴特林，竟把控告之事置之脑后，专心致志地找着巴特林索回布款，他俩在这边大吵大闹，那边法官提审时，牧童老是以羊叫声做回答。结果法庭上争吵声、羊叫声不断。法官无法听清审问回答，最后只好宣布退庭以结束此闹剧。巴特林的计谋成功了，当他向牧童索取律师诉讼费时，聪明的牧童以其人之道还治其人之身，也是一味地学羊叫来回答。

很显然，这纯粹是一出闹剧。从笑剧的构思看，巴特林还是作为肯定的对象予以刻画的。像他这一类型的人物，实际是各种困难的征服者。也就是说，不管遇到什么难题都难不倒他，他是一个应变能力极强的人物。它具体地再现了中世纪时期法国城市生活图像和市民阶级的精神风貌。狡计战胜了所谓的社会道德，智慧击败了愚蠢，这应该说是《巴特林笑剧》给人带来的启示。

（三）《玫瑰传奇》

《玫瑰传奇》是中世纪读者最多和流传最广的大型故事诗，它分为两个部分：第一部分写于1235年，作者是纪尧姆·德·洛里；第二部分写于1269—1270年，作者是让·德·墨恩。

第一部分有4669行，作者把自己比作"情人"，用拟人化的隐喻手法叙述了自己的爱情之梦。在春季的一天里，乐园里有一些少女在跳舞，"情人"发现了其中的"玫瑰"后爱上了她，但是"玫瑰"被"嫉妒"等坏人关进了一座城堡，受到严密的监视。

纪尧姆·德·洛里没有写完就去世了，让·德·墨恩续写的第二部分有18000行。"理性"劝"情人"放弃爱情，"朋友"则大谈爱的艺术，"情人"收买了看守"玫瑰"的"老太婆"，"自然"强调人有判断的自由和生育的义务。最后"爱神"点燃了城堡，"爱情"率领队伍打败了"嫉妒"，"情人"终于获得了"玫瑰"。

《玫瑰传奇》被认为是用古法语写成的唯一的一部文学经典，它具有谴责贵族和批判教会等进步意义，它的梦幻和隐喻等文学手法也被后人广泛运用，因此，直到18世纪都拥有广泛的读者。

第四章　法国人文主义与古典主义

第一节　法国人文主义

人文主义是文艺复兴时期形成的思想体系、世界观或思想武器，也是这一时期进步文学的中心思想。它主张一切以人为本，反对神的权威，把人从中世纪的神学枷锁下解放出来。宣扬个性解放，追求现实人生幸福：追求自由平等，反对等级观念：崇尚理性，反对蒙昧。

"人文主义"这个词实际上很晚才出现，它来自拉丁文中的 humanitas，古罗马作家西塞罗就已经使用过这个词了。德国启蒙运动时代的哲学家将人类统称为 Humanity，当时的人文主义者称他们自己为 humanista。而 Humanism 这个词却一直到 1808 年才出现。

人文主义是文艺复兴时期的核心思想，是新兴资产阶级反封建的社会思潮，也是人道主义的最初形式。它肯定人性和人的价值，要求享受人世的欢乐，要求人的个性解放和自由平等，推崇人的感性经验和理性思维。而作为历史概念的人文主义，则指在欧洲历史和哲学史中主要被用来描述 14—16 世纪间较中世纪比较先进的思想。一般来说，今天历史学家将这段时间里文化和社会上的变化称为文艺复兴，而将教育上的变化运动称为人文主义。

从另一个角度来说，人文主义并没有统一的定义。因为许多不同的人称自己或被称为人文主义者，而他们的世界观以及他们对人的观念可能很不相同。有些人文主义观念互相之间非常矛盾。在自由民主的和新教或天主教的思想学派中都有人文主义的派别。甚至古罗马时候就已经有今天可以被称为人文主义的思想流式。那时的人文主义当然与文艺复兴或启蒙运动的人文主义非常不一样。约翰·沃尔夫冈·歌德和弗里德里希·席勒的人文主义往往被称为历史主义，而威廉·冯·洪堡的人文主义则与启蒙运动的人文主义完全不同。文艺复兴时期的哲学被看作是思想的根本，而在洪堡时期的科学被看作是思想的根本。

法国文艺复兴运动产生于意大利文艺复兴运动之后。虽然早在 14 世纪末，意大利文艺复兴时期的诗人彼特拉克在法国已有很大影响，但是，法国文艺复兴运动直到 16 世纪才发生，原因是在这之前社会条件还不成熟，资本主义还不够发展。法国文艺复兴运动从 15 世纪末开始酝酿。由于弗朗索瓦一世屡次发动对意大利的战争，劫掠了大批意大利文艺复兴时期的艺术品和书籍，使人们耳目一新，促进了人文主义思想的传播。这一时期，哥白尼的天体运行说和地理大发现，已经打开了人们的眼界和思路。印刷术的广泛应用，使资产阶级新思想不胫而走。同意大利人文主义者一样，法国的一批人文主义者也致力于古希腊、罗马作品的研究，他们在这些古代作品中发现了一个新世界。他们孜孜不倦的钻研和不畏迫害的活动，为法国文艺复兴运动开辟了道路。

当时，王权需要依靠资产阶级，所以一度支持文艺复兴运动。1530 年，弗朗索瓦一世建立法兰西学院，网罗专门人才来钻研希腊、拉丁和希伯来语。人文主义者利用这个机会同封建神学堡垒巴黎大学抗衡。1539 年的敕令规定用法语代替拉丁语。弗朗索瓦一世还在枫丹白露开设了一个图书馆，以收藏古籍。他扩建卢浮宫，收藏艺术品。在他的邀请下，一些著名的意大利人文主义者和艺术家来到法国。同时，他的姐姐玛格丽特·德·纳瓦尔的宫廷成为受迫害的人文主义者和加尔文教徒的避难地。这样，人文主义文学在王权的保护下得到迅速发展，弗朗索瓦一世被人文主义者誉为"文艺之父"。

弗朗索瓦·拉伯雷是 16 世纪法国最重要的作家，也是文艺复兴时期欧洲重要的人文主义作家之一。他的长篇小说《巨人传》继承《列那狐的故事》的传统风格，是一部政治性很强的讽刺作品，是反映 16 世纪上半叶法国封建社会生活的巨幅画卷，是为新兴资产阶级登上历史舞台而呐喊的一部新型小说。它的问世，使小说这种形式确立了在文学史上的地位。小说描写了两个巨人——国王高康大及其儿子庞大固埃的神奇事迹，宗旨却在于揭示那些"在我们的宗教方面及在政治状况和经济生活方面"的"可怕的秘密"。拉伯雷反对弗朗索瓦一世的穷兵黩武和掠夺战争，抨击封建司法机关的贪污腐败，反映出人民不堪压迫，必然起来反抗的趋势。他把矛头对准教会，特别痛斥天主教用以毒害人民的经院教育、经院哲学。第一部中，国王格朗古杰请了一个神学家来当王子高康大的教师，这个神学家让高康大花了五十几年工夫把各种课文读得倒背如流。然而高康大越读越蠢。每天除了吃喝睡，就是上教堂，做弥撒，因此，读书时"眼光落在书本上，但脑子却想着厨房"。作者十分形象地表明了这种教育方法培养出来的人，只能是愚昧无知的。拉伯雷给他的主人公取名庞大固埃，意即"十分窒息"，目的是要通过这个形象，启发人们挣脱经院教育、经院哲学的束缚，从窒息精神的枷锁中解放出来，成为"全知全能的人"。

16 世纪法国人文主义文学的另一个重要领域是诗歌，其中以七星诗社声望最高。七星诗社在语言改革和诗歌理论上有重要建树。由杜贝莱执笔的《保卫和发扬法兰西语言》（1549）是七星诗社的宣言书，反映了那个时代提出的要求——语言的统一和改革。法语作为民族语言终于取得了它应有的地位。在诗歌创作上，提出要建立堪与希腊罗马文学相媲美的民族文学。崇尚自然，反对浮华造作，认为"自然足以使作品不朽"。讲求韵律和谐，响亮多变。

法国文艺复兴后期最重要的人文主义作家是蒙田。他的《随笔集》是一部散文作品，同时也是一部哲学和社会政治思想著作。全书共 3 卷，107 章。《随笔集》的问世，标志着散文正式进入了文学领域。

蒙田的思想被称为怀疑论。他认为："只有怀疑才能判断和论定。"他对各种事物，特别是对盲目信仰提出种种怀疑。人性论可以说是蒙田的思想理论基础。他的怀疑论、宗教宽容主张、儿童教育思想及对殖民主义的谴责，无不体现着人文主义时代精神。在《随笔集》里，蒙田大胆地以肺腑相见，对自己进行描述解剖，体现了解放个性的要求。为什么要剖析自己呢？因为"每个人都包含人类的整个形式。首先，我通过普遍的自我同世界沟通"。其次，"在一切形式中，最美的是人的形式"；人的价值应"以本身的品质为标准"。那么，人文主义对现世生活应持什么态度呢？蒙田回答"我热爱生活……我全身心地接受它并感谢大自然为我而造就的一切"，"每个人自己创造自己的命运"，这就是人文主义的积极乐观态度。

第二节　法国古典主义

从 1594 年亨利四世改宗登基，到 1715 年路易十四寿终正寝，这 100 多年是法国文化史上的一个重要时期。这个时期差不多正好同历史时间的 17 世纪相吻合，因此，我们无妨称之为 17 世纪文化。17 世纪文化之所以重要，首先，因为它产生了具有鲜明法兰西民族特征、反映了法兰西文化气质某些重要方面的古典主义文学艺术，其影响至今犹存。正如法国当代著名作家纪德所言，"古典主义的"和"法兰西的"

差不多同义，"法兰西精神在古典主义艺术中得到最充分的体现"。其次，因为这是法国历史上比较典型地反映了文化生活与政治生活相互关系的时期。这个时期，国家政权利用行政手段直接干预文化的演变，在很大程度上有效地控制了文化发展的取向，使文化服从并服务于王权的政治利益。

古典主义以规整、严谨、简练、明晰、崇尚理性为特征。它的黄金时代是路易十四统治的前半期（包括马扎然摄政后期），即从17世纪50年代到80年代。此前，古典主义经过了较长时间的准备。此后，古典主义便失去了它强劲的势头，虽然表面上似乎容颜未改，但是毕竟韶光已逝，暮气渐渐遮掩不住了。

17世纪50年代前，虽然中央政权从政治利益出发采取扶植古典主义的文化政策，但是在相当长的时间里，古典主义并未成为后来那样咄咄逼人、具有官方色彩的文化。许多人对它的理论嗤之以鼻。这时，与古典主义对立的巴洛克文化十分繁荣。在古典主义确立了主流地位之后，巴洛克文化固然受到压制，但是也并未消失。实际上可以说，整个17世纪，古典主义和巴洛克文化的对立构成了法国文化的基本格局。巴洛克这个概念的适用范围与有效性至今还是个有争论的问题，但是本章仍然采用这个术语，理由是它毕竟概括了相当一部分文化产品的共同特征。不过同时也有必要指出，运用这个术语并不意味着要将古典主义以外的文化活动与产品纳入另一个统一的模式。

一、确立专制王权的斗争

法国的王权与贵族割据势力的斗争由来已久，时起时伏，绵延数百年。弗朗索瓦一世时期，王权已经具有相当大的震慑力。不过王权有效控制的地区还不宽广，"普天之下，莫非王土"还是一句空话。后来宗教战争爆发，权力争夺与宗教分歧犬牙交错，狼烟四起，王权的力量又极度衰落。当时的桂冠诗人龙萨就曾把法国比作风雨飘摇的航船。而且那时中央王权的性质与作用，无论是在理论上还是在政权结构、政权体制上都没有得到解决。巴黎的王权事实上只不过是诸侯的霸主而已。

亨利四世入主巴黎，开始了建立专制王权的初步尝试，在政权体制、财政与宗教几方面都进行了改革，中央政权因而日臻强大。但是很不幸，亨利四世在位不久即遇刺身亡。继位的路易十三年幼，不谙世事，母后玛丽"垂帘听政"。玛丽原是佛罗伦萨的公主，她执掌朝政后，从佛罗伦萨来的亲随们飞扬跋扈，恣意弄权，一时朝纲废弛，国政混乱。对卢浮宫王位垂涎三尺的王公显贵乘势作乱，海内烽火再起。素与王权作梗的巴黎高等法院在这种形势下更是处处掣肘，使卢浮宫不能有效地行使权力。

在国外，西班牙公开支持叛乱贵族，企图坐收渔人之利。卷土重来的哈布斯堡王室与法国的纷争也有越演越烈之势。法国的王权又面临严重的挑战。

1617 年 4 月，路易十三诛杀了太后的心腹孔契尼，太后避走布卢瓦，局势十分紧张。两年后，曾是孔契尼亲信的黎世留因在国王与太后之间斡旋有功，应召到巴黎，位列首相，权倾一时。黎世留一朝权柄在手，便以对内强制大贵族就范，整饬朝纲，建立专制王权，对外遏制哈布斯堡的势力，确立法国在欧洲的霸业为己任，大刀阔斧地开始了近半个世纪的政治一元化的斗争。对于贵族的离心倾向和分裂活动，黎世留以铁的决心和铁的手腕，坚决摧毁。1626 年，他镇压了有王后参加的反叛阴谋，处死一个伯爵，以起杀一儆百之效。1630 年，掌玺大臣德·马利亚克由太后撑腰，突然发难，企图将黎世留逐出宫廷，然而功亏一篑，黎世留反击得手，太后同路易十三的弟弟加斯东出逃西班牙。两年后，加斯东唆使朗格多克总督蒙罗朗西公爵起兵造反，路易十三的宠臣散·马尔斯充当内应。黎世留兴兵平息了叛乱，名重一时的蒙罗朗西元帅血败图卢兹。不久，散·马尔斯也因叛国罪引颈受戮。

在镇压贵族叛乱的同时，黎世留也没有忽视打击另一股分裂势力——新教势力。事实上，新教势力不但是宗教上的反对派，也是政治上的反对派。打击新教力量，是建立专制王权的必要措施。黎世留对新教势力的斗争在 1627—1628 年的拉罗歇尔围城战中达到白炽化。此城是新教的军事重镇，也是新教的最后堡垒。国王的军队围城一载，击退了英国海军对新教徒的支援，迫使守军开门投降。随后，黎世留又平定了罗昂公爵在朗格多克煽动起来的新教叛乱。从此，法国新教势力一蹶不振。1629 年，路易十三颁布了"阿莱斯恩典敕令"，剥夺了新教徒拥有"安全堡垒"和武装的权力。影响国家稳定，阻碍中央实施权力的"国中国"终于成了历史。

在剪除分裂势力的同时，黎世留采取了一系列措施以推动经济的发展。其基本点是促进贸易，特别是海外贸易，与亨利四世的财政总监苏利开创的"重商主义"经济政策一脉相承。流通领域的活跃使国家税收增加，国库渐趋殷实，这就从财政上加强了王室的力量。

黎世留在政治斗争取得基本胜利后，便立刻着手从思想上和文化上钳制一切对建立专制王权不利或者可能不利的活动，力图以文化的一统局面来保证政治的一统局面，并作为政治一统局面的补充。他整顿思想文化的突破口是天主教内一个不大的派别——冉森教派。冉森教由荷兰神学家冉森创建，其经典是冉森的《奥古斯丁书》。冉森教的教义与加尔文新教的教义相似，概括地说，是一种悲观主义的宗教观，信奉中世纪神学家奥古斯丁的理论。冉森同他的密友杜维吉埃于 17 世纪初来到法国，宣传他们的学说。杜维吉埃 1620 年出任圣朗西修道院院长，从 1634 年起，时常到巴黎郊区的保尔－罗雅尔修道院布道，这个修道院便成了冉森教派的中心。在一定程度上受到人文主义思想影响的正统天主教强调上帝圣宠的普遍性，宣扬只要听从教规，人人都可以获得上帝的宽恕。所以，从天主教的观点来看，冉森教无疑是异端邪说。不过由于它只是一个小派别，黎世留对它的活动起初并未留意。可是，冉森教的影响逐渐扩大，并且大有同贵族分裂势力相结合之势（尽管它的领袖一再宣称忠于国王）。1635 年，冉森发表了措辞激烈的文章攻击黎世留的外交政策，使黎世留感到必须采取行动了。1638 年，杜维吉埃被捕。1640 年《奥古斯丁书》出版，黎世留同教廷同声谴责，斥其为邪说。冉森教派从此在王权眼里便不仅仅是宗教的异端，而且是政治上的异端。以后巴黎阿尔诺家族的安东尼成为冉森教派的精神领袖，他的社会关系使冉森教派与巴黎高等法院相互靠拢，冉森派政治异端的色彩变得更加浓厚。黎世留去世后，他的继承人马扎然及路易十四沿用遏制冉森教派的政策，手段越来越严厉，直至 1710 年将保尔－罗雅尔修道院夷为平地。当然，冉森教并未销声匿迹，18 世纪时它在宗教界仍然有一定影响。不过，作为其象征的保尔－罗雅尔修道院消失后，它元气大伤，再也不能恢复往日的神采了。

　　黎世留控制思想文化的另一个重要行动是建立法兰西学院。18 世纪 30 年代初，巴黎的沙龙生活已经相当活跃，在一个名叫孔拉尔的文人家中经常有一批文化名流聚集一堂，高谈阔论。黎世留从秘书布瓦罗贝尔处得悉此事，立即不失时机地通过布瓦罗贝尔向孔拉尔沙龙的名士们转达了他的口谕，要求以他们为核心组成一个学术团体，王权保证将予以庇护，这实际上是要建立一个官方的文化机构。文人们当然不无顾虑，但是慑于黎世留炙手可热的权势，只能唯命是从。1635 年 1 月，路易十三发布诏书，批准法兰西学院成立。按照当时的法律，国王的旨令经巴黎高等法院登记后方才生效，而高等法院对黎世留的居心颇有疑虑，因而拖延两年，直至 1637 年 6 月才登记入册。抱有戒心的当然不只高等法院，文化人也议论纷纷。作家圣—艾弗勒蒙发表《学士院院士的喜剧》，公开嘲骂。另一位作家盖·德·巴尔扎克透露出来的信息更准确地反映了一部分文化人的忧虑：有人问，成立这样一个机构，是否象征着建立精神专制。

　　法兰西学院为自己确定了四项工作：编纂一部词典、一部语法、一部修辞法、一部诗学。显而易见，这是要从语言学和美学理论方面为文学创作立法。其最终目的，是要在文学生活乃至整个文化生活中建立统一的标准，培养统一的审美趣味。由于院士们工作疲沓，修辞法和诗学始终是"水中月，镜中花"。语法也难产，40 名院士之一的沃日拉为准备这部语法而编写的《法语刍议》大概是这方面的唯一成果。真正实施的工作是词典编纂，然而也如老牛拉破车，进展缓慢，首版到1694年才问世。

学院在四项任务上虽然表现欠佳，但是它仍然在相当大的程度上对文学乃至整个文化领域的活动起了规范作用，因为它是一个史无前例的官方机构，对文化阶层的心理压力是相当大的。这一点，从学院干预关于《勒·熙德》的争论可以看得很清楚。1637年，剧作家高乃依的悲喜剧《勒·熙德》上演大获成功，眼红的人不免写文章攻击，百般挑剔，攻击他不遵守"三一律"，混淆悲剧和喜剧。高乃依不服，反唇相讥，一时吵得不可开交。在黎世留的授意下，学院要求高乃依将剧本交付学院审查。审查后，学院负责人夏普兰起草了《法兰西学院关于悲喜剧〈勒·熙德〉的感想》。黎世留阅后，觉得过于严厉，叫秘书进行了修改，删除了某些段落。尽管如此，文章发表后仍然给高乃依造成很大压力，他停止创作3年，重新提笔后，对"三一律""悲喜剧界线"等规则再不敢稍有违反。

黎世留死后，同样原籍意大利的马扎然继任首相。他秉承黎世留的遗训，以建立专制政体为政治目标，先后镇压了巴黎高等法院和宫廷显贵发动的两次叛乱，这两次叛乱在历史上都被称为"投石党"运动。对于文化活动，他也像黎世留那样在襄助的同时加强控制。

1661年，路易十四亲政。在黎世留和马扎然奠定的政治基础上，他将专制政体推向顶峰。国家权力的集中最终完成。路易十四撤销了地方的终审法院，整肃了巴黎高等法院，放逐了桀骜不驯的法官；他长期不召开三级会议，使三级会议名存实亡；他重新向各省委派监督官，这些钦差大臣后来实际上取代各省总督，成了当地的行政长官，这就改变了原来大贵族掌握外省，国王鞭长莫及的局面；他组建了司法委员会，制定了民法、商法、刑法等六部新法典，推行至全国。这些措施使国家权力有效地集中于宫廷，宫廷的权力则集中于国王一身。路易十四废除了首相职务，又以渎职罪逮捕了权倾一时、钟鸣鼎食的财政总监富凯，并从此废除财政总监一职，代之以财政监督官。他亲自主持各种委员会和显贵会议，只赋予这些会议以咨询权。这样，路易十四独揽朝政，将他宣布的"朕即国家"的君权神授原则变成了现实。

到路易十四时代，大贵族已经丧失了军事力量，政治力量也大大削弱，加之经济上呈江河日下之势，有的家族甚至显出捉襟见肘的窘态，因此对宫廷的依赖越来越强。路易十四顺水推舟，将各地的名门望族召进巴黎，使他们成为无本之木、无源之水，从地方领袖变成宫廷附庸。他经常在卢浮宫会见或宴请贵族，后来又大兴土木，扩建凡尔赛宫，三日一小宴，五日一大宴。参加国王的宴会和游艺活动，谒见国王，邀得国王宠幸，成了贵族们朝思暮想的政治目标和生活目标。天长日久，宫廷变成了贵族阶级的精神中心和文化中心，整个贵族阶级的生活方式和行为方式都以所谓的"宫廷做派"为模式，其文化心理也就必然为这个模式所左右。

与显贵们大多被控制在宫廷中一样，文化人也大多被控制在王权的利益范围内。继法兰西学院之后，在王权的支持下，又先后成立了若干学术和艺术机构。1648 年，一批长年为宫廷和大贵族服务的画家和雕塑家发起成立了画家和雕刻家学院，这些艺术家大都没有允许承揽艺术订货的"画家雕塑家证书"，成立学院的目的是谋求王权的支持以肯定他们的艺术家地位。由于他们素来与王权有密切的关系，所以轻而易举地就得到了批准。政府还明令民间持有证书的画家和雕塑家"不准骚扰国王的艺术家，违者罚款两千里弗尔"。路易十四亲政后，进一步加强了对学院的控制，柯尔伯宣布："陛下愿意坚决支持他的画家和雕塑家学院。"柯尔伯 1664 年任王室建筑总监后，任命曾为他装饰苏城官邸的勒布伦为学院秘书，继而为院长。学院的艺术家为卢浮宫和凡尔赛宫的扩建装饰付出了大量心血。然而，光有艺术家还不够，为了保证宫廷建筑与陈列的统一和谐，还需要一批工艺师。1662 年，柯尔伯在巴黎高伯兰建立了为宫廷服务的工艺作坊，1663 年正式得名王家高伯兰工艺作坊，也由勒布伦领导。1671 年，由路易十四和柯尔伯提议，又成立了建筑师学院。按照路易十四的旨意，学院只吸收了十个成员，在各类学院中规模最小。

音乐方面的情况和绘画雕塑方面的情况有些近似，起初也分成民间和宫廷两大派系。在路易十四之前，一个叫"于连乐师团"的组织垄断了民间的音乐演出，宫廷则有自己的乐师和音乐活动。原籍意大利的吕利进入宫廷后，得到路易十四的宠信，1665 升任音乐总监。吕利是个精于算计的人，他仰仗国王的势力，一步步把宫廷和民间的音乐演出都垄断起来。1672 年，他获准建立了一个学院独家组织音乐剧演出，政府明令，在学院之外，"未经吕利先生许可，禁止上演有两首以上配歌和两种以上乐器伴奏的剧本"。吕利的钻营固然是为了满足他的私欲，但同时也为宫廷把音乐控制起来，这无疑是路易十四和柯尔伯支持吕利的主要原因。

路易十四时期除像黎世留时代一样成立文化控制机构之外，在文化控制手段上与黎世留时代相比有两个显著变化：一是突出物质诱惑的作用，一是突出国王个人的形象。所谓突出物质的作用，就是用年金制笼络文化人，将他们与宫廷牢固地联系起来。富凯任财政总监时，曾发给一些诗人和画家较丰厚的俸金，不过那只是他个人的恩惠，而且受惠的大多是他家沙龙的常客。柯尔伯任财政监督官之后，路易十四同意向一批声誉卓著的学者、作家和艺术家提供年金，以鼓励学术研究和文艺创作。柯尔伯指示夏普兰拟定名单榜上有名者可以领到一笔以国王名义赐予的年金。数字虽然并不可观，而且数年后又有缩减，然而由于是"钦薪"，故而颇令人垂涎。年金不是终身制，名单每年有变动，这就更带有诱惑力和约束力。柯尔伯还在学院实行过"出席牌"制度。由于院士们经常偷懒不出席学院会议，致使学士院工作进展缓慢。柯尔伯便在学院设立"出席牌"，凭牌可以领取额外的津贴。事情虽小，却说明路易十四王朝千方百计地稳固文化人对宫廷的依赖关系。所谓突出国王个人形象，就是不但要让文化人对路易十四感恩戴德，而且要向他们灌输这样一种观念，即一切文化成就都是路易十四这位"太阳王"的光荣。在筹建科学院的时候，柯尔伯在一封信里说道："圣上日理万机，对科学的关心并不亚于对战事的关心。"这显然是要提醒科学家，法国的科学事业直接受到国王的关怀。他在另一封致科学院某院士的信中说："您要无愧于圣上，上上策是……不懈地工作，取得过去那样的成就。"

路易十四的这些手段在一定程度上左右了许多文艺家和科学家的思想感情。他们尊奉路易十四为古罗马奥古斯都那样的贤君明主，把文艺科学的发展一股脑儿归功于"太阳王"，并且在创作活动中实际上以国王的好恶褒贬为准绳。剧作家拉辛在学院的一次讲演中这样说道："我们认为，语言的每一个词，每一个音节，都必须仔细推敲，因为我们把这些词、这些音节看作是为伟大保护人的光荣服务的工具。"也就是说，诗人之所以追求美，是因为诗人是为国王效力的。这话当然含有阿谀逢迎的成分，但是它也在相当大的程度上道出了许多文化人的心态。这种心态最典型的反映是作家夏尔·贝洛于 1687 年 1 月 27 日在学士院宣读的长诗《路易大帝时代》。诗的厚古薄今的积极意义另当别论，它对路易十四的歌颂则充分说明，当时的文学艺术家与专制王权之间存在着紧密的思想、感情和心理联系。

王权对文化的严密控制造成了一种为上层社会服务、代表上层社会艺术趣味、反映上层社会利益的文化。这种文化在以后两个世纪里仍旧发挥着重大影响。这种文化经常被称为"学院派"。学院派在不同历史时期有不同的表现形式，但是一般地说，与官方有密切的关系，得到官方的支持，在艺术趣味上偏于保守，经常以文艺卫道者的面目出现，是学院派的共同特点。就像学院这种建制产生于 17 世纪一样，学院派的传统也产生于 17 世纪。这一点充分说明了 17 世纪专制王权的文化政策深远的历史作用。

二、贵族沙龙的风雅生活

17 世纪法国文化的形态，与贵族尤其是巴黎大贵族的生活方式有着十分密切的关系。

早在 16 世纪，随着文明程度的提高，法国贵族就开始重视社交活动。巴黎是王宫所在地，又有大批王公显贵，社交活动当然更加频繁。17 世纪著名女小说家拉法耶特夫人的作品《克莱芙王妃》就以 16 世纪中叶亨利二世时期贵族的社交生活为背景。其中有这样一个情节：克莱芙王妃为了克制自己对内穆尔公爵的感情，决意闭门不出，克莱芙亲王对此大为惊讶和不满。因为按照上流社会的规矩，像王妃这样身份的人，回避社交活动会被看作严重失礼。由此可见，社交聚会在贵族生活中占有十分重要的地位。

进入 17 世纪，贵族社交生活的传统进一步发展。宫廷在全国政治生活和文化生活中核心地位的确立，外省贵族世家向巴黎的集中，为社交生活提供了良好的条件，贵族社交生活因而空前活跃起来。

贵族社交活动有两个场所：一是宫廷，一是贵族沙龙。这种以社交活动为中心的贵族生活被称为风雅生活。宫廷的风雅生活主要是宫廷的各种聚会，路易十四时期达到高峰，1664 年 5 月 8 日到 13 日，路易十四在凡尔赛宫为他的情妇德·拉瓦利埃小姐举办的盛大游园活动"魔岛联欢"集中反映了宫廷生活的情趣，同时也透露出宫廷生活的奢靡。不过能够经常到宫内走动的人，不论是贵族还是文人，毕竟只是少数。更多的人经常参加的是沙龙的社交活动。

贵族沙龙虽然并不始于 17 世纪，但是它成为贵族文化生活的一个中心，对贵族阶级的文化形态产生了极大的甚至决定性的影响，却是从 17 世纪一二十年代开始的。德·罗昂公爵夫人、德·雷兹公爵夫人、德·维尔鲁瓦夫人的沙龙先后成为贵族社交的活动中心。马尔戈王后 1605 年回到巴黎，她在马德里堡和桑斯公馆的沙龙也成为贵族和文人经常聚会的地方。1610 年，朗布耶公馆的沙龙开始招待客人，很快就声誉鹊起，成为巴黎最吸引人的社交中心。公馆的女主人原名卡特琳娜·德·维弗纳，她的丈夫德·朗布耶侯爵是孔契尼党，孔契尼遭诛，侯爵随之失宠。朗布耶侯爵夫人据说不耐烦宫廷的"嚣嚷"，而且认为路易十三的举止"不合规矩，她对国王的反感大概多少同丈夫失宠有关"，加上她虚弱多病，因而很少涉足宫廷，偏偏她又耐不得寂寞，于是便在家里招待宾客。据公馆的一位常客德·瑟格莱说，朗布耶夫人"端庄、温柔、殷勤、好客"，所以她那间被称为"蓝厅"的沙龙经常高朋满座。

沙龙生活有什么特点？为何会对整个贵族社会的文化结构产生重大影响呢？下面就具体分析一下朗布耶沙龙的情况，可以为沙龙生活归纳出以下几个特点：

第一，社交谈话是沙龙生活的基本内容。这一点看似平常，却有十分深刻的蕴藉。朗布耶夫人能说流利的意大利语（她母亲是意大利人），还会说西班牙语，文学修养也在常人之上。她听不得粗鲁的字眼，也容不得酸溜溜的学究腔。她欣赏高雅而自然的谈吐。客人既想博得女主人的青睐，又想在其他人眼里显示自己的高贵身份与修养，自然无不在讲话的艺术上下功夫。其实不止朗布耶，所有的沙龙都是训练所谓"正派人"的学校。一个人在沙龙里受尊敬的程度固然与他的社会地位（爵位高低、家族历史的长短、与宫廷的亲疏等）有关，却也与他的谈话艺术有关。朗布耶公馆有一位常客叫樊尚·瓦杜尔，出身于市民阶级，他之所以能受到公馆的欢迎，除了靠逢场作戏写一些应酬诗外，就靠谈吐的幽默机敏。

沙龙的谈话无所不及，大到国外战争，小到社会趣闻，都可以成为话题，政治、宗教、伦理、文化，无所不包。在沙龙的谈话中崭露头角，固然需要思想和学识，然而更重要的是察言观色、随风转舵、巧舌如簧之类的小聪明。这在沙龙中被誉为"才智"。17世纪末的作家拉布吕耶尔在他的《品格论》中就描写了某些沙龙客装腔作势的丑态，后来启蒙思想家孟德斯鸠在《波斯人信札》里也揭露了沙龙清谈的空虚无聊。沙龙清谈造成了法国贵族轻浮、浅薄、重才智轻思想、重形式轻实质等消极性格。

第二，沙龙生活具有强烈的文化气氛。在沙龙的谈话中，文学艺术当然是风雅的话题。客人们经常在这里品评作家和作品，而作家也经常将自己的新作拿到沙龙里来朗读，希望在作品正式问世之前得到沙龙的首肯。以文笔简练流畅称著的信札作家盖·德·巴尔扎克经常在沙龙朗读他的作品，高乃依在朗布耶公馆朗读了他的第一部成功之作《勒·熙德》，拉封丹喜欢让沙龙的客人成为他的首批读者，更不用说那些以写应酬诗、应景诗、题献诗闻名的诗人如瓦杜尔、泰奥菲尔·杜维奥之流了。

沙龙里的许多娱乐带有较强的文化色彩。朗布耶侯爵夫人喜爱小巧的诗，她的客人也乐于凑趣，不但读诗议诗，而且一起作诗。1633年，由夏普兰提议，以花为题，客人但凡擅长写诗的，各写一首小诗，组成一部诗集，取名《朱丽的花环》，献给朗布耶夫人的女儿朱丽·德·昂冉纳。诗人们咏唱玫瑰、茉莉、百合、水仙、紫罗兰等花，多数纤弱造作，少数却也有几分清新的气息。客人们有时还玩猜谜游戏，或者比赛用比喻来准确形容某人某物。那情景似乎很有点像中国文人墨客的宴聚。

第三，沙龙的风雅生活造就了一批风雅贵族，当时称为"正派人"。所谓"正派人"，必须有高贵的出身，同时必须有高雅而自然的谈吐举止，懂得社交礼节，待人接物落落大方，周旋自如，懂得如何赢得众人的注意，博得女主人的青睐。朗布耶的常客评价公馆的沙龙说，这里"集合了宫廷最典雅的东西和本世纪贵族最精细的东西"，它"教会了当时所有常来做客的人讲究礼貌"。法国贵族从16世纪初便在意大利文化的影响下开始了对自身文化素质的培养和教育，逐渐摆脱了中世纪粗野剽悍的习气。但是由于他们大多数生活在偏远的外省，经济落后，文化闭塞，加上残酷的宗教战争对社会生活的强烈破坏，贵族生活的文明化过程进展相当缓慢。直到17世纪前半期，这个过程才最终完成。而"正派人"的出现就标志着贵族阶级文化素质的成型。这样，就形成了一种制约着个人行为的文化模式，它不但对17和18世纪的法国社会生活产生了深刻的影响，而且对整个法兰西民族文化气质都有着不可忽视的作用。

第四，沙龙生活既是培养"正派人"的课堂，就会对社会文化结构和文化心理的形成发挥指导作用。首先，以文学艺术为核心的高雅文化气氛陶冶了贵族的情操，训练了他们的审美能力。带有浓厚民族特色的法国古典主义审美观就是在这种文化氛围中形成的。其次，沙龙为人们的思想交流提供了最便利的场所。需要快速反应的思想交流和交锋使沙龙的客人们锻炼了思维能力，丰富深化了自己的思想。当时的许多思想家和文学家，如笛卡尔、伽桑狄、高乃依、拉辛等都经常在沙龙活动。有些作品直接生成于沙龙生活的思想环境，如拉罗什福科的《箴言集》、拉布吕耶尔的《品格论》。沙龙生活中时常可以听到幽默含蓄、蕴藉深刻或者虽然缺乏思想蕴藉却充满机智的谈吐，《箴言集》和《品格论》其实就是这一类谈吐的记录和引申。

沙龙风雅生活对文化的影响，第一位的也是最直接的渠道是语言。说到沙龙语言，人们会不由得想到大喜剧家莫里哀的作品《可笑的女才子》。在这出戏里，莫里哀辛辣地嘲笑了附庸风雅的资产阶级女子模仿沙龙贵族妇女的"典雅语言"。这种"典雅语言"是一种带有一点学究气的严重脱离生活的文字游戏，在沙龙生活里颇为时髦。人们谈天说地，论事指物，不直截了当地用普通的、人人皆知的词，而用换喻、隐喻等手法来指代，或者搬用神话历史掌故，以显示自己的博学和高深，有时则干脆是"以高深文浅陋"。由于沾染上这种"书袋病"的多半是贵妇人，所以"典雅语言"经常包含"贵族女才子的语言"这样的意思。当然，"典雅语言"并非女才子的专利，同女才子们比赛博学，有意模仿"典雅语言"以博得女主人欢心的绅士也不在少数。一般地说，"典雅语言"反映了贵族沙龙生活的空虚，反映了贵族阶级尤其是其女性在思想上的封闭与贫乏。这种语言理所当然地遭到具有一定反贵族意识的作家的抨击。除了莫里哀，另一位诗人布瓦洛在《讽刺诗集》第十篇中也嘲弄了女才子们荒唐的言谈举止。

但是，沙龙生活固然孕育了"典雅语言"这个怪胎，却也同时孕育了一种以简洁、明晰、规整为特征的贵族语言。

法兰西语言从古代的罗曼语到16世纪的法语，一直在不断地迁衍变化，词汇和语法都未能相对固定下来，词汇的发音和拼写很混乱，语法规则也很不成熟，很不严格。到了17世纪，政治上的集权必然提出统一和稳定语言文字的要求。法兰西学士院编纂词典和语法书的任务就是这种要求的体现。然而既要统一，就非有标准不可。从地理区域而言，巴黎是政治文化的中心，巴黎地区的语言是标准，从社会区域而言，居于统治地位的阶级——贵族阶级的语言是标准。然而所谓贵族阶级的语言，并非任何一个贵族的语言，而是宫廷和沙龙的语言，所以从17世纪前期开始，法国的语言就经历了一个以宫廷和沙龙语言为标准的现代化和规范化过程。

沙龙的语言，虽然有"典雅语言"的弊病，但是使用者们为了使自己的谈吐符合身份，经过长期有意识的琢磨和相互砥砺，逐渐形成了遣词用字高雅、句法工整均衡、逻辑缜密一贯、思想清晰有序这样一种语言模式。这个时期出现的文学从这种语言模式出发进行创作，便有了具有浓厚贵族气息的法兰西古典主义文学。古典主义戏剧中人物语言的明快和雄辩，古典主义散文作品言简意赅的警句和分寸感极强的讽刺，古典主义小说叙事的简洁明了，无一不带着沙龙语言的特征。可以毫不夸张地说，没有沙龙生活，没有沙龙生活形成的沙龙语言，就没有法国的古典主义文学。

最后还有必要指出，沙龙在法国古典主义文学的形成过程中还扮演了批评家的角色。除了法兰西学院的干预外，沙龙对文学艺术作品的评价是17世纪乃至18世纪贵族阶级对文化的一种最为直接的干预和指导手段。19世纪的批评家圣勃甫说过，17世纪最重要的文学艺术批评就是沙龙的"口头批评"。这句话说得一点儿也不过分。

三、两种思想的对立

法国17世纪文化是文艺复兴文化的继续和发展，人文主义推崇理性，肯定人生，享受生活，尊重科学，这些观念在17世纪依然构成社会思想和行为的准则。从这一点来说，17世纪的思想家都是人文主义的信徒。

但是，随着社会政治机制和经济结构的改变，人文主义的内容必然发生变化。最突出的一点变化是"理性"这个在人文主义思想体系里占据重要位置的概念，其内涵从一般社会历史的意义向哲学意义转化。广义地说，文艺复兴时期人文主义的理性概念也有哲学的含义，但那是一种十分模糊的哲学意义，那时，理性主要是作为神学的对立面提出来的，泛指人的思维能力。17 世纪以后，主要由于笛卡尔的努力，理性才成为人类认识世界的能力和方法。而理性一旦成为人类认识世界的能力和方法，它本身也就随之变成了哲学思考的对象。

　　法国 17 世纪的思想家和哲学家，虽然都是 16 世纪人文主义的继承者，但是他们从认识论的角度发展了人文主义的不同侧面，构建了不同的思想和哲学体系。17 世纪法国哲学的代表是笛卡尔和伽桑狄。笛卡尔提出了唯心的理性主义哲学，而伽桑狄则坚持唯物的感觉主义的认识论。二者的对立形成了 17 世纪上半期法国思想史的基本格局。

　　笛卡尔对法国文化思想的贡献是多方面的。在自然科学方面，他发现了数学的变数理论，他的《几何学》为后来的解析几何奠定了基础，他运用物体运动的原理探讨天体起源，为近代天体研究开辟了道路。在艺术方面，他的《音乐提要》一直影响到 18 世纪的歌剧创作。不过，笛卡尔主要是作为一名哲学家在法国历史上留下他的足迹的。他创立的哲学本体论理论和认识论理论直到现代仍然影响着法国和其他西方国家的思想活动。

　　笛卡尔的重要哲学著作是《方法论》《形而上学的沉思》《哲学原理》。笛卡尔哲学体系的基本框架是二元论，即一方面强调"物质实体"的存在，另一方面又强调"精神实体"的独立性。笛卡尔为物质世界找到了一个基本属性——"广延"，为精神世界找到一个基本属性——"思维"。精神实体为人类所特有，人虽然是万物中的一物，然而人是"思维的物，或者是以思维为其本质或性质的物"。既然人的存在以思维为标志，所以笛卡尔就提出了他的著名命题："我思故我在。"在认识论上，笛卡尔认为认识起源于理性。理性既包括人的思维能力和方法（主要是一种如数学推理那样的演绎能力和方法），又包括他向神学借来的"天赋观念"。人类具有天生的思维能力，又具备"天赋观念"，便能够从"天赋观念"推导出一切知识和概念。

　　笛卡尔的学说开创了近代哲学的唯理论思潮，其影响绝不仅仅局限于哲学领域，而是广泛触及各个文化领域，其中尤以文学艺术受到的影响最为深刻。这种影响主要表现在两个方面：第一，笛卡尔对理性的推崇确立了理性在文学艺术表现原则中的主导地位。第二，笛卡尔的理性方法论要求思维明晰准确，认为这是理性的基本特征，文学艺术自然也必须具备这样的特点。

　　笛卡尔的学说尽管向神学妥协，提出了"天赋观念"，但是在天主教看来，仍然潜藏着极大的危险。笛卡尔还提出了怀疑一切的主张，这更增添了教会的恐惧。所以，笛卡尔的理论在相当长的时间里被教会视为异端，直到 17 世纪 80 年代才解除禁令。笛卡尔的学说和教会的冲突实际上是 16 世纪人文主义思想和神权思想斗争的继续。

笛卡尔建立他的哲学体系，其根本出发点是改变法国思想领域的混乱局面，代之以大一统的新秩序。这从他把方法论建设放在首位这一点上可以看得很清楚。笛卡尔在《方法论》这部书里指出，几何学的各种推理都起始于"最简单也是最明白的事物"，所以几何问题总是具有充分的确定性。他由此推论，在任何知识领域，为了保证确定性，必须从简单易懂的事物出发，按照严格的逻辑思维链条进行思考。他提出 4 条逻辑思维的原则：

第一，只承认确确实实把握的事物是真实的，反对臆测。

第二，将难解的问题尽可能分解成较小的问题。

第三，思维要循序渐进，先从简单的事物入手，逐步引向"最复杂的事物的知识"。

第四，尽可能广泛地列举实例，以免遗漏。

为了保证思路的清晰，笛卡尔还提出了"分类、简化、列举"这样三条常用的思考方法。

自从 16 世纪七八十年代蒙田提出了他的怀疑论和具有伊壁鸠鲁色彩的享乐主义，法国进入了一个思想空前活跃的时期。17 世纪三四十年代之前，被一言以蔽之称为"自由派"的思想广为流行。"自由派"这个称呼含有贬义，泛指所有怀疑基督教教理，怀疑古代哲人的理论，怀疑贵族阶级传统道德价值的离经叛道者。这个词还指那些在生活行为上背离传统规范的"荡子"，其中有些人确实放荡淫靡，有些人不过是落拓不羁罢了。

自由派中那些仅仅以穷奢极欲而为世人所侧目的人，他们的行为尽管也是一种文化现象，然而毕竟缺乏重要的思想价值，这里不予介绍。另外，一些自由派，他们在生活上或放纵豪奢，或节欲清寒，差别甚远，但是在思想上却都与世俗观念格格不入。他们在法国 17 世纪文化史上的地位很重要，代表人物是帕坦、诺岱、勒维耶、伽桑狄。

倘若说笛卡尔哲学继承了人文主义高扬理性的一面，那么伽桑狄等自由派则继承了人文主义肯定现世和现实生活的一面。就像理性在 16 世纪还缺乏深刻的哲学内涵一样，肯定人生、肯定官能享受的观念当时也没有上升到哲学的高度。这种观念的价值多半在于它是对神学禁欲主义的挑战。到 17 世纪，随着自由派思想的传播，这种观念开始获得哲学的意义，对物质生活的赞美上升为对物质存在的肯定，而对官能享受的追求则上升为对官能在认识中的作用的重视。

伽桑狄的学术活动与笛卡尔同时，这就形成了 17 世纪 20 年代到 50 年代两大哲学派别的对峙。他们之间的争论可以用他们相互挖苦的两句话来概括：笛卡尔读了伽桑狄的著作后嘲笑道："哎呀呀，什么都是肉体！"伽桑狄反唇相讥说："哎呀呀，什么都是精神！"

伽桑狄的主要哲学著作是《对亚里士多德的异议》《对笛卡尔〈沉思〉的五组诘难》和《伊壁鸠鲁哲学体系》。伽桑狄信仰古希腊哲学家伊壁鸠鲁的思想，认为世界由物质构成的，物质最小的成分是原子，人的精神也由原子构成，也是一种物质。因此，世界是一元的，而不是像笛卡尔主张的那样是二元的。伽桑狄不承认有"天赋观念"，也不赞成认识来源于理性推理的观点。他认为认识的起源是感觉，感觉材料是唯一真实可靠的东西。观念是理性在感觉材料的基础上活动的结果。

对笛卡尔从唯理论的立场宣扬的"怀疑一切"和"我思故我在"两个命题，伽桑狄自然也提出了诘难。他认为感觉是实实在在的，无可怀疑的，而自我作为一种物质存在，也由感觉经验所证实，无须等待"思想"。

以笛卡尔为代表的唯理论和以伽桑狄为代表的感觉论的对立，影响十分深远。笛卡尔的唯理论主张思想方法，把严格的理性逻辑放在至高无上的地位，这符合王权建立中央集权的需要，也和贵族阶级建立高度精神化的文化生活的努力并行不悖，故而在 17 世纪 50 年代以后迅速成为占统治地位的思潮。伽桑狄的感觉论强调个人感官的作用，无疑符合那种追求个性的多样化，竭力对抗政治和思想一元化的人和社会集团的需要。笛卡尔的唯理论浓厚的理智色彩和规范化的思维方式推动了法国古典主义文学艺术的发展，而伽桑狄的感觉论则支持了文学艺术家对现实生活的投入和反映现实生活的勇气。

这里的一个问题是，笛卡尔哲学与古典主义文学艺术之间究竟是一种怎样的关系。一种十分流行的说法是，笛卡尔的唯理论为古典主义奠定了理论基础，似乎古典主义作家都是自觉或不自觉地遵循笛卡尔的思想原则创作的。然而事实并非如此。笛卡尔按照他的理性原则撰写的文章《论激情》鼓吹理性对感情的约束和指导作用，而高乃依的《勒·熙德》描写的正是男女主人公如何用家族和国家的荣誉感战胜了彼此的私情，这好像是为"奠定基础"的说法提供了确凿的证据。可是，笛卡尔的文章发表于 1649 年，而高乃依的戏早在 1636 年就上演了。另一位古典主义戏剧家莫里哀，也在笛卡尔思想广泛流行前，亦即 1650 年前，思想和风格都已经臻于成熟。所以，与其说"为古典主义文学奠定哲学基础"，还不如说为古典主义文学的理论总结提供了哲学依据，并为后人理解古典主义文学提供了一种哲学的氛围。

我们强调这一点，为的是说明笛卡尔哲学和古典主义文学之间并不存在一种因果关系，二者是同时产生的，都萌芽于建立绝对王权的政治土壤和贵族道德行为规范化的文化土壤。二者产生之后，又相互影响，相互推动，形成了 17 世纪后半期浓厚的理性气氛。古典主义主张明晰简洁、工整均衡，这种美学原则绝不仅仅是作品形式的表现，而且是作家思想行为和生活行为的表现，这就保证了古典主义作品的内容和形式在哲学的高度上得到有机的统一。

笛卡尔哲学和伽桑狄哲学都反对神学和经院哲学。相比之下，由于笛卡尔的学说更加严密，更加具有思辨性，也由于笛卡尔公开提出了"怀疑一切"的口号，所以对经院哲学的威胁更加明显，致使以教会为首的保守势力在相当长的时间里对笛卡尔的思想怀有强烈的疑惧。直到 1691 年，巴黎大学的哲学教授们还签订了协议，发誓不讲授那种主张"在未获得确切认识前可以怀疑一切的理论"。不过，17 世纪 50 年代以后，笛卡尔的学说就逐步冲破了教会的压制，引起越来越多的人的浓厚兴趣。在贵族沙龙里，笛卡尔的学说成为热门话题。

17 世纪最后 20 年，笛卡尔的学说基本上实现了它一统天下的目标。1690 年，雷吉评述笛卡尔哲学的专著《概论》由官方批准出版，说明笛卡尔的学说得到了"钦准"。与王权关系密切的文人布瓦洛、贝洛、拉布吕耶尔此时都宣布信仰笛卡尔的思想。尽管天主教会仍然坚持它的顽固立场，普通僧侣却已经不再把笛卡尔的学说视为洪水猛兽。从事教育的僧侣转变得最快，因为青年学生已经厌倦经院哲学的陈词滥调，强烈要求把笛卡尔的学说引进课堂。笛卡尔学说的吸引力就连它的敌人也不得不承认。耶稣会神父达尼埃尔在《漫游笛卡尔世界》一书里虽然坚持认为笛卡尔的学说是"危险的理论"，但是他也坦率地承认笛卡尔的理论不但"清晰"，而且具有"诱人的美感"。

笛卡尔的学说在 17 世纪晚期之所以能够迅速传播，除了它适应了时代的政治和文化环境之外，与它的信徒马尔布朗什热情而不懈的努力宣传是分不开的。马尔布朗什是一名神父，他在 17 世纪 60 年代接触了笛卡尔的著作，立刻被强烈地吸引住了。他先后发表了《真理之探寻》《论自然和圣宠》《论道德》《关于形而上学和宗教的谈话》等著作，鼓吹笛卡尔的思想。这些著作产生了相当广泛的影响。

路易十四晚年听从曼德侬夫人的劝告，重视宗教礼仪和教规，期望从宗教感情中得到精神的安慰。在路易十四的影响下，宫廷和巴黎的贵族社会弥漫着一股相当浓厚的宗教气息。在这样的环境中，马尔布朗什的著作在阐释笛卡尔的学说时自然着重引申了笛卡尔思想带有宗教色彩的唯心主义一面，力图把笛卡尔的思想和基督教教理统一起来。但是，马尔布朗什在《真理之探寻》中发挥了笛卡尔"怀疑一切"的思想，认为人之所以远离真理而在谬误中踯躅，其原因盖出于因循守旧，为习惯所蒙蔽。这样他就宣扬了笛卡尔学说中最富于革命意义的思想。

笛卡尔的理性哲学产生于建立专制王权的 17 世纪上半叶，在某种意义上可以说是王权政治利益的产物，并且反过来为王权的政治利益服务。因此，它最终被王权当作一种官方哲学。但是它从根本上说又潜藏着一种与其表面的作用相反的能量，因为它包含着对现存秩序——政治秩序和宗教秩序潜在的怀疑和否定。当着启蒙思想家宣称一切都要在理性的法庭面前为它的合理性辩护时，人们才恍然大悟，原来这个曾经帮助王权建立统一秩序的哲学思想却同时又是王权的掘墓人。

四、巴洛克文化

"巴洛克"这个词起源于葡萄牙文，意为形状不规整的珍珠。在 18 和 19 世纪两百年漫长的时间里，法国人有时用它来形容建筑风格，有时用它来形容音乐作品。它虽然没有明确的美学内容，但也没有脱出由词源而来的"古怪""畸形"之类的含义。在其他欧洲文字中，情况基本相同。第一个为巴洛克"恢复名誉"并且赋予它特定美学意义的是德国文化史家沃尔弗林。他在 1888 年发表的《文艺复兴与巴洛克》中指出，巴洛克是有其自身特点的独立的艺术风格，把巴洛克说成是古典主义的衰变是不对的。他在 1915 年发表的《艺术史原理》又进一步指出，从 15 世纪末到 18 世纪初，欧洲并存两大艺术观，这就是古典主义和巴洛克，它们在五个方面存在巨大差异。

沃尔弗林的理论很快为法国人所接受。历史学家塔皮耶在第一次大战后即开始巴洛克研究，是法国最早从事这方面工作的学者。1957 年发表的《巴洛克和古典主义》，从社会学的角度揭示巴洛克产生的历史条件，是他数十年研究的总结。塔皮耶和沃尔弗林一样，认为巴洛克具有独立的美学价值。不过，由于沃尔弗林是从研究意大利文化出发的，而意大利是古典主义在前，巴洛克在后，所以他反对把巴洛克说成是古典主义的衰变。法国情况正好相反，是巴洛克在前，古典主义在后，所以塔皮耶反对把巴洛克说成是文艺复兴的衰变。

无论是沃尔弗林还是塔皮耶，都把巴洛克限制在造型艺术（包括建筑学）的范围内，巴洛克作为一种美学标准进入文学研究是较晚的事，时间在 20 世纪 50 年代到

60 年代。最早关注文学中的巴洛克现象的学者有著名批评家雷蒙，他在 1953 年翻译了沃尔弗林的《艺术史原理》，1955 年发表了《巴洛克和诗的复兴》。过去，法国的文学研究都用古典主义概括整个 17 世纪，但是学者们也感到许多现象难以拿古典主义来归纳，例如，著名文学史家朗松就在他的《法国文学史》中把不能冠以古典主义的作家归入所谓"落伍者和迷途者"。这样分类固然避免了简单化的毛病，但是很难叫人接受。对巴洛克的研究在很大程度上解决了这个使朗松为难的问题，它不但大大提高了对 17 世纪文学历史描述的准确度，而且更重要的是更新了人们的观念，帮助人们用新的目光去看待过去长时间被遗忘、被忽视的作家。

什么是巴洛克？巴洛克与古典主义有什么区别？为了回答这两个问题，我们可以比较一下 17 世纪画坛泰斗普桑的两幅画。两幅画题材相同，题目也相同，都是《阿尔卡迪亚的牧人》。内容是描写阿尔卡迪亚的一群牧人发现了一个古墓，上面镌刻着"我在阿尔卡迪亚"这样一个神秘的墓铭。第一幅《阿尔卡迪亚的牧人》画于 1629 到 1630 年，画面中心是一口石棺，上面有一个骷髅，牧人们身体后仰，神色惊恐。画面上的石棺、树木、人物都呈不稳定的斜线，着色和任何文化上的定义一样，巴洛克在使用过程中外延不断扩大，导致内涵不断缩小，因而不断有人对巴洛克的真实性提出怀疑。应当承认，巴洛克从一开始意义就比较模糊，而后来的滥用更使语义的覆盖面过分扩大。尽管有这个缺点，巴洛克的研究毕竟还是揭示了 16 世纪末到 18 世纪初欧洲文化运动的一个重要现象，深化了我们对这个时期文化的认识。事实上，巴洛克和古典主义这样的分类法已经为大多数理论家和历史学家所接受。

鲜亮、调子热烈、笔触传神。这是普桑受到意大利巴洛克艺术影响时的作品。第二幅《阿尔卡迪亚的牧人》画于 1640 年，此时普桑虽然还在罗马，却已经受到了法国古典主义艺术的影响，因而新作品与前一幅作品形成鲜明对照。石棺和骷髅消失了，在原来的位置上画家画了一个方方正正的石碑，牧人也不像前一幅画那样惊慌失措，而是安安静静地围在石碑四周，神色庄重，似乎在思索墓铭的启示。画面全部采用稳定的垂直线构图，色彩平和，笔触严谨。

从这两幅作品的比较，我们能够大致明了巴洛克艺术的特点：第一，巴洛克不像古典主义那样重视形式和内容的规范，而是比较自由地表达主体对题材的现实感受。第二，巴洛克不像古典主义那样重视整体美和统一美，而是把丰富性和多样性放在首位。第三，巴洛克不像古典主义那样重视稳定和均衡，而是力图表现运动，是一种动感的艺术。第四，巴洛克不像古典主义那样强调对色彩和节奏的节制，而是夸张色彩和节奏的强度和对比度。

　　再来看看比较抽象的建筑艺术。在建筑艺术里，古典主义和巴洛克的区别不像绘画那样显著，但是仍然有蛛丝马迹可寻。路易·勒沃根据意大利建筑师雷纳尔蒂的圣阿涅丝教堂设计的"四季学院"（后来的法兰西研究院）的正面就是比较典型的巴洛克风格的建筑。两层的侧楼拱抱，中央是高耸的圆顶主楼，顶尖上重叠着一个小型的塔形圆顶，形成逐渐向天空上升的态势。大门左右两侧各有两个高大的石柱，支撑着三角形的屋顶，门楣上和三角形的顶部装饰了富于动感的浮雕。站在门前，有一种被拥抱着飞腾起来的感觉，心中产生出欢悦和神秘的不安。而当我们站在贝洛设计的卢浮宫的柱墙，即"贝洛墙"这个典型的古典主义建筑物面前时，我们的感觉就完全不一样了。那大块、沉重、均衡的墙面，从第二层开始整齐排开的圆柱，简朴的浮雕装饰，这一切都叫人肃然起敬，叫你在静穆中感到王权的威严，感到面对的是一种永恒的存在。

　　总体而言，16世纪末到17世纪初，巴洛克由生而盛，17世纪20年代和30年代是它的黄金时代。但是这并不意味着40年代后巴洛克便销声匿迹了。事实上，从16世纪末到18世纪初这一百多年时间里，巴洛克一直存在于法国的美术、建筑、文学等领域。

　　在美术和建筑领域，法国的巴洛克受到北方的尼德兰地区和南方的意大利的深刻影响。尼德兰的鲁本斯、威尼斯的提香和罗马的卡瓦拉乔是法国画家崇拜的偶像。罗马的圣彼得教堂、圣阿涅斯教堂等建筑被法国人当作建筑设计的典范而抄袭到巴黎的建筑中去。在意大利巴洛克艺术的吸引下，法国人纷纷到罗马学艺，著名画家武埃、瓦朗坦、洛兰分别在罗马居住了十年到几十年。上文介绍的普桑年轻时爱上了罗马，以至"乐不思蜀"，终老此处。同时，尼德兰和意大利的艺术家也大量涌入法国，带来他们的艺术观和艺术风格。他们参加卢浮宫和凡尔赛宫的扩建，参加巴黎和外省的教堂等重要建筑的修建，建筑设计、室内装潢和绘画雕塑各个方面都留下了他们艺术创造的印记。

　　17世纪30年代前，法国造型和建筑的巴洛克艺术主要来源于意大利。这个时期巴洛克绘画的代表是瓦朗坦。他于1620年到罗马学习孟弗莱蒂和卡瓦拉乔的艺术风格。他的作品，无论属于宗教题材还是属于世俗题材，都以抒情见长。《占卜女郎》这幅著名油画最鲜明地说明了卡瓦拉乔的影响。首先，题材来自卡瓦拉乔。卡瓦拉乔1592年创作过同样题材的作品，成为传世杰作。其次，作品的基调也同卡瓦拉乔的作品相近。为人看手相的波希米亚姑娘的面孔大半在阴影中，表情专注而忧郁。画面右边，一个男人在弹竖琴，一个女人在拨吉他，两个乐师都流露出茫然的神情，这样一个带有幻想意味的景象和现实的占卜场面形成了一定的时空反差。左边的阴影中，一个小偷将手伸向姑娘胯边布兜里的一只鸡，这本是个喜剧性情节，然而由于题材本身的阴郁色彩和光线的处理，反倒增加了作品的感伤性。通过现实与幻想、悲剧和喜剧的结合，依靠暗色调基础上的明暗对比，画家将这个世俗的、现实的（占卜女郎身着典型的 17 世纪波希米亚服装）题材所包含的那种压抑感伤的情绪充分烘托了出来。

普桑和武埃是古典主义绘画的代表，但是他们年轻时在罗马创作的作品都程度不等地具有巴洛克风格。武埃早年的《爱神复仇》也是一幅比较著名的巴洛克作品。画面上爱神丘比特正把爱情之箭投向一个年轻姑娘。色彩艳丽热烈，反映了人物炽热的情怀。画家选择了丘比特飞跃在空中，姑娘伸出臂膀抵挡这个极富情感的场面，爱神斜飞的身体、姑娘下意识扬起的手臂及向后倾斜的上身、迎风飘扬的披巾、近景和远景歪斜的树木，这一切使人感到整个画面都动了起来。比较武埃后期的作品，如《贤明带来和平与丰收》，虽然笔法变化不大（显得娴熟圆润一些），但是《爱神复仇》的活泼热烈已经消失，取而代之的是沉实和冷静。

17 世纪 30 年代后，武埃和普桑都转向古典主义，巴洛克绘画逐渐衰弱。到 17 世纪末，情况又发生了变化。此时古典主义开始走下坡路，宫廷的艺术趣味发生变化，普桑的权威日益动摇。崇拜鲁本斯的画家终于发难，从而爆发了普桑派和鲁本斯派的争论。普桑派坚持认为画面裁构是绘画作品审美价值的首要因素，而鲁本斯派则认为色彩的运用决定作品的成败。争论的结果是，鲁本斯派占了上风。鲁本斯在世纪初为卢森堡宫创作的作品原本没有受到多少人的注意，此时为人争相效仿。由于鲁本斯影响的扩大，法国的巴洛克绘画再度兴起。这个时期最有成就的巴洛克画家是拉弗斯。他和儒弗奈、科瓦培尔合作为凡尔赛宫和荣誉军人院的小教堂创作的绘画是 17 世纪晚期巴洛克的重要作品。作品轻盈、细腻、富于感官的刺激性，已经是洛可可艺术的先河。

在雕塑方面，库斯图是比较有代表性的巴洛克艺术家。他最有名的作品是《耶稣被抬下十字架》。另一位雕塑家米歇尔·昂基耶的一部分作品如巴黎圣德尼凯旋门的浮雕也以其明显的巴洛克风格越来越受到人们的重视。

17 世纪的雕塑有一个重要的题材，那就是陵寝的设计和制作。部分陵寝在教堂里，为王侯贵妇和圣徒僧侣的墓地。这些遍布法国各地的陵寝有不少巴洛克风格的雕塑作品。最有名的作品是原籍意大利的图比为画家勒布伦母亲的坟墓制作的雕像。这是一个别出心裁的作品。

图比在石棺顶部雕塑了死者的半身像，像后面制作了另一个棺盖，这样就造成了死者顶开棺盖钻出来的戏剧性效果。石像头顶披巾，眼眶深凹，双手合抱在胸前，脸部呈现茫然的表情，整个神态似乎是在痛苦中期待着什么。头巾和长袍雕刻得十分细腻，富于质感，好像随着人物的动作在飘动。图比为凡尔赛宫制作了几座雕塑，最有名的是后花园的阿波罗。在巨大的水池中央，阿波罗驾着马车在飞驰。作品具有极其强烈的动感，使人似乎听见了嘹亮的号角、神马的嘶鸣和车轮的滚动。此时，图比虽然把古希腊的雕塑当作典范，但是早期形成的巴洛克风格依然清晰可辨。

伽桑狄的感觉论和其他形形色色的"自由派"思想产生于16世纪到17世纪前期社会的动荡，这是一股与中央政治权力建立专制和秩序的企图相对立的思潮。巴洛克作为一种与感觉论相通的艺术观念，也是这个时期的产物。它得以产生的社会条件决定了它属于与中央政治权力对立的意识形态，具有反主流的离心性。当然，这是从总体上来说的。这个特点在巴洛克建筑和造型艺术中表现得不十分明显，而在巴洛克文学里则表现得相当充分。前期巴洛克作家多比涅和杜巴尔塔是新教徒；剧作家和诗人戴奥菲尔·德·维奥是有名的"自由派"，被教会判处火刑，侥幸得以逃脱；诗人圣塔芒也是一个有名的"自由派"，经常在酒店开怀畅饮；诗人、小说家斯卡龙嬉笑怒骂皆成文章，时常讥评时政；小说家西哈诺·德·白热拉克对教会和王权不满，已经很有点像启蒙思想家。因此，巴洛克文学有时以反王权的面目出现，多少带点投石党文学的味道。

但是，不应夸大巴洛克文学的政治色彩。巴洛克文学的离心性和反主流性更多地表现在文学观念本身。以马莱伯为代表的主流派从理性观念出发，认为世界上的一切包括文学艺术在内都是稳定的、确定的、恒定的，而且终究为人所掌握。文学艺术作品从内容到形式都应该反映世界的这个特点。而巴洛克文学家则不相信这种稳定性、确定性和恒定性。怀疑主义者蒙田教会他们以不信任的目光审视世界，动荡的社会教会他们以伊壁鸠鲁主义甚至犬儒主义的态度对待生活，所以他们认为世界上的一切包括文学艺术都没有秩序和规则可言。从这一点来说，建立古典主义的过程，就是与巴洛克观念斗争的过程。古典主义文学确立其独尊的地位后，巴洛克观念自然成为异端，巴洛克文学也随之衰落。

巴洛克在文学上的表现因为体裁的特点，自然不可能和美术、建筑上的表现完全一样。巴洛克文学的主要特征是对世界和生活的丰富的官能感受和把这种感受纤毫无遗表现出来的欲望。因此，无论是叙事诗还是戏剧小说，大多不遗余力地渲染，极尽铺陈，事无巨细，悉作详述，因而枝叶繁茂，篇幅浩大。在叙事手法上，巴洛克文学多依靠意外事件的插入改变叙事的方向或线索，以造成复杂感和丰富感，为此，生活的偶然性被作为主要的动机力量。

最早的巴洛克文学作品是新教诗人多比涅的《惨象集》《春天》《冬天》和杜巴尔塔的《创世记》《第二个星期》。《惨象集》描写宗教战争中天主教残酷迫害新教徒，预言天主将为新教徒申冤昭雪。《创世记》描写上帝创造世界的六天，以宗教改革的精神解释《圣经》。这两部长篇叙事诗都极尽铺陈夸饰之能事，色彩浓重，斑驳陆离。

多比涅和杜巴尔塔的巴洛克风格在 17 世纪的一批诗人的作品里得到发展。这些诗人大多属于所谓的"自由派"。他们以讽刺诗和滑稽诗见长，深得时人喜爱。他们的作品信笔写去，随兴之所至，不拘一定之规，很有些拉伯雷的作风。最具个性的诗人是保罗·斯卡龙。他的《乔装打扮的维吉尔》是一首长篇滑稽模拟诗。这种体裁当时很时髦，作品大多是模拟古代的史诗和武功诗，将公众熟悉的悲剧故事和英雄故事世俗化。斯卡龙的作品模拟的是维吉尔的《埃涅阿斯纪》，用当时市民生活的色彩描绘伊利昂城陷落，埃涅阿斯带着老父幼子逃跑的经过。诗人发挥丰富的想象力，写尽世态的酸甜苦辣，妙趣横生和妙语解颐之处俯拾皆是。

宗教战争平息后，法国渐渐趋于稳定，文化生活的需要日见扩大，小说和戏剧因此迅速繁荣。此时社会上追求安逸享乐的风气很盛，在贵族阶级中更是如此，因而对小说和戏剧的需求自然偏重于它们的消遣作用。这给巴洛克文学提供了有利的生长土壤。就小说而言，读者主要是贵族妇女。她们把小说看成是消磨时间的工具和茶余饭后谈话的资料。适应这种需要，小说不但直接取材于贵族生活，而且尽量扩大作品的容量，以满足不断增长的阅读好奇心。身为沙龙熟客、深知沙龙文学趣味的斯居德里小姐的两部著名小说《伟大的塞吕斯》和《克蕾丽》都是长达十卷的鸿篇巨制，足证上层社会的审美要求对巴洛克风格的影响。

巴洛克小说的开山之作是于尔菲的《阿丝特蕾》，也是五卷本的大部头作品。小说描写中世纪发生在法国中部风景秀丽的卢亚河谷的一个充满田园风味的爱情故事，尽管编造的痕迹十分明显，但是情节一波三折，又糅杂了神话传说，因而引人入胜。男女主人公都是牧民，但是俨然一副贵族气质。这样一部描写贵族生活但又赋予它田园诗意的作品自然被沙龙的主人客人们争相传阅，成为叙事文学效法的榜样。非但描写贵族生活的《伟大的塞吕斯》之类的作品是在《阿丝特蕾》的直接影响下产生的（《阿丝特蕾》是斯居德里小姐的案头书）描写下层人民生活的作品，虽然内容与贵族小说迥然相异，有的甚至直接嘲笑了《阿丝特蕾》的虚妄，如索雷尔的《弗朗西庸正传》，但是在形式上大都仿照《阿丝特蕾》，枝蔓纷杂，令人眼花缭乱。典型的例证除《弗朗西庸正传》外，还有斯卡龙的《滑稽小说》和西哈诺·德·白热纳克的《天外天》。

　　17 世纪头 30 年，戏剧舞台上各种形式争奇斗妍，悲剧、喜剧、悲喜剧、牧歌剧都有作者和观众。"三一律"虽然已经有人提出，但是许多作者并不重视它，甚至觉得这是庸人自扰的无聊之举。悲剧和喜剧的界限在他们看来也无关紧要。他们或者精心构思情节，枝蔓繁杂，戏中套戏，追求事出意外的戏剧效果；或者用耀眼的色彩描写情感的爆发，诗句夸张，气氛浓烈。

　　当时，剧作家拉康的牧歌剧《牧歌》、维奥的悲剧《比拉莫和蒂斯贝》、麦雷的悲喜剧《克里赛伊德和阿利芒》曾经引起轰动，几乎无人不知。《牧歌》以其田园爱情故事，《比拉莫和蒂斯贝》以其略带矫饰夸张的诗句，《克里赛伊德和阿利芒》以其曲折复杂的情节为巴洛克风格赢得了荣誉。另一位剧作家阿尔迪是 17 世纪 30 年代前剧坛的代表，他一生创作了 40 多部戏剧，发表了 34 部，悲剧、悲喜剧、牧歌剧、戏剧诗等各种体裁几乎应有尽有。阿尔迪的戏以故事错综复杂称著，有名的《戴阿冉纳和沙利克雷》共 40 场，分 8 天演出，其情节的繁复可想而知。

　　巴洛克不但表现在这些前古典主义剧作家的作品里，还表现在一些被认为是古典主义代表作家的作品里。最明显的例证是高乃依。高乃依开始戏剧生涯时正值巴洛克戏剧的盛期，他的创作不追求戏剧性效果。他后来在《〈勒·熙德〉反思》中说，他并非不知道"三一律"，而是觉得"三一律"不是什么金科玉律，无须勉强遵守。在这样的思想的指导下，他写了著名的悲喜剧《勒·熙德》。这出戏经常被看作是古典主义戏剧的开山之作。从内容上来说，作品颂扬理性战胜情感，符合古典主义的道德要求，然而从形式上来说，与其说作品是古典主义的，不如说是巴洛克的。首先，作品没有遵守悲喜剧的严格划分和"三一律"；其次，作品在主干情节线索之外附加了支干情节线索，而主干情节也不那么单纯。《勒·熙德》上演后受到观众的热烈欢迎，这说明巴洛克戏剧当时仍然投合了许多人的欣赏趣味。但是从学士院和沙龙却吹出了冷风，因而酿成了一场争论。高乃依一气之下辍笔几年。学士院和沙龙的不满反映了在上层文化圈子里，巴洛克戏剧已经开始遭到怀疑。高乃依重返剧坛后"皈依"三一律，也不再写悲喜剧，但是他早年受到的巴洛克的影响一直未能廓清，他的许多剧本依然保持了对复杂情节的偏爱。

五、古典主义文化

　　巴洛克文化的再发现对认识 17 世纪的法国文化有重要意义。意义不但在于再发现带来认识的扩展，而且在于从巴洛克和古典主义的对照中，人们对古典主义也获得了更丰富的认识。

从黎世留时代开始的中央集权，笛卡尔唯理论开始的思想一元化，宫廷和沙龙生活对社会生活方式和情感方式的影响，其文化效应都是同向的，即建设统一的、规范的、适合宫廷和沙龙审美趣味的、为王权服务的文学艺术，也就是古典主义的文学艺术。17 世纪 30 年代到 80 年代大约半个世纪中，古典主义是法国文化的主流。

古典主义是在法国现代历史开始后不久产生的，是伴随着现代法兰西语言的形成而产生的，是在法国空前强大的历史时期产生的，是在法国社会文明真正建立的重要阶段上产生的，因此，它在法兰西民族的文化本体、思维方式、语言习惯、审美趣味乃至生活方式等诸多方面都打上了深刻的烙印。古典主义的影响极其深远。直到当代，法国人的生活行为方式和精神行为方式在相当大的程度上仍然受到古典主义文化传统的作用。所以可以毫不夸张地说，不懂得法国的古典主义文化，就不能真正懂得法国的影响，也就不能真正懂得法兰西民族。古典主义是全欧的文化现象，并非法国所独有，但是，真正的、典型的、对民族性格和心理产生深远影响的却只有法国的古典主义。

在整个古典主义文化中，古典主义文学具有十分突出的意义。这是因为文学形态和语言形态具有互为因果的关系，而 17 世纪前期正是法兰西确立其现代语言的时代；也因为文学和笛卡尔唯理论的联系最为直接，最为密切；还因为文学是沙龙的宠儿，在一定程度上，甚至可以说古典主义文学是沙龙的精神产品。所以，有必要首先了解一下古典主义文学的形成过程。

古典主义文学是从 17 世纪 40 年代走向鼎盛的。在此之前，经过了三四十年的准备。准备工作主要从语言和戏剧规则两方面进行。

上文说过，法兰西语言在文艺复兴时期得到了一定程度的改造，但是由于社会动荡等原因，仍然比较混乱，未能形成固定成熟的形态。文学语言当然不可能例外。而且由于七星诗社提倡广泛引进词汇，诗歌语言的混乱局面似乎有增无减。当文学顺应社会发展的需要企图实现一元化时，便首先面临实现语言一元化的任务。第一个担当起这个任务的是马莱伯，他因此被视为古典主义文学的先驱。

马莱伯是 16 世纪和 17 世纪之交法国诗坛的宿将。不过，在后人眼里，他的诗算不得上品，他在文学史上之所以占有地位，主要是因为他的诗歌主张从语言上（也从诗的韵律等方面）为古典主义文学奠定了基础。

马莱伯的诗歌理论要言之有三点：第一，诗没有什么神秘，诗人也没有什么神秘，一个优秀诗人对国家的价值并不大于一个玩九柱戏的人。第二，诗出自技巧，而非灵感，所以必须有法可循，有章可依。第三，诗歌语言应该是规范的，明晰的，当务之急是净化语言，一切孤僻的、外来的、生造的词均在扫荡之列。

　　不难看出，马莱伯倡导的诗歌理论，其目标和笛卡尔的哲学目标是一致的，都是企图改变文化领域所谓的无政府状态，改变混乱状态，建立秩序。所以，马莱伯在下面两点上猛烈攻击龙萨：第一，马莱伯坚决反对龙萨和杜贝莱关于"迷狂"的理论，因为这种理论引导人们忽视诗歌写作的原则和法规。第二，他坚决反对龙萨和杜贝莱广泛吸收词汇以丰富法兰西诗歌语言的主张，强调诗歌应该使用人人通晓、简明而不粗俗的语言，这样他就为未来的法国诗歌确定了语言标准。马莱伯为诗歌的语言和技法制定了许多具体的主张，凡有越雷池一步者，都要遭到他的讥评。今人用"文学禁欲论"概括他苛刻的理论，很贴切，也很形象。

　　马莱伯大刀阔斧地对法国诗歌语言进行了一番价值鉴定之后，步其后尘，致力于语言规范化的人便纷至沓来。其中影响较大的是夏普兰、沃日拉和巴尔扎克。夏普兰作为法兰西学士院的常务负责人，对古典主义文学建设的贡献主要在组织方面。他和马莱伯一样，是自视甚高的诗人，其作品大多味如嚼蜡。他轻视灵感和想象，将诗与文等量齐观。在语言上，他也主张筛选净化，被称为"纯粹派"。巴尔扎克有时被称为修辞学家。其实他没有修辞学的著作，称他修辞学家是因为他对那个时代语言（主要是沙龙的语言）的形成产生了重要影响。他的影响是靠一种形式独特的作品——书信来完成的。巴尔扎克的书信经常在沙龙里朗读或传阅，这些书信措辞文雅，条理清晰，深得沙龙人士尤其是贵妇人的喜爱。他的文体和文风成了写作的标准。沃日拉是真正意义上的修辞学家、语法学家。他花费几十年工夫写的《法语刍议》，1647 年发表，影响很大。这部著作以 17 世纪三四十年代宫廷生活和沙龙生活的阅历为依据，对语言的规范化问题提出具体意见。基本思想是把语言习惯分为"好"与"坏"两大类。"好"的语言习惯指"少数精英"的语言习惯，即有修养的贵族的语言习惯，也就是宫廷和沙龙使用的语言。"坏"的语言习惯指"大多数人"使用的语言，不但包括人民大众的语言，而且包括缺乏修养的贵族的语言。沃日拉声称他无意提出"规则"，然而他把宫廷和沙龙的语言习惯作为"好"的语言习惯，这实际上正是提出了规则。沃日拉写这本书，原意在帮助贵族纯正语言，以便适应宫廷和沙龙的社交活动，但同时它也就顺理成章地成了文学语言的法典。

　　古典主义对戏剧提出了许多规则，其中最重要的是著名的"三一律"。所谓"三一律"，就是同一个情节，发生在同一个地点，延续时间不能超过一天（24 小时）。为了给"三一律"蒙上吓人的虎皮，古典主义理论家们称"三一律"出自亚里士多德。此说有点儿勉强，但也不完全是捕风捉影，亚里士多德的《诗艺》确实有类似的主张。《诗艺》大约在 1560 年被介绍到法国。1561 年，原籍意大利的医生斯卡里热发表了一本关于戏剧的著作《诗学》，他在书里提出了两个一律：时间一律和地点一律（他同时还提出了逼真原则）。1572 年，拉塔耶在《论悲剧艺术》一书中重申了两个一律，并且规定悲剧应该一概分为五幕。斯卡里热和拉塔耶的理论开创了古典主义戏剧的先声，但是在 16 世纪末和 17 世纪头二三十年内，在"自由派"思想泛滥的大气候下，他们的理论未能引起人们的重视。据统计，1594 年到 1610 年间，巴黎上演了大约 50 出悲剧，遵守"一律"要求的寥寥无几。但是，随着王权对文化控制的强化，事情慢慢起了变化，转折点就是关于高乃依《勒·熙德》的争论。争论不但迫使高乃依就范，而且实际上把"三一律"提到了文学法规的高度，其他一些规定诸如悲喜剧严格有别等也都随之成了必须遵守的金科玉律。从此，曾经十分繁荣的巴洛克戏剧及其他一些形式自由的戏剧消失了，整个戏剧创作被纳入了古典主义的规范。

经过数十年的准备，语言标准确立了，戏剧法则制定了，诗歌技法完善了，于是古典主义开始了它的最活跃、最富于创作成果的黄金阶段。

首先为古典主义戏剧赢得声誉的是高乃依。高乃依原是卢昂的律师，后来走上戏剧创作的道路。高乃依与过喜剧，但他主要是悲剧作家，有"悲剧之父"之称。他的著名作品除多次提到的《勒·熙德》外，还有《贺拉斯》《西纳》《彼里厄克特》《赂道古纳》等。高乃依的许多作品可以称为"英雄悲剧"，主题都是贵族的"责任""荣誉"战胜个人的情感。这样的主题往往要求严肃、重大的题材，所以高乃依宣称自己喜爱"异乎寻常"的事件，这些异乎寻常的事件多取自罗马的历史，而且多是政治性的，在关系到国家命运的重大冲突中，人物所担负的"责任"与个人的感情发生矛盾，从而决定了人物的悲剧命运。

高乃依在《论戏剧的功能和成分》《论悲剧》《论三一律》和十几篇称为《思考》的总结文章中为自己经常表现理智战胜感情这样一个主题辩护。他提出在亚里士多德的"怜悯与恐惧"这两个悲剧动机之外还有第三个动机：崇敬。在《关于〈尼科迈德〉的思考》中，他说："理应成为悲剧灵魂的温情和情欲在这出戏里毫无地位，只有高尚的勇气在起作用。"他又说："这些人物在观众心里激起的感情只有崇敬，它和我们的艺术要求用表现人物的不幸在观众心中激起的怜悯之情有时是同样令人愉悦的。"用表现悲剧人物的责任感、荣誉感、意志和勇气来激起观众对人物的崇敬，这种悲剧观显然反映了建立专制王权过程的历史需要、道德标准和价值观念。因为不论是王权方面还是反对王权的大贵族方面，都需要歌颂勇敢、坚定、富于牺牲精神的英雄。

　　不过，高乃依的悲剧也并非清一色的英雄主题。他的一些作品，特别是晚年的作品，例如，《洛道古纳》《佩尔塔利特》，在责任与感情冲突的模式之外另辟蹊径，表现更加复杂的感情矛盾。高乃依不大善于细致的感情描写，他的语言又雄辩有余而细腻不足，在表现英雄主题时显得游刃有余，在描写精细的情感时则不免捉襟见肘。1670 年，他听说拉辛准备写一出以古罗马皇帝提图斯与耶路撒冷的女王贝蕾妮丝的爱情为题的悲剧，便写了同样主题的悲剧《提图斯和贝蕾妮丝》，与拉辛一决高低。但是观众更喜欢拉辛的《贝蕾妮斯》，因为拉辛的剧更缠绵委婉。高乃依从此搁笔，退出剧坛。

　　继高乃依之后登上法国剧坛，并且将法国古典主义悲剧推向顶峰的是拉辛。拉辛的第一出悲剧《忒巴伊德》上演于 1664 年，由莫里哀的剧团演出。那时高乃依和莫里哀都已经蜚声剧坛。作为第二代古典主义悲剧作家，拉辛将古典主义悲剧的表现力全部发掘出来，使古典主义悲剧的艺术美得到了最圆满的体现。

　　古典主义悲剧（扩大说，古典主义艺术）以简洁凝练为重要审美原则。故事情节必须高度浓缩，矛盾冲突必须高度集中，戏剧运动必须高度紧张，人物性格必须高度清晰。为了从形式上保证这个审美原则的实现，除了三一律，古典主义还强调逼真和贴切。所谓"逼真"，是观众认为戏中的故事是可能发生的，符合社会公认的鉴别标准。所谓贴切，是符合贵族阶级，更准确地说是符合"正派人"感情的、心理的和语言的习惯。三一律也罢，逼真、贴切也罢，归根结底都是要符合理性或者说良知的要求。所有这些规则，拉辛无一不严格遵守。这些规则对于其他人是束缚手脚的绳索，对拉辛来说，这些规则却好像是他灵感的源泉。他就是在这种种限制之中创造了法国17 世纪最美的文学作品，它们是《安德洛玛克》《布里塔尼居斯》《淮德拉》《贝蕾妮丝》等。

　　逼真是拉辛予以高度重视的艺术原则，他说："悲剧中唯有逼真能打动人。"在选材上，高乃依经常采用的那种"异乎寻常"的故事为他所不取。逼真并不意味排斥神话，恰恰相反，古代神话是拉辛悲剧的重要题材来源。但是，人物的感情、心理和行为必须真实可信。拉辛所处的时代，高乃依创作盛期的三四十年代的英雄主义已经成为历史，日益耽于享乐的贵族需要感情更细腻的戏剧作品，因此，对拉辛来说，逼真就是放弃英雄主义，放弃理智对感情的约束，对人的复杂的内心世界，对人性的弱点，对激情的破坏力进行深入的探索。他笔下的人物，《安德洛玛克》中的庇吕斯，《淮德拉》中的淮德拉，《布吕塔尼居斯》中的尼禄都在强烈欲望的驱使下身不由己地成为悲剧的制造者，同时也成为悲剧的牺牲品。由于拉辛的悲剧把人本身的悲剧性作为焦点，所以无须用复杂的情节来辗转地组织悲剧故事。与高乃依的悲剧相比，拉辛的悲剧更单纯，更清澈，乍看似乎有点儿"冷清"，却更深沉，更值得品味。

拉辛深得路易十四的赏识，他的《淮德拉》演出失败，遭到不少人的攻击，他决心从此搁笔，路易十四为了表示支持拉辛，任命他为王室的史官。

与拉辛差不多同时代的莫里哀是古典主义喜剧的代表。他和拉辛一样与王权有密切的关系。他在相当长的时间里得到了路易十四的支持，同时也为路易十四创作了不少供宫廷娱乐的喜剧。

莫里哀的作品形式十分多样。他写了《达尔杜夫》《愤世者》《博学的女人》这类正统的五幕诗体喜剧，严格遵循三一律，也写了《唐璜》《唐·加尔西》这样粗犷的西班牙风格的喜剧，还写了糅杂了意大利即兴喜剧手法的《吝啬鬼》《斯卡班的诡计》《醉心贵族的小市民》等则大胆地将芭蕾舞和歌剧引入了喜剧。古典主义戏剧理论对喜剧没有严格的形式规定，这无疑给莫里哀创造了许多方便。对他来说，最重要的是赢得观众的笑声，而且首先是赢得国王的笑声。有了这一条，在形式上就可以有充分的创造自由。他凭着丰富的想象力，向法国中世纪的闹剧、意大利的即兴喜剧、西班牙喜剧及一切可以利用的表演形式学习，把平庸粗俗的法国喜剧一下子提高到与现代文明生活相称的水平，令世上所有的剧作家为之倾倒。

按照古典主义理论，悲剧应该写大人物和英雄，喜剧则更适宜写小人物和丑角。莫里哀有丰富的社会阅历，特别熟悉市民阶级的生活，所以他自然会选择喜剧作为反映生活的艺术形式。他的独到之处不是他刻画了 17 世纪中期市民阶级的形象，而是这种刻画所达到的空前的广度和深度，是作者在为市民阶级画像时对金钱、婚姻、继承权、阶级关系等一系列问题所做的富有启示性的思考。尽管喜剧这种体裁为他的取材方向提供了合法的理由，但是他的作品仍然招致许多非议，连经常支持他的布瓦洛也对他有所保留，批评他"太爱平民"，不够"高尚"。

莫里哀创作的多样性使得我们难以简单地用古典主义的理论规则来观察他。他与现实生活的那种密切关系，他要把万千世态描写出来的强烈愿望，他对偶然性事件的兴趣，他创造形式而不是被形式创造的原则等，使他与高乃依和拉辛之间拉开了很大的距离。他的作品在很多地方有巴洛克的影子。但是，在根本的一点上，莫里哀是属于古典主义的，那就是他的作品遵循了古典主义简约明晰这条基本审美标准。他的《达尔杜夫》《吝啬鬼》《太太学堂》等名剧情节完整，颇有出人意料的发展，然而靠着精妙的构思，显得精练集中，虽然偶然性有时太多了些（在今天的观众看来更是如此），但是总的来说，仍能入情入理。即使像《没病找病》《屈打成医》这些带有闹剧色彩的作品，莫里哀也牢牢地把握住分寸，让情节在尽可能压缩的戏剧行动中完成。

古典主义在小说方面的代表作家是拉法耶特夫人，她的《克莱芙王妃》笔法简洁，人物心理刻画精细准确，堪与拉辛最优秀的悲剧相媲美。

古典主义悲剧和喜剧，经过剧作家的实践，逐渐形成了完整的创作方法，同时，笛卡尔的理性哲学开始广为流传，对古典主义戏剧以至更广泛地对古典主义文学进行理论总结的条件已经成熟。1674 年，布瓦洛发表《诗的艺术》，全面阐述了古典主义悲剧、喜剧、史诗及其他诗歌体裁（如牧歌、哀歌、十四行诗等）的艺术原则。这部用诗句写成的著作并没有多少新意，不过布瓦洛参照拉辛、莫里哀等人的创作将16 世纪末以来零散的古典主义诗学理论集中起来，去粗取精，加以系统化，最终完成了古典主义文学的理论建设。他认为诗必须以理性为指导，必须模仿自然，必须教育和娱乐并重。理性和自然是这部著作的两个核心概念。布瓦洛的理性概念来自笛卡尔，但是内涵不完全相同。布瓦洛的理性（实际上也是几乎所有古典主义作家心目中的理性），往笛卡尔的哲学概念里输入了鲜明的道德方式、生活方式和审美方式的内容。也就是说，布瓦洛的理性实际上乃是贵族阶级尤其是上层贵族（正派人）的思维模式和生活模式。他所谓的自然，继承了文艺复兴时期的概念，是指人的本性，而人，他说得很明确，是"宫廷和城市"的人，即贵族和市民阶级。因此，理性和自然在布瓦洛的理论中是一而二、二而一，是相辅相成的。

布瓦洛的理论归结到一点就是艺术美的鉴别标准是趣味，更确切地说，是上层贵族的趣味，是上层贵族在宫廷生活和沙龙生活中培养起来的趣味。综观 17 世纪 40年代到 80 年代的法国文化，可以清晰地看到上层贵族的审美趣味对文化的全面改造，反过来，文化活动和文化产品又使这种审美趣味进一步完善和系统化。

就在莫里哀、拉辛和布瓦洛将古典主义文学推向高峰的时候，以普桑和勒布伦为代表的古典主义绘画，以勒诺特尔为代表的古典主义园林艺术，以勒沃和两位芒萨尔为代表的古典主义建筑艺术，以勒格罗、普热和柯瓦兹沃为代表的古典主义雕塑也都臻于完善，与古典主义文学一起汇合成辉煌的古典主义文化潮流。

古典主义文化，尽管不同形式、不同体裁、不同艺术家、不同作品之间不可避免地存在差异，但是从整体上说，社会蕴藉和审美蕴藉的共同点十分突出。首先，古典主义文化的方方面面都围绕在宫廷和王公贵族四周，反映出极为鲜明的附属性。这是一种政权中心文化。这一点我们在第一节里已经进行了论述。

其次，规整和明晰是古典主义文化的普遍审美原则。我们已经介绍了文学的情况。造型艺术的情况也基本相同。17世纪30年代后，古典主义在绘画和雕塑方面逐渐成为主导的艺术风格。普桑首先创作了一批古典主义绘画的杰作。他前后两次创作的《圣事》，画面简约沉静，人物刻画严谨精确。另一位古典主义画家勒布伦的作品也以构图沉稳、运笔准确、着色温郁著称。他的《圣家族》刻画了约瑟夫准备带领耶稣和玛利亚离开埃及前的情景。整幅画画面简朴，但是经过精心构思，因而容纳了丰富的意蕴。耶稣坐在餐桌前，正在做祈祷，明亮的光线照射在他身上，眼睛望着约瑟夫，在光线的辉映下显得神秘而充满感情。玛利亚坐在耶稣身后，爱抚地看着耶稣。前景地上的木工工具说明了约瑟夫的身份。他手里的拐杖暗示着一家人即将出远门，慈祥而又专注的神情说明了他对耶稣的爱和崇敬。这幅画典型地说明了古典主义绘画在画面裁构上的美学理想。

这种整体构思的简约含蓄和平淡致远，在17世纪中期的许多建筑和园林艺术里都能够看到。这个时期新建、扩建、翻修的建筑大多庄重典雅，布局开朗，线条明晰，装饰精练并多以古罗马风格为基调。巴黎的朗贝尔官邸、罗赞官邸、墨棱的沃子爵堡（富凯的宅邸）、墨东的城堡至今以它们古典的肃穆美博得人们的赞叹。当然，古典主义建筑在17世纪30年代前已经出现，1612年竣工的巴黎王家广场（后改名沃日广场）就具有典型的古典主义风格。方正的广场，完全对称的建筑，白石基座，红砖墙面，黑色石板镶铺的房顶，加上广场中央的路易十三青铜雕像，置身其间，心里不由得感到一种肃然的宁静。

这种风格到17世纪中期被勒布伦、勒沃、芒萨尔、贝洛等人推向极致。最伟大、最典型的古典主义工程无疑是卢浮宫和凡尔赛宫的扩建。一大批古典主义艺术家参加了这两项工程。由于路易十四更重视凡尔赛宫，所以投入凡尔赛的人力物力更加可观。勒布伦是总设计师，勒诺特尔负责园林，芒萨尔负责重要建筑设计，普热、勒格罗、柯瓦兹沃等人担任雕塑师。凡尔赛宫是路易十四时代文化的集中体现。整个建筑舒展开阔，中轴两侧均衡对称，庄重之中透露着高雅。正殿朝向花园一面主要是芒萨尔的作品，它直观而生动地说明了古典主义艺术对整体美、均衡美、典雅美的追求。殿面外形方正，垂直和水平线条构成平稳的节奏，石头基础和对称的构图更增加了稳重感，楼顶和墙面上以历史和神话为题材的雕塑使建筑显得古朴而雅致，而底层和二层的拱形门楣和窗楣及二层装饰性的柱体又使整个建筑在凝重中显出变化。它与贝洛设计的卢浮宫的柱墙有异曲同工之妙。勒诺特尔设计的园林在风格上和建筑体浑然融合。花坛、水池、喷泉、树丛，无一不安排得井然有序，加工得精细入微，鲜花组成美丽的图案，树木修剪成光滑的圆锥形或球形。一切都按照既定的规矩进入自己的角色，显示了人的理性的控制力。

最后说一说音乐。在欧洲音乐史上，一般把16世纪末到18世纪初这个时期看作巴洛克阶段。但是，以吕利为代表的17世纪法国音乐实际上和古典主义文化潮流的关系更密切。16世纪以后，法国音乐在很长时间里仍然保持着中世纪的传统。17世纪前半期，最流行的是适合宫廷和沙龙口味的歌曲。当时著名的作曲家有盖德隆、波艾塞等。意大利歌剧传入法国后，法国人多半持怀疑和轻蔑的态度，起码认为这种形式与法国语言格格不入。但是，意大利歌剧凭借着它的娱乐性终于在法国站稳脚跟，而且打入了宫廷。最早尝试把意大利歌剧改造成法国人喜闻乐见形式的是康贝尔和佩兰。他们合作在1659年创作了一出配有音乐的牧歌剧，获得成功。吕利进入宫廷后，起初对意大利歌剧并不感兴趣，他主要写芭蕾舞音乐，他与莫里哀合作创作的芭蕾喜剧深得宫廷的喜爱。后来，他发现佩兰的尝试很有前途，于是借佩兰因债务官司入狱的机会夺得了音乐剧的表演权。他与莫里哀反目成仇之后，把吉诺作为主要合作人，写了许多音乐剧。这些作品不少是古典主义风格的悲剧，如《阿尔塞斯特》《成修斯》等，也有牧歌剧和芭蕾舞。吕利对意大利歌剧进行了较大的改造，在音乐素材上吸收了法兰西传统的音乐，在音乐程式上，改意大利歌剧序曲的"快、慢、快"节奏程式为"慢、快、慢"。吕利的作品和莫里哀的作品一样，多为宫廷娱乐消遣所用，所以在形式上也和莫里哀的作品一样不拘一格，追求多样化。从这一点来说，与严格的古典主义有差距。但是，它们力求简洁明快，力求合乎宫廷的趣味规范，这就使它们毕竟还是成为古典主义文化大潮中的浪花。

古典主义文化取得的辉煌成果进一步激发了人们对理性的信仰热情。进入17世纪80年代后，法国文化界和思想界理性主义思潮以空前强劲的势头崛起，其主要表征是一种无妨称之为理性乐观主义的情绪。持理性乐观主义的人认为，理性既然已经创造了如此丰富的文化和精神产品，那么它势将进一步创造更丰富、更灿烂的文化，人类将高擎理性的火炬不断进步。16世纪初勃然而起的文艺复兴运动否定了中世纪文化，奉古代文化为楷模。17世纪初开始发端的古典主义继承文艺复兴的精神，继续在古代文化中寻找灵感，寻找思想和想象的材料。但是同时应该看到，从马莱伯开始，法国的古典主义已经对简单的模仿产生怀疑。到17世纪80年代终于爆发了第一次"古今之争"，今派公开提出了今人足以与古人相抗颉，不必效法古人的主张。

古典主义是富有创造性的，它把古希腊和古罗马的文化创造性地同法兰西的民族性结合起来，推出了既有拉丁文化传统特点，又有法国民族文化特点的新文化。古典主义是面朝现实的文化，它积极参与生活，以乐观的精神创造生活。古典主义的现实性，它的理性原则，它的创造性引导着它对自身抱着乐观主义，对理性抱着乐观主义，产生自身永恒和理性永恒的幻想。"古今之争"就是这种乐观主义发展的逻辑结果。

1687 年 1 月 27 日，在欢迎新院士的仪式上，作家贝洛宣读了他的长诗《路易大帝的时代》，赞扬了 17 世纪法国的一大批诗人和剧作家。长诗的中心思想是路易十四时代的文学艺术，堪称文化史的高峰，丝毫不比拥有维吉尔、贺拉斯、奥维德这些伟大诗人的古罗马奥古斯都时代逊色。贝洛的发言当即引起布瓦洛、拉辛等人的不满。事后，布瓦洛首先向贝洛提出责难，贝洛立即回击。双方各有支持者。站在布瓦洛一方的有拉辛、拉封丹等，被称为"古派"；站在贝洛一方的有封特内尔等，被称为"今派"。"古派"坚持认为古希腊和古罗马的文化是可望而不可即的高峰，今人只能匍匐于其高峰下；而"今派"却对 17 世纪法国的文学艺术大唱赞歌。然而，布瓦洛和贝洛争论的实质并不在于厚古薄今还是厚今薄古。实际上，布瓦洛、拉辛等并非食古不化的学究，被"今派"称颂不已的文学成就部分就出自他们之手，他们在创作中也没有唯古人马首是瞻，只不过他们缺乏大胆否定古人的自觉意识罢了。布瓦洛和贝洛分歧的实质在于，布瓦洛代表的是已经走上衰落之路的古典主义文学艺术，代表一个正在结束的时代，而贝洛代表的是正在兴盛的理性主义，代表一个将要开始的时代。理性主义作为古典主义文化的哲学基础，由于笛卡尔思想的广泛传播而刚刚揭开新的一页，较之过去更为光辉的一页。贝洛——不管他自己是否明确地意识到——所歌颂的其实不是过去的成就，而是将要到来的新世纪。

1694 年，在阿尔诺的斡旋下，"古派"和"今派"握手言和，双方似乎是打了个平手。事实上，这场争论的意义远远超出文学艺术范围。贝洛和封特内尔的思想启发了新一代人。这一代人不仅用理性原则观察文化现象，而且用来观察社会历史现象，这样他们就把法国历史带到了一个新的起点，启蒙思想时代由此开始。

第五章 启蒙时代

第一节 理性主义思潮

16—18 世纪是近代自然科学发展的第一个时期。在经历了科学革命的高潮之后，各门科学都在自己的领域中积累了大量材料，取得了不同程度的进展。

16—18 世纪是从常量数学到变量数学的转折时期。笛卡尔和费尔马创立的解析几何学与牛顿和莱布尼茨建立的微积分，不仅给变量数学，而且给整个自然科学，特别是物理学，提供了一个不可缺少而又十分有效的运算方法和推理工具。耐普尔发明的对数，对于简化计算所带来的方便也使许多科学家深受其惠。

这个时期物理学方面取得的成就尤为引人注目，经过半个多世纪的努力，终于形成了两种较为适用的温标，这就是今天世界上仍然通行的毕氏、摄氏。温度计的发明和改进为测量温度的变化提供了便利。英国化学家布莱克和他的学生们提出了比热的概念，由于测定了各种物质的比热，就从测温学中逐渐发展出了量热术。布莱克在热学方面的另一项重要工作就是他研究了物态变化中的热现象。在对热现象进行研究的基础上，18 世纪发展出了热质说。布莱克是这一学说的代表。

对电和磁的实验研究最初集中在静电和静磁方面，到了 18 世纪，才发现了电流。1745—1746 年间，荷兰莱顿大学的克莱斯惕和穆欣布罗克在研究摩擦起电及电传导现象时，发现了所谓的电震。此外，他们还先后发明了一种能够储存电荷的装置——莱顿瓶。这是一种很有用的电学仪器，它和起电机样为电的实验研究提供了方便。18 世纪下半叶，人们对电荷之间的相互作用进行了定量考察。英国化学家普利斯特列、英国物理学家卡文迪许做了重要的研究实验，直接测定两个自由电荷之间的作用并发现了这一作用所遵循规律的是法国科学家库仑。1785—1789 年间，库仑发表了他的研究成果，这一成果标志着电学走进了科学的行列。对闪电的研究是由于对火花放电现象的观察引起的。1752 年 10 月，美国科学家和政治家富兰克林做了著名的风筝实验。这一实验证明了闪电就是一种放电现象，这种电与摩擦产生的电没有区别。从此人类得以摆脱各种神话或迷信传说在闪电问题上的欺人之谈，并且能利用富兰克林发明的避雷针保护高大的建筑物和人类的生命。电流的发现者是意大利医生伽伐尼。电流的发现是电学中的重大转折，它标志着电学已经从研究静电进入了研究动电的阶段。伽伐尼的论文《论肌肉运动中的电作用》（1791）引起了意大利实验电学家伏打的注意。他发明了第一个产生电流的装置——伏打电堆。这就是我们今天使用的电池的雏形。电池的发明为人类提供了一种能持续产生电流的电源。

17—18 世纪，几何光学取得了一系列进展。1621 年，荷兰数学家斯涅尔发现了光的折射定律。1655 年，意大利科学家格里马蒂发现了光的绕射现象（即衍射现象）和薄膜干涉现象。胡克对薄膜干涉做了进一步的解释。从 1665 年开始，牛顿进行了分解日光的实验。他于 1672 年设计了一种反射望远镜。大约在同一时期，牛顿还发现了后来人们称之为牛顿环的现象。1669 年，丹麦物理学家巴塞林发现，光通过冰洲石晶体产生双折射的现象。伴随着光学上的这些发现，科学家们对光的本性提出了各自的看法。归纳起来大致有两种学说：以牛顿为代表的微粒说和以惠史斯为代表的波动说。

16—18 世纪是近代化学的形成时期。化学作为一门科学，是从炼金术和化学工艺中脱胎出来的。在从炼金术到科学化学的转变中，冶金化学和医药化学起了桥梁作用。把化学从炼金术中解放出来，确立为一门科学是由英国著名科学家波义耳完成的。波义耳在物理学和化学上都做过许多著名实验。波义耳还是定性分析的奠基者。波义耳之所以能把化学确立为科学是因为他在理论上提出了新的见解。这些见解集中反映在他于 1661 年出版的《怀疑派化学家》一书中。17—18 世纪，随着冶金和化学工业的发展，燃烧在生产和科学家实验中的地位日益重要，化学家们对燃烧的性质给予越来越多的注意，对于燃烧观象的正确认识是随着气体化学而前进的。18 世纪下半期，化学知识的积累和化学实验的发展使人们相继发现了多种气体，认识到空气有复杂的成分，为科学的燃烧理论开辟了道路。在这些发现的基础上，法国化学家拉瓦锡揭开了燃烧的秘密，最后建立了科学的燃烧理论——氧化学说。1777 年，他向法国科学院提交的《燃烧概论》一文中，详尽地列举了推翻燃素说的实验证据，论述了燃烧的氧化学说。1778—1780 年间，拉瓦锡完成了《化学纲要》一书。《化学纲要》一书对化学的发展产生了重大影响，它标志着化学作为一门科学已经形成。

16—18 世纪，生物学的主要工作是对物种进行描述和初步整理，分类学首先发展起来。在这个时期占统治地位的是人为分类法，集其大成者则是瑞典博物学家林耐。1735 年林耐出版了《自然系统》一书，在其第十版（1758）中，他用双名法命名所有生物——植物和动物。这部著作对所描述的物种提出了明晰的鉴别，并采用了比较高级的分类阶元，即属、目及纲。林奈的方法并非完全独创，但这些方法在林奈的体系中被采用、扩充，并且进一步完善。这些方法的大部分要点至今仍是现代分类学的组成部分。林奈的《自然系统》是生物学发展的里程碑。

　　近代自然科学形成的时代，也是理性主义哲学发展的时代。17 世纪英国理性主义哲学的代表人物是培根与霍布斯。培根晚年专门从事科学和哲学的研究工作。培根把自然界看作是物质的，是不依赖于人的意识而存在的。他主张自然规律是客观存在的。培根哲学的主要内容就是要人们研究自然，发现自然固有的规律，以便征服自然，为人类谋福利。他认为人类的知识和力量是结合在一起的。也就是说，只有认识了自然，才能支配自然，才有了力量。他提出了一个有名的口号："知识就是力量。"培根坚决驳斥教会的经院哲学。他认为，经院哲学使人与自然隔绝，使人束缚于教条、权威之下而无法获得真正的知识，阻碍了人类知识和科学的进步。培根认为要获取真正的科学知识，必须首先扫除妨碍科学知识发展的幻想和偏见。培根把这些幻想和偏见分成 4 种，他把它们叫作 4 种"偶像"："种族的偶像""洞穴的偶像""市场的偶像""剧场的偶像"。培根认为必须从这 4 种"偶像"中把人类的理解力解放出来，才可以使科学得到光明，才有可能建立新的方法。培根制定的认识的科学方法是经验、归纳的新方法。霍布斯生活在英国革命变革时期，他特别注重社会问题、国家问题和伦理道德问题。霍布斯认为支配人的行动的根本力量是"自我保存"。他认为人们在没有建立国家之前，是处在"自然状态"中，当时，人的"自我保存"的原则起决定作用，每个人只顾自己的利益，而不惜侵犯别人的利益。按照霍布斯的理论，这就是人的"自然权利"。因此，所谓"自然权利"便是"每个人照着他自己的愿望用他自己的力量来保存自己的自由"。于是，"人对人像狼一样"，彼此间进行着残酷的斗争。人类所处的这种状态，必然要破坏人们的正常生活。人们为了避免这种恶果，达到更好地保存自我的目的，大家就共同制定契约，把"自然权利"交给大家同意的国家政权，从而建立了国家。这样，就结束了"自然状态"。国家建立之后，一方面各人的利益可以得到彼此的承认，另一方面在个人之上有了一个超越的权力——国家政权来维持这个契约的有效性；这样就可以使社会得到安定，和平得到保障。霍布斯认为国家政权是绝对的，人们应该无条件服从，个人的私有财产可以由国家政权自由处置。他认为君主专制政体是最好的政体。

像霍布斯这一类的关于国家起源的学说，通常称之为"社会契约说"。霍布斯的社会契约说对国家起源于上帝的中世纪理论给予了致命的打击。在社会学说的历史上，霍布斯最早说明了国家、国家的权力、国家的法律不是由什么神创造的，而是由人们自己创造出来的。

17世纪的法国哲学家笛卡尔和培根一样，很重视方法论和认识论的问题。他也认为传统的经院哲学的方法，不能给人以真正的知识，培根用经验的归纳法来代替经院哲学的方法，而笛卡尔则是用理性的演绎法来代替。由于笛卡尔只承认演绎法，这就使他把一般原理看成先于具体事实的出发点。他认为理性演绎法的标本就是传统的几何学。这个方法就是从几个一望而知的、清楚明白的、"不证自明的"公理出发，一步一步地推演出其他许多命题，以构成一个知识系统。笛卡尔认为像这样得来的知识是最可靠的知识。在笛卡尔看来，只有理性知识是可靠的，感觉是会欺骗我们的，是不可靠的。他断言有些观念并不是从感觉得来的，而是生来就有的，例如，数学的公理就是。笛卡尔的这种观点，就是所谓"天赋观念"说。笛卡尔认为真理的标准在于思想、观念的清楚明白。因此，他就要来找一个最清楚明白的思想、观念，以作为他的哲学出发点，然后由此而一步一步地推演出他的整个哲学体系，推演出整个知识的系统。他的这种重视理性的认识论和方法论在当时条件下起了反对经院哲学、反对宗教信仰的进步作用。笛卡尔认为要得到一个最清楚明白的、最可靠的思想，以作为认识的出发点，首先就要清除思想中由传统教育得来的一切偏见，这种清除的方法就是怀疑。凡是稍有可疑的东西，都一概加以抛弃。而怀疑本身就是一种思想活动，因此，"我在怀疑"也可以说"我在思想"这一点是无可怀疑的了；而既然说"我在思想"，那就意味着有一个思想着的"我"存在。这样，笛卡尔就认为找到了一个坚实可靠、无可怀疑的出发点了，这就是"我思故我在"这个有名的公式。

17世纪的荷兰，无论在经济和文化上都很繁荣，出了许多有名的学者和艺术家。斯宾诺莎是主张民主制度的哲学家。斯宾诺莎认为国家的最好形式是民主制度。他说，在一个自由的国家里，每个人都应该做他愿意做的，并说出他所想的，国家不应该用法律规定来限制思想自由。他痛斥那种窒息思想自由和科学研究自由的宗教蒙昧主义，并且特别反对君主制国家利用宗教来迷惑人民。他要求教会与国家分离。不过，斯宾诺莎主张每个人都应该执行国家的法令，他反对意志自由说、反对任性放纵，他认为情感、欲望应该服从理性的指导。斯宾诺莎同霍布斯一样，也把"自我保存"看成是社会生活的规律，在自然状态下，每个人都关心自己的"自我保存"，在国家状态下，自然权利的一部分被转交给最高政权，最高政权的权力不是绝对的，它也受人民的一些不可转让的权利的限制。很显然，斯宾诺莎的社会契约说是为民主制做辩护的。

英国革命经过了 1640 年到 1660 年的疾风暴雨后，1688 年又发生了以妥协告终的"光荣革命"。英国哲学家洛克是这个时期的思想代表。洛克反对君主专制制度，拥护英国革命所建立的君主立宪政体。在洛克看来，议会制是最好的国家制度。洛克也是主张社会契约说的人，但他和霍布斯是有区别的。霍布斯利用社会契约说来为君主专制辩护，洛克则反对君主专制，认为君主也是订结契约的人，不能随意处置人们的财产权，他必须忠实于人们交给他的行政任务，保护个人的财产和安全；君主如果破坏契约，人们没有义务服从他。

与洛克同时和稍后的时期，在英国产生了一批自由思想者和自然神论者。他们反对宗教教条和权威，而推崇理性，推崇自由讨论、自由研究，他们主张自然神论。自然神论的思想在洛克关于宗教的学说中就已经奠定了基础。托兰德从自然神论开始终于倾向无神论，但同时又宣扬一种以"真理、自由、健康"为崇拜对象的新宗教。他对 18 世纪法国唯物主义者，特别是霍尔巴赫影响甚大。

最后还应提及 17 世纪到 18 世纪初德国的哲学家莱布尼茨。莱布尼茨拥护"开明专制"，认为当时的"一切都可能是最好的，世界中最好的"。他赞成技术进步，同时又企图调和科学与宗教的矛盾。

第二节　启蒙运动

一个承上启下的时代，势必带有新、旧两种社会的痕迹。而在每一场大的社会变革前夕，革新思想与陈旧制度之间的矛盾和斗争都是不可避免的。不过，新思想在重压下并不诉诸武力，而仅以笔论战，并且论争了整整一个世纪，这种情况是启蒙时代的"专利"。只有铺展开这一时期的法国文化、历史的经纬线，我们才能对这份"专利"有更深透的理解。

1680 年 12 月 26 日，一颗拖着长长尾巴的彗星划破了巴黎的夜空。它的出现使巴黎人犹如大祸临头一般骚动和恐慌，称之为"千祸之兆"。在牛顿力学尚未公之于世之前，巴黎人当然不会明白彗星产生的原因，但他们的预感却没有错，盛极一时的路易十四时代由此开始走向衰败。

法语中，"启蒙"的本意是"光明"。当时先进的思想家认为，迄今为止，人们处于黑暗之中，应该用理性之光驱散黑暗，把人们引向光明。他们著书立说，积极地批判专制主义、宗教愚昧和特权主义，宣传自由、平等和民主。

法国是启蒙运动的中心，法国的启蒙运动与其他国家相比，声势最大，战斗性最强，影响最深远，堪称西欧各国启蒙运动的典范。法国启蒙运动的领袖是伏尔泰。他的思想对 18 世纪的欧洲产生了巨大影响，所以，后来的人曾这样说："18 世纪是伏尔泰的世纪。"

启蒙思想家伏尔泰和卢梭都具有统一欧洲的思想，这一思想最终得以实现的事件是 1993 年《马约》生效，欧盟建立。

在启蒙运动中，一批先进的、新兴的思想家前赴后继，口诛笔伐：

第一，对专制制度及其精神堡垒——天主教会展开猛烈抨击；

第二，对未来的社会蓝图进行展望和描绘；

第三，这场持续近一个世纪的思想解放运动，开启了民智，为欧美革命做了思想上和理论上的准备；

第四，这场运动传播到世界成为强大的社会思潮，为民族解放斗争做了贡献。

一、启蒙运动的代表人物

（一）孟德斯鸠

主要主张：

①反对君主专制，主张君主立宪制。

②提出"三权分立"学说，认为国家的权力应分为立法权、行政权和司法权，彼此制衡。

③法律应当体现理性（代表著作如《论法的精神》《波斯人信札》等）。

孟德斯鸠出生于法国波尔多附近的拉伯烈德庄园的贵族世家。法国伟大的启蒙思想家、法学家。孟德斯鸠不仅是 18 世纪法国启蒙时代的著名思想家，也是近代欧洲国家比较早的系统研究古代东方社会与法律文化的学者之一。

他的著述虽然不多，但其影响却相当广泛，尤其是《论法的精神》这部集大成的著作。"三权分立"学说是古代希腊、罗马政治理论的发展，它体现了人民主权原则，奠定了近代西方政治与法律理论发展的基础，也在很大程度上影响了欧洲人对东方政治与法律文化的看法。他所提出的"三权分立"学说成为当今民主国家的基本政治制度的建制原则。

他在《论法的精神》中论述了自然历史环境对于人性的影响、对于国家品格的塑造。正因为如此，他的这段论述才具有真实的客观意义。自然环境的影响，地理环境的作用是长期的根本的，是不会因为某人的立场或是利益分割而变化的，显然这样一种巨大作用将继续延续下去。在现代经济或是历史研究中，他的这个论证视角仍然具有很大的积极意义。

孟德斯鸠是国家学说理论的奠基者之一。

（二）伏尔泰

主要主张：

①反对封建专制，主张由开明的君主执政。强调资产阶级的自由和平等。

②主张天赋人权，认为人生来就是自由和平等的。

③认为法律应以人性为出发点，在法律面前人人平等，是"天子犯法与庶民同罪"思想的西方表述。

④猛烈抨击天主教会的黑暗和腐朽，主张信仰自由和信仰上帝。

⑤反对专制制度，强调自由和平等。

伏尔泰本名弗朗索瓦－马利·阿鲁埃，法国启蒙思想家、文学家、哲学家。伏尔泰是 18 世纪法国资产阶级启蒙运动的旗手，被誉为"思想之王""法兰西最优秀的诗人""欧洲的良心"。

他提倡天赋人权，认为人生来就是自由和平等的，一切人都具有追求生存、追求幸福的权利，这种权利是天赋的，不能被剥夺。他主张人一生下来就应当是自由的，在法律面前人人平等，他曾经说过："我不能同意你说的每一个字，但是我誓死捍卫你说话的权利。"

伏尔泰还尖刻地抨击了天主教会的黑暗统治，他把教皇比作"两足禽兽"，把教士称作"文明恶棍"，说天主教是"一切狡猾的人布置的一个最可耻的骗人罗网"，号召"每个人都按照自己的方式同骇人听闻的宗教狂热做斗争"。但他不反对财产上的不平等。在反对君主专政的同时，他又赞成实行"开明专制"。主要著作有《哲学通信》《路易十四时代》等。

伏尔泰是启蒙运动的领军人物，是启蒙运动的杰出领袖。

（三）狄德罗

18 世纪法国唯物主义哲学家、美学家、文学家、教育理论家，百科全书派代表人物，第一部法国《百科全书》的主编，是启蒙运动中百科全书派的代表人物。

狄德罗在坚持唯物主义哲学观点的同时，又具有同时代唯物主义者缺乏的辩证法思想，有些学者认为他的唯物主义应该称为过渡性的唯物主义。

狄德罗站在法国第三等级的立场上，坚持国家起源于社会契约，君主的权力来自人民协议的观点。他指出，能够实现人民自由平等的是政体，任何政体都是要改变的，它的生命同动物的生命一样，必然趋于死亡。专制政体终会消逝，由适合人性的政体取而代之。

主要思想：

①天赋人权、人民主权。

②社会契约说（著作有《社会契约论》《论人类不平等的起源和基础》等）。

③革命合法性。

④认为私有制是人类不平等的根源。

⑤理性是不可靠的。

（四）卢梭

卢梭是法国著名启蒙思想家、哲学家、教育家、文学家，是 18 世纪法国大革命的思想先驱，启蒙运动最卓越的代表人物之一，被称为人民主权的捍卫者。

在法国启蒙思想家中，卢梭对法国封建社会进行的批判最为严厉，最为激烈。卢梭是一位激进的民主主义者，他的思想精华和基本原则是人民主权思想。卢梭继承了洛克的"人民主权说"，进而提出"主权在民"的主张，他认为一切权利属于人民，权利的表现和运用必须体现人民的意志。政府和官吏是人民委任的，人民有权委任他们，也有权撤换他们，甚至有权举行起义，消灭奴役压迫人民的统治者。这就是人民主权思想。

卢梭还强调"公共意志"，认为它非常重要，公民应该接受它的统治。"公共意志"的具体形式就是法律，遵守法律的行为就是自由的行为。卢梭的思想主张在法国大革命中成为罗伯斯庇尔领导的雅各宾派的理论旗帜，对欧美各国的革命产生了深刻影响。他从根本上反对君主的存在。

主要思想：

① 指出启蒙运动的核心就是人应该自己独立思考，理性判断。

② 强调人的重要性，提出人就是人，不是达到任何目的的工具，即"人非工具"。

③ 相信主权属于人民，自由和平等是人生来就有的权利，但同时坚持人的自律、自由和平等只能在法律的范围之内。

二、启蒙运动在法国的情形

（一）反抗权威

法国哲学家受牛顿的宇宙物理学的吸引，受洛克的政治哲学的启发，受笛卡尔的启发，认为每个人都必须自行找寻问题的答案。口号一部分针对当时的教士、国王、贵族。

（二）理性主义

1789 年法国大革命。新兴自然科学证明自然是受理性所管辖的。大多数启蒙时期的哲学家和苏格拉底及斯多葛学派这些古代的人文主义者一样，坚决相信人的理性。所以法国启蒙运动时期被称为"理性时代"。哲学家们认为他们有责任依据人不变的理性为道德、宗教、伦理奠定基础。

（三）启蒙主义

"启"发群众的"蒙"昧，以建立更好的社会。人民之所以过着贫穷、备受压迫的生活是因为无知、迷信。学校制度开始于中世纪，而教育学则开始于启蒙时代。

（四）乐观态度

非理性行为与无知的做法迟早都会被"文明"的人性取代。所有的发展并非都是好的。启蒙时期哲学家认为人一旦理性发达、知识普及后，人性就会有很大进步。

（五）回归自然

有人提出"回归自然"的口号。人的理性乃是自然的赐予，而不是宗教或"文明"的产物。卢梭提出"人类应该回归自然"的口号，相信大人应该让小孩子尽量停留在他们天真无邪的"自然"状态里。

（六）自然宗教

人们认为宗教必须自然化，宗教也必须与"自然"的理性和谐共存。当时有许多人为建立所谓的"自然宗教"而奋斗，有很多唯物论者不相信上帝，自称为无神论者，大多数启蒙时期的哲学家认为否认"上帝"存在是不合乎理性的，因为这个世界太有条理了，牛顿就持这样的看法。同样，这些启蒙时期的哲学家也认为相信灵魂不朽是合理的。他们和笛卡尔一样，认为人是否有一个不朽的灵魂不是信仰问题，而是理性的问题。

（七）人权

1789 年，法国国民议会通过《人权与公民权宣言》，确立了"个人权利不可侵犯"的原则。1787 年，启蒙运动的哲学家龚多塞就发表了一篇有关女权的论文。他主张妇女也和男人一样有"自然权利"。在 1789 年法国大革命期间，妇女们积极反抗专制政权。当时领导示威游行，迫使国王离开凡尔赛宫的就是一些女人。后来妇女团体陆续在巴黎成立。她们除了要求和男人享有一样的参政权之外，也要求修改婚姻法，并提高妇女的社会地位，然而她们却没有得到这些权利。

第三节　启蒙运动对法国和欧洲的影响

当路易十四处于鼎盛期时，法国凭借其霸主地位而对欧洲各国的文化生活施加着影响，大大小小的欧洲王室、显贵，竞相仿造凡尔赛宫，构筑起他们自己的行宫、官邸。到了 18 世纪，法兰西失去了昔日的威风，在海上、陆上都成为战败国。然而法国文化不但风韵未减，却愈发魅力无穷，以致全欧洲的上流社会都为巴黎的生活方式所倾倒，洛可可艺术随即风靡各地。人们或从巴黎购进大量服饰、家具、艺术品，或以高薪聘用法国的建筑师、音乐家、艺术家，或索性定居塞纳河畔，直接参与和体验那诱人的生活艺术。18 世纪意大利名作家卡萨诺瓦曾说过一句话，也许颇能代表当时欧洲贵族和资产者的心态："只有在巴黎才能生活，在别处都是混日子。"

法兰西向欧洲提供的，不仅有富于人性、优雅、轻松的艺术和生活情趣，更有顺应时代潮流的新思想、新理论：从自然神论、泛神论到无神论、唯物主义，从三权分立到人民主权，还有那套包罗了人类文化精华的众书之书——《百科全书》。以科学和民主为主旋律的启蒙思想，代表了处于上升阶段的资产阶级的利益，因而也就代表了历史发展的方向。它生机勃勃，具有极大的感召力，很快就经由各种传播渠道流传到欧洲各地，并为进步人士所了解和接受。在法国境外，法文作品得到了广泛传播，以至于法语几乎取代了拉丁文，成为欧洲人共同的语言。1750 年，侨居普鲁士王宫的伏尔泰曾在一封信中写道："在（德国）宫廷里人们最不常说的语言是德语。我迄今还没听人说过一个字。我们的语言和文学征服的人比查理大帝还要多。"喜爱嘲讽的伏尔泰，这一次却没有用任何夸张手法。在当时的欧洲，法文的确成了文化交流和宣传启蒙思想最适用的语言。无论在沙龙中、科学院中，还是在宫廷里，人们都以说法语为荣。许多毫无特长的法国人，仅仅因为会说法语，而受雇于维也纳、布拉格、柏林和圣彼得堡的显贵家庭，成为教育那些"龙子龙孙"的家庭教师。法语的简洁明快、结构严整受到人们普遍的赞扬，许多欧洲作家都用法语写作。据说歌德在斯特拉斯堡小住一段时间以后，也曾犹豫过今后是否要以法语吟诗。

唯一抵御住这股"法语热"的欧洲国家是英国。海峡彼岸的这块自由土地，具有自己独特的文化传统，并且以牛顿、洛克的学说启迪、滋养过法国的启蒙思想家们。但有趣的是，英国新思想在欧洲的传播，也往往要借助法译本才能实现。

对于那些处于经济、政治大发展中的国家说来，接受法国文化可使它们在迎头赶上先进国家时，走一条捷径。普鲁士和俄国的宫廷因而迅速法国化了。腓特烈二世尊伏尔泰为师，在他保护下的普鲁士国科学院不仅以法国科学家莫伯丢为院长，且比巴黎似乎有更多的言论、信仰自由。叶卡捷琳娜二世对狄德罗表现出异乎寻常的关心，邀他前往圣彼得堡躲避法国当局的迫害，并允诺要在俄国出齐《百科全书》。这些所谓的"开明君主"，在本国实行血腥镇压，对外屡屡出兵，以武力征服其他弱小的民族，论起他们的暴政，比起法王毫不逊色。但他们深知启蒙作家的价值，懂得与这些文化巨匠保持一种亲密的关系，可以使他们赢得国际声望，而这种"开明"的形象又会大大加固他们的王权，增强他们的国威。对于这种名利双收的美事，他们何乐而不为？

在欧洲其他地方，诸如意大利、西班牙和斯堪的那维亚半岛各国，锐意改革的有识之士都从法国启蒙思想家那里找到了他们进行政治、经济、行政改革的理论和模式。他们对这些模式加以改造，先后以本民族特有的形式进行了资产阶级执政前的政治思想准备。于是，启蒙思想运动便超越了国界，成为全欧洲范围内的一场深刻的思想革命。

当然，无论是巴黎的生活艺术，还是法语文学作品，都与欧洲各国的下层人民无缘。生活在贫困线上、目不识丁的农民、市民无暇亦无法顾及娱乐和文化生活。这恰恰从反面印证了启蒙思想运动的实质是资产阶级政治革命，而 18 世纪的"文化共和国"也只代表着资产阶级的利益。

但是无论如何，在人类思想、文化发展的这个转折关头，法兰西走在了时代的前列，因而当之无愧地成为欧洲的灵魂。这段辉煌的时期，奠定了法国在人类精神文化生活中的重要地位。时至今日，由于历史、政治和经济的原因，英语早已取代法语，成为全球适用的第一语言。但是在人们的潜意识中，法语仍是最美的语言，巴黎也依然是艺术家们的圣地。法兰西犹如一尊专司美和爱情的维纳斯女神像，没有人不想一睹她的芳姿。法国启蒙思想对人类进步的贡献更是有口皆碑，它早已镌刻在各民族自己的文化史中：从德国的"狂飙运动"到俄国的"十二月党人"，从北美独立战争到中国的辛亥革命，所有这些民族革命都从法国启蒙思想中找到了适合于自己的理论、思想武器。

法国人骄傲地说，18 世纪的欧洲是法国之欧洲，此言极是。只是不应忘记，法国文化之所以能在启蒙时代占据如此重要的地位，主要得益于一种开放的意识。它向历史学习：继承了16世纪人文主义的传统；它又向异邦求教：借鉴英国、中国等异民族的文化，从中汲取了精华。正是在这种全方位的开放中，法兰西文化以批判、进取的态势，最大限度地与各种文化交流、融合，充分汲取他者之长，生机勃勃地发展自己。这种开放、平等的对话，极大地丰富和发展了法国原有的文化传统，并在此基础上，促使了一种新的民族文化个性的形成：这就是追求自由、幸福和进步。由于这种文化个性顺应了当时的时代潮流，法兰西文化才成为整个欧洲文化的代表。

今天，法国人每每谈及"自由精神"，总是自豪地称其为法兰西民族最优秀的文化传统。但同时，他们对法语和法国文化失去了往日的雄风，也不无忧虑之情。其实，他们不妨回顾一下18世纪法兰西文化的这一段演变过程，探究一下文化个性与传统和外来影响的关系，这对于他们打开思路、振兴民族文化也许不无裨益。

法国启蒙时代的文化史无疑主要是一部思想史。尽管从文学，或从艺术的角度说，浪漫主义、现实主义……都曾得益于启蒙时代，但它最伟大的功绩仍然是在思想方面：那场声势浩大的启蒙运动普及了"理性"和"科学"，发明了"自由"和"平等"的概念，并使人们懂得去追求人间、现世的幸福，为争取人的正当权利而斗争。它对于推动人类文明进程所做出的这些伟大贡献，是任何人也抹杀不了的。当代人可以不再去读孟德斯鸠、伏尔泰，也可以对"思想"一词抱有这样那样的偏见，但启蒙运动荫及了此后各个时代、各个民族，却是一个无人可以否定的事实，就连某些当代人对思想运动的那种逆反心理，恐怕也得到启蒙思想家倡导的"自由"中去寻找其源头。

而启蒙运动最直接、最伟大的功绩，是为1789年的法国大革命铺平了道路。尽管绝大多数启蒙思想家都希望避免暴力，和平地实行社会、政治改革，但他们仍然预感到一场摧枯拉朽的大革命行将到来。1764年，伏尔泰在一封致友人的信中写道："我所看到的一切，都为一场不可避免的革命播下了种子，而我不幸将不可能成为这场革命的见证人。法兰西人凡事都落后，但现在总算赶上来了。这光明已渐渐地散布开来，时机一到，革命就会立刻爆发。"

第四节　启蒙革新的文学

启蒙运动是18世纪法国文学的主流，是18世纪在欧洲发生的思想解放运动。这场运动在法国的声势最为浩大。启蒙运动把斗争的矛头直接指向封建社会的上层建筑和意识形态，反对教会对思想的束缚和控制，提出了新的社会秩序的设想和方案，从而为资产阶级革命做了舆论准备。1789 年爆发了资产阶级革命，但在 18 世纪初期，资产阶级启蒙思想家便为这场运动打下了思想基础。

启蒙文学是启蒙运动的重要组成部分。启蒙文学与当时的哲学、法学、史学之间相互影响，有着密不可分的联系。许多启蒙文学家同时又是哲学家和法学家。启蒙文学用随笔、小说、散文、信札等通俗易懂的形式来解释深奥的哲学道理。孟德斯鸠、伏尔泰、狄德罗和卢梭是法国启蒙运动的代表人物。

孟德斯鸠是 18 世纪前期著名的启蒙运动思想家，他生于贵族家庭，当过律师。1721 年，他出版了《波斯人信札》，在社会上引起了极大的反响。这是一部用书信体写成的小说。作品通过外国人的眼光观察分析法国社会，用波斯人的口吻讽刺和嘲笑法国许多腐败和荒唐的现象，批判上流社会的种种恶习和生活方式。孟德斯鸠的另一部力作是《论法的精神》，他用 20 多年的时间完成了这部政治理论著作。在这部著作中，他提出了"三权分立"的理论，即把政权分为立法、行政和司法三权。"三权"由不同的人和团体分别独立行使，互相制约。这一理论成为资产阶级政治体制的基本原则。

伏尔泰是声望最高的法国启蒙运动思想家。他的作品在法国和整个欧洲都产生了很大的影响。他所反映的是上层资产阶级的利益。伏尔泰的作品极为丰富，包括哲学、史学、戏剧、小说、诗歌和 1 万多封信札。其著名的哲学著作有《哲学书简》《哲学辞典》和《历史哲学》等。他在哲学思想上信仰英国哲学，并向法国人介绍了 17 世纪英国的唯物主义哲学。他认为物质世界是客观存在的，人们的认识来自对客观存在的感觉和经验。

伏尔泰一生从事戏剧创作，曾写过 50 多部剧本，以悲剧为主。他的悲剧采用古典悲剧的形式来反映当时社会的现实。他主要的戏剧作品包括《俄狄浦斯王》《恺撒之死》和《扎伊尔》等，还有以中国古代戏曲《赵氏孤儿》为题材的《中国孤儿》。他重要的史学著作有《查理十二史》《路易十四时代》和《风俗论》等。哲理小说在伏尔泰文学作品中最具价值，主要有《查第格的命运》《老实人》和《天真汉》等。

狄德罗是杰出的启蒙思想家和作家，在哲学、美学、戏剧、文艺评论、小说等方面都有突出的成就。他于 1745 年发表了第一部著作《哲学思想录》，因此书抨击天主教，被巴黎法院列为禁书并被销毁。1749 年，他写成《给有眼人读的论盲人的书简》，书中宣传无神论，触犯了封建专制政府，因此被监禁 3 个月。出狱后，他以极大的热情与数学家达朗贝尔合作主持《百科全书》的编纂工作。参加该书编写工作的包括了几乎所有的启蒙思想家和各知识领域的代表人物。从 1751 年至 1772 年，持续 20 多年才完成《百科全书》的出版工作。这部伟大的著作全面介绍了科学与艺术的发展成果，宣传了启蒙思想和资产阶级的世界观，对封建社会的政治制度、思想体系，以及宗教迷信给予了无情的打击。

狄德罗是无神论的唯物主义哲学家，他主要的哲学著作有《达朗贝尔和狄德罗的谈话》《对自然的解释》和《关于物质和运动的哲学原理》等。他提出了现实主义美学原理及真善美统一的理论，他的美学代表作是《沙龙》和《论绘画》。在戏剧方面，他试图打破古典主义戏剧的清规戒律而创造新的戏剧种类，即"严肃剧"或"正剧"。《关于"私生子"的谈话》和《论戏剧艺术》是他重要的戏剧理论著作。他的小说主要有 3 部：《修女》《拉摩的侄子》和《定命论雅克和他的主人》。

卢梭是法国最杰出的启蒙思想家之一，也是著名的文学家。他参加了《百科全书》的编写工作，主要撰写音乐条目。1749 年，他参加第戎大学举办的征文竞赛，他的论文《论科学与艺术》获头等奖，由此便一举成名。在论文中他指出科学与艺术并未促进人类的发展，反而破坏了人类的幸福。他在第二篇论文《论人类不平等的起源和基础》中指出，私有观念和私有财产是人类不平等的起源。富有的人拥有各种权利，而穷人则沦为奴隶。《民约论》是卢梭重要的政治理论著作，他在书中指出国家的建立是人民所订立的社会契约，国家是由人民组合而成的，国家的权利也应属于人民。他还提出了"自由、平等"的口号。这些观点对资产阶级革命产生了重要影响，成为雅各宾派的政治纲领。卢梭主要的文学作品有书信体小说《新爱洛绮斯》，书中描写一对青年恋爱的悲剧，揭露了封建等级制度的罪恶，表现了人们渴望自由与平等的愿望。《爱弥儿》是一部讨论教育问题的哲理小说，通过对主人公受教育的描写，阐述了作者的教育观点，认为教育能恢复人的天性，防止人变坏。《忏悔录》是一部自传体小说，作者在书中回忆了自己 50 多年的生活经历和感受，为自己的思想进行辩护；在作品中，他历数了封建社会的黑暗，揭露了统治阶级的罪恶与腐朽。

第五节　追求享乐的美术

路易十四于 1715 年去世后，长期受国王控制的贵族纷纷离开凡尔赛宫，拥进巴黎，过起轻松自由的享乐生活。法国的艺术开始出现转折。古典主义绘画逐步被洛可可学派所代替。这是一种封建贵族的享乐主义艺术，但在不同画家的笔下其表现形式又不尽相同。瓦托是法国18世纪最杰出的画家，也是洛可可艺术卓越的代表人物。他的绘画作品着重描绘醉生梦死的贵族男女聚会、游玩、谈情说爱的场景，画面充满了缠绵之情。在《发舟西苔岛》（图5-1）中，他以优美的笔触和绚丽的色彩，生动地描绘了这个即将崩溃的贵族的享乐世界。因此，在甜美中带有一种淡淡的忧郁气息，这正是瓦托的艺术特点。

图5-1　发舟西苔岛

18世纪最典型的洛可可派画家是布歇。他的作品反映了洛可可艺术的基本特征。他的作品总是热情而细腻，充满了生活的快乐情调，有明显的享乐主义特色。画面上维纳斯、迪安娜等女神纤手纤足，搔首弄姿，矫揉造作。类似的情调可以从他的《狄安娜出浴》《梳妆的维纳斯》（图5-2）等作品中体现出来。

图5-2　梳妆的维纳斯

法国另一位洛可可美术的代表人物是弗拉戈纳尔。他曾从师于布歇，并到意大利深造。他的画风柔媚，《秋千》是其代表作品，作品描绘的是一对贵族夫妇在茂密的丛林中游玩戏耍。年轻的贵妇人正在荡秋千，眼光中充满挑逗，她故意把鞋踢进树林中，其夫被引得四处忙乱地寻找，她反而恣情大笑。作品趣味虽然轻佻俗艳，却很符合当时贵族的口味，无论题材与形式，都体现了典型的洛可可风格（图5-3）。弗拉戈纳尔的另一幅著名作品是《沐浴的妇女》。在这幅作品中，他用热情奔放的笔触赞美生命、人体的美和快乐，创作出一个洋溢着活力的艺术世界。

图5-3　秋千

出生于洛可可艺术盛行时代的夏尔丹，擅长以静物和普通市民的日常生活为创作题材，他画作的主题不是贵族，而是平民百姓，这些人有着勤俭、朴素的优点。夏尔丹的《饭前祈祷》（图5-4）描绘的是平民家庭中到处可见的场面。在简朴的房间里，母亲在摆放餐具时，孩子们做饭前祈祷，人物的神态和动作都极为自然和真诚。夏尔丹的静物画以构图完美、色调和谐、空间和质感真切而著称。《带烟斗的静物》色彩朴实而精练，画中的景物按严格的规则摆放，在自然而朴素的物品中表现出一种特有的情调和心境。

图 5-4 饭前祈祷

　　18 世纪的法国雕塑与法国绘画一样受到洛可可风格的影响，大部分雕塑作品都具有柔媚华丽的特色，主要用于装饰王宫和贵族府邸或安置在公园和喷水池边。法尔孔奈是法国 18 世纪著名的雕塑家，他的作品具有不同的特色。他曾创作了一系列带有洛可可倾向的女裸体雕塑，如大理石《吓唬人的爱神》等。这些作品带有柔媚、轻巧、注重感官愉悦等特点。而他在俄国完成的名作青铜雕《彼得大帝骑马像》（图5-5），则是一件气势宏伟的纪念性雕塑。这件作品的构思显得颇为大胆，彼得大帝坐骑的前足凌空高高腾起，从而获得了惊人的整体效果。

图 5-5 彼得大帝骑马像

第六章 法国大革命

启蒙思想孕育了法国大革命。"法国革命仿佛致力于人类的新生，而不仅仅是法国的改革，所以它燃起一股热情，在这以前，即使最激烈的政治革命也不能产生这样的热情。大革命激发了传播信仰的热望，掀起一场宣传运动。"这种热情是法兰西性格或法兰西精神的具体体现。法兰西民族的性格不同于其他民族的性格。法兰西民族的性格经久不变，两三千年来就是这副模样。"只有它才能造就一场如此突然，如此彻底，如此迅猛，然而又如此充满反复、矛盾和对立的革命。"

第一节 法国大革命的思想

1789 年至 1799 年的法国大革命，经历了制宪议会、立法议会、国民公会、督政府 4 个阶段。在大革命的高潮时期，出现了斐扬派、吉伦特派和山岳派 3 个政治领导集团，他们推动大革命向前发展，一旦自己的使命完成，就立即被另一个更激进的派别取代。法国大革命的目的是推翻封建旧制度，建立资产阶级的新社会——一个由理性主导的现代新国家。为此，许多杰出的政治家、思想家纷纷提出自己的一套理论，并且动员人民为之奋斗。他们当中最杰出、最有影响的莫过于西耶斯和罗伯斯庇尔。他们的思想是理解法国大革命的钥匙。

大革命前夕，西耶斯发表了著名的政论小册子《论特权》和《第三等级是什么？》。《第三等级是什么？》出版 3 个星期就销售了 3 万册。作者本人也被第三等级选为出席三级会议的代表。西耶斯是以理性为旗帜，从法律的高度来分析批判特权的。他认为法律的目的在于防止人们的自由或财产受到损害，而特权的目的在于免受法律管束，或者给予法律所未禁止的事物以专属权，这种不受普通法约束的权利就是特权。和启蒙时代进步的思想家一样，自然法也是他立论的基础。他提出了关于自由、关于公民权利的理论。

西耶斯的上述思想后来在《人权宣言》中得到了充分体现。它从根本上揭穿了封建特权的腐朽与荒谬，证明了"公民权利包括一切，特权损害一切"，必须彻底废除。

西耶斯在政治学上提出了一个划时代的新原则——第三等级就是整个国家，贵族阶级则是异己成分，因为他们背离公民的共同品格，所以无权参与政治。"第三等级必须自己单独组成国民议会""第三等级无一例外地代表全体国民议事和表决"。西耶斯是这样用准确犀利的语言表达上述思想原则的："第三等级是什么？是一切。""迄今为止，第三等级在政治秩序中的地位是什么？什么也不是。""第三等级的要求是什么？要求取得某种地位。"为了使第三等级能够夺取整个国家，西耶斯提出了一套系统的国民代议制理论和宪法理论。既然人为法只能源于国民意志，那么很自然，唯有国民才拥有制宪权。不仅如此，国民还永远是改革宪法的主人。因为国民意志是最高法律，国民不受任何条文与条件的限制，国民意志可以通过任何方式自由表达出来。这样，专制制度便无法以宪法为借口，置人民于专制枷锁之下。凡涉及宪法的争端，必须由独立于任何人为组织之外的国民来决定，而不应由依据宪法建立的机构来裁决。国民是一切人为法的源泉和最高主宰。宪法（即根本法）分为两部分：一部分规定立法机构的组织和职能，另一部分规定执行机构的组织和职能。宪法条文不能由宪法所设立的权力机构去制定，必须由设立宪法的权力机构去制定。政府受人为法——宪法的制约，它必须合于宪法，方能行使权力。它必须忠于法律，才是合法政府。

第三等级的代表组成国民议会，他们是普遍意志的唯一受托人，代表全体国民议事和表决。凡具备选举人规定条件的公民，均有权当选代表。西耶斯特别提到，被选举人应是"第三等级中的那一类可用之人"，这些人生活比较富裕、能够接受自由教育、关心国家大事。他们在各个方面都堪称优秀的国民代表。很显然，西耶斯指的是在政治、经济和思想上已臻成熟的政治阶级——资产阶级。代表分为普通代表和特别代表。普通代表的权力局限于有关治理的事务。特别代表则拥有国民授予的新权力，组成团体代行国民议会的职能。特别代表团有权更动宪法和制定宪法。指定代表的权利属于人民。

西耶斯的政治理论，在社会上产生了巨大的政治动员作用，为行将到来的大革命奠定了基石，给第三等级提供了最锐利的武器。从这个意义上，可以说西耶斯开始了法国大革命。

罗伯斯庇尔比西耶斯年轻 10 岁。他的思想更富于民主色彩，是卢梭人民主权论的捍卫者。在制宪议会和立法议会期间，罗伯斯庇尔提出了一系列有关政治民主的主张。他反对西耶斯人为地将人民分为"积极公民"和"消极公民"的做法，人民不受财产及其他资格限制而享有普遍选举权。人民有武装的权利，"武装起来保卫自己，是所有的无差别的人的权利；武装起来保卫祖国，则是每个公民的权利"。公民拥有出版的绝对自由权，"出版自由必须是安全的和无限制的，否则它就无须存在"。他曾第一次提出了"自由、平等、博爱"的口号，建议国民自卫军胸前要佩戴标有"自由、平等、博爱"和"法兰西人民"的印记，同时建议把它写在国民自卫军的三色旗上。

革命形势的发展，特别是1791年6月21日的瓦伦事件、7月17日的马尔斯广场屠杀气及1792年11月的铁柜事件，使罗伯斯庇尔最终彻底摆脱王权及君主制观念，成为一个坚定的共和派。在辩论国王死刑时，他留下一句名言："路易应当死，因为祖国必须生。"他对1793年宪法的贡献，是其政治民主思想发展过程中的一个重要环节。他提交的《人权和公民权宣言最后草案》，是他的政治民主思想的最集中的体现。遭到国民公会否决的这个草案共38条，其中有些条款远远超出了1789年的《人权宣言》，带有明显的社会民主倾向，故而"不能把罗伯斯庇尔的哲学－政治的渊源局限于卢梭，因为他也受马布里很深的影响"。

罗伯斯庇尔提出："人的基本权利是保全自己生存的权利和自由的权利。"关于财产权，他提出了新的原则：财产权和其他权利一样，受到尊重别人权利的义务的限制。违反这个原则的一切财产占有和交易，都是非法的和不道德的。社会应救助缺乏生活必需品的人，"保证给丧失劳动力的人以生存的手段"，"收入不超过他们必要的生活必需品的公民，免除分担公共开支。其他公民应当按照他们财富的多少，累进地负担这种开支"。罗伯斯庇尔明确提出"人民是最高主权者，政府是人民的作品和所有物，公职人员是他们的办事员"。因此，"当政府侵犯人民的权利时，就人民和每一部分的人民而言，起义就是最神圣的权利和最不可缺少的义务"。罗伯斯庇尔还提出全新的国家关系准则："一切国家的人都是兄弟，不同的各族人民应当像同一个国家的公民那样，尽其所能互相帮助。""压迫一个民族的人表明他是一切民族的敌人。"

1793年6月初，雅各宾专政政权建立后，罗伯斯庇尔的这些政治民主概念发生了根本的变化，他提出并论述了有关革命政府和恐怖政策的各项原则。首先，他指出："革命政府的理论和导致这种理论的革命一样，都是新鲜的。""革命政府需要非常的行动，因为它正在战争中。"处在变幻动荡的局势下，为了应付新的危机，革命政府必须不断采取新的对策；这样，制约革命政府的准则就不可能那么划一，那么严格，革命政府必然就会面临两种危险：软弱或莽撞，温和或过火。革命政府便航行在这两种暗礁之间。革命政府各项政策的目的是消除无政府状态和混乱局面，建立和巩固法国的统治。如果说这是一种专制制度的话，那么，"革命政府是自由对暴政的专制"。"用理性来指引人民，用恐怖来对付人民的敌人。"这是革命政府各项政策的第一条准则。恐怖虽然是正义，但恐怖绝不允许滥用。当时，这种滥用恐怖的现象已经出现。罗伯斯庇尔对此是深恶痛绝的，他诅咒那些用恐怖来对付人民的人："让敢于滥用自由的神圣名义或者滥用自由委托给他们的可怕武器，在爱国者心里制造悲哀或死亡的人沉沦吧！"

罗伯斯庇尔关于革命政府和恐怖政策的上述理论，在雅各宾专政时期，发挥了巨大的作用，不仅挽救了革命，而且不断把革命的发展推向顶峰。"西耶斯在他有名的小册子中阐明的第三等级的主权，独裁者罗伯斯庇尔所陈述的人民权力，从长远来看，都起着同一作用。"那就是建立和巩固资产阶级的新社会，彻底埋葬封建的旧制度。

根据1795年宪法选出的督政府，一手镇压王党叛乱，一手镇压下层群众的反抗。1797年5月27日，平等派密谋的组织者和领导者、革命家巴贝夫和他的战友达尔泰被督政府以企图推翻现制度恢复1793年宪法的罪名，处以死刑。巴贝夫的思想不同于启蒙时代的空想共产主义先驱，也超越了大革命中无套裤汉主义和雅各宾主义的传统。它给19世纪留下了一种更加成熟的革命理论与实践。

作为一个革命家，巴贝夫试图把社会主义和群众的革命抗争结合起来，发动人民进行一次新的以消灭私有制为目的的革命。他的思想体系中，政治思想占有十分突出的地位。两种不同范畴的革命是其政治思想的重要组成部分。巴贝夫在1790—1792年参加过皮卡尔迪农民运动，并曾提出一个符合农民群众，尤其是"不富裕"的农民要求的土地纲领。巴贝夫是从分析他所熟悉的大革命以后阶级关系发生的新变化中，明确提出两种不同范畴的革命，即"富人的革命"和"人民的革命"。大革命以前，法国有3个等级：贵族、教士和第三等级。大革命以后，则出现了利益根本对立的两个集团：一个是由上层100万人，即富人、剥削者、压迫者、掠夺者或占有者阶级组成的集团；另一个则是由下层2400万人，即穷人、被剥削者、被压迫者、被掠夺者或非占有者阶级组成的集团。人类的历史就是一部贵族和平民、富人和穷人之间的阶级斗争史。1789年革命不过是一次"富人革命"，就是上层100万人的革命，"是为少数人谋利益的革命"，是一批新的剥削者代替一批旧的剥削者的革命。这场革命仅仅使专制暴政改换了一个名词，并用一群暴君代替了一个暴君。显而易见，巴贝夫对大革命的认识，是他同时代的思想家望尘莫及的。

巴贝夫指出，政治上的不平等集中地表现在广大劳动人民被剥夺了民主权利，继续处在社会的最底层。大革命后建立的历届政府，都同"高贵的高利贷者携手合作"，以便把千百万劳动群众置于自己的暴虐统治之下。他们通过修改宪法，剥夺广大劳动者的选举权、被选举权和审议国家事务的权利；制定新的立法，旨在授予一小撮掠夺者以权利证书；政府的财政政策在欺骗性的名称下，让富人变本加厉地榨取民脂民膏；政府工作人员的骄横专制和自私贪利令人发指；他们还支持富人吸尽榨干各生产者阶级的血汗，当一切立法手段不足以维持一小撮剥削者的统治时，他们就会毫不犹豫地诉诸暴力。总之，在资产阶级政治统治下，"权利一旦被无耻地滥用，就成为不受任何约束的匪徒的可恶工具"。这时，什么自由、平等，都不过是"空虚的影子"和"花言巧语的装饰"。

巴贝夫认为，社会在经济和政治上不平等的根源是私有制，因此，只有消灭私有制才能实现人与人之间的真正平等。正是私有制这个万恶的制度，造成一小撮掠夺者吞噬一切的贪利私欲，又造成无数失业者，使他们备受压迫。"私有制这个万恶的制度"必须"予以铲除"，对此，巴贝夫充满了信心。

由于1789年革命已经把"上层百万人"置于"非常美好的境地"，所以，革命对于今天所有居于高位的新贵人来说已经完成。但是，革命对于人民来说并没有完成，继富人的革命之后，再来一次革命"才能铲除暴政"，使被压迫人民真正获得解放。所谓"人民的革命"，就是"为人民利益的革命"，是建立一个"真正人民统治的革命"。因此，人民的革命既非政府的更迭，亦非工作人员的变换，而是社会经济、政治制度的根本变革。人民革命之所以不可避免，是由于人民的苦难已经到了尽头，只有普遍的革命才能使人民脱离苦海。"那时财产关系的变革乃是不可避免的，那时穷人奋起革命反对富人乃是不可避免的历史必然性。"这场"人民的革命"应走暴力革命的道路，旨在摧毁旧的政权。这是因为当统治者的暴行已恶贯满盈，而人民已到忍无可忍的时候，政府的目光就会转到军队上，企图凭借刺刀来保卫自己。在用一切武器装备起来的富人面前，必须建立穷人自己的武装，以便"让人民和所有那些侵犯他们生存条件的人一决雌雄"。必须用革命的暴力"彻底摧毁……一切陈旧的野蛮的制度"，这样一场战争必将以人民的胜利而告终。巴贝夫的这个观点鼓舞着被压迫人民的革命斗志，为马克思主义关于用暴力打碎资产阶级军事官僚机构的科学结论提供了最早的思想材料。

在大革命时期不过是一个简单插曲的巴贝夫的思想，到19世纪才显示出其重要性。"巴贝夫主义成了共产主义思想发展中一个不可缺少的环节。"从巴贝夫主义到布朗基主义，再从巴黎公社的经验到列宁的无产阶级专政的理论与实践，它们的渊源关系是明显的，巴贝夫主义的重要性在于它改变了当时政治力量的平衡，表明"共产主义思想第一次变成了政治力量"。1828 年，巴贝夫的战友邦纳罗蒂出版了《为平等而密谋》（又称巴贝夫密谋），成为巴贝夫主义的主要文献，并影响了 19 世纪的革命家布朗基。

第二节　《人权宣言》与大革命宪法

　　1789 年 8 月 26 日，制宪议会通过了资产阶级革命的纲领性文件《人权与公民权宣言》（简称《人权宣言》），将启蒙运动宣传的政治学说以法律的形式肯定了下来。宣言经过认真讨论，一共 17 条，到 1791 年通过宪法时，又多次进行修改，作为宪法的前言。法国大革命的《人权宣言》，在庄严性和世界性方面，大大超过了 1689 年英国议会颁布的《权利法案》和 1776 年北美十三州议会代表联合发表的《独立宣言》，它对世界各国的影响更大、更深远，因而成为近代和现代国家，包括社会主义国家制定宪法时不可缺少的重要参考文献，成为争取和维护基本人权的理论依据。

　　《人权宣言》首先声明，组成国民议会的法国人民的代表之所以要在"最高主宰"的庇护下发布此宣言，是因为社会的苦难和政府腐败的重要原因就是无视人权、忘记人权、蔑视人权。人权是天赋的、神圣而不可让与的。要使社会团体的一切成员不断想到自己的权利和义务。立法权和执行权的各项法令，必须时刻考虑并尊重一切政府机构的目的所在，永远维护宪法，维护社会全体的幸福。

　　宣言陈述了权利平等的基本原则，列举了人权的具体内容。"在权利方面，人们生来是而且始终是自由平等的。"自由、财产、安全和反抗压迫，是人权的内容。"自由就是指有权从事一切无害于他人的行动"，它只以保证他人的自由为限度。自由首先是人身自由即个人自由。人是其自身的主人，享有言论、著述和出版的自由。"自由传达思想和意见是人类最宝贵的权利之一。"但是，意见的发表不得扰乱法律所规定的公共秩序。在法律所规定的情况下滥用此项自由应承担责任。人的自由也表现在获得和占有方面，财产权是天然的和永不失效的权利，是神圣不可侵犯的。除非当合法认定的公共需要显然必需时，并且在公平而预先赔偿的条件下，否则任何人的财产不得受到剥夺。

　　社会平等是宣言所强调的重要原则。它表现在 3 个方面：在法律面前，所有的公民都是平等的；任何人无论出身如何都能平等地担任一切公职；必不可少的关税应该在全体公民之间按其能力平等地分摊。社会存在差别，但社会差别只是建立在公共利用、德行和才能的基础上。

宣言强调法治，提出法律有权禁止有害于社会的行为，而且为了实行法治，法律应规定必不可少的刑罚。但是刑罚不准滥用。除非依据法律施行，否则不得处罚任何人。

人民主权的原则是《人权宣言》的精髓，贯彻宣言的始终。主权在民，公民整体才是至高无上的。国家不再构成一个自在的目的，它的目的只在保证公民享受其权利。如果它违背了这一点，公民就要反抗压迫。"法律是公共意志的表现。全体公民都有权亲自或经由其代表去参加法律的制定。"为了保障国民即公民整体的主权，宣言特别规定了下列原则：首先是分权，没有分权就不会有宪法；其次是公民对国家财政和行政管理亲自或由其代表行使的控制权，"社会有权要求机关公务人员报告其工作"；最后是国家武装力量的设立乃是为着保障人权的需要，"因此，这种力量是为了全体的利益而不是为了此种力量受任何人的个人利益而设立的。"

《人权宣言》的核心内容是人权和法治，这些新原则从根本上否定了封建主义的王权、神权和特权。这是上层建筑领域的一场革命，通过这场革命，现代社会和现代国家治理的基本原则最终确立下来。文艺复兴时代提出了"人性"，法国大革命提出了"人权"，从文化史的角度来看，这无疑是人类自我认识发展的一个新高度。

曾参与了法国大革命这场伟大实践的唯一一位启蒙运动思想家孔多塞说道："任何不为哲学家所启迪的社会，都会被江湖骗子所误导。"法国大革命十年当中，制定过三部宪法。我们撇开共和三年宪法（1795）不论，专门分析比较1791年和1793年两部宪法，看一看它们各自所体现的哲学精神。

在《人权宣言》颁布后两年，1791年9月3日，制宪议会通过了宪法，即1791年宪法。这是法国历史上第一部宪法。它概括了大革命以来颁布的各项反封建法令，规定法国为君主立宪制国家。宪法以《人权宣言》作为前言，一开始就庄严宣布废除一切封建特权制度。

宪法规定了"三权分立"的原则，立法权属于选举产生的立法议会，行政权归国王，司法权由选举产生的法官执掌。司法独立。在国王行政权的问题上，宪法特别规定："在法国不存在任何超越法律的权威；国王只通过法律进行统治，他只能通过法律要求人们服从。"

宪法再次强调人民主权和国民代议制原则，在第三编"国家权力"中规定："主权是统一的、不可分的、不可剥夺的和不可移动的；主权属于国民：任何一部分人民或任何个人皆不得擅自行使之。""一切权力只能来自国民，国民只得通过代表行使其权力。——法国的宪政是代议制。"国民议会为常设机构，仅由一院即立法议会组成，国民议会一届为两年，"国王不得解散立法议会"。

宪法对国王及其权力进行了明确规定。国王仍是世袭的，他的人身神圣而不可侵犯，但他从属于宪法，并要向宪法宣誓效忠。国王现在只是一个领取2500万里弗尔王室费的公务员，不过国王仍享有搁置否决权，他借此保留了一部分立法权，但是这一权力既不适用于宪法，也不适用于财政法规，因为"任何由宪法所设立的权力无权更改宪法，无论是整体的还是部分的"。

宪法关于选举制度的规定是违反《人权宣言》精神的，没有实行权利平等的原则，而是规定了财产资格限制。根据西耶斯提案，按纳税额（相当于3个工作日价值）划分出有选举权的"积极公民"和无选举权的"消极公民"。积极公民（年满25岁的男子）分两级选举745名代表组成立法议会。当时全国2600万人口中，具有公民身份的男子约700万人，积极公民占430万左右，消极公民接近300万人。

此外值得注意的是，宪法在"王国的区划"项下，肯定了1789年12月22日关于将全国分为83个郡的法令内容。大革命以前，法国行政区划混乱，各类教区、税区、军区、总督辖区并存，界线不一。宪法将所有这一切废除，代之以面积与人口大致均衡的83个郡的统一划分，第一次使法国具有了近代统一民族国家的特点。宪法在论及法国与外国的关系时规定："法国决不从事以征服为目的的战争，亦决不用兵力反对任何民族的自由。"

1791年宪法的完整制定，使资产阶级在革命前所预定要达到的目标，不仅付诸实现，而且用国家根本法的形式在法律上最后确定下来。它所建立的资产阶级的君主立宪制度，是适合当时法国资本主义发展需要的国家管理形式，资产阶级按照自己的面貌改造了整个国家。

法国大革命是一场千百万人民群众积极参与的伟大政治运动。人民群众的要求必然要反映到宪法中来，使宪法带上社会民主的色彩。1792年8月10日，巴黎人民起义，废除了王政，9月21日，国民公会开幕，翌日宣布成立共和国，这就是法兰西第一共和国。但是法国历史上第一部共和国宪法，却是到1793年雅各宾专政时期才制定的。

1793年宪法亦称共和元年宪法，是在半个多月的极短的时间内制定出来，于6月24日通过的。这部宪法突出了卢梭的人民主权学说，是雅各宾派按照民主政治原则治理国家的纲领。宪法前面有新的《人权宣言》，共 35 条，较之 1789 年的宣言在社会性上更前进一步，因为它的第一条就宣布"社会的目的是公共的幸福"。它还确认了劳动权、生存权和受教育权，提出"公共救济是一项神圣的义务。社会应当保障不幸的公民的生存，或是通过为他们提供工作，或是通过向那些没有工作能力的公民提供生存手段"。"人人都需要受教育。社会应当尽其所能地促进公众理性的发展，让所有公民都能受到教育。"1793 年的《人权宣言》较之 1789 年的《人权宣言》更突出了主权在民的思想，不仅像 1789 年宣言那样承认了反抗压迫的权利，还承认了起义权："当政府违犯人民权利的时候，起义对于人民和人民的每个部分，是最神圣的权利和最不可缺少的义务。"比起 1789 年《人权宣言》来，新宣言对财产权的内涵加以明确的法律规定。"财产权是属于一切公民的、享受和随意支配自己的财产和收入及劳动和产业成果的权利。"特别引人注意的是，1789 年《人权宣言》只字未提经济自由，而新的宣言则明明白白地确认："公民做任何工作，栽培任何作物，从事任何贸易，都不得加以禁止。"

　　新宪法规定，法兰西是统一不可分割的共和国，立法机构为立法议会，行政权归行政会议掌握，司法权由高等法院行使，法官由选举产生。新宪法的主要注意力在于保证作为政治民主主要柱石的国民代议制的绝对优势地位。1791 年宪法中的两级选举现改为人民的直接选举，借以保证立法权力对行政权力、议员对行政机构的支配地位。立法议会是用直接普选、单名投票和绝对多数当选的方式产生的，任期一年。24人的行政会议由立法议会在各省通过普选指派的 83 名候选人中遴选产生，因而各部部长隶属于国民代议机构。国家主权的行使由于公民投票制度而扩大了范围，宪法乃至一般法律，都应经由人民批准，"人民议定法律"。宪法为公民规定了较为广泛的自由权利，并规定实行年满 21 岁的男子普选制。在近代历史上，这部宪法是所有各国资产阶级宪法中赋予公民民主权利最多的一部。

　　雅各宾派迅速制定新宪法，目的是想以此洗清搞独裁的罪名，调整好巴黎与各郡的关系，反驳吉伦特派的宣传。新宪法得到人民的热烈拥护，它在付诸批准时以 180多万票对 1.7 万票反对的绝对多数获得通过。不过，由于当时法国正处在激烈的对敌斗争和对外战争的环境中，根据罗伯斯庇尔的提议，国民公会决定在和平到来之前暂不实行这部宪法。

第三节　大革命时期的音乐与戏剧

一、大革命时期的音乐

大革命动员了各个社会阶层，他们满怀爱国激情，对未来充满希望。这是一场轰轰烈烈的人民革命，既表现在政治上，也表现在文化上。事实上，法国大革命也是一场文化上的大革命。它在各个领域的建树是异常丰富的。

大革命留下了许多战斗的革命歌曲，歌唱斗争的胜利，嘲笑反动阶级的失败灭亡。这些歌曲的曲调都是原来的民间小调或舞曲，由人民群众填进了新的歌词。其中流传最广、最为有名的是《这就好》和《卡玛纽拉》。《这就好》的曲调原是一支轻快的舞曲，歌词共 6 段，这支歌在当时极为流行，人们在街头、在剧院，都经常传唱。1790 年 7 月 14 日，巴黎举行全国结盟节时，全体高唱这支歌曲，增添了节日的盛况。1792 年，革命军在瓦尔密击溃占优势的普鲁士干涉军。在战斗中，人们也高唱这支歌曲，更振奋了英勇作战的精神。

《红色的自由帽》也是当时很流行的一首歌。这是一种红色锥形高帽，帽尖向前倾折，古代弗里吉亚奴隶曾经佩戴。大革命时期，小红帽在巴黎盛行，它是自由的象征，也是拥护人民的党派的标志。《红色的自由帽》这首歌以幽默的情调，唱出了革命人民的自豪与自信。

路易十六出逃被遣回，巴黎出现了废除国王的共和运动。这愈加激起封建旧欧洲的疯狂仇恨。1791 年 8 月 27 日，奥地利皇帝与普鲁士国王联合发表庇尔尼茨宣言，扬言要法国恢复国王的权力，解散议会，否则各国将以武力相加，将巴黎夷为平地，以保障法国的君主体制。面对这种反革命威胁，立法议会中布里索派和吉伦特派主张进行革命战争，打垮外国武装干涉。1792 年 3 月 10 日，吉伦特派组成新内阁，4 月 20 日，法国正式对奥地利宣战。为了组织一支强大的革命军，立法议会于 7 月 11 日通过决议，宣布"祖国在危急中"，各地结盟军陆续开赴巴黎。

就在法国正式宣战 4 天后的 4 月 25 日至 26 日之夜，工兵军官卢热·德·利尔在他的驻地斯特拉斯堡创作了著名的《马赛曲》词曲。这首歌当时叫《莱因军战歌》，该曲传入马赛后传开，马赛结盟军 500 多人步行 27 天，于 7 月 30 日到达巴黎，他们沿途高唱这支战歌，振奋士气。巴黎人民第一次听到这首歌，就称之为《马赛人之歌》，简称《马赛曲》。这首歌气势磅礴，旋律激越，召唤人们前仆后继投入保卫祖国的殊死决斗。

拿破仑曾经说过："《马赛曲》是共和国最伟大的将军，它所创造的奇迹是不可思议的。"1792年8月10日，巴黎人民起义，推翻王政，《马赛曲》曾回荡在杜伊勒里王宫。1795年7月14日，国民公会决定将《马赛曲》定为法国国歌。在整个欧洲资产阶级革命时期，各国的革命人民在反封建、反专制的斗争中都唱过这首歌。19世纪后期，《马赛曲》传到了中国。在以后的新文化运动中，发挥了巨大作用。

音乐事业在大革命时期空前繁荣。同其他艺术形式相比，音乐更能激发人民群众的爱国主义精神，群众性的音乐活动更能使人们的精神境界得到升华，获得"新生"。当时，人们就已意识到这一点。一些国民议会议员便公开承认音乐艺术的巨大社会作用，直接阐明音乐与政治、音乐与革命斗争的密切联系，正式建议把音乐列入国民教育计划中。制宪议会主席米拉波曾热情地指出："快乐的歌唱及人民的音乐会，在争取自由的运动中能唤起多大的鼓舞力量！"另一位政治家、国民公会议员多努也曾明确指出："共和国时间虽短，但已告诉我们音乐这种艺术比其他艺术更能抓住人的精神，使幻想飞翔，解除人的痛苦，统一群众的感情，使无数人的意志一致。"

大革命爆发以后，革命政府根据需要迅速建立了自己的音乐事业：成立了国民自卫军的军乐队、国民自卫军的免费音乐学校，以及建立了国家剧院等；团结了一批愿意为革命政权服务的老一辈音乐家，如高赛克、皮契尼、蒙西尼、拜西埃罗和格雷特里等。而且不久，一批年轻、优秀的作曲家，如凯鲁比尼、普莱耶尔、勒絮厄、卡泰尔、音乐活动家及组织者萨莱特，以及许多非职业的作曲家，如《马赛曲》的作者卢热·德·利尔等也陆续涌现了出来。

大革命的胜利使音乐家的社会地位得到了改变。他们不仅作为一个艺术家受到社会的尊敬，而且也开始取得了作为一个公民的一切权利。因此，许多音乐家都积极参加新社会的一切活动，热情地通过创作和演出来歌颂新的社会及革命的胜利。像高赛克、蒙西尼等人，曾因此而获得国家所授予的荣誉。

群众性的音乐活动在革命的时代大为繁荣。各种革命节日和各种群众性活动中，均有音乐的演出。音乐艺术与人民群众建立了密切的联系。街头的集体歌唱、广场的大型演出及剧场里群众性的表演，使音乐演出的规模、形式和性质与过去相比，有了巨大的变化，得到了许多新的发展。当时特别受重视和发展的，是群众歌曲体裁。其中大多数是进行曲性质的，如《马赛曲》《出征歌》和《7月14日》(高赛克作曲)等；也有不少是舞曲性质的，如当时广泛流行的两首歌曲《这就好》和《卡玛纽拉》，就是以民间流行的"对舞"和"回旋曲"的曲调填词而成的。其次，合唱体裁也获得了较大的发展。因为当时节日、集会很多，在这些场合常常有大型的合唱演出。许多作曲家写出了不少这类好的合唱作品，如高赛克为米拉波之死所写的《送葬进行曲》和为结盟节所写的《结盟节赞歌》；梅雨尔为理性节所写的《理性的颂歌》，以及高赛克所写的《自由颂》《平等颂》等。这些都是当时具有代表性的作品。这些歌曲大多具有一种英雄性、号召性和群众性的风格。而大合唱则更多偏重于颂歌式的风格，气魄宏伟。歌曲形式为了便于在群众中广泛流传，一般短小精悍，语言也比较通俗，况且有些歌曲就是直接从群众斗争中产生的。大合唱的形式主要是用于庆祝节日在广场上演出，故篇幅较长，规模盛大，有的作品包括一个 2000 人的合唱队及一个非常庞大的管乐队。

歌剧一向是法国公众重视的体裁。在革命的年代，歌剧仍然被认为是具有巨大社会意义的艺术形式。因此，当革命政府建立之初，就将原来的"王家音乐学院"改为国立大歌剧院，专演歌颂大革命的大歌剧；另外，还建立了两个喜歌剧院。当时的大歌剧的戏剧情节一般不太复杂，常常是以专制的君主政府被打倒，人民群众歌颂胜利及群众欢庆革命的成功作结束。因此，在形式上有些类似舞台化的大合唱，例如，高赛克的歌剧《共和国的胜利》，就是一个典型的例子。由于所反映的主要是政治斗争，是革命的生活，所以在这些歌剧里吸取了许多革命歌曲和群众舞蹈的音调，出现了许多群众的场面，使得原来法国大歌剧体裁所特有的学院式的气氛，发生了很大的变化，使之充满了革命的情绪和生活气息。例如，格雷特里所写的歌剧《威廉·退尔》和《共和国的女代表》等，就是鲜明的例子。

喜歌剧体裁在当时也得到了新的发展。它是在过去"严肃的喜歌剧"的基础上加入了富于英雄性、戏剧性的情节而逐渐形成的新形式，一般称之为"拯救歌剧"。它的基本情节大多是描写一个为解除人民痛苦而向暴君做斗争的英雄，他经历了种种苦难的考验，终于在最危急的情况下得到了拯救。它又常常与爱情情节相结合。为了表现许多惊险的情节、富于戏剧性的场面，他们采用了"音乐朗诵剧"的形式，运用种种手法来塑造这些造型性的效果。对于作品的配器方面，他们给予了新的发展。因此，"拯救歌剧"对于后来浪漫主义的歌剧在这方面产生了很大影响。当时对这种体裁有着特殊贡献的是凯鲁比尼和勒絮厄。例如，凯鲁比尼的《洛多依斯卡》《挑水的人》和《美狄亚》，勒絮厄的《山洞》，就是最有代表性的例子。

法国大革命和大革命时期那种英雄性、群众性的革命音乐，对贝多芬这位伟大作曲家的出现有着巨大的影响。他的《英雄交响乐》成为这种新的创作风格的典范。当时他曾说道:"我对我以往的作品不满意,今后我要走上一条新的道路。"法国音乐艺术中残存的宫廷影响受到有力打击,法国音乐生活和音乐创作的面貌为之一新。

二、大革命时期的戏剧

大革命时期的戏剧同样呈现出一片生气勃勃的景象。1791年1月13日,制宪议会宣布取消封建的戏剧审查制度,允许演出自由。从这以后,巴黎的剧院数目猛增,达到50个。革命政府要求戏剧宣传革命,急剧的阶级斗争和人们对斗争的关注,使戏剧与当时的政治运动结合得比较紧密,使这个时期的戏剧成为革命意志的表现和政治斗争的工具。

当时上演的革命戏剧主要分为两类,即时事剧和以古喻今的悲剧。时事剧直接以当时重大的社会政治事件为题材,或把故事放在这些事件的背景上,密切结合现实,是当时人们喜闻乐见的一种戏剧形式。大革命时期,时事剧数量很多。据统计,从1789年7月到雅各宾专政结束,5年时间里,在巴黎上演了150部左右,仅在雅各宾专政不到一年的时间里,就有60部之多。剧作者有职业剧作家,也有人民中的无名氏、革命政府成员,还有历史事件的参加者。大革命的重大历史事件,时事剧中差不多都有生动的表现,如记述7月14日革命的《攻陷巴士底狱》、描写国王出逃被人民抓回的《沃姆斯旅馆》、反映抗击外国侵略军的胜利的《夺回土伦》和《蒂翁维尔之围》、反映马拉被害的《人民之友》和《马拉之死》等。

大革命时期,剧院上演了不少悲剧。一类是民族题材的悲剧,最著名的是舍尼埃的《查理九世》。另一类是以罗马共和国的故事为题材的悲剧,其中有当时剧作家创作的,也有革命前的剧作家创作的,如伏尔泰的《布鲁图斯》和勒米叶根据席勒剧本改编的《威廉·退尔》等。舍尼埃的《查理九世》是以圣巴托罗缪之夜大屠杀为题材的历史悲剧。剧中把黑暗的君主专制政体作为历史上这件血腥惨案的祸根加以抨击,对教会的阴谋和宗教狂热也进行了揭露。剧本作于大革命前一年,当时的王室审查官以"其中的攻击侮辱了国家与教会"为名予以禁演。大革命爆发后,《查理九世》成为第一个上演的历史剧,由著名悲剧演员塔尔马主演,获得了极大成功,在革命的第一阶段发挥了反封建王权的重要作用。1789年11月4日演出时,制宪议会中的著名政治活动家米拉波、丹东、德穆兰曾出席助威,巴黎观众表示了热烈的欢迎。丹东和德穆兰对《查理九世》予以高度评价,认为在同一时期,它比攻陷巴士底狱"更加速了君主制的灭亡"。《盖约·格拉古》是舍尼埃的另一部成名之作。格拉古兄弟是古罗马共和国的保民官,为了进行土地制度等方面的民主改革,被元老院贵族先后杀害。盖约·格拉古是提比略·格拉古之弟。剧中讴歌了这位为平民争取自由权利的英勇斗士。1792 年 8 月，国民议会曾经下令，规定这个剧本与伏尔泰的《布鲁图斯》及勒米叶的《威廉·退尔》，为巴黎剧院每周必须上演 3 次的 3 个革命悲剧。

雅各宾专政时期，戏剧的作用进一步增强。在雅各宾派的领袖们看来，戏剧是使渴望新生的人民获得"公民新生"的重要途径。救国委员会规定剧院是成年人真正的"初等学校"，必须在这里"培养国民性格"，以适应社会政治的种种变革。1794 年 6 月，原法兰西喜剧院更名为"平等剧院"重新开放，革命派的上述理想在这里付诸实现：取消了以前的包厢和池座，剧场内的装修把各种颜色、革命的象征物、烈士纪念像和革命箴言"不自由毋宁死"都融为一个整体。为了使更多的剧院向广大民众开放，革命政府做出了空前规模的财政努力。凡是居民人口在 4000 以上的市镇，都开设了剧院，这些剧院通常设在原先的教堂里。其他地方则由巡回剧团进行演出。劳动者若持有公民身份的证明，在晚间五点半至八点，即可免费观看"爱国主义"戏剧，因为这些戏剧本来就是"人民创作人民看"的。为了树立新的、平等的社会风尚，上演了新剧《情同手足》。曾经为最高主宰节庆典创作过《最高主宰颂》的作家、诗人马雷夏尔创作了戏剧《国王的最后审判》。"无套裤汉"观看了这出戏，他们为他们自己在大革命中的丰功伟绩尽情欢呼。该剧受观众青睐达到空前的程度，剧本在军队和社会民众之间发行达 2 万册，热情观众的人数超过了 10 万。剧作家往往也是担任革命政府要职的革命家或革命俱乐部、民众结社的积极分子，如科洛·德布瓦和约瑟夫·舍尼埃，以及迪加宗和菲齐尔。科洛·德布瓦原是流动的喜剧演员，创作过 15 个悲剧和喜剧，曾任国民公会主席和救国委员会成员。舍尼埃曾为雅各宾俱乐部领导人之一，以后选入国民公会，投票赞成处死国王。这些剧作家懂得如何与自己的观众在语言和感情上彼此交融，他们的作品获得极大的成功，演出结束之际，全场群情激昂，革命歌曲每每回荡在剧场之中。

第七章　拿破仑时期的文化

　　拿破仑在雾月十八日（1799 年 11 月 9 日）政变的第二天宣布："大革命被固定在它所由以开始的那些原则之上：大革命已告结束。"雾月政变后第四天，在《导报》上刊载的一份"公告"说："法兰西要求伟大、持久，动荡则失之，所以它呼吁稳定。它不需要王室，王室已被取缔。但它要求政府行动统一。它希望代表们属于安分守己的保守派，而不是吵吵闹闹的革命派。最后，它要求摘集十年牺牲的果实。"拿破仑在他实行统治的 15 年里，实现了他对法国人民的许诺，不仅如此，当他 1821 年于圣赫勒拿岛溘然长逝时，旧欧洲已不复存在，新欧洲已出现在世界上。

第一节　拿破仑时期的政治制度

　　1799 年 11 月 10 日，立法两院颁布法令，将政府委托给拿破仑、西耶斯和迪科组成的临时执政委员会，赋予他们恢复、重建国内安宁和谋求牢固的国外和平的全权。该法令把政府提到了首位，权力集中于 3 名执政官之手，标志着法国将恢复行政权的权威。同时还决定，两院各选 25 名议员组成两个委员会，协助新执政起草新宪法。

　　西耶斯设计了一部缜密而复杂的宪法。其原则是国民主权，"权威来自上面，信任来自下面"，建立新贵名流名单制，实行分权与制衡。他企图让拿破仑做一个没有实权的大选侯，而自己做实权在握的两名执政官之一。西耶斯的宪法草案被拿破仑所拒绝。12 月 4—14 日，拿破仑把宪法委员会召集到他的客厅，亲自口授，委员会逐条讨论，经过 11 天夜以继日的讨论，制定出了一部新宪法。12 月 15 日交全民公决，以 3011007 票对 1562 票的压倒多数获得全民认可。这部宪法即《1799 年宪法》或《共和八年宪法》。

　　《1799 年宪法》是一部简短而含糊的宪法，它只有 95 条，比前三部宪法都短。

这是根据拿破仑的"宪法应当简短而含糊"的要求而制定的，以便拿破仑为所欲为。它采纳了西耶斯的建立新贵名流名单制。恢复成年男子的普选权，选民在各自市镇选出最受信任的 1/10 公民组成市镇新贵名流，全国约 60 万人；由市镇新贵名流在各郡首府集会，从中选出 1/10 组成郡新贵名流，全国约 6 万人；从各郡新贵名流选出 1/10 组成全国新贵名流，约 6000 人，最后由国家最高行政长官从新的全国新贵名流中遴选立法机关和各级政府官员。这种金字塔式的选举制度使普通选民的选举权变成了一种虚幻的权利。而且这部宪法在其前面不再冠有公民权利宣言，也不再提自由、平等、博爱。拿破仑的这部宪法是一部高度中央集权的军事独裁宪法。第一执政任期长达 10 年，并且可以连选连任。他可以公布法律，任免各级政府官员，有权宣战、媾和及签订条约。其权力远远超过了 1791 年宪法赋予路易十六的权力。而其他两名执政只是第一执政的助手，仅有咨询权。该宪法确立的政治体制实际上是一种变相的君主制。这是一部首创多院制立法团的宪法。参政院由拿破仑直接任命的 30—40 人组成，根据拿破仑的建议草拟各种法案，交保民院审议。保民院由 100 名议员组成，它只讨论法案，而不进行表决，讨论后交立法院表决。立法院由 300 名议员组成，它不经讨论便进行举手表决，所以被称为"三百名哑巴院"，它表决后交元老院批准。元老院由第一执政指定的 60 名 40 岁以上的议员组成，终身任职。他们审查法律是否符合宪法，若符合便批准，若不符合便搁置。法律最后由第一执政签署公布。拿破仑分散立法权的根本目的在于削弱议会的立法权，加强以他为首的行政权，这是他走向军事独裁的第一步。这部宪法维护了法国大革命的胜利成果。它郑重宣布"在任何情况下不允许自 1789 年 7 月 14 日起背弃祖国的法国人回国"，"经合法拍卖的国家财产，不论其来源如何，不得剥夺合法取得者的权利"，"共和国已没收亡命者的财产永远不得发还"等。《1799 年宪法》为法国建立起一种行之有效的体制，根据它及以后颁布的一系列组织法所建立的一套从中央到地方的行政机构，给法国带来了一个稳定而强有力的政府，克服了督政府的软弱无力和动荡不安的状态，对于拯救又一次处于危急之中的法国起了积极作用。

拿破仑面对法国动荡的现实，努力改革松散的行政机构，实行高度集权。他任命前司法部长、法学家康巴塞雷斯为第二执政，前元老院议员、经济学家勒布伦为第三执政。他亲自挑选了有丰富行政经验的各种专家、名人共 29 人组建了具有最高行政裁判权的参政院，分成海军、陆军、财政、立法、内务 5 个小组共商国家大事，成为他的重要的决策咨询机构。他还在中央设立了陆军、海军、外交、财政、内务、司法、警务等 12 个部，任命有真才实学而又有实际经验的专家担任各部部长，经管全国各类事宜，大大提高了行政效率。

拿破仑积极改革侦查机关，建立了严密的警察制度。他把警察从地方行政机构中分离出来，置于中央机构的直接控制之下，为此，他保留了警务部，任命密探头子富歇继续担任部长，主持治安工作，同时还设立了秘密警察机关——巴黎警察总署，任用亲信担任总署负责人。与警察并存的还有组织严密的宪兵队，单独执行任务。他使各种警宪组织机构并存就是为了使其互相监督，各自努力履行自己的职责。此外，他还提倡告密，制定了一套严格的告密制度，设有高级告密者，遇有重要情报可以直接向他本人密告。警察系统成了拿破仑统治的得力工具。

1800 年 1 月，拿破仑进行了地方行政改革。同年 2 月 17 日的法令取消了地方自治和选举制度，各级行政区都由一名行政长官领导。该法令把全国划分为 88 个郡，郡下设县或大区，县下设市镇。郡守一律由拿破仑直接任命。县长和市长一般也由拿破仑直接任命，唯有 5000 居民以下的市镇由郡守任命市长。从而取消了地方行政官员的选举制度。郡守和县长大多是富有经验、有管理水平的人，又能直接听命于中央指挥。郡参议会由 16—24 人组成，县参议会由 11 人组成，均由第一执政从郡县新贵名单中选任。市镇参议会委员由郡守从市镇新贵名流中选任。巴黎所在的塞纳郡有独特的行政组织，它被划分为 3 个大区：第一个大区由 5 个区组成；第二个大区由 3 个区组成，各设一名副郡守；第三个大区即巴黎，分为 12 个区，各区设区长，巴黎不设市长，但有参议会，塞纳郡守官邸设在巴黎市政厅。塞纳郡警察长掌管巴黎治安，地位与郡守相等。从而使地方绝对服从中央的一整套官僚权力机构得以确立和完善。地方行政长官的专业化，提高了管理水平和办事效率。中央政府的政令能畅通无阻地贯彻到最基层，加强了中央集权，巩固了拿破仑的管理体制。

1800 年 3 月，拿破仑颁布改革司法系统的法令，规定各级法官不再由人民选举，而是由第一执政从各级新贵名流中委任。各区设治安法官，县设初级法庭与轻罪法庭，郡设刑事法庭。全国设 29 个上诉法庭，首都设最高法院。建立了金字塔式的法官等级结构。法官名义上是不可罢免的，终身任职，实际是国家公务员的一部分。政府在每个法庭派一名专员以监督法官，使司法权也集中到中央。

1802 年《亚眠和约》的签订实现了国内外和平。康巴塞雷斯于 5 月 10 日发布执政命令，全国就拿破仑将成为终身执政问题进行公民投票。8 月 2 日，元老院公布公民投票结果，3568885 票赞成，8375 票反对。拿破仑及时制定了一部新宪法，参政院与元老院未经讨论就于 1802 年 8 月 4 日批准了新宪法草案，史称《1802 年宪法》或《共和十年宪法》。该宪法仅有 86 条，同样没有权利宣言，但仍保留共和国的称号，执政官宣誓维护宪法、尊重信仰自由、反对复辟封建制度。该宪法与《1799 年宪法》相比其明显特点：抛弃了普选制与新贵名流名单制，代之以有纳税额的选举制和选举人团制，规定郡选举人团须从 600 名纳税最多的公民中选出。选举人为终身制。扩大了第一执政的权力，第一执政不仅终身任职，而且可以把他指定的继承人名单存入政府的档案，进一步缩小了议会的权力。立法院失去了召集例会和选举议长的权力；保民院被缩减为 50 名成员；参议院的立法提案权转移到了元老院和枢密委员会，仅能行使司法行政权；元老院的权力名义上扩大了，但它的议员任命权完全由第一执政操纵；元老院的决议案由第一执政提名的枢密委员会起草。该宪法使拿破仑的统治具备了君主制和宫廷的雏形。

1804 年，保王党头目卡杜达尔在英国的支持下企图刺杀拿破仑，这使拿破仑产生了建立世袭制以挫败行刺阴谋的念头。1804 年 5 月 4 日，元老院和保民院将一份宪法修改草案交给枢密委员会。5 月 16—18 日，枢密委员会对此进行了审议。5 月 18 日，这份宪法修正案以元老院组织法颁布，经全民公决，以 3573329 票对 2569 票压倒多数通过。这就是《1804 年宪法》或《共和十二年宪法》。其核心是把共和国政府托付给现任第一执政拿破仑·波拿巴，称"法兰西人的皇帝"，皇位世袭。最终完成了拿破仑·波拿巴从十年执政—终身执政—世袭皇帝的递进过程。宪法规定，皇帝的兄弟姐妹为法国亲王、公主，皇长子将被立为"帝国亲王"。设立大选帝侯、帝国大法官、国务大臣、陆军大元帅、海军大元帅等 6 位终身大勋爵，还任命 16 位帝国元帅、大批高级文武官员、皇帝侍从和司仪官，一个庞大的宫廷正在形成。1804 年宪法不仅标志着帝制的确立，同时也是培植新贵族阶层的重大步骤。该宪法进一步加强了拿破仑的权力，他可以不受限制地任命元老院议员，使元老院服从他的意志。该宪法规定设立帝国最高法院，审判危害国家自由、安全和反对皇帝的罪犯。但宪法还保留了共和国的称号，规定皇帝要宣誓尊重信仰自由、权利平等、政治和公民自由等，以表示拿破仑是大革命的继承人，其称号和权利来自人民的授予。1804 年 12 月 2 日，拿破仑在巴黎圣母院举行盛大的加冕礼，始称"拿破仑一世"。

拿破仑于 1807 年取消了保民院，并使立法院里充斥着国家官吏，并且权力越来越小。同年对法官进行了清洗。1810 年对司法行政进行了改组，陪审官由民选改为由郡守从推荐的 60 人名单中遴选。

随着对外战争的胜利，附庸国的建立和增多，拿破仑开始把一些附庸国分封给自己的亲属或亲信。1805 年分封其三弟路易为荷兰国王。1806 年封其兄约瑟夫为那不勒斯国王，1808 年改封为西班牙国王，那不勒斯国王由其妹夫缪拉接替。1807 年封其幼弟吉约姆任威斯特伐利亚国王。1810 年拿破仑娶奥地利皇帝之女玛丽·路易丝为皇后，与奥地利结盟。1811 年 3 月 20 日新皇后喜得贵子，拿破仑将他立为"罗马王"，即自己的皇位继承人。

1815 年拿破仑"百日"东山再起。为了争取法国各界支持他重新掌权，3 月 10 日便在里昂许诺制定一部新宪法，给予人民自由。他于 4 月 10 日委托邦雅曼·龚斯当起草新宪法。龚斯当迅速拟订了包括 67 条的新宪法草案，4 月 21 日经宪法委员会和参政院通过，并于 4 月 22 日公布，随即经公民投票批准。拿破仑称之为帝国宪法附加条款，人们习惯称之为"邦雅曼宪法"。它与前三部宪法不同的是：专列了公民权利一章，确认了法国人在法律面前平等、信仰和出版自由、公民有请愿权等。反对波旁王朝复辟和波旁家族任何亲王登上王位，不得重建旧的封建贵族、封建领主权利，不得恢复什一税和任何特权。立法机关由多院制改为两院制，立法团由贵族院和众议院组成。滑铁卢战役的失败使拿破仑再一次宣布退位，帝国宪法附加条款未能付诸实施。

第二节　《拿破仑法典》

拿破仑的军事成就辉煌，自不待言，但他并不以此自矜，反而说："我真正的光荣并非打了 40 次胜仗；滑铁卢之战抹去了关于这一切的记忆。但有一样东西是不会被人忘却的，它将永垂不朽——那就是我的民法典。"

1804 年 3 月 21 日由拿破仑签署法令公布的《法国民法典》，亦称《拿破仑法典》，是 1789 年法国大革命的产物。它是资产阶级国家最早的一部民法典。经过一些修改后，现在仍然施行于法国。1791 年宪法曾明文规定："应制定一部共用于整个王国的民法典。"用梯也尔的话来说，这是因为"民法是法国所需要的法典中最迫切需要的一种法典。过去由封建法规、习惯法、罗马法拼凑起来的旧民事立法，已经不能适应革命社会的需要了。"但是国民议会只通过了根本大法宪法，颁布了大量有关政治、经济、民事和刑事的单行法令，却始终未能制定一部统一的新法典。促使统一的民法典问世的任务落在了拿破仑身上。

1800 年 8 月 12 日，民法典草案起草委员会成立，由 4 位著名法学家组成。经过 4 个月的工作，草案写成并于 1801 年 1 月 1 日印出。根据拿破仑的命令，草案送交各个法院征求法官的意见，由参政院的立法专门委员会根据审查意见进行修改，并由参政院全体会议逐条加以讨论。讨论十分详尽，历时达数个月之久，争论非常激烈。拿破仑极为重视这些讨论，在参政院召开的 87 次会议中，他亲自主持过 35 次。会议往往开到深夜，拿破仑为此专门读了法学书籍和有关材料，在讨论中，他能够提出深刻的、有条理的、明确的见解，抓住问题的要害，使法学家们都感到吃惊。法典 4 年后能够制定出来并颁布实施，确实应归功于拿破仑的努力，他"为完成这一卓越的、不朽的事业提供了决心和坚持工作的意志"。

《法国民法典》包括总则、3 编、36 章，共 2281 条。总则是独立的一编，内容是关于法律的公布、效力及其运用。第 1 编是人法，包含关于个人和亲属法的规定，实际上是关于民事权利主体的规定。第 2 编是物法，包含关于各种财产和所有权及其他物权的规定，实际上是关于在静态中的民事权利客体的规定。第 3 编称为"取得所有权的各种方法"编，其规定的对象颇为庞杂。首先规定了继承、赠与、遗嘱和夫妻财产制；其次规定了债法，附以质权和抵押权法；最后还规定了取得时效和消灭时效。实际上，这一编是关于民事权利客体从一个权利主体移转到另一个权利主体的各种可能性的规定。这 3 编法律规定可以用 3 个原则予以概括：自由和平等的原则、所有权原则、契约自治原则。

就自由和平等原则来说，法典包含两个基本的规定。第 8 条规定："所有法国人都享有民事权利。"民事权利是指非政治性权利，包括关于个人的权利、亲属的权利和财产的权利。这就是说，在原则上，每个法国人都毫无例外，都享有平等的民事权利。第 488 条规定："满 21 岁为成年，到达此年龄后，除结婚章规定的例外外，有能力为一切民事生活上的行为。"这就是说，在原则上，每个人从成年之日起都享有平等的民事行为能力，虽然关于能力的享有，法律定有某些限制。人人都享有平等的民事权利和行为能力，所以人人在民法上都是自由和平等的。这个自由平等原则的有关规定，消灭了封建桎梏，使个人有积极发挥其能力的可能性，从而为发展资本主义经济开辟了广阔的道路，这在当时是有巨大的进步意义的。

就所有权原则来说，法典第 544 条至 546 条给予动产和不动产所有人以充分广泛的权利和保障。所有权被定义为"对于物有绝对无限制地使用、收益及处分的权利"。国家征收私人财产只能根据公益的理由，并以给予所有人以公正和事先的补偿为条件。不论是动产或不动产的所有人都有权得到该财产所产生及添附于该财产的一切东西。这样，资产阶级的生产资料和生产工具既可以完全自由地使用、收益和出售，又不愁被国家征收而得不到补偿，资本主义的经济自然可以迅速发展。另一方面，农民的私有土地也得到了保障，提高了他们的生产积极性。此外，法典还规定了对他人财产的用益物权（第 578 条以下）和地役权（第 637 条以下），这对小农经济是非常重要的。

契约自治，或契约自由原则，规定在第 1134 条："依法成立的契约，在缔结契约的当事人之间有相当于法律的效力。"换言之，当事人之间的契约，对于当事人就等于法律，除非该契约违反了法典第 6 条所说的公共秩序和善良风俗。契约是两个或两个以上的意思表示的一致，其目的在于产生某种法律上的效果，即或者将所有权从一人移转于他人，或者产生某些债务，或者解除当事人先前所缔结的债务，或者只是改变了已经存在的一些约定。法典赋予两个或两个以上个人的意思表示的一致就等于法律的效力，来使他们以自己的行为产生相互间的权利与义务，从而改变其原有的法律地位。所以，契约自治也称为当事人意思自治。契约一经合法成立，当事人必须按照约定善意履行，非经他们共同同意，不得修改或废除。契约当事人的财产，甚至人身（法典第 2059 条以下原来规定了对违约债务人的民事拘留）都作为履行契约的保证。基于这些观念，立法者做出了一系列规定：契约义务的强制履行、不履行的损害赔偿、履行迟延、债务人破产的程序等。在资本主义社会，契约有着非常巨大的意义：原料的取得，商品的流通，工人的雇用，都必须通过契约。确定了这个契约自治原则，资本主义社会就可以自动地运行和发展。从法典用 1000 多个条文来规定契约之债，就可见契约对资本主义社会的重要性。契约自治也是在平等和自由的名义下实行的，并且是自由和平等原则的逻辑结果。

《法国民法典》在破坏欧洲封建制度和促进欧洲资本主义的发展上起过有影响的舆论和示范作用，对于世界上各资本主义国家的民法典都有巨大影响。拿破仑通过他的军队和这部法典改造了旧欧洲，使欧洲走上了建立现代国家的道路。

1789 年，法国资产阶级大革命揭开了历史新的一页。新时代充满着革新的精神和行动，法国美术也摆脱了数百年的古典规范的束缚，开始踏上现代之路。

第三节　新古典主义

大革命前夕，法国民众对散发着贵族气息的洛可可美术越来越反感，他们期待着更加严肃而高尚的美术的出现。新古典主义在这种背景下应运而生了。这一流派最杰出的代表无可争议地属于大卫。他曾到罗马深造，认真研究了古典美术。1784 年，他创作了《荷拉斯兄弟之誓》（图 7-1）。画家以这幅作品讴歌了爱国主义精神，也使他自己成了革命时期不多的先驱者之一，这时革命已经敲响了法兰西的大门。在革命高潮的年代里，他满怀激情地创作了《马拉之死》（图 7-2），这幅作品再现了马拉这位革命领袖死难的场景。在拿破仑执政期间，大卫成为宫廷首席画师，创作了一系列歌颂拿破仑的作品。其中最引人注目的是《拿破仑一世加冕礼》（图 7-3）。这幅 54 平方米的巨幅画卷，表现了 1804 年 12 月 2 日在巴黎圣母院举行的拿破仑皇帝加冕的盛况。画上描绘了 150 多个人物的肖像，各个栩栩如生，神情庄重，画中人物所站的位置也完全与当时的史实相符合。

图 7-1　荷拉斯兄弟之誓

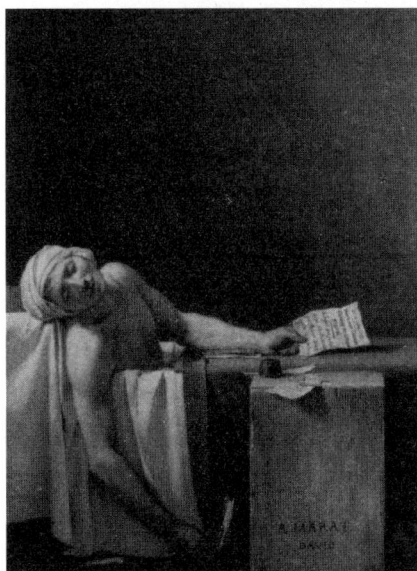

图 7-2　马拉之死

图 7-3　拿破仑一世加冕礼

　　在大卫的门下，涌现出一批著名的新古典主义画家，其中格罗以出色的绘画语言和非凡的表现能力成为大卫宠爱的学生。格罗创作了一系列歌颂拿破仑的大幅战争画。拿破仑也喜欢他，把他列于幕僚之中，格罗也就可以看到好几次实际战役，也常常在进军喇叭声中挺起胸膛往前冲锋。他的这种激情，表现在《青年时代的英雄拿破仑》（图 7-4）中，画的是征服意大利时候的英姿飒爽的拿破仑，是一幅使当时陶醉于战功喜悦的巴黎人陷于狂热的作品。路易·吉罗代是大卫众多学生中比较出色的一个，他擅长表现夜间弥漫在大气中的惨淡月色和明显的明暗对比，《阿塔拉的葬礼》（图 7-5）便属于此类作品。

图 7-4　青年时代的英雄拿破仑

图 7-5 阿塔拉的葬礼

　　大卫最优秀的学生是安格尔，他是 19 世纪新古典主义画派中最主要的代表者之一。他始终与浪漫主义和现实主义相抗衡。安格尔认为历史、神话、宗教等题材的绘画才是最高的艺术，但他精心绘制的这些题材的作品并没有产生重大影响，也缺少传世之作。而他著名的作品都是些他自己并不太看中的肖像画和女裸体画。《大宫女》（图 7-6）表现的是一个倚躺在丝绸软垫上的宫廷丽人；《泉》是安格尔的晚期作品，完成于 1856 年，这幅精美绝伦的女性裸体画几乎受到所有人的一致赞叹。

图 7-6 大宫女

第八章 工业革命及社会发展

第一节 工业革命

一、工业革命的完成

法国工业革命是 18 世纪末开始的，复辟时期（1815—1830 年）继续前进了一步，19 世纪 40 年代开始起飞，到第二帝国时期（1852—1870 年）最后完成。

第二帝国政府执行的各项有关政策有力地支持和推动了工业革命，拿破仑三世制定的经济自由政策有效地保证了国家经济的迅速发展。第二帝国的经济立法，首先在促进股份公司发展中发挥作用。1863 年法令规定，凡建立资本不超过 2000 万法郎的公司，无须获得官方预先批准。1867 年的另一项法令则完全取消政府对于创办股份有限公司的一切限制。第二帝国政府于 1857 年曾公布法令，开始实行商标制度。1865 年颁布法令，保证此后银行支票在法国国内合法地自由流通。政府对于正在创建的贴现银行实行官方贷款，给予财政帮助。银行与财政的蓬勃发展与空前活跃，是第二帝国经济生活的一大特点，它为工业革命奠定了基础。

铁路建设受到国家的高度重视。1851 年 12 月 2 日政变后数日，政府即批准在巴黎的塞纳河右岸修建环城铁路。1852 年，巴黎—里昂铁路与波尔多—塞特铁路的修建工程得到批准，其他铁路的建设工程也陆续展开，全国逐步进入兴建铁路的高潮。政府批准的修建铁路特许权一般是 99 年，将整条铁路交付给大型公司建设，并向铁路公司提供巨额贷款。第二帝国政府十分关注国内的航运问题。1860 年，已有的运河配套设施建设也同时进行。这样，在政府的大力支持和推动下，交通运输取得了重大进步，成为这一时期经济变化的一大特征。第二帝国后期以巴黎为中心初步形成了一个全国的铁路网。第二帝国初期，全国只有 3600 千米铁路，到第二帝国末期已达到 23500 千米，占今天法国 43000 千米铁路的 55%。法国所有各主要铁路干线都是在这个时期建成的。许多新运河的开凿对于沟通国内水系起到了重要作用。1869 年，国内运河长达 4700 千米。从此，全国的水陆交通大为方便。海上运输的革新表现在轮船迅速地取代帆船。1870 年，法国商船队总吨位仅次于英国，居世界第二位。港口建设促进了贸易的发展，马赛成为法国第一大港。第二帝国时期还出现了若干新的大型海运企业，如法国邮船公司（1851）、海洋运输总公司（1865）和海运总公司（1855）。它们资金雄厚，航班稳定，信誉可靠，航程可达美洲、亚洲、非洲和大洋洲。里昂的丝织业由此获得飞跃性的发展。

实行自由贸易，对外开放，是当时的一项重大决策。1860 年 1 月 23 日，法国与英国签订商约，双方实行自由贸易，彼此给予最惠国待遇。1861—1866 年，法国先后与意大利、西班牙、葡萄牙、奥地利等国签订类似的商约。法国因此而由过去的保护关税政策，转变为自由贸易政策，从而使对外贸易迅速发展，外贸总额增长了 4 倍。1855 年与 1867 年举行的巴黎国际博览会是当时举世瞩目的大事。数千厂家参展，陈列产品数万，最新技术革新产品展示给公众，大大促进了商品交易和技术交流。1855 年，参观者为 500 多万；1867 年，参观者竟达 1100 万。举办这样大型的国际博览会在法国的历史上尚属首创。

第二帝国经济政策的另一措施是减少税收，促进工业的发展。1853—1856 年间，先后减少了对煤、铁、钢、机器与粗毛等产品的税收。1860 年与 1867 年，内河航运的税收先后两次削减。由于政府的政策发挥了巨大作用，工业部门发生了根本变化。这一时期，工业生产持续增长，1850—1865 年的平均增长率达到 3.51%。19 世纪 60 年代，法国生铁与钢的产量仅次于英国，居世界第二位。生铁产量 1851 年为 445810 吨，1870 年达到了 1178110 吨。钢产量 1850 年仅 283000 吨，1869 年则达到 1014000 吨。法国工业发展的标志之一是蒸汽机使用的不断增加。1850—1870 年，法国工业中蒸汽机的马力由 67000 匹增至 336000 匹，即增加了 4 倍多。轻工业的变化虽不及重工业显著，但也颇为可观。生产部门的迅速集中也是工业进步的一种表现，其中以冶金工业最为突出。勒克勒佐作为新兴的冶金工业中心，取代了原有的若干冶金工业地区。

农业在法国占有举足轻重的地位。1851 年农业就业人口占全国就业人口的 61.46%。1870 年，农业就业人口虽有所减少，但仍占 54%。第二帝国政府努力改变农业的落后状况。法国农业的现代化正是从第二帝国时期开始的。当时法国共有耕地 1500 万公顷，占可耕地的 60%。19 世纪 50—60 年代，耕作技术显著改善，磷肥与硝石等新型肥料开始广泛使用。脱粒机、收割机与割草机逐渐普及，成为农业机械化的开端。牲畜总数也有所增加，品种逐渐改良。国家先后颁布了排水法与开垦法。1865 年之前，开垦荒地已达十多万公顷，国内未耕的荒地迅速减少。政府曾以贷款支持各地农业经济组织，发放农业奖金，推广农业化学新发明。第二帝国后期，政府提供津贴，广泛修建农村道路。广大农村有了显著发展，开始打破以往狭隘的社会生活。由于工商业的发展，交通的便利，也由于农业本身的变革，农业生产有了显著提高，产量不断增加。1852—1862 年，农产品年平均增长率为 3.2%。这种增长速度在整个 19 世纪法国历史中也是罕见的。无怪乎人们称第二帝国为"农业的黄金时代"。正因工农业的迅速发展，帝国时期的人口也随之由 3578 万增加到 3850 万。

二、社会生活的变化

工业革命与经济的迅速发展，逐渐改变了城乡人民日常生活的习惯，并直接影响到人们的价值观念。例如，铁与其他金属在生活中的作用逐渐增加，法国各大城市和地区逐渐由铁路相连接，人力运输逐渐消失。1857 年，法国铁路与周围邻国相通，人们从此开始走向国外——德意志的爱姆斯温泉疗养地等处吸引着法国游客；而法国的许多地方，大城市或风景区，也建起大型车站、大型旅馆，以方便交通和旅游。工程师们大量使用铁作为建筑材料，建造了中央菜市场与国家图书馆。1889 年建造的埃菲尔铁塔也是以铁为材料。第二帝国时期生产了铁甲舰，坚固而耐用，便于远洋航行，推动着造船业的进步。就连公路的路面也发生了大变革，不再沿用旧法石板铺路，而改用英国发明的新法碎石铺路。

长期习惯了的生活不断因新产品、新工艺的出现而得到改造。石油以小桶出售，为人们提供了照明用新能源，于是从 1856 年开始，港口灯塔改用石油照明，方便了进出港口的船舶与渔民。到 1863 年，勒阿弗尔港口外的拉埃弗灯塔第一次使用电灯照明，其效果更在石油以上。橡胶在法国出现于 1860 年，并立即开始使用。电报已于 1850 年向公众开放，当时费用昂贵，普及面小，到 1869 年已大为改进，线路长达 4 万千米。工业革命使人们的生活日用品数量增加，质量改善。冶金、化学、纺织、制革、制糖、肥皂制造工业的进步为居民提供了数量众多、质地优良的新产品。涂磷的化学火柴取代了千百年来人们使用的火石和火绒；煤取代了木材，成为家用炉的燃料，炉火变旺，室温也随之升高；油灯与硬脂蜡烛取代了火把与兽脂蜡烛，用于室内照明。轻快细腻、经久耐用的钢笔取代了人们长期以来惯用的鹅毛笔，并迅速普及。甜菜制的糖、糖果、蜜饯与咖啡，为居民广泛食用。由于采用巴斯德新法酿酒，法国的葡萄酒质量提高。同时，由于采用谷物与土豆提炼酒精，烈性酒的产量与销售量大增。

纺织业的发展为居民提供了更多的棉织品，服装随之发生变化，衬衣在一般居民中已经普及，劳动妇女的衣着也开始多样化，巴黎时装不断更新。左拉在《妇女乐园》（1883）一书中生动地描述了新兴的大百货公司在城市生活中所引起的巨大变化。这些大商店经济实力雄厚，能压垮一般的商店。居民在大商店购物十分方便，这里货物明码标价，并可退换，因而受到欢迎。广大城市居民与部分农村居民，进一步关注国内外政治局势的发展。1848年之际，报刊已成为大众读物，每份报纸售价1个苏。第二帝国时期，情况继续改善。1863年出版的《小报》每份售价5生丁，1869年销售量竟达47万份。这也是社会生活日趋民主化的一种反映。

农村生活的变化虽不及城市显著，但有些方面也是十分令人瞩目的，例如，乡间道路交通的改善与进步。第二帝国时期完成了各地农村交通要道的建筑，修建道路长度1300千米，干道之外，还建有所谓"普通乡间小道"5000多条，长达1万千米。农村也出现了质量较好的车辆，马、骡、驴成了拉车的主力，农民进城比从前方便多了。农村的邮政通信事业也有所发展。七月王朝（1830—1848年）时，农村主要居民点设立了邮政网，由邮递员步行投送。1849年开始使用邮票，既方便又便宜，促进了农村生活的开放。农民中的经济组织有所发展，继第二帝国后期的"法国耕作者协会"之后，19世纪八九十年代又相继出现了一些农业联合会组织。19世纪末，法国农业联合会在全国已经拥有成员60万。这类组织的参加者多为地产主，其作用主要是互助购买农机具和化肥、种子。这是小自耕农占农村住户70%以上的法国的一个新变化。19世纪末，法国共有农户560多万，在全国人口中，农业人口占60%以上。由于土地过于分散，使得法国农业较之其他主要资本主义国家发展缓慢，因而农民的生活依旧贫困。

法国人口的变化比较特殊。第二帝国时期，法国人口增长迅速，曾经达到了3850万。但到19世纪末，法国人口的增长却日趋缓慢。1872年，全国人口竟出现了下降的趋势，为3760万。1886年上升到3920万，1896年才达到4020万。平均每年增加人口不足11万。这与同时期英国、德国等其他资本主义国家人口的高速增长形成鲜明对照。德国人口在1870—1900年间，增加了1500万，而法国却只增加了300万。法国的人口出生率呈下降的趋势。1872—1875年间为26.2%，1896—1900年间则为21.91%。每个家庭平均只有子女2.2人。造成这种现象的原因，除了因卫生、营养条件差致使婴儿的死亡率较高外，人们在主观上节制生育也不可忽视。自由竞争的资本主义社会和经济生活，使人们传统的、天主教的家庭观念发生了变化。在中小资产阶级众多和个人主义思想流行的法国社会里，许多家庭出于保持或提高生活水平和社会地位，或出于对子女的教育及其前途的考虑，不愿生育过多。这种倾向在19世纪末曾引起政府当局和某些学者的关注与不安。

城市化的发展是19世纪后期法国的一大重要社会现象。在50—60年代的经济发展中，城市建设占有重要地位，巴黎的改建在这方面最有代表性，我们将在下面设专题加以探讨。除巴黎外，大城市的普遍变化是第二帝国社会生活的特点。马赛与里昂等城市发生同一性质的变化。这两个城市的人口皆增加2倍，鲁贝的人口增加3倍。马赛的帝国路与旧港相连，著名的卡涅比埃尔大街延长并与旧港相接，从而经旧港可以直通大海。同时修建新港，使海运更加便利。城内修建救世圣母院，又修建了富丽堂皇的隆尚宫和法罗宫。海边最初的悬崖通道也在这时开凿，方便了沿海的交通运输。里昂大兴土木，建设了"共和路"、贸易与交易所宫、莫朗广场的喷泉、泰特道尔公园等。中小城市也有不少变化，旧的城墙往往由环城的林荫大道所代替，车站、公园和大型喷泉也相继修建。但也应看到，大多数中小城市，甚至波尔多，未曾像巴黎、马赛与里昂那样，发生根本性变化。此外，一般而论，北方工业城市变化较大，南方则变化甚小。

农村人口流入城市在法国各地极为普遍。破产的农民、失业的农业工人及乡村手工业者、小商贩，大量加入城市无产者大军的行列。自1871年起，平均每年有10万人流入城市。1876—1881年间，由于农产品价格下跌和葡萄病害，每年流入城市的破产农民达到16万人。于是，城市人口逐年增加。1872年，居民人数在2000以上的城镇人口占总人口的31.1%，1901年则发展到40.9%。此外，法国是个大量外籍移民的国家。1876年有外籍人口80万，1881年起达到100万以上。他们大多为来自意大利、比利时、西班牙和德国的体力劳动者，在农业和工业生产中从事粗笨劳动。经济危机期间，就业竞争加剧，法国居民与外籍工人之间时有矛盾发生，例如，19世纪80年代在里昂、马赛等地发生的事件，这时，法国的排外情绪也有所滋长。

可见社会问题随着经济发展的加快接踵而至，迫使政治家和思想家们拿出一套解决问题的方案与设想，这其实就是汤因比所说的挑战与应战。1871年巴黎公社起义则是被压迫的无产阶级组成军队和政府，第一次向资产阶级的统治宣战。

第二节 巴黎改建

巴黎的改建是个复杂的社会现象，需要从各个方面进行考察分析。

1851 年比之 1801 年，巴黎人口翻了一番，几乎增长了 100 万。大量外来人口（多为贫困人口）改变了巴黎人口原有的构成比例，也打破了巴黎与外省的平衡。1861 年巴黎本地人口仅占巴黎总人口的 36.10%，外省流入人口则占 58.65%。1866 年巴黎本地人又降至 33%，而外省流入人口则升至 61.05%。人口流动是城市化的必然结果，扩大城市地域范围是城市发展的必然趋势。根据 1859 年 6 月 16 日的法令，巴黎郊区的数量从 12 个扩大到 20 个。新的城市和旧的村镇并入巴黎，使城市面积扩大，从 3288 公顷扩大为 7088 公顷，人口亦从 120 万增加到 160 万。旧巴黎一向是个商业和奢侈品的中心。随着工业革命的起步，外围郊区成为化工、冶金、机械、纺织的中心。巴黎逐渐从消费城市变为生产城市。

拿破仑三世着手重建巴黎时所面临的便是这样一种紧迫的形势。由于长期居住伦敦，伦敦城市的规划、交通、英国式的花园，以及英国人为"消灭"贫困而打通贫民窟，都引起了他的极大关注。他早就怀有改建巴黎的设想，甚至在地图上用彩笔标出了新道路的走向，而伦敦便是他心中改建巴黎的模式。1846 年，他曾写过一本小册子《贫困的消亡》，表明他受圣西门空想社会主义思想的影响极大。他曾与路易·勃朗在阿姆堡狱中相见，社会主义思想对以后的巴黎改建都有一定的作用。1848 年革命以后建立的临时政府执行的各项社会改革措施及第二共和国，都对他头脑中的社会民主、社会改良成分有所促进，这大概就是人们所说的拿破仑三世身上的"浪漫主义色彩"吧。不过，它并不是凭空产生的，而是社会现实和特定时代的产物。

巴黎改建工程是由欧斯曼具体负责实施的。他由内务大臣佩尔西尼推荐给拿破仑三世出任塞纳省省长。佩尔西尼描述这位巴黎人"高大强壮，精力充沛，性格刚毅，同时又精明诡谲，足智多谋"。这和瘦削多病、优柔寡断的拿破仑三世恰成鲜明对比。拿破仑三世当时正迫切需要一位这样的人才。1853 年他们第一次见面，拿破仑三世便把巴黎改建的重任交给了他。

不过，在巴黎改建问题上，欧斯曼与拿破仑三世看法并不相同。拿破仑三世主张以伦敦为模式，他对欧斯曼说：

"在英国，人们关心的只是尽最大的可能满足交通的需要。"对此，欧斯曼反驳道："陛下，巴黎人不是英国人，他们需要更多……要使巴黎成为法国当之无愧的首都……现代的罗马。要使子孙后代知道，恺撒的侄子曾使帝国之城新生。"显然，欧斯曼雄心勃勃，他要让巴黎焕然一新，要通过巴黎树立法国在世界上的形象，甚至要让巴黎成为当代欧洲乃至世界的中心。

欧斯曼是崇尚古典主义的，他的身上可没有拿破仑三世那种"浪漫主义色彩"。他的改建原则有三：笔直、布局、景观。这就把城市建设提高到城市美学的高度，再不仅仅局限于单纯解决交通这个问题了。作为一个完整的艺术品，城市干道要笔直整齐，城市布局要均衡，讲究节奏，城市街区要有不同风格的古典式建筑或文物古迹，使人们一看就知道自己来到了什么地方，同时得到艺术的享受。欧斯曼提出的三点原则对我们今天的城市建设与规划，也有一定的借鉴作用。当然，他的层次更高一些。

欧斯曼是个有勇气有魄力的实干家。1866年，他对自己的改建方针有一番解释："在整个城市动工的工程和打通道路，恰恰都是为了缩小旧城区的人口密度，从而使构成新城区的并入领土上所有各地点，都适于居住，抵达方便。"如果把前边那三点原则与这里阐述的一般原则结合在一起，我们就可以看到欧斯曼城市建设思想的主体。巴黎的改建就是按照这套思想原则进行的。

从1853—1869年，巴黎改建工程总费用为25.54亿法郎，差不多等于法国一年的整个预算。资金大部分来自国债与"巴黎重大工程银行"。1852年，巴黎负债1.63亿法郎。1870年1月1日，负债达到20亿法郎。各个银行和建筑工程承包商获得巨大利益，他们是欧斯曼改建巴黎必须依靠的力量。在欧斯曼的班子中，有一大批一流的合作者，例如，工程师阿尔方和水利学家贝尔格朗，他们对巴黎的改建工程做出了杰出贡献。

让我们看一下巴黎改建工程各方面的成就。

改建期间，巴黎市区拆毁了2.7万所旧房屋，兴建了7.5万座新建筑。新建筑多数由石块构成，高大、雄伟、美观，达到了水泥广泛应用以前石块建筑的较高水平。新辟了95千米长的街道。在塞纳河上新建了9座桥，加上原有的一共有30座。众多桥梁的完工使塞纳河变成通途，两岸街区融成一个整体，解决了跨越塞纳河这个老大难问题。

改建后的巴黎新辟了许多花园，布伦、万森两座森林公园，均衡分布在巴黎郊外的西部和东部，景致优美，河流湖泊掩映，对城市自然环境有重要的调节作用，堪称城市建设杰作。城市里也增添了更多的广场和喷泉，扩大了人们的露天活动场所。医院、车站、市场、剧院、仓库和百货商店大量修建，使巴黎人的生活方式发生了变化。

街道进行了根本改造。里伏尼大街从西向东延长到 3 千米，成为巴黎最长的街道之一，从协和广场附近直到圣安东工人区。按照新计划，从北往南在拉丁区开辟了一条圣米希尔林荫道；在城市东部工人区出现了伏尔泰路、狄德罗路、医院街、万森街等林荫道。特别壮观的是明星广场上像光芒般从凯旋门四周辐射出去的 12 条大街。一条长长的大街从卢浮宫附近的卡卢赛广场开始，经过杜伊勒里花园、协和广场、爱丽舍田园大街，直到明星广场为止，凯旋门就装饰在这条街的终点。巴黎街道的建设最能体现欧斯曼城市建设思想的突出特点。

按照欧斯曼的规划，在巴黎西部建立了贵族区，这里住着工业界和金融界的显贵人物。欧斯曼首先关心的是首都的资产阶级中心区的奢华炫目的装饰。他兴建了巴黎最漂亮的大街之一——绿荫大街，宽达 120 米。他按现代方式改建了那条宽阔的爱丽舍田园大街，这里集中了巴黎的上等商店、咖啡馆和饭店。这个时期最后完成了卢浮宫和杜伊勒里宫的营建，使二者联结为一体，并新建了圣奥古斯丁教堂和三位一体教堂。巴黎圣母院也得到了修复。

巴黎的城市照明问题得到了解决。汽灯照明普及开来，原先经营这项业务的各家公司被合并为一家。尤其值得一提的是自来水的供应和下水道系统的建设。由于兴修了瓦纳引水渠与开凿了 600 千米地下水道网，大多数房屋都得到了自来水的供应，市民有了清洁饮水。第二帝国之前，首都缺乏排放污水的系统设施，不少街道时常污水横流。改建巴黎时，着手建设排放污水的系统。1860 年，贝尔格朗工程师提出的计划获得批准并开工修建。排水系统由总干线、干线、分线与支线四级组成。其中支线 63250 条，长达 385 千米。水道结构合理，内部一般比较宽阔，利于维修与参观。各幢房屋的污水由上述途径流入塞纳河，然后流入大海。1868 年，开始净化污水，以求利用于农业灌溉。自来水和汽灯的广泛采用，以及下水道系统的完成，使巴黎的面貌焕然一新，卫生条件大大改观。这时，巴黎出现了公共马车，还有马拉的有轨车。第二帝国末期，巴黎拥有的新车达 3000 辆。

改建后的巴黎，原有的 9 个区有人口 93.8 万人，其他新并入的 11 个区有人口 88.7 万人，差不多彼此平衡，欧斯曼"缩小旧城区的人口密度"的目标达到了。巴黎改建的上述成就是举世公认的。

1951 年，巴黎曾庆祝建城 2000 年，可见这座城市历史之悠久。古老城市的改建都要遇到一个的棘手问题——文物保护问题，这包括古代建筑的保护和旧街区的保护。既要使巴黎新生，又要保持古老巴黎的风貌，这是一对矛盾。

改建工程曾毁掉整个街区。1853 年 4 月，塞瓦斯托波尔大街动工。欧斯曼说道：

"一条宽阔的中心大道从一头到另一头，横穿过这无法通行的迷宫，把旧巴黎和动乱与街垒区从腹部剖开。特朗斯诺南街从巴黎地图上消失了。"欧斯曼为了使马泽尔布大街道路平直，曾拆毁了很多路易十六时代的旅馆，并毁掉名为"小波兰"的岛状住宅区。在塞纳河左岸整顿莫贝尔广场时，又曾拆毁了几座18世纪漂亮的旅馆。

对于巴黎的改建，当时社会上就有激烈的争议。这同古老北京的改造情况相近。人们批评改建后的城市不合人情。一位英国伦敦人老纳索抱怨居民远离市中心，无法像过去那样互相串门探望，因此，"巴黎社会曩日具有的魅力许多将要失去"，人们留恋被拆毁的那些古老巴黎的精华，不愿让笔直划一的街区破坏巴黎昔日的印象。人们不喜欢第二帝国的大多数建筑，认为这些建筑丑陋和缺乏风格，不过是以往罗马式、哥特式、文艺复兴式建筑风格的翻版和学院式的仿制品。整个19世纪，这种充满怀旧情感的怨言不断，尤其是作家的批评最严厉。1860年11月18日的袭古尔日记写道：这些新的不断出现的大街使人感到格格不入，它们是清一色的直线，没有一道道转弯，没有曲径通幽的去处，再也感受不到巴尔扎克的世界，想到的乃是未来美国的什么高楼大厦。

为数众多的古代建筑遇到破坏和拆毁，欧斯曼是有责任的。不过，法国的历史文物保护法1913年才制定，而且时至今日也无法阻止许多对文物的无谓破坏。

应当指出，欧斯曼对文物古迹的保护也有其贡献。他曾保护了有名的圣—热尔曼—洛鲁瓦大教堂。这座教堂曾敲响了1572年圣巴托罗缪之夜大屠杀的钟声。巴黎改建时期，要求拆毁大教堂以示报应的呼声很高，但被欧斯曼一口拒绝，取消了拆毁大教堂、从卢浮宫柱廊至巴士底开辟一条直路的计划，而这个计划倒是由一批艺术家提出来的。欧斯曼在回忆录中曾把这件事作为自己的一个功劳，以减轻破坏文物的罪责。

把斯德岛重建为"新卢德希业"所采取的方式是：驱除岛上居民，把它改为公共建筑中心，斯德林荫大道横贯全岛，精心重修巴黎圣母院，扩大圣母院前广场，岛西端原有的法院进行扩建，岛东端建了一系列新建筑，二者之间则为鲜花市场。岛上居民经过整治，从1856年的1.5万人降至19世纪末的5000人，只剩下圣母院以北和岛西端多菲内广场的几座房屋。斯德岛的保护和改建无疑是巴黎改建工程的成功之作。

巴黎改建时期的住房问题以及由此而引起的社会问题，引起了我们的极大关注，需要详细加以考察。

我们在前边已经讲过19世纪巴黎人口增长表。自1800年以来，人口的增长就超过了住房的增长。高档房建设比例高于低档房，因为只有高档房才可以赢利。老百姓的住房拥挤不堪，像沙丁鱼罐头一般，这样，房产主才有收益。19世纪初以来，人们就大批挤在旧巴黎，工业革命的开始，吸引人们迁往外围郊区。随着工人阶级的迁徙，建筑业勃兴，资产者纷纷投资，但是1848年革命使建筑业经受了4年的萧条，1853年方才复苏。以后，发展速度和规模继续增长，1864年和1865年略有放慢，而后竟出现建筑业过热，一直到1870年。这种过热现象在此前和此后，除了1881—1883年之外，是无与伦比的。1860年以后，住房紧张问题有所缓解。房屋总数从1861年的50160所增加到1866年的58960所和1872年的63960所。如果把拆除旧房计算进来，则所盖新房达2万所。1867年一年即建房3809所。建房的增长速度首次超过了人口的增长速度。1861—1872年房屋增长27%，人口增长则为11%。

可是，在这种建房热的形势下，住房问题依旧未能解决。工人群众仍住在拥挤不堪、有损安全和健康的恶劣环境中。

究其原因，首先是因为第二帝国时期建房资金是由资方私人信贷。不动产公司、土地信贷银行等的资产者提出，为了"维持房租的公正平衡"，必须有2.5万—3万所空房。到1865年，这个数字也只达到了1.7万所。

还应指出，帝国时期建房数量虽大，但商店和政府办公大楼比重也很大，尤其在市中心，建盖的都是房租高昂的建筑，普通百姓不敢问津。1865年，在巴黎的6.37万所住宅中，有3万所完全归商业和工业所用。

市中心地皮价格暴涨，豪华建筑压倒了普通民宅，使之变成了一成不变的小岛。房租涨了，居住条件却毫无改善。第二帝国大力提倡建造豪华的建筑。与资产者居住的高大石建筑形成对比，群众住宅则为砖房，一家有一间或两间住房。第十区和第十一区每座楼平均有居民40—50人，而城里每座楼则有居民30—32人。第十区和第十一区的房租也比郊区贵，郊区那些简陋的住宅将长期存在下去。

标榜社会民主的第二帝国在解决工人群众住房问题上一筹莫展。路易·勃朗幻想的"工人新村"曾由国家补贴建成过几座。1851年建成拿破仑新村，1854年又拿奥尔良家族1000万法郎财产建成其他几座工人新村。"工人住宅"模型在博览会上得到奖赏。但是要普及工人新村，则资金巨大，谈何容易。况且工人新村有如一所兵营，分成单间，晚上大门落锁，工人并不喜欢这种与世隔绝的生活。他们宁愿自由地在城里与其他巴黎人一起生活。

欧斯曼本人向来是反对国家一手补贴包办的。他主张高房租、高利润，依靠私人的积极性，这是他的体制的动力。

上述这些原因使住房问题无法解决。巴黎改建导致，在建房问题上出现了这样一种自相矛盾的怪现象，地皮过于昂贵无法出售，商店盖好了却很难找到承租人，豪华住房继续建造，而小型低档的住宅仍告危机。有些街区干净、整齐，另一些街区肮脏、混乱。巴黎的住房危机并未解决，像一种慢性病拖延下去，直到百年后的20世纪60年代中期，才根本解决。工人家庭不再是只有一间或两间居室了。

大城市的改建本身也是一个社会问题。巴黎改建后，市中心房租昂贵，成为资产者暴发户居住的地方，收入微薄的工人雇员则搬迁到郊区，出现了市中心居民减少，郊区居民增加的现象，1861—1872年的人口普查清楚地表明了这一点。

在市中心，第一区居民减少15233人，即减少17%左右；第六区居民减少5643人，即减少5%左右。在郊区，第十七区居民增加26516人，即增加26%；第二十区居民增加22658人，即增加24%。

巴黎改建造成人为的不平等——城东与城西的不平等、市区与郊区的不平等。这种鲜明的对比，孕育着尖锐的阶级对立，1871年的巴黎公社革命不能不说是这种阶级斗争的必然结果。大规模建设招致一场火与血的破坏，1852—1857年煞费苦心才把杜伊勒里宫与卢浮宫连接在一起，不想被一场大火将杜伊勒里宫葬送殆尽。

富有的上层商业阶级纷纷迁往巴黎西北的纳伊区，这里是市郊最优美的地区，坐落在塞纳河畔，星形广场大道四通八达，是第二帝国炫耀的所在。

对于工人区，拉扎尔兄弟写道："手工业者和工人被推入真正的西伯利亚，那里纵横交错着弯曲的道路，没有铺砌路面，没有路灯照明，没有市场，不给供水，最终一无所有。""人们在王后的紫袍上缝上破衣服；人们在巴黎建造起两座截然不同和截然对立的城市：苦难的城市封锁住豪华的城市。"

的确，在东郊有一座万森森林公园，这是拿破仑三世为工人休憩所建的。可是，对于终日忙碌劳累不堪的工人来说，半小时的林中散步，能有多大的情趣？与西部那些游手好闲、乘车骑马郊游的富人，岂能同日而语！

不仅如此，第二帝国期间，外省与首都也差别大增。巴黎改建后，面貌一新，成为高水平的国际文化城市。外省在文化生活方面，除了个别大城市外，基本保持着原来的文化传统，南部尤其缺乏文化生活。

巴黎内部的贫富造成阶级的差别与矛盾，外省与首都的差异造成城乡的差别与矛盾，法国社会就是在这些无法避免、难以解脱的矛盾与冲突中一步步蹒跚向前发展的。

第三节　不断发展的大众教育

1815—1875 年这 60 年，法国交相更替了 5 种不同制度：复辟王朝、七月王朝、第二共和国、第二帝国，以及第三共和国的开始。这个时期出现了两种倾向：首先是学校斗争激烈，由于这些斗争，教士有时在自由派的支持下，竭力肢解大学的垄断，或朝着对自己有利的方向改变大学的垄断。其次是工业发展的结果产生了一系列有利于大众教育发展的措施。对工业资产阶级来说，增长某些种类工人的技能和激发所有劳动者遵守社会秩序，变得越来越重要。此外，也有必要对那些母亲在工厂做工的小孩进行照料或简单看管。大众教育和其他学校机构的发展，反映出国家政治生活的深刻变化。当时提出的种种措施，不仅关系到初等学校、职业教育和成人班，还关系到学前教育。制定面向智力不全儿童的教育学，为 20 世纪初新式教育运动的发展奠基，这要归功于教育医生伊塔尔、塞甘、蒙泰索里和德克罗利。而制定或丰富全面教育的观念，综合技术教育的观念，与此同时还主张自由教育，发展某些小学科，如艺术、体育和体力劳动，则应归功于工人运动和社会主义思想的代表人物，归功于圣西门、傅立叶、蒲鲁东和马克思的门徒。

复辟王朝在重大路线上，保留了帝国的教育组织。大学最高权威变为公共教育委员会（1815—1820 年），而后是皇家公共教育委员会（1820—1822 年）。国民教育部部长的头衔 1822 年恢复，授予弗雷西努斯主教，根据 1824 年 8 月 26 日敕令，弗雷西努斯主教成为教会事务和公共教育部部长。1828 年 1 月 4 日敕令把这个职务分成两部分。弗雷西努斯的继任者瓦蒂梅尼尔这时拥有公共教育部部长和国民教育部部长的头衔，公共教育头一次有了自己的首脑。

复辟王朝时期在学校教育领域充满了自由派与拥护恢复旧制度学校的保守派的斗争。1815—1816 年的白色恐怖之后，以德卡兹为首的温和派政府捍卫 1814 年宪章，支持初级教育协会的规划，促进互助学校的增建。某些措施，例如每年授予初等学校 50000 法郎补助金，担任小学教师职务须具大学区区长颁发的资格证书，有效地促进了初等教育的发展。其他措施却巩固了教士在学校的特权。小修院和修士或修女的学校避开了大学垄断，但公立小学教师却要受本堂神父的审查，本堂神父染指特设学监或区委员会委员的职位。以维莱尔为首的极端保皇党人政府（1820—1828 年）加强这些有利于教会的措施，支持教育修会，委托主教任命小学教师。以马提尼亚克为首的温和派重新当权（1828—1829 年），使互助教育再度发展，使教会新近夺得的位置又成了问题。复辟王朝末期，自由派的代表和教会的成员为了不同的原因，都要求建立教育自由。

实现教育自由这一愿望的是基佐。1833 年 6 月 28 日法律（亦称"基佐教育法案"）支持拥有所要求之学衔的人有建立开办初等学校的自由。而所有学校，无论公立还是私立，都要受市镇监督委员会和区委员会的控制。初等教育是用来对人民进行教化的，有利于经济发展，有利于巩固政治经济新秩序，初级教育仰赖于教会与国家的协调行动。"基佐教育法案"给各个集体规定了建立如下三类学校的义务：每个市镇至少要建 1 所初等学校；每个省府或每个居民在 6000 人以上的城市，要建 1 所高级初等学校；每个省要建 1 所师范学校。1835 年建立了小学督学团。部长佩莱和萨尔旺迪完备了"基佐教育法案"的条款，管理复辟王朝时期以来增加的幼儿园（1837）和成人班（1836），为女孩组建初等学校，但是女子初等学校的创办仍非强制性的（1836）。准确来说，初等教育这时既非世俗性的，对全体学生亦非免费的、义务性的。另外，一道不可逾越的鸿沟，继续把初等学校与公立中学分割开，1815—1848 年，公立中学被称为皇家中学。可是由于高级初等学校的创办和七月王朝末期展开的种种努力，在皇家中学组织了受现代影响的专业教育，初等学校与皇家中学这两种等级之间出现彼此接近的趋势。社会等级差别日趋接近，学校组织的分割也随之逐渐缩小，两者总是相互适应的。

七月王朝的学校立法是妥协的产物，既不能完全满足共和派的愿望，也不能满足天主教徒的愿望。1848 年革命使共和派的教育思想获得了胜利。圣西门门徒伊波利特·卡尔诺提交制宪议会的法律草案，填补了免费教育、义务教育和教育世俗化问题上基佐留下的空白。1848 年 11 月 4 日的宪法保留了教育自由，同时也保留了免费教育、义务教育和教育世俗化这些原则。然而共和派的胜利为时不长，自由资产阶级害怕革命思想的发展，他们看到 1849 年一群教师建立了社会主义小学男女教师和教授兄弟协会，迫使他们与教士的关系接近，使得议会投票通过了两项带倒退精神的法律，1850 年 1 月 11 日的帕里厄法和 1850 年 3 月 15 日的法卢法。帕里厄法旨在处罚遵从卡尔诺指令的小学教师，这些小学教师已变成共和制度的宣传者。法卢法建立中等教育自由，废除了"基佐教育法案"的一些条款：取消高级初等学校，师范学校被剥夺了部分功能。但法卢法规定开办成人和学徒学校。另外，法卢法强令人口在 800 以上的市镇，若当地财力足够，要开办一所女子学校。教会的学校特权大大增加。主教是学区委员会和刚刚建立的公共教育高级委员会的成员，而本堂神父参加初等学校的监察。第一和第二等级的自由学校，由市镇、省或国家补贴。学区区划，共87个，要按省的大小缩减。

第二帝国时期，学校组织措施随着政治制度的逐步自由而发展。专制阶段中，部长福尔图尔推行公民法，所有公务人员都要宣誓服从效忠拿破仑三世。教授由皇帝任免，禁止教授留胡须。小学教师置于省市管辖之下。福尔图尔把学区的数目恢复到16个，改革中等教育，在四年级班的期末设指导阶段：3年期间学生分成文科和理科两组，然后重新集合为结业班。福尔图尔的继任者鲁朗在他任内时期（1856—1863），改善了小学教师的物质精神状况，并打算组建女子初等教育，还准备在第二等级的学校设立工商专业。但是在1865年终于创立具有现代的注重实际内容的专业中学教育的人是维克托·迪律伊。1863—1869年，迪律伊任教育部长。两年后，建立了不包括拉丁文和希腊文的女子教育。在大众教育领域，1867年4月10日法律鼓励开办成人班，组织妇女进行初等教育，创立捐赠助学金管理处，支持学生经常到校上课。

1871年3—5月巴黎公社短暂的存在期间，公社委员会通过教育委员会领导教育，瓦扬任教育代表。巴黎公社的教育政策有两个特点：一是实行政教分离，一是着眼普及教育。教育委员会着手实现全面教育和发展职业教育是为了真正解决贫苦儿童的入学问题，公社实行小学免费教育。为了保证教育质量，公社决定提高教师的社会地位和工资。瓦扬曾对各区发出紧急通知，要求尽快推行世俗教育。教会学校立即交由世俗老师主管，以便造就新的人才。由世俗教师主办的男子学校从理性出发，教授语文、算术、几何、地理、法国历史、伦理、政治权利通论、文艺等课程。当时，从世俗学校赶走了教士，取消了神像等宗教标志，废除了具有宗教色彩的教材。在政教分离问题上，巴黎公社在1871年已经做了资产阶级政权迟至1905年才决定的事。巴黎公社重视职业教育。公社电报局开办了电报学校。公社还开办"工艺美术女子职业学校"，教授素描、泥塑、木雕、牙刻等学科。

第三共和国时期，对教育实行世俗化改革是温和共和派政府的一项重要措施。第二帝国期间，宗教团体发展很快，他们借1850年的教育自由法创办了大量教会学校，即使在公立学校中也充斥着神职人员。相当一部分青少年的思想和教育控制在教会手里。这是共和派所不能容忍的。作为孔德的信徒、共济会成员或新教徒的大部分共和派认为，形而上学的神学时期已经结束，科学时期正在到来。同时，他们把培养和造就具有坚定的共和信念、炽热的民族感情及实用科技知识和一代新人视为巩固社会制度、实现民族复仇和争霸世界的必要条件。弗里曾写道："一旦所有法国青年都在免费、义务、世俗这三项（教育）原则下成长起来时，我们便不必再担心旧日复归，因为我们有了自己的武器……"政府首先对教育领导部门进行整顿，把公共教育高等委员会改为由世俗教育人员组成的机构，负责起草一系列改革法案。教育自由法实际被取消，未经允许的宗教团体不准办学。鼓吹教权主义并在教育方面颇有影响的耶稣会遭到取缔。这一措施在议会中曾引起激烈的辩论，在社会上也激起强烈的反响。1881年和1882年两项法令规定了小学教育的免费、义务和世俗化制度及必须对学生进行公民道德教育的内容，宗教教育只能在校外进行（因而规定星期四为休学日）。为了打破教会在女子教育方面的一统天下和"为男共和派提供女共和派伴侣"，政府还建立起新型的公立女子中学。私立学校不准称为大学，只有国家才有权决定大学人员的考核和学衔。在教学设置中，除了科学技术知识和实用语言等内容有所加强外，民族主义也成为重要的教学内容。费里政府曾把民族沙文主义者戴鲁莱德的《战士之歌》（1872—1875年）向小学生印发2万份。中小学还加强军训，"以书本和利剑报效祖国"成为流行口号。除此之外，温和共和派政府还在加强师资培养、完善教育体制、修建校舍（如重新修整巴黎大学）等方面采取了一系列措施。

温和派政府的教育改革政策在社会中得到了较为广泛的支持。中小资产阶级把掌握文化知识、享受免费世俗教育看成是改善社会地位和实现民主化的途径。然而政府并不赞同激进派关于与教会决裂和彻底改变教育面貌的主张，而是在避免与教会冲突的条件下逐步取而代之。到19世纪90年代初，公立小学达6.8万所，私立小学（常为教会控制）还有1.5万所。在中等教育方面，教会学校的在校生有5.2万人，而国立中学在校生达到8.4万人。

工业革命的一个结果是使妇女走出家庭，到工厂去做雇工。这样，孩子的照料就成了社会亟待解决的问题。英国的成就对法国托儿所的发展起了决定性的作用。基础教育协会尤其让人们了解到1817年空想社会主义者欧文和教育工作者布坎南创办的婴儿学校中所实行的方法。科尚市长从英国游历归来，在巴黎开办了一家托儿所，一所模范设施和一个培养女教育工作者的师范班。七月王朝时期，托儿所明确了教育使命，数量也迅速增加。在复辟王朝末期，托儿所只有几个，但到了1880年，已经发展到4650个。拿破仑"百日政变"时期开始出现的互助学校，在1815—1820年间有长足发展，达到1000多所，有在校生15万人，在巴黎还开设了一个互助教育师范班。基础教育协会自1815年7月起，拥有一家教育学杂志《教育报》，用来宣传自己的主张和作为不同学校之间的联系纽带。初等学校的发展在复辟王朝和七月王朝时期令人瞩目。1829年，3.1万所初等学校招收137万名学生。1848年，初等学校达到 6.3 万所，其中女子学校 1.9 万所，初等学校招收 350 万名学生，其中有 130 万名女生。1808 年 3 月 17 日法令规定创办师范学校。复辟王朝末期和七月王朝初期，师范学校数量增加，1829 年有 13 所，1832 年基佐教育法表决前不久，已有师范学校 47 所。尽管初等教育大发展，军队中不识字士兵的数量仍达 33%。1863 年组织调查的结果表明，有将近 1/4 的学龄儿童无法经常到校上课。这种情况要靠教育立法和学校经费保管机构设法解决。七月王朝时期出现了举办大众图书馆运动，在马塞和 1862 年建立的富兰克林协会的推动下，举办大众图书馆运动迅速发展。

　　第三共和国时期，法国还有 28% 的成年人是文盲。这比例在男子中为 22%，在妇女中为 34%。法国要想成为一个现代工业国家，首先得扫盲，这对提高劳动者工作效率和维护社会安宁都是有益的。成人教育规划是孔多塞制定的，由国民公会以革命班这种特殊形式付诸实现。自 1815 年起，成人教育得到基础教育协会的支持。在它的影响下，1821 年塞纳省省长宣布为成年工人开办两所学校。1828 年，巴黎拥有 6 所学校，在校学生 238 人。1833 年，这个数字分别为 18 所学校，902 名学生。这些学校开设绘画制图课，给工人以初等教育。复辟王朝末期以来，成人班已大大发展。由于各省和市镇给予补贴，七月王朝时期成人班迅速增加。1837 年，全法国有成人班 1800 个，1848 年，达到 6800 个，有听众 12 万人。15 年后，在迪律伊推动下，又有新的发展。1869 年，成人班达到 3.4 万个，其中 5000 个是为妇女开办的，有听众 80 万人，其中妇女 10 万人。

　　整个 19 世纪期间，培养干部的需要是技术教育的当务之急。为此，不仅要建立适应时代急需的新学校，还要改革旧学校的教程和教授方法。此外，还须努力组织专业或职业前中等教育。1819 年，巴黎国立工艺博物馆变成了一所"把科学知识应用于商业和工业的高等学校"。每晚七点以后和每星期日，都给予公众免费教育。这里的"几何学和应用工艺力学"讲座吸引了数百听众。讲座主持人迪潘将国立工艺博物馆发展为一种技术师范学校，他的学生大量招自原综合工科学校毕业生。1827 年，这些学生在 100 多个地方组建了几何学和力学班。同年，夏隆和昂热的工艺学校，再加上埃克斯 1843 年开设的工艺学校，都负责"专门教授培养工厂领导和优秀工人所必需的理论与实践"课程。新创建的学校更多是由私人发起的。1829 年创办了中央工艺制造学校，这是一所"非军事的综合工科学校"。1826 年，海军准将马丹捐建拉马蒂埃尔学校，目的是"为里昂工业提供中层干部"，有了这些干部，里昂工业就可以大胆前进，赢得千秋万代的美名。1818 年，批发商建立了巴黎商业（高等）专业学校，为商业的蓬勃发展培养人才。在技术教育方面，圣西门门徒的业绩卓著，尤为突出的是，在妇女技术教育领域，伊丽莎·勒莫尼埃发挥了开拓性的作用。在农业技术教育方面，国家介入更多。1848 年 10 月 3 日关于农业教育的法律，建立了 3 个等级，与之相应有 3 种学校：农场学校、地区学校和 1850 年设于凡尔赛的国立农业学院。1875 年 7 月 30 日通过的另一项法律完善了这套体制，创办了农业实验学校。

　　工业社会的到来迫使公立中学和大学进行改革，以适应社会的需要。1847—1848 年，在皇家和市镇中学，从四年级起，组织了与经典教育并行的专业教育。除自然科学和实用语言之外，课程还包括会计、商法和农业经济基础知识。但这种专业中等班却遭到学生家长的唾弃，讥之为"小市民班"或"非拉丁班"。1864 年，迪律伊结束了这种学业上的分科制，扭转了局面。1865 年 6 月 26 日通过的法律明文规定创设旨在培养中层干部的短期专业教育，为此还设立了专业教师学衔，在克吕尼建立了一所专业师范学校。1866 年，在蒙马尔桑开办了第一所专业公立中学。迪律伊任公共教育部长的末期，四十来座城市中创办了女子专业中等班。在高等学府中，迪律伊也进行了改革，为适应新的形势，把教授与研究员的角色截然分开。1868 年创办的高等研究实践学院，负责推动自然科学的发展。1848 年开办的行政管理学院，曾一度被取消，理由是它过于革命，以后在 1872 年重建，名为政治科学自由学院。

第九章　思想观念的更新与现代文化的诞生

第一节　空想社会主义

19世纪上半叶，法国工业革命尚未完成，可是这时资本主义的弊病已经暴露出来，社会上两个新生的阶级——资产阶级和无产阶级之间的阶级斗争，逐渐成为社会的主要矛盾。1825年，英、法两国爆发了第一次资本主义生产过剩的危机。这次危机引起长期的工业萧条。1831年，里昂纺织工人起义，标志着法国无产阶级开始独立登上政治舞台，政府动用三万多人的军队才将起义镇压下去。法国大革命后建立起来的社会究竟是不是一个理性化的社会？法国社会发展的前途何在？知识界、思想界不得不重新思考这些问题。法国空想社会主义者圣西门和傅立叶明确提出了自己的理论。

圣西门以前的空想社会主义者，多批判封建社会的弊端，而他则开始对新建立的资本主义制度所暴露的弊端进行尖锐的批判和深刻的揭露。圣西门的主要著作有《一个日内瓦居民给当代人的信》（1803）、《19世纪科学工作导论》（1807）、《论实业制度》（1820—1822）、《新基督教》（1825）等。

圣西门透过亲身经历看出，社会上的阶级斗争不仅是贵族和市民等级之间的斗争，而且是贵族、市民和无产者之间的斗争。这次革命只产生了新的奴役制。他将大革命后建立起来的社会称为"新封建社会"；这种社会制度的最大不公平是物质财富的生产者——劳动者阶级不仅没有得到社会的报酬，反而陷入了极端贫困之中，并受到那些新贵族的无能统治，游手好闲的寄生阶级成了社会的统治阶级，过着荒淫无耻的生活。金钱增多，地位提升，利己主义不仅侵害着一切政治肌体，而且成了一切社会阶级的通病。从十四五世纪起，封建社会遭到危机，作为生产者阶级的"实业家"和学者在社会上的作用大大增加了，他们人数最多，智力也最高，他们是一切财富的生产者。但是政权仍掌握在旧的贵族、僧侣手中，这一矛盾导致了法国大革命的爆发。

然而大革命的结果虽然摧毁了旧的封建制度，但却没有建立起实业制度来，政权仍旧落入了中间阶级即法学家和形而上学者手中。圣西门所说的中间阶级即革命后掌握政权的那部分官吏。这样的社会制度仍然不合乎人类理性要求，仍然应该否定，从而实现实业制度，以博爱为准则的新基督教是这个未来社会的基础。新社会的领导权应该掌握在实业家（包括工厂主、商人、工人与农民）及学者（科学家、艺术家、道德家）手中。精神权利应集中在科学院，世俗权力应集中在实业家委员会。国王、议会、内阁均可保留下来，他们只行使立法权。国家的财政预算编制，检察机关移交给新的机关。国家的主要任务是尽可能把更多的人组织起来，利用人类积累起来的一切知识去向自然界开战，造福人类。因此，圣西门宣布："政治学是关于生产的科学，也就是目的在于建立最有利于各种生产的事物秩序的科学。"

那么，如何实行新的实业制度呢？圣西门提出一套具体措施：实行计划经济，废除经济上的无政府状态，制订明确合理的联合工作计划；一切人都要参加体力劳动，每个人都要将自己视为某个工厂的工作者，消灭社会的寄生现象；一切人都必须有获得工作的权利，社会要保障无产者有不断获得劳动的权利，从而改善新的穷苦阶级的生活条件，提高他们的福利；根据个人的才能和贡献，决定一个人的社会地位，"各尽其能，各尽其劳"，是新社会的原则。

圣西门并不主张消灭私有制度和阶级差别。每个人的社会地位应该与他的才华和投资成正比。在实业制度下，劳动者之间的差别只在于富人（学者）用脑，穷人用手。在社会分配问题上实行劳资结合的原则。新的实业制度下存在三个阶级：学者、艺术家和一切有自由思想的人组成第一个阶级，他们高举着人类理性进步的旗帜前进；不进行任何改革而拥有财产的人组成第二阶级；第三个阶级是在平等口号下联合起来的人们，包括人类所有其他成员。政权应由两个阶级来行使，即学者和实业家；前者管理社会的精神福利，后者调整社会的物质福利，只有实业家阶级能够担负改造和管理好社会的能力。之所以如此，其原因在于实业家阶级占全民人数的24/25，在人力方面占优势；他们生产一切财富，所以也拥有财产；在智力方面，实业家阶级也占优势，他们拟订的计划对国家的繁荣富强起着最直接的促进作用；还有，他们最有能力管理全民族的钱财。总之，实业家阶级拥有一切必要的强有力的手段来改变社会组织，而这一改革将使他们由被统治阶级变为统治阶级。这显然是劳动者阶级作为国家主人的思想。

　　圣西门的历史观基本上是唯心主义的。他经常把人类历史的发展看作先验的人类理性的发展，个别天才人物创造了历史，但有时他又正确地认为社会的变革是由经济的发展引起的，并初步意识到经济状况是政治制度的基础。圣西门认为历史的发展是一个辩证的、有规律的、连续的过程，在历史发展的总过程中，每一个新的社会制度代替旧的社会制度都是一个进步。阶级斗争在某种程度上能够推动人类历史的前进。圣西门把人类历史分为"开化时期""古希腊、罗马的奴隶社会""中世纪神学和封建制度""新封建制度"和"实业制度"。圣西门预言，旧的社会制度必将为理想的实业制度所代替。圣西门主张：社会所要求的变革，应当用和平方式实现……改革家不应当依靠自己的刺刀来实现自己的理想。

　　圣西门逝世后的第三年（1828）起，他的门徒掀起了倡导工业组织的宣传运动。到了 20 世纪，圣西门主义演化为专家治国论，仍然发挥着巨大的影响。

　　傅立叶政治思想中最精彩、最有价值的部分，是他对资本主义制度的深刻揭露和批判。他在更广阔的范围内揭露了资本主义社会的种种矛盾。他的主要著作有《四种运动论》（1808）、《论情欲的力量》（1812）、《全世界统一的理论》（1822）、《经济的和协作的新世界》（1827）等。

　　傅立叶指出，资本主义社会的"最主要的特点之一"，就是在一种"恶性循环中"运动，即在不断产生而又无法克服的矛盾中运动。这个制度是建立在"个人利益与集体利益矛盾对立的基础之上的"。在资本主义制度下，社会财富完全集中在少数寄生者手中，贫困由富裕产生，这是种"复活的奴隶制"。针对 1825 年的资本主义经济危机，他指出，这是一次"多血症的危机"，并指出，自由竞争必然产生"工业封建主义"，即垄断。傅立叶深刻地揭露了资本主义商业的罪恶——商业本来应该是消费工具，商人应该是消费者的公仆，但是它却成了一种新的社会权力，整个社会都受制于商业；商人是"掠夺生产者和消费者"的"吸血鬼阶级"，而国家和政府是商人的庇护者和代理人。傅立叶还揭露了资本主义社会道德败坏的严重现象，讽刺了资产阶级所宣扬的"天赋人权""自由平等"口号的虚伪性，并宣布："我们的目的不在于改善文明制度，而在于消灭这个旧制度。"

　　傅立叶从哲学的高度来说明资本主义社会必然被一种更新的、更优越的社会制度所取代。他的历史观念含有唯物史观的萌芽和辩证观点。他认为人类社会服从于一般成长的规律，即分为童年、成年、衰落和凋谢四个阶段。不仅社会全部过程有上升和下降的波动，而且每个历史阶段都有它的上升和下降时期。没有纯粹的社会，每个社会都存在着旧制度的残余和新制度的萌芽，而且每一个旧的社会制度总要被新的社会制度所代替。社会是从低级向高级发展的，不能长期停滞在一个历史阶段上。傅立叶按生产的性质把人类社会划分为原始时期、蒙昧时期、宗法制度、野蛮制度、文明制度、保障制度、协作制度与和谐制度。和谐制度或协作制度是他理想的社会制度，他深信这种制度必然取代资本主义制度。

傅立叶的协作制度是以他的"情欲学说"为根据的。他认为，"情欲"是上帝的旨意在人身上的表现，"每个人的幸福在于他的欲望得到满足"。情欲分为三大类：一是物质的或感情的欲望，有五种相当于五种感官对于物质财富的享受；二是爱慕或感情的欲望，包括四种，即友谊、爱情、爱虚荣、爱家庭，它们推动人们结成社团；三是高级或发挥的欲望，即竞赛或争雄的欲望，爱多样化的欲望，创造的欲望或热忱。这十二种欲望的充分发展和满足，还会造成一种最高的欲望，即"和谐的欲望"，这是一个人把自己的幸福与整个世界、整个人类的幸福统一起来的欲望，它是多种欲望的结合。资本主义和它以前的社会，都不能满足人的情欲，它们至多只是停留在爱慕的情欲阶段，因而是既不完满亦非正义的社会。只有协作制度才能满足人的情欲。

傅立叶对未来社会做了详尽的描述。和谐制度的基层组织是工农业相结合的生产和消费协作社法郎吉。

这是自给自足的生产单位，其成员住在法伦斯泰尔里，既有劳动者，也有资本家。大家共同劳动、生活、男女平等，共同分享公共收入，实行普及免费教育，既要学科学知识，又要学工艺和劳动技能。值得注意的是，傅立叶的理想社会包含有消灭城乡差别、工农差别、脑力劳动与体力劳动差别的思想，透过劳动竞赛促使生产力飞速发展的思想，教育与生产劳动相结合的思想，以及妇女解放、男女平等的思想。他提倡妇女的自由和解放，因为"妇女权利的扩大是一切社会进步的基本原则"。这些光辉的预测是社会主义思想发展史上可贵的记录。

第二节　巴黎公社

巴黎公社是 19 世纪中期法国社会阶级矛盾和阶级冲突的产物。对外战争的失败与敌军的入侵，资产阶级政权的投降主义政策及其对群众的打击，大大激化了这些矛盾和冲突，巴黎公社就是在这样错综复杂的环境中诞生的。

巴黎公社革命从 1871 年 3 月 18 日至 5 月 28 日，共历时 72 天。

巴黎公社虽然短暂，公社委员又没有经验，但公社的文化事业还是取得了一定成果。

公社的尝试为无产阶级在建立革命政权后如何领导文化事业，提供了宝贵的经验教训。

在公社的文化工作中，身为公社委员的画家居斯塔夫·库尔贝起了领导作用。这和大革命时期画家雅克·路易·大卫的情况非常相似。4月6日，居斯塔夫·库尔贝发起召开了巴黎美术家代表大会，公社为此发布公告，授权居斯塔夫·库尔贝于最短时期内恢复巴黎各博物馆，开放画廊，同时恢复爱丽舍田园大街一年一度的美术展览。4月14日成立了美术家联合会。联合会的47名委员中有居斯塔夫·库尔贝和杜米埃，居斯塔夫·库尔贝负责筹办美术学校。4月18日又成立了演员联合会。公社欢迎这些组织的成立，希望它们成为贯彻公社文化政策的助手。但是这些组织的成员，包括居斯塔夫·库尔贝本人，深受无政府主义思想的影响，要求自治，排除一切"国家的监督"，不服从公社的领导，他们的纲领中有"不受政府监督，不享有任何优待，艺术自由发展"，以及不干预学生思想和"自由表达思想感情"等内容：演员联合会千方百计地推迟演出，直到5月18日才首次公演。美术家联合会则乘机逃避参战，私自颁发免服兵役的证明。此外，演员联合会还准备义演，为公社与凡尔赛双方伤员募捐。美术家联合会和演员联合会的这些言行引起公社战士的不满，军事代表罗塞尔特发布命令，宣布美术家联合会颁发的免服兵役证无效。

公社有一套文化方针政策，当然由于时间仓促不可能十分完备，例如，瓦扬曾在讨论剧院管理问题的一次公社会议上发言，强调剧院作为重要的教育机构，应由教育代表团领导与管理，而治安委员会仅负责维持秩序。在剧院内应以平等和协会制来取代剥削制。公社"应该经常干预"剧院工作，但是"我们不希望有一种'国家的艺术'（官方艺术）。当前唯一的任务在于保证社会安全与社会道德"。会议通过的决议明确规定剧院以后由教育代表团领导，取消剧院享有的津贴与特权，责成教育代表废除剧院经理或资方实行的剥削制，尽快建立协会制，公社还要求剧院经理由剧院选举产生。

教育群众，鼓励前线战士的士气，解决文化界人士的收入问题，这些便是公社文艺方针政策的目的所在。为此，公社展开了一系列的文化活动。公社领导下的正式演出在杜伊勒里宫举行过3次，登台表演的多为著名演员、歌唱家、音乐家，如女歌唱家阿加尔和罗萨利·博尔达斯。演出的节目有J.B.克勒芒的《八九年》等诗篇和舍尼埃的《出征歌》。演出开始和结束时，全体与会者在乐队伴奏下高唱《马赛曲》。与此同时，还经常举办街头演奏会。

在绘画方面，题材广泛、针对性强的政治讽刺画最为发展。著名的画家有杜米埃、安德烈·吉尔、乔治·皮洛特尔。1871年4月，杜米埃创作了《1871年国家之车》，在这幅画中表明了他支持公社的坚定态度。公社时期也曾产生过一些速写，如吉尔的作品。作为美术家联合会成员，吉尔在公社时期，曾任卢森堡博物馆馆长。他的画笔似利剑钢刀，令资产者生畏。文艺形式的多样化体现了公社文化政策的灵活性。公社能容纳和团结不同流派的文学艺术家。居斯塔夫·库尔贝、欧仁·鲍狄埃、瓦莱斯都是公社委员会成员，分别以现实主义绘画、诗歌与文学作品见称于世。他们不仅与现实主义画家杜米埃合作，还力图团结浪漫主义绘画大师卡米尔·柯罗、印象派绘画代表艾杜瓦·马奈。马奈创作了素描《内战》、水彩画《枪杀公社战士》，表现了起义者大无畏的精神。

公社对艺术品和文化设施做了一些保护工作。公社曾决定，将从梯也尔官邸没收的艺术珍品送交博物馆。公社存在期间，还对巴黎自然历史博物馆加以保护。

巴黎公社文学的成就是多方面的。巴黎公社诗歌是巴黎公社文学的一个组成部分。公社委员瓦莱斯在他的三部曲《雅克·万特拉》的第三部《起义者》中，再现了巴黎无产阶级从公社前夕到五月流血周的全部战斗历程。瓦莱斯围绕着公社的战斗，写过一系列文章，还曾创作过一部五幕历史剧《巴黎公社》，塑造公社革命者的形象。一些公社幸存者留下了宝贵的回忆录和历史著作，其中有马克西姆·维约姆的《我在公社时期的红皮日记》、昂利·罗什福尔的《我的生活中的遭遇》和利沙加勒的《一八七一年公社史》。然而，巴黎公社诗歌却是这个时期文学中最丰富、最有战斗力，同时也最为激动人心的部分：

公社诗人克洛维斯·于葛在他的诗《宣言》中这样概括无产阶级诗歌的特点：

而我崇尚的诗神，
是劳动者雄伟的形象，
他充满青春的活力，
双臂挺举的红旗高高飘扬。
他时刻准备战斗，气概豪放，
永不屈服于强暴的力量。

公社革命后的 72 天，诗歌数量不是很多，这是因为公社诗人很多都担负着领导职务，每天紧张激烈的工作和战斗，使他们无暇写作；这时期公社劳动群众的诗歌不断涌现，例如，四行诗《斥拿破仑》，它们都是如火如荼的战争生活的写照，工人群众唱起这些战歌鼓舞斗志。《公社》是另一首群众诗歌，署名为 A.V.，诗中语言朴素热情，表达了无产阶级在这场革命中的政治要求——铲除暴政，争取自由地劳动、自由地呼吸和选举自己的代表的权利。

公社失败后，不少公社诗人进行了总结公社革命历史的可贵尝试。其中最令人瞩目的是欧仁·鲍狄埃。在公社失败的第二天，就在凡尔赛分子屠杀公社战士的时候，鲍狄埃在蒙马特尔的一座残破的阁楼里，透过炮火硝烟，写出了震撼世界的《国际歌》，1886年，他又创作了长篇史诗《巴黎公社》，这两篇诗作是无产阶级文化中的宝贵财富。

公社战士中最有名的女英雄，被誉为"当代的贞德"的路易丝·米歇尔，也是公社最杰出的一位诗人。公社失败后，她先后被关进凡尔赛监狱和萨多利集中营。后又把她放逐到太平洋的新喀里多尼亚岛去，她在那里度过了8年的流放生涯。

在新喀里多尼亚岛流放的漫长岁月里，米歇尔写下了她最出色的诗作《囚徒之歌》。这首诗依然是那样风骨似钢、洗练明朗，字里行间不仅有着战斗的豪情，而且充满着对未来的希望。

第三节　浪漫主义

一、浪漫主义文学

粗略地说，法国浪漫主义文学运动发轫于19世纪20年代初，终止于40年代初。但是倘要对浪漫主义运动做精确的历史界定，那问题就复杂得多了。浪漫主义作为一种审美原则和艺术观念，在法国起码可以上溯到启蒙时代后期的狄德罗和卢梭。狄德罗在他的画论中贬抑静止的、人工的、高雅的美，褒扬运动的、自然的、粗犷的美。

他说："美总有一种巨大的、异乎寻常的、野蛮的东西。"他的美学思想无疑启迪了后来的浪漫主义者。卢梭的小说和散文则经常被看作是浪漫主义文学作品，因为这些作品直率地表现了作者或人物的感情世界，也因为这些作品用细致的笔触描写大自然，而且托物寄情，把个人的感情倾注到描写之中。这些都为后来的浪漫主义者所效法。大革命之后，狄德罗和卢梭的审美观和艺术观迅速传播，出现了斯塔尔夫人和夏多布里昂这样的早期浪漫主义代表。斯塔尔夫人是18世纪理性哲学的信徒，从这一点来说，她本应倒向古典主义，但是，她崇拜卢梭，这位浪漫主义气质浓厚的哲学家教她喜欢自然的、乡土的、中世纪的东西。英国，尤其是德国文学的影响又使她意识到，法国文学再也不能故步自封，再也不应重蹈伏尔泰以法国古典主义悲剧为绝对模式，因而把莎士比亚诬为"喝醉的野蛮人"那样的覆辙。她的两部重要论著《论文学》和《论德意志》基本上都遵循这样一个思路：摈弃具有浓厚拉丁文化传统的古典主义，建设具有法兰西民族特色的新文学。古典主义文学，斯塔尔夫人称之为"南方文学"，因为它是南欧的法国、意大利和西班牙的文学；新文学，也就是浪漫主义文学，她称之为"北方文学"，因为它是北欧的英国和德国的文学。这样的划分当然失之机械。实际上，"南方"和"北方"并不一定是地域的概念，可以是时代的概念，二者的对立，乃是新旧两个时代的对立。她的两部中篇小说《苔尔芬》和《柯丽娜》，风格上虽然还没有摆脱古典主义的影响，不过两位女主角感情生活的波折和苦难所具有的强度已经突破了古典主义的藩篱，开了浪漫派爱情小说的先河。

无论从个人气质来说，还是从作品的风格来说，后来的浪漫主义者都更接近夏多布里昂，换句话说，他们更多地接受了夏多布里昂的影响，相形之下，斯塔尔夫人的影响显得很有限。雨果年轻时曾发誓："不为夏多布里昂，宁为尘土。"夏多布里昂是整整一代浪漫主义者的偶像。他的中篇小说《勒内》和《阿塔丽》、游记《北美之行》等，自然风光的描写色彩浓艳，明暗反差强烈，并且富于动势，人物（包括游记里出现的作者本人）都显现出感伤的气质，动起感情来声泪俱下，捶胸顿足，呼号哀鸣。这种感伤的、夸张的、有时不免流于矫饰的风格深得一代浪漫主义者的青睐，成了法国浪漫主义文学艺术的标志。

夏多布里昂的作品经常流露着怀旧的情绪，表现出一种失落感。在很大程度上是夏多布里昂本人化身的勒内（《勒内》的主人公）是这种失落感的集中体现。这部小说是他参加保王党军队作战受伤流亡伦敦的时候写的。他眷念贵族特权，惋惜旧制度，为贵族阶级和王权唱出了凄凉的挽歌，因此，他一般被看作贵族浪漫主义的先驱。不过，我们同时应该看到，夏多布里昂的作品之所以能够引起许多浪漫主义者的共鸣，主要并不是因为他对旧制度的感情，而是因为失落感是 19 世纪 20 年代至 40 年代许多法国青年的共同心理状态。夏多布里昂在《基督教真谛》一书里称这种心理为"激情的模糊状态"，又称之为"世纪病"。另一位早期浪漫主义的代表人物贡斯当也说，世纪病是"19 世纪最主要的道德病症之一"。

"世纪病"是一部分青年在个性受到环境压迫时产生的心理，其表现是怅惘、怨愤、悲观、失望，甚至是自暴自弃。资本主义制度的建立肯定了个人主义的合理性，刺激了自我膨胀的欲望，然而自我扩张不可避免地同资本主义的社会环境，同金钱对社会生活的支配这个残酷的现实发生冲突，同很长时期内（特别是在复辟王朝时期）

依然严重存在的社会等级制度发生冲突。加上大革命中和革命后激烈而复杂的阶级矛盾和社会矛盾使个人的价值甚至生命难以得到保障，所以个人与社会的矛盾便具有某种不可调和性，这必然给一些企图有所作为的青年造成了强烈的心理压力，使他们困惑、迷惘，甚至绝望。

1800 年至 1820 年法国产生的几部小说，斯塔尔夫人的《柯丽娜》和《苔尔芬》、夏多布里昂的《勒内》、瑟南古的《奥贝曼》、贡斯当的《阿道尔夫》都鲜明地反映了寻找自我的价值和自我发展支撑点的艰辛和几乎是不可避免的失败。

虽然夏多布里昂和斯塔尔夫人已经清楚地意识到新的浪漫主义文学代替旧的古典主义文学的必然性并且为此大声疾呼，虽然他们创作出了堪称浪漫主义文学典范的作品，但是在他们这一代人却并未形成浪漫主义运动。在其他文化领域，诸如绘画和音乐，也依然是古典主义的天下。一个重要的原因是古典主义的影响根深蒂固，一时难以动摇，然而还有一个更重要的原因，那就是拿破仑政权的建立。拿破仑 1805 年执政，后来又建立了帝制。他在政治上实行集权制，实际上是个人独裁。与此相适应，在文化上倡导古典主义，尤其倡导歌颂英雄主义的高乃依式的古典主义。这样，表现个性、追求形式自由的浪漫主义便受到限制，甚至受到压制。斯达尔夫人和贡斯当被拿破仑疏远、冷落，继而遭到流放，原因就在于拿破仑不但对他们自由主义的政治立场怀有戒心，而且对他们自由主义的文化观十分不满。1815 年，拿破仑退出历史舞台，路易十八为了缓和第三等级和拿破仑党人的不满情绪，在意识形态领域实行了相对于拿破仑时代较为宽松的政策，诸如开放报禁之类。于是，被压抑多年的浪漫主义文学像洪水似的冲决而出，终于形成了浪漫主义文化的大潮。

1820 年到 1830 年是法国浪漫主义蓬勃兴起的时期，也是浪漫主义和古典主义激烈争论并且最终确定自身历史地位的时期。浪漫派组织了文化团体（"第一文社""第二文社"、《环球报》派），以《文学保守者报》《环球报》为阵地鼓吹浪漫主义文学，与古典派展开论战。论战集中于戏剧，因为这里古典主义盘根错节，占据绝对优势，浪漫主义文学要想取胜，必须首先从这里突破。浪漫派最有分量的论战文章是斯丹达尔的《拉辛和莎士比亚》和雨果的《〈克伦威尔〉序》。斯丹达尔的文章发表于 1823 年，是对古典主义戏剧的首次冲击，可惜未能在浪漫派营垒内引起应有的反响。1827 年，雨果在发表剧本《克伦威尔》的同时发表长篇序言，从戏剧审美原则到具体的舞台表现方法，全面批判了古典主义理论，热情倡导浪漫主义新文学（不只是戏剧）。《〈克伦威尔〉序》由于它在理论上的分量，以及它所产生的实际影响而被看作法国浪漫主义的宣言书。

《克伦威尔》没有上演。梅里美同期发表的《克拉拉·加汝尔戏剧集》和《雅克团》也未能上演。除了剧本本身的问题外，古典派的阻挠也是重要原因。随着浪漫派在论战中逐渐占据优势，同时也因为同情浪漫派的泰洛尔当上了法兰西剧院的王室代表，浪漫主义终于在1829年真正走上了戏剧的舞台。这一年，大仲马在法兰西剧院上演了《亨利三世及其宫廷》，大获成功。第二年，雨果的《艾那尼》上演。古典派极尽中伤诽谤之能事，浪漫派也不示弱，双方不但在报刊上相互攻击，而且在剧场内面对面抗争，形成了长达45天的所谓"《艾那尼》之战"。"战争"以浪漫派的胜利告终。

浪漫主义能够在短时间内冲破古典主义的藩篱，说明戏剧观众的审美趣味发生了很大变化。其实，18世纪后期，古典悲剧已经受到观众的冷落，倒是拉·肖塞的"流泪喜剧"、皮克赛雷古的言情剧，以及后来博马舍的喜剧更受观众欢迎。大革命的风暴摧毁了贵族的统治，也改变了剧场观众的成分，越来越多的资产阶级和一般城市平民进入剧场，他们更多地追求感官的享受，喜爱引人入胜的情节和怡情悦目的场景。1822年和1827年，英国剧团两次来法演出，给法国观众带来了莎士比亚的戏剧。此后，巴黎的一些剧场开始改变演出风格，引入哑剧表演，用口语化的道白代替过去那种华丽典雅的台词，因而颇得观众青睐。相反，法兰西剧院顽固派抱着古典剧目不放，观众日渐稀少，亏损严重。浪漫主义戏剧顺应了观众审美心理的变化，所以能够堂而皇之地占领法兰西剧院的舞台，有的剧目能够连续上演30场而盛况不衰。大仲马的《亨利三世及其宫廷》、雨果的《艾那尼》《吕意·布拉斯》《国王取乐》《玛丽翁·德洛姆》、维尼的《威尼斯的摩尔人》（《奥赛罗》的改写本）、《查铁敦》及后来缪塞的《勿与爱情为戏》《罗朗西奥》都是优秀的浪漫主义戏剧作品。从历史角度看，浪漫主义戏剧的实际成就和它的声势不成正比，它那种夸张的感情宣泄同戏剧的特点即使不说格格不入，也多少有点不大协调。结果绝大多数浪漫主义戏剧作品都没有像高乃依、拉辛和莫里哀的作品那样经受住时间的考验。但是并不能因此低估浪漫主义戏剧革命的意义。浪漫主义戏剧的崛起结束了古典主义对法国戏剧舞台200年的统治，真正实现了狄德罗提出的"正剧"主张，现代意义的戏剧从此诞生了。

如果说戏剧与直接宣泄感情有方枘圆凿之嫌的话，那么诗歌却是尽情抒发个人感情的最佳形式，因此，浪漫主义在诗歌领域真正是如鱼得水，沉寂了一个多世纪的法国抒情诗，在浪漫主义运动刚刚起步的时候便重新活跃起来。法国著名文学史家朗松甚至认为，到浪漫主义时期，法国才有真正的抒情诗。拉马丁1820年发表了一本薄薄的诗集《诗的沉思》（又称《沉思集》），一下子抓住了许多痴男怨女的心。这是一本夏多布里昂式的书，表现了一种显然是夸张的绝望情绪，不过也不乏直率和真诚。

长期被古典主义规则禁锢得死气沉沉的法国诗歌吹进了一股新鲜空气，后人因此将这部诗集看作法国浪漫主义文学运动的滥觞。

比拉马丁年轻但与他同时步入诗坛的是维尼和雨果。维尼和拉马丁一样怀着夏多布里昂式的失落感，不过拉马丁的诗充满了幽怨和叹息，维尼的诗却以斯多葛主义的精神傲然地表示忍受厄运。维尼多写叙事体的抒情诗，《狼之死》《摩西》《海上浮瓶》等诗篇都歌颂了咬紧牙关与命运默默抗争的人。

早期的雨果和拉马丁、维尼相像，是夏多布里昂的追随者。他的第一本诗集《颂歌集》（后扩充为《颂歌与民谣集》）不但像夏多布里昂那样用忧郁的目光看待生活，而且像他那样对王权和宗教顶礼膜拜。以后，雨果的政治立场由保王主义转向自由主义，他的诗风也逐渐发生变化。作为一个浪漫主义诗人，雨果一生都在倾听自己的心声，抒发自己的心声，但是从《东方集》开始，雨果就不再满足于追随夏多布里昂，不再满足于自我的狭小天地，而是将诗人的命运同社会的命运联系在一起。

这样，雨果的抒情诗就不再限制在自我的范围内，诗人抒发的感情往往生发于对社会现实和人类生存条件的关注。这种感情虽然完全是个人的，但它不是封闭的自我观照和自我体验，而是敞开心扉，让感情的波澜随着现实生活风云起伏。毋庸讳言，雨果的诗有时政治色彩过于浓厚，有时雄辩有余而抒情不足，有时哲理过于直白而缺乏形象烘托。但是在他浩如烟海的诗歌里，这些毕竟是不足以掩瑜的瑕疵。他的《心声集》《光与影集》《秋叶集》《惩罚集》及晚年创作的《历代传奇》《凶年集》等13部诗集，每一集都有许多脍炙人口的作品。雨果是一个罕见的天才，他的诗不拘一格，题材广泛，形式多样，既有气势磅礴的政治抒情诗，又有婉约纤细的爱情诗，既有深沉苍劲的哲理抒情诗，又有晶莹剔透、托物言情的感兴诗；他抒发对苦难人民的同情时，令人肝肠寸断，描写家庭生活的欢乐时，叫人发出会心的微笑，而当他悼念溺水身亡的女儿时，那种命运无常的悲叹又能强烈震动读者的心弦。雨果早期的诗和拉马丁、维尼的诗一样，基本采用传统的六音节一顿或者三音节一顿的亚历山大体，后来他在形式上越来越自由，不但突破了传统的节奏，而且根据抒情和描写的需要，交错使用长短不齐的诗句，同时仍讲究音律的和谐，读起来富有音乐感。

雨果之所以能够成为浪漫主义的领袖、浪漫主义诗歌最杰出的代表，首先是因为他能够跟上历史的脚步，勇敢坚决地和过去告别，永远将目光投向未来；其次是因为他具有超凡的艺术天才和语言天才，他对自己的内心生活和社会现实都有特别敏锐的感受能力，对人类的历史和命运抱着永不满足的探求欲望，而所有这些，他都能用一种神奇的语言世界将之化为诗。法国人称雨果是"语言魔术师"，这是毫不夸张的。雨果一生都在孜孜不倦地挖掘语言的表现力。他的语言惊人的丰富，惊人的灵活，惊人的传神，他善于使用对比、比喻、象征等方法，这使他的语言始终保持了新鲜感和诗的生命力。

浪漫主义诗歌，尤其是浪漫主义抒情诗是法国文学王冠上一颗璀璨的宝石，所以我们完全可以这样说：浪漫主义文学运动主要是一场诗歌革命。然而，我们不应因此而忽视浪漫主义在小说领域的巨大贡献。小说这个文学体裁在法国虽然已经有300年的历史，但是直到浪漫主义运动兴起之后才得到迅速发展，而终于取代戏剧，成为最大众化的文学样式。

法国浪漫主义小说直接受到英国历史小说家司各特的影响，所以最早的浪漫主义小说大多是历史小说。第一部有影响的作品是维尼1826年发表的《散·马尔斯》，作品叙述了路易十三时代大贵族反对黎世留的斗争，对以散·马尔斯为代表的贵族势力的失败寄予深切的同情。作者满怀着对旧时代的眷恋，按照贵族的尊严和荣誉至高无上这个原则认识和描写历史事件，个人的感情溢于言表。梅里美1829年发表的《查理九世时代轶事》也是一部重要的历史小说。它以16世纪的宗教战争为背景，以圣巴托罗缪之夜的大屠杀为主要历史事件，描写了战争给法国带来的深重痛苦和灾难。它不像维尼的小说那样描写真实的历史人物，而是将虚构的人物和故事放在中心位置上。但是，由于作者保持冷静客观的态度，作品反而在更深刻的意义上再现了历史的真实，这部小说有时又被看作是现实主义作品。另一位重要的历史小说家是大仲马，他的《三个火枪手》《玛尔戈王后》都是脍炙人口的名篇。

雨果的《巴黎圣母院》发表于1831年，这是一部独具特色的历史小说。如果说维尼和梅里美的作品尽管有很大差异，却都注意历史事件的描述的话，那么《巴黎圣母院》则是假借历史环境制造一种神秘的、诗意的气氛，进而表现人类的美与丑（内在的和外在的）之间的对立和斗争。小说讲述了中世纪末年发生在巴黎圣母院及其周围的事件，具有浓厚的传奇色彩，并且渗透着哲理。这部作品典型地表现了雨果在《〈克伦威尔〉序》里阐述的"真实产生于崇高优美和滑稽丑怪两种典型的自然结合"这个美学原则。雨果晚年写的《九三年》也是一部优秀的浪漫主义历史小说。作品描写了1793年革命政府平息旺岱叛乱的斗争。雨果尽管对历史事件本身给予了更多的注意，但是他仍然遏制不住诗的想象，特别是当他力图表现在他看来被历史所忽视的人道主义思想原则时，他就无法忠于历史的真实，而必须以想象代替历史了。

浪漫主义小说的另一个重要题材是社会现实问题。这类小说产生的时间较晚，大多在19世纪40年代以后，说明社会现实问题越来越多地引起了浪漫主义作家的关注。这些作品和从30年代出现的现实主义小说一起，汇成了法国小说创作空前未有的高峰。无论是浪漫主义社会小说还是现实主义小说，都继承了 18 世纪暴露写实小说的传统，对社会现实抱着批判的态度。但是，浪漫主义小说家往往从抽象的观念出发，把复杂的社会问题归结为善与恶的对立，希冀依靠人的良知和宗教来化解对立。他们的历史观基本上没有脱离启蒙思想的框架，相信理性和良知能够引导人类走出苦难的泥淖，到达光明的彼岸。

大仲马和欧仁·苏在浪漫主义社会小说的创作中占有重要地位。这两位小说家都以在报刊上写长篇连载而著名。他们创造的这种形式决定了他们的作品必须有引人入胜的情节，同时也决定了这些作品必须迎合上流市民的思想和爱好。这是他们的长篇小说的共同特点。加上他们本身思想的限制，他们的作品对现实的批判多是间接的且缺乏深度的。不过，这些作品富于传奇色彩，想象瑰丽绚烂，可读性极强。欧仁·苏的长篇《巴黎的秘密》和《犹太流浪汉》为他在法国文学史上赢得了一席之地。他的另外两部长篇《七大罪愆》和《人民的秘密》虽然不像前两部那样著名，但是也不失为浪漫主义小说的重要作品。欧仁·苏小说的人物缺乏现实的厚度，似乎只是抽象思想的化身，显得苍白单薄。下层人民命运的改变依靠富贵阶级的良心发现或者某种特殊关系的发现，这样的结局不但充满了廉价的浪漫色彩，而且已经是过去的小说家如马利沃用滥的俗套。但是小说在揭露社会底层普遍存在的悲剧时，勇敢地继承了雷迪夫的挑战性，淋漓尽致地刻画由于社会的不公造成的黑暗畸形的生活，使读者的心弦为之震颤。

大仲马的作品中，和他的传奇历史小说同样富于传奇性，但较为深刻地接触到现实问题的作品是《基督山伯爵》。大仲马是编故事的好手，在这方面他似乎有永不枯竭的想象力。《基督山伯爵》惊险曲折的情节不知吸引了多少读者。大仲马在娓娓动听地讲述故事的时候，不露痕迹地把复辟王朝和七月王朝黑暗的政治内幕揭露出来。这是大仲马的高明之处，也是这部小说能够长久保持艺术生命力的一个重要原因。

在社会批判的真实性和深刻性上，无论是大仲马的《基督山伯爵》还是欧仁·苏的《巴黎的秘密》都无法同雨果的《悲惨世界》相比。《悲惨世界》是一部史诗式的作品，构思了 20 年，以其视野的宽阔、气势的磅礴、感情的炽热、眼光的敏锐、笔力的苍劲具有惊天地而泣鬼神的力量。议论过多，枝蔓稍嫌芜杂，崇高优美和滑稽丑怪的对比原则失之直露，这些都是小说毋庸讳言的缺陷。而且由于小说是分两个时期创作的，大部分写作于 19 世纪 40 年代，正是作者与奥尔良王室关系密切的时期，后面的一小部分写作于流亡时期，其时作者正在为共和的理想不懈地斗争，这就造成了作品前后思想缺乏连贯性和统一性。但是总体而言，小说的艺术力量和思想力量是不可否定的，虽经时代的变迁而不衰，至今仍能打动千万读者的心。雨果以人道主义的精神对"悲惨世界"的苦难表示深切同情，又用人道主义的精神塑造了一个"悲惨世界"的英雄。不论这个英雄带有多少理想的色彩或者宗教的色彩，他作为一个社会底层的代表，是活生生的人物，在他身上凝结着法兰西人民最伟大的品格。他像是从历史隧道的尽头走来的，肩负着全部的黑暗，但他面对着光明，象征着希望和生命。这个人物形象充分证明，雨果的人道主义扎根在深厚的民族民主的土壤中。

后期浪漫主义另一位杰出的小说家是女作家乔治·桑。她早年的作品多属爱情小说，例如，《印狄安娜》《莫普拉》。晚年，她归隐乡里，写了许多田园小说，例如，《小法岱特》《魔沼》。她的社会小说大都是在中期创作的。那时，她受到空想社会主义思想的影响，怀着改造社会的一腔热忱，写了《木工小史》《康絮爱罗》《安吉堡的磨工》等作品。乔治·桑的社会小说虽然以现实生活为素材，但是观念先于事实，想象先于观察，情感先于分析，正像她在致福楼拜的一封信里所说的，她"要写安慰人心的东西"。所以雨果和欧仁·苏揭示的黑暗现象，她往往有意回避，而将大量笔墨用于刻画主人公高尚的心灵，为主人公设计一个幸福的结局。作者对美好人生的热烈憧憬虽然带着几分天真，却以其真诚和抒情色彩而别具一种艺术感染力。1843年，雨果的剧本《城堡卫戍官》上演。雨果自己对这出戏寄予了很大的希望，可是事与愿违，观众在剧院起哄，报刊连篇累牍地发表攻击性文章，一时间掀起了空前的反雨果浪潮。雨果受到了强烈的震动。《艾那尼》的辉煌胜利似乎还在眼前，没想到《城堡卫戍官》却一败涂地。与雨果有嫌怨的人诚然起了推波助澜的作用，然而这毕竟不是决定性的因素。造成剧本失败的根本原因是观众的审美趣味在这十几年时间里发生了变化，浪漫主义斑斓的色彩、充沛的激情和极度的夸张已经失去了艺术感染力。雨果虽然不放弃浪漫主义的艺术原则，但是他显然认识到了浪漫主义的表现手法已经不适应舞台创作，因而他从此与"戏剧圈"告别。用一位评论家的话说，1843年的《城堡卫戍官》"成了浪漫主义戏剧的'滑铁卢战役'"。

但是，这毕竟不是整个浪漫主义文学的"滑铁卢"。如前所述，浪漫主义小说在19世纪40年代后方兴未艾，浪漫主义诗歌仍不断有新作问世。还有一个有趣的现象是，缪塞（在浪漫主义高潮的30年代写的剧本，在40年代末全部搬上巴黎的舞台）。这些都说明，法国的浪漫主义文学并没有从1843年便偃旗息鼓。不过，时代在发展，人们的审美情趣在改变，浪漫主义也必然要发生变化。1840年后，雨果的诗歌创作曾经沉寂了十多年，当他重新担负起"诗人的职责"时，他的诗风就发生了明显的变化。除了上文指出的更多地关注社会外，诗人在《历代传说》及未完成的《撒旦末日》和《上帝》中集中自己全部的经验和智慧去叩问历史、宇宙和人类的命运；在表现手法上，诗人吸取了新的诗歌技巧，使自己的作品变得更加厚实，更加深沉，也更加委婉。40 年代后浪漫主义小说主题的变化从审美的角度讲，也是对社会审美趣味的适应。夏多布里昂的《勒内》或者缪塞的《世纪儿的忏悔》那样的作品已经失去了读者，因此，浪漫主义小说更多地转向对现实的描写，这样它就和现实主义小说有了共同的或者相近的聚焦点。

二、浪漫主义绘画

19 世纪上半叶的法国绘画同法国文学一样，是浪漫主义学派达到鼎盛的时期，涌现出了一批闻名于世和成就极高的绘画大师。席里柯被认为是浪漫主义画派的先驱者。他对充满动态活力的情景感兴趣，因此，他绘制了不少描写赛马和骑兵的作品，从《培普索姆的赛马会》和《骑兵军官》上可以看到他此类作品的特点。籍里柯最杰出的名作是《梅杜萨之筏》（图 9-1），这幅巨画被誉为法国浪漫主义的代表作。

一群海难幸存者饥渴疲惫，濒于死亡的深渊，绝望地向遥远地平线上驶过的航船发出求救信号。这是一个真实的题材，却包含着罕见的悲剧性和传奇性。画家的心灵被这桩惨绝人寰的事件震动了，残酷的劫难使他惊恐悲痛，人类的脆弱和自然的强悍使他忧心忡忡。他带着这样强烈的感情进入了这幅油画的创作。为了适应表达感情的需要，席里柯抛弃了运用水平线和垂直线造型的古典主义传统，大胆使用斜线和三角形，以获得画面的动感和不稳定感，使人觉得木筏随时可能倾覆。人物刻画有意识使用粗放的笔触，不像古典主义那样精到细致。表情和动作力度饱满，有的地方不惜加以夸张。所有这些特点使得《梅杜萨之筏》和《诗的沉思》一样成为一个标记，宣告新的艺术思想——浪漫主义——已经在绘画领域兴起。

图 9-1 梅杜萨之筏

由于意外坠马，席里柯英年早逝，高举浪漫主义大旗的重任落在了德拉克洛瓦身上。于是他积极投入浪漫主义革新运动，在美术领域扛起了浪漫主义的大旗，他说："如果把我的浪漫主义理解成自由表达我的印象……那么应该承认我是一个浪漫主义者。"他是法国最伟大的浪漫主义绘画大师，他的艺术特点是使用华丽的色彩、自由的构图和生动的气势表现惊心动魄的场面。德拉克洛瓦大刀阔斧地创造新的绘画，态度坚决而勇猛，因此被称为"浪漫主义的雄狮"。《希奥岛的屠杀》和《萨达纳帕尔之死》都表现了血腥的屠杀和可怕的死亡，场面充满狂暴，笔法奔放洒脱，情感强烈激越，构图光影交错，是典型的浪漫主义画作。德拉克洛瓦的名作《自由引导人民》（图9-2），被视为浪漫主义美术发展的顶峰。在这幅大作中，画家热情讴歌了1830年革命，把想象与现实融为一体，具有象征意义的自由女神与人民一起勇敢地冲向前方，体现出革命势不可挡的气概。1830年以后，他绘制出一系列表现异国风情的作品，如《阿尔及尔妇女》《摩洛哥犹太人的婚礼》等。这些色彩斑斓的东方图景，洋溢着宁静和神秘的气息，充满着无穷的魅力。

图9-2　自由引导人民

　　如果说德拉克洛瓦和席里柯，以及当时和他们齐名的夏赛利奥、于埃等浪漫派画家都有追求"文学性"和"故事性"的倾向的话，那么巴比松画派则因为专心发展风景画而避开了这个颇遭后人非议的瑕疵。

　　18世纪末兴起的风景画，随着浪漫主义运动的深入而迅速发展。

　　19世纪30年代至40年代，有一批不满学院派艺术的年轻画家先后来到了巴黎东南郊区枫丹白露附近的巴比松村进行写生和创作，有的还定居下来。他们专心描绘法国平凡的乡村风景。在这些画家的画作中，可以看到他们对大自然的热爱和对现实的忠诚。他们强调户外光线生动自然的效果，从枫丹白露的森林景色中吸取灵感。这批风景画家被称为"巴比松画派"。

　　巴比松画派的领袖人物是特奥多尔·卢梭，他在巴比松居住了近20年，直到去世。他认真研究分析自然的真正形态，探索自然界的内在使命，力求在作品中表达出画家对自然的真诚感受。他的作品庄严有力，具有一种真实的纪念性效果。这可以从他的名作《橡树林》（图9-3）上看得很清楚。杜比捏是巴比松画派的代表人物，他热衷于描绘天水关系、大气氛围、闪光的河流和寂静的森林。

图9-3　橡树林

　　浪漫主义的艺术风格在雕塑领域体现得也很充分，法国著名的浪漫主义雕塑家是吕德。他最有影响的作品是巴黎凯旋门上的巨幅雕塑《马赛曲》（图9-4），作品描绘了1792年义勇军出征的场面。它是凯旋门上最引人注目和最精美的一幅雕塑作品。

图9-4　马赛曲

三、浪漫主义音乐

在讨论法国浪漫主义音乐之前，我们首先强调指出浪漫主义这个定义在音乐领域里的模糊性和不确定性更为突出，这是因为我们感到，从定义出发的简单化理解对全面把握 19 世纪法国音乐尤其有害。它会造成两种错误倾向：一种是看不到某些音乐作品的浪漫主义成分，另一种是勉强地把浪漫主义的帽子扣在某些本非浪漫主义的作品头上。不过，强调这一点并不意味着我们否认浪漫主义音乐的存在。事实上，19世纪 20 年代法国文学和美术都发生了浪漫主义运动，音乐难免受到浸染，从那时到 80 年代，法国音乐领域里浪漫主义由兴起到发展，其线索还是有迹可循的。本节讨论的是 19 世纪前期的法国音乐，这个时期的浪漫主义音乐，概括地说，歌剧方面的主要表现是大歌剧，器乐方面的主要表现是柏辽兹的创作。

法国的音乐家们由于受到古典主义传统观念的束缚，只重视歌剧创作。梅雨尔、恺鲁比尼、梅耶贝尔这些歌剧大师尽管写过一些器乐曲，但大都充满"书卷气"，没有引起什么反响。因此在柏辽兹出现之前，可以说法国的器乐音乐几乎是一片空白。柏辽兹在巴黎音乐学院学习的时候，绝大多数教授只讲合唱和喜歌剧。他的老师勒苏约尔几乎不涉足器乐曲，另一位老师雷沙原籍捷克，是贝多芬的学生，热心于器乐曲，可惜才气不足，发表的作品无一成功。已经去世的梅雨尔仍然被当作偶像崇拜着。如果把这种状况和其他欧洲国家特别是德国的形势相比，法国音乐的病态便越发令人心寒了。就是在这样一个普遍轻视器乐音乐的保守环境中，柏辽兹开始了他的音乐生涯。他的出现改变了法国器乐音乐的凝滞状态，使法国音乐赶上正在全欧蓬勃兴起的浪漫主义音乐的步伐。对柏辽兹的音乐的意义必须首先从这个角度去理解。

柏辽兹异军突起，把交响乐曲当作自己的主要创作方向。他最成功的作品是《幻想交响曲》（1830）。这首乐曲是他与女演员斯密逊恋爱受挫，内心极度动荡的情况下创作的。全曲共 5 个乐章，这首先就打破了传统的格式。在和声、配器和旋律上，柏辽兹也不为传统规则所束缚。对他来说，一切都服从于抒发感情的需要。他追求的是一般原理下的最大自由。例如，乐曲的和声结构有时是古典的，有时就别出心裁，在四度和六度音程里，低音部分不像习惯所要求的那样去解释旋律的内涵，而是与旋律相对照，使得乐曲在层次和色调上都更丰富，更富于表现力。从柏辽兹为乐曲写的说明来看，乐曲似乎讲述的是一个恋爱悲剧，实际上，乐曲的主要色彩是幻想，是内心的波澜，是心灵和现实的碰撞，是希望和绝望的交替。

《幻想交响曲》远远超过了法国以往任何一部交响作品，甚至可以说这是法国第一首真正的交响曲。柏辽兹的另一首重要作品《哈罗尔德在意大利》（1834）是应意大利小提琴大师帕格尼尼的请求写的一首有中提琴独奏的交响曲，近似协奏曲，不过是交响曲曲式。这一次，乐曲的结构采用古典的四乐章形式，然而音乐语言仍旧是充满作曲家个性的那种激情昂扬的诗的语言。乐曲显然受到拜伦的长篇叙事诗《恰尔德·哈罗尔德游记》的启发。四个乐章分别叙述哈罗尔德在意大利的游历。就像拜伦把叙事诗主人公当作自己的化身一样，柏辽兹乐曲里的哈罗尔德实际上是作曲家自己的影子。忧伤的哈罗尔德由中提琴演奏，主题贯穿四个乐章，婉转动人。最后的乐章描写强盗的狂宴，热烈激昂，和《幻想交响曲》的最后乐章有异曲同工之处。

柏辽兹的哈罗尔德与拜伦的哈罗尔德虽然经历不同，但是都被难以解脱的忧伤苦苦折磨着。其实，《幻想交响曲》里那位因失恋而痛不欲生的青年又何尝不是一个哈罗尔德呢？如果说《幻想交响曲》和《哈罗尔德在意大利》这两首交响曲突出反映了柏辽兹与浪漫主义文学的渊源关系的话，那么柏辽兹的另一首大型交响作品《安魂曲》（1837）的浪漫主义性质则主要从乐曲的色调上表现出来。这首乐曲首演时使用了四个乐队，声势浩大，铜管乐奏出悲壮激越的旋律。这种极力渲染气氛，夸大力度，其他因素却很单薄的风格令人自然想到大革命时期和帝国时代勒苏约尔、梅雨尔等人的作品。

《罗密欧与朱丽叶》（1839）是一首长达一个半小时的大型"戏剧交响曲"。帕格尼尼曾经给以其极高评价。但是随着时间的推移，这首乐曲越来越清楚地暴露出柏辽兹音乐的弱点。柏辽兹是标题音乐的始祖。在他之前，固然有不少音乐家都尝试过标题音乐的手法，但是谁也没有像柏辽兹这样系统地使用标题，而且给以标题如此重要的作用。然而，柏辽兹尽管使用标题，甚至给乐曲加上相当详细的文字解释，他却并不依靠乐曲的描述性取胜。同时，他又不依靠音乐语言内部的规律，轻视形式本身的逻辑。他的创作基本上建立在灵感之上，建立在情感与想象之上，加上他在音乐修养上的一些缺陷，这就使他的音乐很快就失去了坚固的支撑点。柏辽兹的创作灵感在40年代后逐渐衰竭，而他却依然故我地按照《幻想交响曲》的模式写作，因而他后期的作品不免给人"江郎才尽"的感觉。

柏辽兹的这种弱点决定了他无力问津歌剧创作。写歌剧必须考虑情节的完整，必须对音乐结构有缜密的构思，这些柏辽兹都很难做到。柏辽兹为了改变法国观众对他的看法，曾经在歌剧方面进行尝试，他的《班弗努托·塞里利》就是一例。作品绝对不乏辉煌的片段，可惜线条混乱，章法不明，致使那些精彩的乐段失去了应有的光芒。

柏辽兹的一曲《幻想交响曲》轰动全欧洲，不但开了法国浪漫主义器乐的先声，而且使世界对法国的交响音乐刮目相看。但是柏辽兹尽管赢得了许多外国音乐家（其中多是浪漫派）的尊敬和友谊（这些友谊从一个侧面证明了他和欧洲浪漫主义音乐的亲密关系），但是在法国，他却几乎是"孤家寡人"，经常"坐冷板凳"。这里面的原因很复杂，不过有一点可以肯定，柏辽兹的激情，他的气魄还有他的创造性（如标题音乐），使得他远远走在同时期人的前面。柏辽兹的时代，文学上的浪漫主义运动已经成熟，绘画上的浪漫主义也蔚然成风，但是音乐上人们的反应似乎比较迟钝，当时法国人对音乐的理解和接受在很大程度上还未脱离传统的风俗，其结果是使得柏辽兹的浪漫主义音乐作品成了19世纪前期法国器乐音乐的一个孤立现象。尽管直到今天西方音乐界对柏辽兹仍时有微词，但是他的天才是无法否认的，他的《幻想交响曲》今天仍然拥有无数热情的听众，他的《哈罗尔德在意大利》受到公众和批评界日益热烈的欢迎，这都说明历史对真正的天才是会给以公正评价的。

一个有趣的现象是，巴黎人对柏辽兹报以白眼的同时，却对在气质和风格上和柏辽兹很相近的两位外国音乐家迷恋得神魂颠倒，他们是波兰音乐家肖邦和匈牙利音乐家李斯特。肖邦1831年到巴黎，直到去世基本上都在巴黎生活。李斯特一生中也有一段幸福而辉煌的时光是在巴黎度过的。他们与法国的浪漫主义音乐有着不解之缘。在某种意义上说，19世纪三四十年代，巴黎音乐生活中的浪漫主义是由他们在唱主角。肖邦的部分钢琴曲，李斯特的《匈牙利狂想曲》《第一钢琴协奏曲》和柏辽兹的乐曲在色调上相当接近。为什么巴黎人为肖邦、李斯特喝彩却冷落柏辽兹呢？柏辽兹写标题音乐，这固然是他遭到时人和后人非议的原因之一，可是李斯特也同样热衷于标题音乐，为什么巴黎人却那么旗帜鲜明地扬此抑彼呢？其中一个原因大概是肖邦和李斯特出神入化的钢琴演奏技巧折服了听众。

19世纪的巴黎是欧洲的钢琴之都，艾拉尔和普莱耶尔是最著名的钢琴制造商，生产的钢琴在世界享有盛誉。普莱耶尔还是一个钢琴音乐的热心支持者，经常资助钢琴演奏会，因而欧洲各国的钢琴家都愿意到巴黎来一试身手。肖邦和李斯特也不例外。他们在巴黎的成功为他们终生的事业奠定了基础，反过来，他们在巴黎的音乐活动也为浪漫主义壮大了声势，为19世纪后半期法国浪漫主义音乐的进一步发展做出了不可磨灭的贡献。

第四节　现实主义

一、现实主义文学

在法国，像许多文化思潮的名称一样，现实主义这个词用以标定一种文艺思想和创作原则，是在现实主义思潮兴起较长时间之后，而且起先含有嘲讽之意，是个贬义词。1855 年，画家库尔贝的作品被当年的沙龙拒之门外，性格倔强的库尔贝就在沙龙旁边办起了个人画展，并且把别人讥讽他的词"现实主义"高悬于入口处。从那时起，现实主义才真正成为美术和文学批评的术语，才有了比较稳定的含义。

如果把现实主义解释为写实，即如实地表现生活（法文中，现实主义和写实主义是一个词），那么可以毫不夸张地说，法国文化有悠久的现实主义传统，例如，中世纪的市民戏剧、市民故事，16 世纪到 18 世纪的部分小说，华托、大卫的部分绘画，都含有明显的现实主义成分。从这个意义上讲，现实主义在法国文化中并非新生事物。但是，兴起于 19 世纪 30 年代后的现实主义，在传统现实主义的基础上，更强调对现实的观察，更强调真实、准确、细致地反映社会风俗。在古典主义时代，"真实"虽然是重要的口号，但是由于同时又制定了烦琐的法规，因此，真实乃是戴着枷锁的真实。浪漫主义运动从 19 世纪 20 年代兴起后，砸碎了古典主义的枷锁，艺术家获得了创作的自由（当然不是根本意义和全部意义的自由），这就为真实反映社会开辟了道路。

1789 年革命后，法国社会的现实使知识阶层普遍产生幻灭感，虽然这种幻灭感多表现为对自身命运的自怨自怜，其中却也不乏对现存社会秩序合理性的怀疑。例如，斯丹达尔的小说《阿尔芒丝》塑造了一个终日郁郁寡欢的贵族青年奥克塔夫，从表现上来，看他与勒内、奥贝尔曼是同一类型的人物，实际不然。奥克塔夫的忧郁症不像勒内和奥贝尔曼那样仅仅是焦虑自身命运的结果，而主要是对复辟王朝种种弊端的愤懑和回天无力的自责。1830 年，法国爆发了七月革命。革命的结果是建立了代表金融大资产阶级的七月王朝，人民又一次被利用、被出卖，大资产阶级在获得政权之后，变本加厉地掠夺社会财富。知识阶层的幻灭感较之七月革命前有增无减，不同的是，屡次的幻灭开始教会更多的艺术家去检查社会的弊病。因此，由浪漫主义倡导的真实反映社会与历史的主张便自然发展成为对社会的检查和批判，从而造成了法国现实主义小说的一个重要特征：自觉的批判意识。

现实主义小说的代表人物是斯丹达尔、巴尔扎克和福楼拜。这3位作家早年都曾是浪漫主义者。由此可见浪漫主义影响之深之久，也可以证明浪漫主义小说与现实主义小说的血缘关系。斯丹达尔和巴尔扎克实际都参加过浪漫主义运动，而福楼拜"其生也恨晚"，步入文坛时浪漫主义已经接近尾声，不过正如他自己所说，他"天性是抒情的"，也就是说，他的气质与浪漫主义是相通的。这3个人后来都改弦易辙，认为"唯有真实为美"（福楼拜语），他们的大部分作品"穷形而尽相"地描写了从复辟王朝直到第二帝国这一段法国历史的社会生活，形成了19世纪中期法国文坛的现实主义文学潮流。

这里有必要指出，我们说改弦易辙是指主要倾向而言的。事实上，斯丹达尔的《红与黑》仍然保留了浪漫主义的痕迹。巴尔扎克《人间喜剧》的不少作品，比如《驴皮记》《三十岁的女人》，也都带着浪漫主义的色彩，而《路易·朗贝尔》《塞拉菲塔》《不可知的杰作》等则又受到神秘主义的影响。福楼拜在完成了现实主义杰作《包法利夫人》之后，又把早年写的《圣安东尼的诱惑》拿出来修改，并于1874年发表。这部作品可以说是福楼拜"抒情天性"的集中体现，与现实主义实在相距甚远。

恩格斯指出，现实主义除了细节的真实之外，还必须塑造典型环境中的典型性格。这个命题对斯丹达尔、巴尔扎克和福楼拜的现实主义作品都是十分适用的。这些作品在对社会风俗的细节进行真实描写的基础上，塑造了一系列具有深刻艺术力量的典型人物，如朱里安·索雷尔、拉斯蒂涅、葛朗台、包法利夫人、莫罗等。这些人物高度凝练地集中了特定社会阶级、阶层、集团的性格，同时又具有鲜明的个性，即黑格尔所说的"那一个"，既有宝贵的认识价值，又有独特的审美价值。

由于作家的世界观不同，社会经历不同，生活环境不同，他们对社会的认识必然也会不同，他们切入生活、描写生活、批判生活的角度和方式也必然不同。斯丹达尔偏重于揭露复辟王朝和七月王朝时期政治体制的腐败和政治生活的黑暗。他的著名小说《红与黑》描写了一个野心勃勃的青年朱里安的命运悲剧。在等级森严的政治体制里，在党争不断的社会环境中，朱里安的梦想必然会被现实残酷地粉碎，他的结局不但是他个人的悲剧，而且是一代甚至几代青年的悲剧。斯丹达尔的另一部长篇《巴马修道院》把故事的背景放在19世纪初奥地利统治下的意大利小公国巴马，然而主题仍然是表现个人的前途与爱情同强大的政治机器之间的不可调和的冲突。斯丹达尔熟悉意大利、热爱意大利，同情意大利人民反对奥地利侵略的斗争，这部小说从一个侧面反映了当时意大利错综复杂的政治形势，表现了意大利人民要求独立自由的强烈愿望。然而，自由的愿望连同个人的幸福终于被政治利益和政治阴谋所扼杀，热情无知的青年终于成为权术的牺牲品，从这方面来说，小说同样也是对法国政治现状的揭露和批判。斯丹达尔未完成的小说《吕西安·娄万》(另名《红与白》)在对现实的观察和表现上，比前两部小说更加广阔，也更加深刻。这部小说基本上廓清了前两部作品里的浪漫主义痕迹，而且更加关注现实的社会关系和社会活动对人物思想、感情和行为的影响。特别值得我们注意的是，作者开始关注经济活动在整个社会机制中的作用，这显然是七月事变中和事变后金融大资产阶级的丑恶表演给予作者深刻教育的结果。斯丹达尔的现实主义创作方法在这部作品里得到了明显的深化，遗憾的是，他只完成了前两部的草稿和第三部的提纲便被死神夺去了生命。

和斯丹达尔一道为法国现实主义文学奠基的是巴尔扎克。

巴尔扎克无疑是 19 世纪法国文学的一个伟大天才。和雨果、欧仁·苏、大仲马、乔治·桑等人一样，他是启蒙哲学的儿子，是人道主义的儿子，但是有两个特点在他和雨果等人之间划出了界限：第一是他的现实主义的创作方法，第二是他的科学主义的思想方法。而这两点在巴尔扎克身上又是有机统一的整体。巴尔扎克的生活阅历极其丰富，同时他又具有敏锐的观察力和感受力，这就使得他能够穿透浩如烟海的社会现象寻找深层的、具有本质意义的东西。当他接触到实证科学和历史学的新成果时，他便产生了探讨并解释生活奥秘，创造堪与科学和历史学媲美的文学的愿望。他的《人间喜剧》就是这种愿望的结晶。

巴尔扎克现实主义的特点，一个是史诗性，一个是史书性。所谓史诗性，是说他的小说像一部宏丽壮阔的社会史诗，反映了一个特定时代法国社会的全部风貌。他把目光投向社会的各个阶层，大贵族、金融家、高利贷者、僧侣、商人、公证人、律师、医生、小业主、农民等，19 世纪上半期法国社会几乎没有一个阶层不是他的研究对象。他不但研究巴黎，而且研究外省，描写资本主义生产如何浸淫到封建生产关系最稳固的偏远地区，描写在这改朝换代的时代不同阶层人物的荣辱浮沉，描写他们感情和心理上的变化。所谓史书性；是说巴尔扎克以历史学家的严谨科学的态度创作他的《人间喜剧》。他在《〈人间喜剧〉总序》里说的一句话"法兰西社会将成为历史学家，我只是他的秘书"，不但表达了他的现实主义创作原则，而且表达了他要把小说写成历史，写成"法国社会风俗史"的决心。在巴尔扎克时代，历史学摆脱了简单记事的初级形态，正在成为一门新兴的科学，米舍莱、梯叶里、基佐等人努力将杂乱如麻的历史事件清理出一种理性的因果关系，企图拨开笼罩在历史上的迷雾，给历史的发展以科学的解释。巴尔扎克正是想效法他们，用小说写出法兰西社会风俗变化的因果关系来。他的目光聚焦于贵族阶级和资产阶级社会地位与权势的逆向运动，从不同方面探索了二者的命运出现巨大反差的原因，其中，他认为最根本的原因是二者经济力量的消长变化。他的著名作品《高老头》《贝姨》《欧也妮·葛朗台》《幻灭》《农民》《古物陈列室》等都生动细致地刻画了强大的资本主义生产逐步替代旧的封建生产的历史过程。

巴尔扎克作为一个伟大的小说家，刻画了许多感人的、具有深刻典型意义的人物形象，他们的命运令人撕心裂肺、扼腕叹息，纵使是不那么叫人同情的人物，如《幻灭》和《交际花盛衰记》里的吕西安，《贝姨》里的于洛，他们的命运悲剧也有令人情不自禁为之唏嘘感伤的地方。巴尔扎克十分透彻地理解人的激情、欲望、幻想在人生道路上的意义，他抓住人物内心冲动形形色色的表现，用阔大的手笔将其鲜明地描绘出来。高老头的爱女之情（《高老头》）、皮罗多的发财梦（《赛查·皮罗多盛衰记》）、爱丝苔的痴情（《烟花女荣辱记》）、贝纳西的献身精神（《乡村医生》），无一不写得那么入情入理，又惊心动魄。然而，他笔下人物的命运之所以扣人心弦、催人泪下，又不仅仅是因为写了他们的内心冲动。巴尔扎克之所以成其为伟大的艺术家，他的作品之所以成其为伟大的作品，还因为他写出了在资本主义生产节节胜利的时代，激情对个人生活的影响是和资本主义生产关系中不同阶级、阶层或集团历史地位的变化相联系着的，因此，个人的命运既有其偶然性，也有其历史必然性。这是一种新型的"命运悲剧"，只不过在巴尔扎克这里命运不是神的力量，而是历史变迁中各种社会因素的综合。

斯丹达尔和巴尔扎克这两位优秀现实主义作家分别于1842年和1850年离开人世，19世纪后半期，成为法国现实主义的主要代表的是以两部杰出的现实主义小说《包法利夫人》和《情感教育》闻名于世的福楼拜。分析一下福楼拜的这两部作品，我们可以发现现实主义在这个时期发生了明显的变化。19世纪50年代以后，两股思潮对法国文学产生了越来越大的影响：一股思潮是实证主义哲学，另一股思潮是唯美主义艺术观。在这两股思潮的交叉作用下，现实主义脱离了巴尔扎克的道路，并在福楼拜的作品中宣告自己进入了一个新的阶段。在准确反映社会风俗的面貌上，在塑造典型环境中的典型性格上，在对社会的批判上，福楼拜的现实主义和巴尔扎克的现实主义是一脉相承的。二者的不同在于，由于实证哲学的影响，福楼拜力主小说家应该像外科医生一样精细和客观。在排除作家主观感情表现的同时，排除了作家主体激情力量的作用，排除了作家主体的历史主动精神，与巴尔扎克充满激情的、主动介入式的现实主义形成对照。二者的不同还在于，由于唯美主义的影响，福楼拜否认生活中有美的事物存在，而认为美仅仅存在于艺术中，这样他就一方面以冰冷的带着几分嘲讽的目光观察生活，另一方面又以近似宗教崇拜的热诚目光凝视艺术大厦的建设，从而创造了一种更加细密、更加精美、更加具有实证性而较少想象，更加具有艺术气质而较少思想力量的现实主义。

《包法利夫人》和《情感教育》都没有写重大事件，用福楼拜自己的话说，这是"写平凡小事的小说"。而福楼拜的高明之处恰恰在于他能够在极其平常的生活事件里塑造出在典型性上比巴尔扎克笔下任何一个人物都不逊色的性格形象。围绕人物的命运，小说揭示了第二帝国时代社会风俗的某些重要方面。整个社会唯利是图的"务实"心理，以及与这种心理相适应的中小资产阶级平庸猥琐的精神状态，在福楼拜的作品里描绘得淋漓尽致。尽管福楼拜竭力隐藏到不动感情的客观描写的后面去，但是他对资产阶级虚伪道德的蔑视，对令人窒息的社会空气的厌恶，仍然从字里行间流露出来。

和19世纪后半期的现实主义联系在一起的还有两个闪光的名字：莫泊桑和左拉。莫泊桑的长篇小说《一生》《漂亮的朋友》，短篇小说《羊脂球》等把19世纪后期法国的人情世态刻画得栩栩如生，其中《漂亮的朋友》通过杜洛华这个卑鄙小人发迹的历史，无情地揭露了资产阶级上流社会的腐败，揭露了政界、金融界、新闻界的肮脏，冷静的描述里蕴藏着猛烈的批判锋芒。以《羊脂球》为代表的中短篇小说，辛辣嘲讽资产阶级，暴露其自私和虚伪的本质。莫泊桑经常怀着温柔的感情描写社会下层特别是诺曼底农村淳朴的民风，描写普通人善良的心灵和坚定的爱国精神。莫泊桑是福楼拜耳提面命的弟子，受唯美主义和悲观主义的影响较深，不相信能够对纷纭复杂的人生做出合理的解释，他还一度追随左拉的自然主义。所以他的现实主义满足于表现他实际观察到的和感觉到的生活现象。他的悲观心理促使他常常以讥讽的眼光看待生活，然而他的讥讽是很不彻底的，生活对于他实际上像是一个不可知的怪物，这终于使得他从讽刺走向惶恐，以至于最后陷入神秘论。左拉的作品，其现实主义的力量有时可以和巴尔扎克相匹敌，不过，他的现实主义被纳入自然主义的模式，是以自然主义的面目出现的。

二、现实主义绘画

自1848年前后开始，法国画坛上出现了一种反对浪漫主义的倾向，导致现实主义画派的产生。这一流派试图忠实地描绘自然，表现普通人民的日常生活和社会现实。现实主义的发展产生了自己的代表人物和理论家，那就是库尔贝和米勒。

库尔贝的绘画作品以实际比例描绘人物，以时事为题材，表现庶民的实际生活。在他的著名画作《画室》（图9-5）中，画家安排了一些被称为"平凡的、苦难世界的人民"的代表人物。这种绘画被人们用"现实主义"这个词加以讥讽。1855年巴黎万国博览会上举行画展，库尔贝的画作全被展览会拒绝。为表示抗议，他在展览会旁边开了一个个人画展，在目录中故意标出"现实主义"的字样。现实主义由此而得名，并在此后形成了一种声势浩大的文艺流派。

图9-5　画室

米勒是当时农村题材画作的代表人物。他以精确的现实主义笔法描绘了农村的风景和普通农民的日常生活。1857年，米勒在他当时居住的巴比松村，创作出具有重大影响的名作《拾麦穗的女人》（图9-6）。作品表现了在麦收季节3个在田野里拾麦穗的农妇。她们的形象既不漂亮也不典雅，壮实的身体穿着在劳动中磨破的粗布衣衫。然而她们所表现的人格是真诚的、朴实的，她们的举止是那样从容、那样高尚，近乎神圣。这幅画被视为现实主义绘画的重要代表作之一。

图9-6　拾麦穗的女人

　　法国现实主义画派的另一位代表人物是杜米埃。他也主张美术家应当立足于现实，他所创作的大量题材广泛的作品气势高昂而坚强有力，同时他以辛辣的讽刺手法描绘社会和政治现实。他创作了一系列讽刺七月王朝的政治性版画，如《卡冈都亚》《立法肚子》等。他的油画名作《三等车厢》（图9-7），表现了拥挤在车厢的下层百姓的不同形象。从他的作品中可以感受到跳动着的脉搏和人民的声音。

图9-7　三等车厢

　　以擅长风景画和人物画而知名于世的柯罗，也在现实世界中寻觅创作源泉。他善于捕捉光与色的变化，这对后来的印象主义画家颇有影响。他的风景画色调柔和，笔法轻灵，画面有一种朦胧美，给人如梦如幻的诗意感受，《蒙特枫丹的回忆》（图9-8）便是这类风景画的一个范例。柯罗也刻画平民妇女的形象，他作品中的年轻女性衣着简朴，神态自然，静静地生活在自在平凡的天地中，《蓝衣妇人》（图9-9）等人物画都是他成功的作品。

图9-8　蒙特枫丹的回忆

图 9-9　蓝衣妇人

第五节　实证和科学主义

就在文学艺术领域的浪漫主义思潮蓬勃发展的 19 世纪 20 年代后期，哲学领域出现了一个与浪漫主义背道而驰的思潮，这就是孔德的实证哲学。孔德的实证哲学强调事实，强调对事实的观察分析，强调寻找事物的变化规律，强调发现同类事物的共性，这些都显然与浪漫主义不同。

1826 年，年仅 28 岁的孔德在自己的住所讲座，传授"实证哲学"。听众中有不少学界名流，这说明"实证哲学"从一开始便具有相当大的吸引力。不过此时的实证哲学只是一棵刚刚破土而出的幼苗，尽管基本观点已经形成，但是离构成完整的思想体系还相距甚远，因此影响很有限。实证哲学对法国文学艺术产生重大影响是在 50 年代以后，那时孔德的实证哲学已经基本完成了体系的构建，在被思想界逐渐接受的同时，演化成了形形色色的实证论，并且与科学主义思潮相结合，在将近半个世纪的时间里支配了法国的思想及文学活动。

孔德实证哲学的核心著作《实证哲学教程》第一卷于 1830 年发表，第六卷即最后一卷于 1842 年发表，历时 12 年。实证哲学立足点是实证；所谓实证，就是科学的精神和方法。孔德把人类的精神活动划分为 3 种状态，或者说 3 种方式："神学状态或者虚幻状态，形而上学状态或者抽象状态，科学状态或者实证状态。"在神学状态下，人的精神集中于"探索事物的内在性质，探索事物变化的最初的和终极的原因，简言之，探索绝对的认识"；形而上学状态，按孔德的看法，是用"万事万物固有的真实本体替代了超自然的代表"，这些本体被认为"凭自身便能生成我们看到的全部现象，解释这些现象，无非是揭示对应的本体"。

这两种状态或方式，都已经到达极限。神学状态达到极致的表现是"放弃了人类原始想象力创造的诸多神灵的活动而代之以一个独一无二的存在所显示的行为"，也就是基督教的创立。形而上学状态达到极限的表现是"构想出一个独一无二的、伟大的、普遍的本体，替代了诸多不同的本体，这就是自然；自然被看作是一切现象的本源"。孔德坚信，到他那个时代，人类精神活动已经进入第三个状态，即实证状态。实证状态"承认人类不可能获得绝对的概念，放弃对世界本源和未来的研究，放弃对现象的内部原因的认识，以便靠着推理和观察的共同作用，努力发现现象的实际规律，即发现现象之间不变的继承关系和类似关系"。依照这种观点，人类的精神活动应该是"在不同的个别现象之间建立联系，说明一般的事实"。换句话说，实证哲学不研究世界的本质和原因，只研究具体事物的规律。在孔德看来，过去的神学方式和形而上学的方式之所以失败，原因就在于这些方式都是"纯粹的想象"，缺乏科学的根据。他的实证哲学要一扫认识论上的陋习，不承认想象的"最高权威"，而要让"知识从属于观察"。

那么，如何才能真正用实证方式认识事物呢？孔德认为必须把握实证方式的六个要素：第一，实证意味着"真实"，即以真实的事物为基础，废除"空想"；第二，实证意味着"实用"，即以有益于促进人类进步为目的，废除"清谈"；第三，实证意味着"确定"，即它的研究必须确定、可靠，反对"不确定"，即反对似是而非的空论；第四，实证意味着"精确"，反对"模糊"；第五，实证意味着以积极的态度去建设，反对"消极"的破坏；第六，实证意味着"相对"，即实证研究的成果只具有相对的意义，不承认任何"绝对"的认识。这六要素中最重要的是第一条和第五条。正如有的史家指出的那样：强调"以确凿的事实和这些事实之间确实的稳定关系为基础"，说明实证哲学是"对 18 世纪破坏精神的反驳"。

孔德按照自己提出的"实用"和"实证"的原则，在完成了哲学体系的构建之后，便立即开始思考社会改革的方案。改革社会是他从年轻时代就立下的宏伟抱负。实际上，对孔德来说，改造哲学完全立足于改造社会的目的。1851—1854 年，孔德发表了另一部重要著作《实证政治体系》。在这部著作中，孔德倡议建立一门新的学科——社会学，主张社会研究应该打上"科学实证的印记"，以创造一种新的科学的社会研究方法，所以，一般认为，孔德是现代社会学的奠基人之一。社会学，孔德又把它叫作"社会物理学"。他认为，既然生物学可以引进物理学的理论来解释生物现象，那么社会学可以也应该照此办理，比如说，可以仿照"生物静力学"和"生物动力学"的分类建立"社会静力学"和"社会动力学"。孔德的社会学思想十分庞杂，这里我们不可能详细论述，简单地说，孔德社会学建立在这样一个理论上：人类社会的发展不过是"生物进化的终极"，人类社会不过是"自然秩序简单的延长"，因此社会学必须以各种自然科学作为"不可或缺的准备阶段"。从这个理论出发，孔德认为，必须把社会学建设成如自然科学一样的实证科学，以"观察、实验和比较"作为社会学的三个主要研究方法。

孔德的社会学理论较之以往的社会研究和历史研究，在更自觉地吸收自然科学的先进成果，更自觉地总结人类历史的发展规律方面，有一定的积极意义。但是，它的弊病也是很明显的；最重要的一点是，由于它把人类社会看作是生物进化的自然"延续"，自然就把人的生物性作为认识的基点，而把人类的社会生产实践这个人类社会发展的主要因素抛在了一边，这就决定了它必然是一种以人性论为基础的唯心主义的社会学。

孔德倡立的社会学，其唯心主义的本质还表现在他的社会学划分上。他把社会学划分为三个部分：社会学、社会政治学和社会信仰学。这样的划分完全是从神学体系的神学、神学政治学和神学信仰学这三个组成部分照搬来的。孔德从实证的立场出发，最后却走向一种新的神学、新的宗教——"人类教"。人类教以人性和人类为信仰对象，认为人类作为一个整体，可以诠释一切社会现象，就像上帝是世界一切现象的本源一样。社会的每个成员只要崇拜人类，他就能够为人类服务，即所谓为人类"加上正号"。因此，人类崇拜要求每个人都以仁爱待人。很明显，孔德的"人类教"与旧的宗教没有实质上的区别，唯一的区别是用抽象的"人类"这个"伟大实体"替代了上帝这个"最高实体"。

孔德创立实证哲学的时期，以及以后的一二十年，科学和技术在法国和英、德等国家得到较快的发展和传播，取得了一些突破性的成果。1862 年，达尔文的《物种起源》由克洛德·罗瓦耶译成法文，不仅在生物界引起了强烈的反响，而且好似一股猛烈的风暴，震撼了全法国的思想界。物理、化学、生物学的种种重大发现使人们产生一种信心，感到凭自然科学的理论解释自然和全部人类社会的时代已经到来。因此，把自然科学的理论和方法推而广之，运用到人类生活的各个方面，特别是精神生活的各个方面，在一些人的眼里似乎已是大势所趋，不可逆转。这就是当时广为流传的科学主义思潮。广义地说，孔德的实证哲学也是一种科学主义。孔德在《实证哲学教程》里说过，历史证明，率先进入实证领域的是数学，然后依次是天文学、物理学、化学和生物学。这个次序符合科学自身发展的逻辑，发展链条的最后一环是"社会物理学"。可见，孔德是把自己的哲学理论和社会学理论完全纳入科学史的范畴的。这样一种哲学思想的传播必然对科学主义思潮的蔓延起到推波助澜的作用。反过来，科学主义的出现又必然为实证哲学的传播创造有利的气候条件。

科学主义不但和实证的思想方式相联系，而且在相当大的程度上是进步观的催化剂。科学将不断推动社会进步，给人类带来美好的未来，这是 19 世纪中期法国相当多的人尤其是知识分子的信念。

当时，实证主义的主要追随者有利特雷、泰纳与勒南。19 世纪中叶，利特雷在《国民报》发表一系列文章，介绍孔德的思想。60 年代，他出版《孔德和实证哲学》，后创办刊物《实证哲学评论》：利特雷试图增加实证主义的新内容，修改孔德的科学分类法。他在哲学上成就不大，但他于 1863—1872 年编的《法语词典》却赢得了长久的声誉。实证主义在泰纳的哲学思想中获得补充。他与孔德相同，以自然科学方法解释社会历史，力图使心理学、历史学、文艺批评成为客观科学。他在《英国文学史》中认为："道德状况产生种种艺术……种族、时间与环境最适合于产生道德。"50 年代，泰纳以哲学著述为主，反对浪漫主义与折中主义，著有《十九世纪法国哲学家》。他在《智力论》中提出自然环境决定论。孔德哲学思想还曾得到勒南的赞同。勒南在 50—60 年代主要从事语言学与宗教史研究，著有《宗教史研究》《耶稣生平》《天主教起源》（1863—1883）、《以色列人民史》（1887—1893）等。勒南以实证主义研究宗教史，否定天主教的教条。

在科学主义的思潮中扮演重要角色的有贝尔纳和贝尔特洛。两人都从事自然科学研究，贝尔纳是医生、生物学家，贝尔特洛是化学家。他们的影响之所以远远超出本专业的范围，是因为他们的理论带有显著的方法论特点，本身就是对科学主义的有力宣传。贝尔特洛在 1860 年发表了《以综合为基础的有机化学》，贝尔纳 1865 年发表了《实验医学研究导论》，两部书的共同特点是用实验材料证明，复杂的现象中存在着共同的规律，这些规律起着支配的、决定的作用。其中，《实验医学研究导论》

因为直接以人为讨论对象，所以在思想界和文化界的影响更为广泛。贝尔纳受实证哲学的影响，决心改变医学依赖经验的传统，建立以实验为基础的新医学，即实验医学。实验的内容是分析人体生命现象的物理和化学原因。实验医学的建立是以引进物理学和化学为前提的：贝尔纳把生物现象归结为 3 种性质：物理性质、化学性质和生命性质。"生命性质"是人们暂时还没有认识其"物理性质"和"化学性质"的东西，"但是毫无疑问，总有一天人们会认识它们的"。因此，生物现象归根到底只有"物理性质"和"化学性质"两大类。采用实验的办法探明生物现象的"物理—化学"性质，就能够对一切生物现象做出科学的解释，从而在这个基础上建立起实证的而不是经验的新医学。

第六节　自然主义

科学主义的传播，引起了文学艺术创作观念和创作实践的变化。变化最突出的标记是以小说家左拉为代表的自然主义文学的产生。

在中国，对自然主义有一种"源远流长"的误解。我们经常拿现实主义和自然主义相对照，把二者看成是对立的文学思潮，对前者褒，对后者贬，认为二者的思想价值有高低之分，艺术价值有雅俗之分。其实，这两个主要是从法国引进的概念，在"原产地"倒不存在什么尊卑贵贱。法国文学的历史事实说明，现实主义和自然主义之间尽管存在差异，然而在严格忠实反映现实生活这个基本点上，现实主义和自然主义没有区别。

那么，自然主义究竟有没有区别于现实主义的特征呢？这就要回顾一下自然主义产生的历史了。

大约在 1879 年，左拉的弟子昂利·塞阿尔借给左拉一本《实验医学研究导论》，左拉读后欣喜若狂，大有茅塞顿开的感慨，翌年，他便发表了《实验小说》这篇重要论文。这篇论文和他的另外几篇重要论文《戏剧中的自然主义》《自然主义小说家》《我们的戏剧作家》构成了自然主义的基本理论框架。

左拉在论文中确实大量引用了贝尔纳的生理学观点。这一点很重要，因为按照生理学的观点写小说，正是自然主义的一大特点。就像贝尔纳把物理—化学的概念引入生理学一样，左拉将生理学引入了小说。

《实验小说》发表于 1880 年，但自然主义文学观念并不是从那时才发端的。早在 19 世纪 40 年代，实证主义和科学主义浸润到文学领域，文学观念，主要是小说观念就已经开始变化。巴尔扎克等现实主义小说家不但主张真实描写社会风俗，而且表现出急于寻找科学参照的倾向，70 年代兴起的自然主义实际上就是这种倾向的延伸。五六十年代，福楼拜不但把真实的再现抬到至高无上的地位，主张作者"隐退"到描写的后面去，而且竭力模仿科学家的眼光。和巴尔扎克一样，福楼拜也对博物学家圣伊莱尔十分崇敬。1853 年，他在致友人高莱女士的信中这样感叹道："美学在等待它的乔弗鲁瓦·圣伊莱尔。"为描写包法利夫人吞服砒霜后的痛苦，他除了翻阅大量资料，还到医院实地观察病人。无怪乎圣勃甫读了《包法利夫人》，说他在小说里"到处看到解剖学家和生理学家"。福楼拜这种"纯客观的""科学"的描写已经得自然主义的先鞭。他实际上代表了现实主义向自然主义的过渡。

"自然主义"这个词在左拉笔下出现得很早。他在 1868 年为自己的小说《黛莱丝·拉甘》写的再版序言里就使用了"自然主义"这个词，他说自己能够跻身于自然主义作家的队伍，实在是三生有幸。左拉早年是达尔文的信徒。据龚古尔兄弟回忆，左拉曾对他们说："我们笔下的人物，他们的性格取决于人的繁殖器官，这是达尔文的理论！"此时，左拉的文学生涯刚刚起步，但是他已经把自然主义同生物学理论联系起来。在这里，重要的不是左拉对达尔文理论的理解是否正确，而是他对新的生物学理论的热情和在小说创作中吸收这种理论的自觉意识。

不久，左拉发现了生理学家勒图诺的著作《情感生理学》和医生吕卡的著作《关于自然遗传的哲学和生物学论文》。这两部著作的科学价值今天已很值得怀疑，不过当时左拉却把它们当作生理学和遗传学的经典。他对遗传因素在人的性格和行为中的作用问题产生了浓厚的兴趣，与这两部书有很大的关系。

就在这个时候，左拉开始构思他的《卢贡—马卡尔家族》这部大型系列作品。作品副题是《第二帝国时期一个家族的自然史和社会史》。全书由 20 部小说构成。这是法国自然主义的代表作。法国小说从拉法耶特夫人的《克莱芙王妃》起就有注重心理分析的传统。然而人的心理活动，看不见，摸不着，隐蔽得很深，18 世纪擅长心理分析的马利伏曾说心理活动是"藏在心底的巢穴"。因此，长期以来，小说的心理描写多半依赖猜度和臆测，是想象和虚构。深受泰纳实证主义影响的左拉对这种传统的心理描写十分不满，他想赋予心理描写以实证的性质。心理活动何以能实证？办法是求之于人的生理活动。左拉认为，人的心灵不是"孤立"的，不会"在真空里独自运作"，它必然有"生理的机制"。小说家"应当像化学家和物理学家研究非生物及生理学家研究生物那样，研究性格、感情、人类和社会现象"。左拉认为，人的生理结构之谜已经由生理学解开大半，因此，只要发现了心理活动与生理活动之间的关系，就能解开心理结构之谜。从这里出发，左拉踏上了小说的实证主义道路，也就是自然主义的道路。

"生理机制"在左拉看来，主要是遗传机制。用他的话说，"遗传问题对人的精神和感情行为有巨大的影响"。《卢贡—马卡尔家族》描写了由阿德拉伊德·福格（迪德婶娘）开始的卢贡和马卡尔两家族五代人的命运。疯狂和嗜酒这两个反常行为通过遗传因子代代相传，成为一种宿命的力量，一种决定的因素，渗透到每个成员的心理中，左右他们的行为选择，欲想逃脱，难而又难。正是在这个意义上，左拉把《卢贡—马卡尔家族》称为一个家族的"自然史"。显而易见，这个"自然史"涂上了鲜明的遗传决定论的色彩。左拉读到贝尔纳的《实验医学导论》时，《卢贡—马卡尔家族》已经至少完成了8部作品。《导论》对左拉的意义，不是找到了自然主义小说理论的起点，而是找到了发展这种理论的科学根据。正因为左拉发现贝尔纳的理论同自己的构想在许多地方相互呼应，而且大大有助于深化他的构想，所以他才那么兴奋，欣然接过贝尔纳的生理学原则，并根据这个原则写了《实验小说》，最后完成了自然主义小说理论的建设。

然而，无论是《实验小说》这篇论文，还是左拉的作品都说明，左拉的自然主义并不局限于狭隘的遗传决定论。它有着更广阔的视野。左拉不但重视生理机制在人的感情和行为上的作用，而且认为"在研究家庭，研究人的群体时，社会环境同样至关重要"。他相信人"每天都在改变这种环境，其自身也在其中不断地变化"。《卢贡—马卡尔家族》五代人，每个人都有自己的生活环境和生活方式，他们的思想、感情、性格、禀赋之所以各具特点，是因为他们的社会环境各不相同。小说展示了波拿巴内阁（《欧仁·卢贡大人》）、银行和交易所（《金钱》）、新兴的大商业公司（《妇女乐园》）、剧院和沙龙（《娜娜》）、巴黎的贫民区（《小酒店》）、矿山（《萌芽》）、农村（《土地》）……在这些不同的社会环境中活动着卢贡—马卡尔家族的成员。他们有的混迹于政客中，从事政治投机；有的出入交易所，浑水摸鱼；有的出卖色相，终于贫病而死；有的勤俭一生，未能改变穷困；有的成了机器的奴隶；有的成了工人运动的领袖。左拉说："人并非孑然一身，他生活在某个社会中，生活在某个社会环境中，所以对我们小说家来说，社会环境在不断地改变着现象。"社会环境在左拉看来是"外部环境"，生理机制是"内部环境"，生理机制在"外部环境的影响下发生作用"。"社会影响个人"和"个人影响社会"，这个相互作用便是小说家所要进行的"伟大研究"。据此可以看出，表现人与社会的关系，这乃是左拉自然主义题中应有之义，现实主义传统在这里得到继承，而且从表现现实生活的广度说，得到了发展。从这个意义上说，丢掉左拉的自然主义，就得不到关于法国 19 世纪现实主义文学的完整概念。

现实主义强调观察，而左拉的自然主义认为作家不但应该是观察家，而且应该是"实验家"。左拉把作家的创作和科学家的实验等同起来，认为创作过程就是一个实验过程。小说家为他的人物设计好一个"坚实的场地"，然后把人物放进去，"让他经历种种环境"，观察分析人物的生理机制在这些环境中如何决定人物的思想和行为。左拉希望这样产生的作品与科学家的"实验记录"具有同等的价值。这样，左拉就在小说领域里把实证主义推到了极端。他将文学与生理学等自然科学生硬地比附，不适当地强调从生理、病理和遗传等因素中寻找人的行为和心理的动机。现代生理学和心理学已经证明，人的心理活动的确受到生理因素的影响。就此而言，在小说中探讨心理活动的物质机制并没有错，相反，却是值得肯定的。然而左拉对当时的生物学和生理学理论只有很肤浅的认识，大半属直觉的感受（且不说这些理论本身的缺陷），而且他按照泰纳的实证主义思想，企图用简单的几条科学定律来解释人的极其复杂的心理活动，其结果是以丰富小说心理描写的愿望开始，以将心理描写简单化而告终。在左拉那里和在泰纳那里一样，科学成了一种简单的决定论的代名词。

由于左拉过于关注生理因素和遗传缺陷，因此，他的作品有时热衷于描写人的病态心理和病态行为。左拉小说里的这类描写，当时就掀起过一次又一次的轩然大波。闹得最凶的两次是先后围绕《小酒店》和《土地》展开的争论。第二次，连自然主义阵营内部也喧哗起来。年轻作家波纳坦等人在 1887 年 8 月 18 日的《费加罗报》上发表《五人宣言》，激烈批评左拉"跌到了垃圾堆的底层"，声称要和"昔日过分爱戴的人"一刀两断。一向对左拉不满的批评家儒尔·勒麦特尔甚至在《土地》发表之前就抢先写文章极尽挖苦之能事。对于当时及以后的一些批评，我们必须加以分析。一方面应该看到，其中一些人不过是被左拉暴露下层社会黑暗的勇气吓住了，《五人宣言》在很大程度上就属于这种情况；另一方面也应该承认，左拉在暴露黑暗时，在描写病态心理和行为时，一味追求"科学""真实"，有时（并非一贯）确实夸大了人物生理本能和器官机理的作用，使人变成了名副其实的"人兽"（左拉的一部小说就叫《人兽》）。这在一定程度上破坏了小说的审美艺术效果。

《实验小说》于 1880 年发表。这一年法国自然主义进入了全盛期。左拉著名的小说《娜娜》问世，同年，出版了左拉和他的追随者撰写的小说集《梅塘之夜》。其中有莫泊桑的成名作《羊脂球》，还有于斯芒斯、埃尼克、塞阿尔、阿莱克西 4 人的作品。小说集起名《梅塘之夜》，是因为作者们常常到位于巴黎郊区的左拉的别墅"梅塘"聚会，被称为"梅塘集团"。"梅塘集团"的出现和《梅塘之夜》的出版，标志着左拉倡导的自然主义已经形成一个创作派别。

自然主义作家除"梅塘集团"外，主要还有龚古尔兄弟。爱德蒙·龚古尔和儒尔·龚古尔大概是自然主义流派中最接近左拉的作家。他们在左拉之前便已经开始探索"以自然科学的严密和历史的真实为方向的小说运动"。他们和左拉一样，企图从生理学和医学的角度来解释人的心理和精神状态。在《杰米尼·拉赛尔特》的序言里他们明确指出："如今小说开拓了疆界，成长起来，也已成了文学研究和社会调查的一种严肃的、动人的、活跃的、重要的形式，它通过分析和心理研究成为当代的道德史，它担负起科学研究的任务和责任，因此，它能够要求科学的自由和坦诚。"

"梅塘集团"的成员对左拉在《实验小说》里阐述的自然主义理论程度不等地持保留态度。在创作实践上，真正追随左拉的人并不多。如莫泊桑，他以《梅塘之夜》的一篇《羊脂球》而声名鹊起，实际上，这篇中篇小说与左拉的自然主义理论并没有多少瓜葛。综观他的创作，有些作品，例如，《一个儿子》《皮埃尔和若望》等短篇和长篇小说，带有自然主义痕迹，更多的作品则看不到或者几乎看不到自然主义的方法与风格。他在"梅塘集团"的成员中率先宣布脱离自然主义，以后其他成员也先后疏远了左拉，只有阿莱克西仍宣布忠于自然主义。到《五人宣言》发表后，自然主义流派已不复存在。

左拉在完成了《卢贡—马卡尔家族》后，立即着手写作《三城记》(《卢尔德》《罗马》《巴黎》)，然后又写了《四福音书》(《繁殖》《劳动》《真理》《正义》)。因为突然死亡（煤气中毒），《正义》未能完稿。在这些作品里，左拉自己也放弃了"实验家"的雄心，不再把小说勉强地等同于生理学和医学。他潜心于探讨伦理和社会理想，尽管在描写上仍保留了详尽、铺陈的风格，但是《卢贡—马卡尔家族》那种实证的、"科学"的态度基本消失了。

自然主义主要是一种文学思潮，在艺术领域影响不大。道理很简单，因为无论是绘画，还是音乐，都更强调直觉和想象，自然主义，尤其是左拉的严格的自然主义理论，很难为艺术家所接受。不过，在艺术领域也并非完全没有自然主义的痕迹可寻。比较明显的例子是罗丹的雕刻作品。

雕刻大师罗丹创作勤奋，作品相当丰富。他善于吸收传统，又敢于大胆创新；坚持自己的风格，又能兼收并蓄，采他人之所长。正像许多文学艺术大师一样，罗丹的作品很难用一种类型加以概括。他的一部分作品表现瞬间的感觉或印象（《巴尔扎克》），一部分作品着重表现对象在他心里引发的感情（如《雨果头像》），一部分晚期作品则涂上了一层神秘色彩（如《地狱之门》的某些作品）。不过，他也有相当多的作品具有自然主义的特征。

法国有的艺术史家认为，雕刻从其产生之日起便是一门自然主义的艺术，因为它是按自然的原型创作的（例如，路易·纪耶的《法国艺术史》就持此论）。他们的自然主义的定义显然过于宽泛了。然而对罗丹的自然主义，我们也不能按文学上的定义来理解。我们这里说的自然主义是指通常所说的与现实主义相通，不过更偏重于直接、细致写实的自然主义，它的一个重要特点是大胆表现人作为自然存在而经历的感情危机和悲剧命运。

罗丹自然主义的代表作品有《老娼妇》《吻》《于高利诺》等。《吻》是群雕《地狱之门》中的作品。罗丹受到意大利雕刻家齐贝尔蒂创作的佛罗伦萨教堂大门的启发，设计了一个大型作品《地狱之门》。作品未能完成，原因是计划过于庞大，而且这个"门"没有能够安置它的地方，因而失去了门的意义，罗丹发觉了自己的错误，终于半途而废。不过其中的一些单个作品却成了不朽的杰作。《吻》取材于但丁《神曲》中保罗和法兰赛斯卡的恋爱故事，不过事实上，原题材与作品的意义并没有多大关系。作品表现的是一对裸体的青年男女热烈拥抱接吻，它的直接意义显然是赞美人的青春活力及青年男女之间本能的情感。《于高利诺》的故事在《神曲·地狱篇》第33篇也有所涉及。于高利诺是13世纪意大利比萨城的显贵，卷入皇帝派和教皇派的纷争，一度在比萨执政，后来被吕格齐洛主教推翻，连同二子二孙（一说是二子二侄）被囚禁在塔里，最后全部因饥渴而死。传说于高利诺因饥饿而发狂，以儿孙的肉充饥。

罗丹的作品描写了这个悲剧的最后一幕，二子二孙已经是四具僵尸，双眼失明的于高利诺在尸体上摸索爬行。从这惊心动魄的场面中，我们看到人在极度痛苦和绝望时，求生的本能和兽性如何代替了理智和人性。《老娼妇》（图9-10）刻画的是一个裸体的老年妇女。伛偻的脊背，粗糙萎缩的四肢，干瘪下垂的乳房，干草般蓬乱的头发，风干水果似的脸，在无数表现青春少女的裸体雕塑中，这个作品显得那么刺目，又那么令人心碎。作品题名《老娼妇》，包含着对受凌辱妇女的同情，对世道不公的控诉，同时也是对人生悲剧发出的无可奈何的叹息。如此惟妙惟肖地塑造一个风烛残年的妇女，突出岁月对人体美的残酷破坏，用极端的丑陋震撼观众的心灵，这在美术史上大概还是第一次。

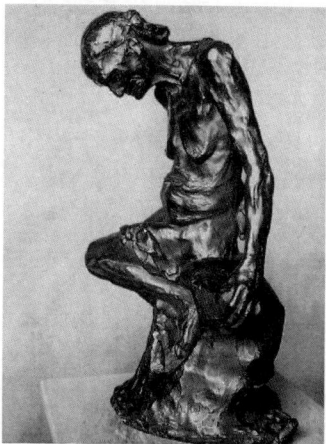

图 9-10　老娼妇

罗丹在他的《艺术论》里说："自然中的一切都是美。"这句话的意思是说，自然中的一切都能够成为创造美的艺术品的对象。他自己在艺术实践中正是这样做的。在自然主义创作原则的指导下，他的雕刻作品经常可以产生惊世骇俗的效果。在这一点上，他使人自然地联想到左拉。

左拉的自然主义强调人的遗传因素和生理机制的重要作用，罗丹的自然主义强调自然中的一切都可以成为艺术创作的题材，这样实际上他们就都提出了究竟什么是艺术美的问题，他们都否定了关于美的传统观念，把传统观念认为是丑陋污秽的东西当作艺术表现的对象。在这一点上，他们和象征主义的先驱波德莱尔的美学思想是相通的。

第七节　唯美主义和象征主义

一、唯美和象征主义在文学上的体现

就在现实主义兴起的 19 世纪 30 年代，另一股文学艺术思潮也在法国应运而生，这就是以"为艺术而艺术"为口号的唯美主义。

唯美主义作为一种艺术思潮，渗透在法国 19 世纪下半叶以后直至今日的许多文化潮流中。就 19 世纪的范围而言，典型的唯美主义艺术思潮是帕纳斯派诗歌。另外，象征主义诗歌和印象主义绘画也受到唯美主义思想的影响。

戈蒂耶的唯美主义思想在他 1832 年为自己的长诗《阿尔贝丢斯》写的序言里已经有所流露。1835 年他发表小说《莫班小姐》，同时为小说写了一篇长长的序言。这篇序言对形形色色所谓的艺术功利主义极尽揶揄嘲笑之能事，明确提出了"为艺术而艺术"的纲领。戈蒂耶的作品大都把创造纯艺术美作为理想的目标，而他作为"古希腊的儿子"（雨果语，谓戈蒂耶崇拜古典文化，并且具有深厚的古典文化修养），又把艺术美归结为一种外在形式的雕塑美、视觉美。《莫班小姐》和 1852 年发表的诗集《珐琅和雕玉》非常典型地反映了他的这种美学理想。

唯美主义在 40 年代后得到迅速传播。从社会根源说，这是因为一部分艺术家和文学家对现实感到失望和厌倦，企图躲进艺术的象牙之塔寻求精神的安慰。从艺术审美的原因来说，浪漫主义文学经过 20 年捶胸顿足的呼号和愁眉苦脸的呻吟，那种以宣泄感情为主要特征的艺术手法终于使人厌倦了。于是，设一道闸门，挡住感情洪水的奔泻，在平缓宁静或者深层次中发现真正的美，自然成了越来越多的诗人和艺术家的追求。因此可以说，唯美主义既源于浪漫主义，又是对浪漫主义部分美学观念的反弹。

按照戈蒂耶的唯美主义理论和雕塑美、视觉美的理想去构建新诗歌的是帕纳斯诗派。帕纳斯是古希腊神话里太阳神阿波罗和诗神缪斯的灵地。1866 年出版的一本诗集借用这个典故，取名《现代帕纳斯》。在诗集中发表作品的诗人（以年轻人为主体）当时便被称为帕纳斯派。其实他们的共同主张只是建设后浪漫主义诗歌，在其他方面则莫衷一是。所以后来只把其中艺术旨趣接近戈蒂耶的那些诗人叫作帕纳斯派，其他的诗人如魏尔伦、马拉美、法朗士等都要另当别论了。

帕纳斯派有两代人。第一代是勒孔特·德·李尔和戴奥道尔·德·邦维尔。邦维尔的诗人生涯始于 19 世纪 40 年代，勒孔特·德·李尔的诗人生涯始于 19 世纪 50 年代初到 50 年代末，两人都已经诗名冠世。从 1860 年起，一些仰慕勒孔特·德·李尔的青年经常在他家里聚会谈诗，他们大都有诗作入选《现代帕纳斯》，习惯上被称为第二代帕纳斯派，也称"纯帕纳斯派"，代表人物是科贝、迪耶克斯、普吕多姆和埃雷迪亚。

帕纳斯派诗人的共同特点是：第一，师宗戈蒂耶，信奉"为艺术而艺术"，追求诗歌的形式美；第二，反对浪漫派的滥情主义和艺术形式上的"自由主义"，提倡不动感情的描写和冷峻雕琢的诗风。这派诗人中的少数人（勒孔特·德·李尔和普吕多姆）受到科学主义思想的影响，幻想"将新的科学成就和现代哲学的高度综合引进诗歌领域"（普吕多姆语），企图用诗来解说科学。帕纳斯派强调客观描写，忽视主观的观照；强调外在形体的再造，忽视内在情思的捕捉；强调诗的再现功能，忽视诗的表现功能。它克服了浪漫派的滥情主义，同时却又错误地忽视了诗的抒情性质。它在法国诗歌史上的贡献是不可抹杀的，但是它的美学主张又含有弱点。正像20世纪著名诗人瓦雷里回忆的那样，在勒孔特·德·李尔的晚年，"青年人的活动已经围绕在魏尔伦和马拉美周围了"。魏尔伦和马拉美都是象征主义诗人。象征主义虽然和帕纳斯派一样扬弃了浪漫派的滥情主义，却同时继承了浪漫派的内省特征。它不注重客观对象的再现，而是努力表现"人类心灵的种种状态"（马拉美）。象征主义也受到"为艺术而艺术"思想的影响，但是象征主义对美的理解和帕纳斯派大相径庭。美对于象征主义而言，不仅是形式的美，而且是内在生命的表现，具有和外在世界抗争的意义。这种抗争性使得不少象征主义诗人获得了"遭诅咒的诗人"的"美名"。象征主义作为诗学观念和表现方法，产生于19世纪50年代，奠基人是奈瓦尔和波德莱尔。从60年代起，魏尔伦、兰波、马拉美相继登上法国诗坛，从不同方面发展了奈瓦尔和波德莱尔的思想，成为象征主义诗歌的代表。不过在六七十年代，象征主义还没有成为特定诗歌思想和流派的名称，魏尔伦和马拉美有时还被称为帕纳斯派。直到80年代中期，才有一批青年诗人发表宣言，公开打出象征主义这面旗帜，组织了象征主义诗派。此时马拉美还在创作，被象征主义诗派尊为领袖，但是兰波已经退出诗坛，魏尔伦也实际上停止了创作。象征主义诗派存在的时间不长，到90年代中期便分崩离析。差不多与此同时，克洛代尔、瓦雷里和魏尔哈伦（比利时诗人）开始诗歌创作。他们的创作活动一直延续到20世纪，被称为后期象征主义。象征主义的先驱波德莱尔以著名诗集《恶之花》享誉西方世界。他的另一部作品《小散文诗集》（亦称《巴黎的忧郁》）也受到高度评价。《恶之花》按照波德莱尔的意思是"病态的花"，这就点明了诗集的主题。诗集突破了关于美的传统观念，描写丑陋的事物和病态的感情，目的是要"化丑为美"。这种全新的美学思想奠定了象征主义诗歌的基础。同时，波德莱尔把当时很时髦的神秘主义哲学的"感应论"（创立人是瑞典神学哲学家斯威登堡）运用到诗学中来，认为诗人能够感觉到自然物之间、自然与人之间及人的感官之间存在的"内在的、秘密的关系"和"普遍的相似"。

波德莱尔的"感应论"成为后来象征派主义诗学的一块重要基石。

象征主义在魏尔伦、兰波、马拉美及象征主义诗派的拉弗格、萨曼等诗人手里逐渐臻于成熟。这些诗人都有鲜明的个性：魏尔伦清新自然，兰波突兀峻绝，马拉美艰深晦涩，拉弗格沉郁凝重，萨曼典雅矜持。但是他们也有一个共同的特点，那就是注重表现诗人的自我世界。这个自我的世界不是浪漫派所描写的那种常人的七情六欲，而是对于生活的一种"只可意会，不可言传"的神秘感受，一种异乎常人的直觉，甚至是一种"羚羊挂角，无迹可求"的幻觉。这种感受、直觉和幻觉充满了神秘性和不确定性，对此，旧的浪漫主义的抒情手法已经捉襟见肘，有技穷之慨。所以，象征主义诗人便借助曲折的隐喻和晦暗的象征，间接、含蓄、"拐弯抹角"地表达胸臆。对于这一点，马拉美讲得很清楚："直陈其事，这就等于取消了诗歌四分之三的乐趣。这种乐趣原是要一点一滴去领会它的。暗示，才是我们的理想。"他要求充分利用象征的神秘性，因而"在诗歌中只能有隐语存在，对事物进行观察时，意象从事物引起的幻梦中振翅而起"。

为了创造以含蓄甚至艰深为特征的新的诗歌美，象征主义积极追求一种新的诗歌语言。象征主义认为，诗歌创作既是诗人主体的投入，又是对语言自身价值的发掘。因此，象征主义在语言方面，尤其在隐喻和象征方面标新立异，"语不惊人死不休"。这在一方面造成了象征主义诗歌的晦涩和怪异，另一方面也为诗歌语言和诗歌意象开辟了新的途径。象征主义是一个主观色彩强烈的诗派，对象征主义诗人来说，晦涩怪异并非缺点，而是造成诗歌神秘感的重要因素。既然运用象征是为了造成神秘感，那么诗歌的真实含义，就不但要用理智去理解，而且要靠心灵去领悟了。说象征主义诗歌艰涩，这是一般而言。魏尔伦的诗就不那么艰涩。相反，在《美好的歌》《无词浪漫曲》《智慧集》这些著名诗集里，都可以找到许多流畅自然的诗。

魏尔伦生活作风颓废，然而在心灵深处，他却有清教徒的道德意识，所以他永远在悔恨、在彷徨、在痛苦地求索。他的许多作品都表现了内心的这种矛盾和冲突。

兰波是象征派的怪杰。他十六七岁便有了诗名，而二十刚出头便"向诗歌告别"，而且一去便永不复返，写诗的时间总共只有六七年。然而时间尽管短暂，却留下了足以和最伟大的诗人争辉的作品。他 1871 年到巴黎去见魏尔伦时，已经完成了著名诗篇《醉舟》。在这首诗中，浪漫主义和帕纳斯派影响的痕迹清晰可见，不过，年轻的诗人凭借丰富而奇特的想象，创造了许多神异怪诞的意象，蕴含隐晦难解，已经具备象征主义风格。全诗节奏紧张，起伏跌宕，使人觉得仿佛随着诗人化为一叶扁舟，沿着奔腾的大江直达大海，目睹了千奇百怪的景象。兰波后来转写散文诗，最著名的诗集是《彩画集》和《地狱一季》。这些散文诗保持了《醉舟》的青春活力、对世界的好奇和纯朴的童稚之心，而艺术上则更趋成熟。有的诗就像一只清亮的短曲，如《黎明》《花》《童年》，意境清远，虽然可以做多层解说，但是毕竟不算晦涩。有的则十分晦涩难懂，如《虔诚》《神秘》《H》。诗人用一双似乎还没有摆脱稚气的眼睛观察世界，真实的生活和幻觉、错觉在他的眼睛里融汇在一起。作品语言圆熟，恰到好处地表现了迷离、朦胧的画面。

三位象征主义大师，最艰深的要数马拉美了。兰波的艰深有时被感性的画面和充满情感的形象冲淡了，而马拉美之所以显得更加艰深，是因为他以更富于哲理的态度对待生活和诗。马拉美是"长歌破衣襟，短歌断白发"的苦吟诗人。他受唯美主义影响极深，以几近宗教的虔诚态度对待诗和写诗，他的许多诗是对诗和写诗的反思。他毕生追求完美，又毕生感到完美之不可求，于是矛盾、疑惑、犹豫、焦虑时刻折磨着他，令他不得安宁。这种内心的痛苦，我们从《窗》《蓝天》《天鹅》等诗中都可以感觉到。马拉美以哲理的态度对待诗，不过他的诗并不是哲理诗，虽然不免有"玄言"的味道，然而基本上不是说玄理，而是吐露心中的焦虑与不安。更重要的是，诗人理智的活动完全隐藏在峭奇的隐喻和象征后面，所以他的诗幽冷峻拔但不枯燥。《牧神的午后》这首著名的长诗描写牧神午睡梦见了山林水泽女神，含义十分晦涩，空灵之中似乎隐含着超脱物质世界的幻想。诗人最后一首诗《骰子一掷绝不会破坏偶然》，意义更加晦暗不明。诗人在这首诗里突破了诗歌传统的排列形式，排列成零乱的阶梯式，甚至留出整页的空白，字体的大小也不一致，标点完全取消。这首诗为诗人在唯美主义的道路上毕生的追寻打上了句号。这是一个多少带有绝望色彩的句号。

二、象征主义绘画

19 世纪末，法国还形成了象征主义画派，它与 19 世纪 80 年代中叶的法国文学，特别是诗坛的象征主义运动有着密切的关系。象征主义以清新淡雅的色调画出风格朴素而富有诗意的画作，只用几条弧线和浅淡的光影就能使气氛达到梦幻般的境界。象征主义的代表画家有夏凡纳、莫罗和雷东。

夏凡纳曾给许多公共建筑作装饰壁画，他的作品带有一种气氛宁静、节奏分明的装饰风格。他的不少画作来自古代的题材，因此，显出学院派的特点。他为里昂艺术宫所作的《文艺女神们在圣林中》（图 9-11），给人一种梦幻的、充满诗意的意境。莫罗是象征主义绘画的中心人物，以创作神话和宗教题材的绘画而著称。他的作品将意大利的古典艺术与异国情趣的东方艺术相结合，这些作品深受当时文学的影响，尤其是得益于诗歌。他的创作也引起了文学家的关注。莫罗最著名的作品是《在希律王面前跳舞的莎乐美》（图 9-12），这幅画有着宝石般的明亮色彩和梦幻般的神秘情调。雷东主要以他的炭笔素描和石版画而闻名。他的作品反映了他焦虑不安的个性，他创造了类似虚构的、充满困惑的人物形象，表现了一种凝固的静态美。他创作了近 200幅石版画，总标题为《在梦中》。

图 9-11　文艺女神们在圣林中

图 9-12　在希律王面前跳舞的莎乐美

第八节　印象主义

19世纪60年代，印象主义开始崛起，到七八十年代达到鼎盛时期。这是法国美术史上的一个重要转折点。印象主义是以崭新的姿态登上法国画坛的。印象主义画家主张走出沉闷的画室，进入实际生活，走向街头、海滩、森林和乡村，根据眼睛观察和心灵的感受作画，以直接写生的方式反映种种生动的印象，描绘大自然中千变万化的光线和色彩。他们不再注重作品的内容和主题，而光和色彩则成为他们研究的中心课题，支配着他们的创作活动，他们认为捕捉瞬息间光的照耀才能揭示自然界的奥妙。

　　早在1863年，一些具有创新和探索精神的青年艺术家由于受到官方沙龙的排挤，只得参加落选沙龙的展出。当时马奈的参展作品《草地上的午餐》（图9-13）引起了一场轩然大波。非议主要集中在两点：一是因为所谓的挑逗和伤风败俗的题材。在画中，人们可以看到一个赤身裸体、容貌平凡的普通女子坐在草地上，她身边有两位身着当代服装的年轻男子正在侃侃而谈，旁边还摆放着野餐的食品，颇似一幅当代游乐图。另一点是异乎寻常激越的风格。在画中，马奈运用了一种崭新的绘画技法，使色彩和光线归于强烈的碰撞效果，给观众以耳目一新的印象，也使马奈成为名副其实的印象主义画派的先驱。

图9-13　草地上的午餐

　　在1865年的落选沙龙展上，马奈的《奥林匹亚》再次引起议论和风波。有人指责他用亵渎艺术准则的手法去画一个女性裸体。在这幅画中，马奈与传统的绘画观念彻底决裂，完全取消了中间色调和过渡色的运用，把这幅画简化成平面的图形。而对平面的回归恰恰是现代绘画的一大特点。马奈的《吹笛少年》也体现了这种画法。

　　1874年春，一批美术家为抗议官方沙龙对他们的歧视而共同举办了独立画展。莫奈参展的一幅名为《日出印象》（图9-14）的作品引起了一名记者的兴趣，他写文章称这些画家是"印象主义画派"，他们也乐于接受这个称呼。后来，此类画展又举办过7次，印象主义运动从此正式形成并产生了空前的影响。

图 9-14 日出印象

　　印象主义画派最著名和最典型的画家是莫奈。他特别喜爱描绘塞纳河畔风景颤动的光线，用细碎、闪光的笔触分解物体的象形，以表现空气中光线闪烁的效果。他努力再现自然界每一瞬间真实的光色变化，并进行了一系列的实践。他曾画过 7 张《圣拉扎尔火车站》，表现的是从透明屋顶射进的阳光与进站火车喷出的烟雾混合作用下空气的视觉效果。他画了 20 多幅《鲁昂大教堂》，描绘了在同一天里不同时间内光线变化的情况下，建筑物外表和装饰雕像颜色的深浅变化。他还画过两幅《打阳伞的女人》，一幅画的是面对阳光的女人，另一幅是背对阳光的女人，表现了在不同光线条件下同一人物的不同形象。

　　莫奈晚年时隐居在距巴黎数十公里的吉维尔尼村。他在这里建了一座环境幽雅、鲜花满园的乡间别墅。他静静地绘制了一组名为《睡莲》的油画，作品充满挥洒自如的写意色彩，从中可以看出抽象派绘画的端倪。

　　印象主义画派中善于画人物的画家是雷诺阿。他的画充满着生活的喜悦，是对人生和自然的赞美。他的作品色彩明快协调，令人赏心悦目，有人把他称为"欢乐和美的歌手"。为了使所描绘的景象充满快乐和自由的气氛，雷诺阿给光和影的斑点让出一定的空间，给人一种运动和活跃的印象。《红磨坊的舞会》（图 9-15）亲切地再现了在葡萄架下举行欢乐的舞会场景，画面充满了动感；在《阳光中的裸女》中，丰富的冷暖色彩反映出花园中阳光的明媚和少女的活力。

图 9-15　红磨坊的舞会

另一位擅长描绘人物的印象主义画家是德加。他对运动比光线更敏感，努力捕捉每一刻的真实。他的作品也表现出他的那种追求真实、严谨细腻的精神。在《蓝衣舞女》和《舞蹈课》中，人们似乎可以感觉到舞裙薄如蝉翼的质感、演员们入场前的紧张感及她们在后台的疲惫感。在《苦艾酒》（图 9-16）中，他为了突出人物苦闷压抑的心境，把在小酒吧饮酒的一男一女安排在画面的右上角，男子一部分躯体被舍去，使他们有被关在狭小牢笼中的感觉，作品的构图使人们想起照相机的取景。

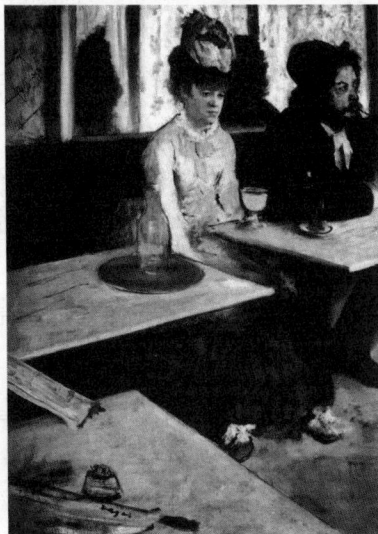

图 9-16　苦艾酒

　　从 1880 年起，印象派的理论开始受到质疑，不同意见的艺术家们纷纷涌现，印象主义内部也出现了分化，一批年轻的画家将印象主义运动引向了新的方向，使它产生了新的面貌。当时人们用"后印象主义"一词来称呼这批艺术倾向不同却都想和印象主义划清界限并反对此画派的画家。

　　荷兰画家梵·高是后印象主义绘画中极具影响的代表人物，他在近代艺术史上占有十分突出的地位。他于 1886 年来到巴黎，后于 1888 年 2 月到法国南部阿尔勒。他既是精神病患者又具有极高的天赋。在他的作品中，我们能够找到他平静的时光，也能发现他狂热激愤的时刻。然而在他的生活中极少有欢乐的日子，大部分时间都是在艰难困惑之中。他的画作都直接反映了他的心灵感受。他生命的最后时光是在精神病院中度过的，但在此期间，他却创作出多幅令后人赞叹不已的杰作。他用旋涡状的激烈笔触和互补色的对比，以表现画面的强度和力度，每一笔下去都可以感到画家的心灵在颤抖。

　　梵·高创作了颤动的《麦田》、千姿百态的《向日葵》和旋涡般的《星夜》，这些作品都充满着强烈的个性，洋溢着充沛的感情，反映出现代艺术家对题材和主题的新观念。他在生命接近尾声之时所画的《加谢医生》（图 9-17）和《欧维尔教堂》（图 9-18）等作品，体现出画家对朋友的真挚感情和对艺术的执着追求。这些作品都已成为世界级的绘画珍品。

图 9-17　加谢医生

图 9-18　欧维尔教堂

　　在后印象主义画家中，高更的人生经历更加丰富多彩。他的艺术创作表现出对西方文明的偏离倾向。他的作品寻求新的表达方式，一种更原始、更现实和更真诚的表达方式。1891 年，他来到太平洋上的塔希提岛，被那里的原始艺术深深地吸引。从此，他怀着真诚的态度把那里的一切都画进他的画中。《塔希提女人》（图 9-19）描绘的是坐在海边沙滩上的两个土著妇女的朴实形象，这是一幅带有原始情趣和野性的、有着强烈色彩的作品；《阿里阿里阿》表现的是一个女孩儿坐在树下吹笛子，旁边另一个姑娘正在认真地听，高更在这里描绘了一幅宁静、和平的生活图景。

图 9-19　塔希提女人

　　后印象主义的另一位重要人物是塞尚。与印象主义者注重描绘瞬间即逝的视觉感受的意向相反，塞尚努力探索以一种永恒不变的形式去表现自然。如果说印象派画家的作品是将轮廓线变得模糊的话，而塞尚则是建立起轮廓线。他最喜欢表现的题材是静物，他的静物画常常是用圆形的、球形的和角形的方式去表现。在《苹果和橘子》（图9-20）中，塞尚借助冷暖色交替的方式来描绘几盘水果及它们受光的影响而改变的形象，以达到感官的真实性。塞尚也画人物，他画面上的人物都是当作静物来处理的，他的《玩纸牌的人》（图9-21）并不注重人体的解剖结构，而是着眼于色调与体积的关系，将人物的身体处理成概括的、机械的和富有几何形概念的形象。

图 9-20　苹果和橘子

图 9-21　玩纸牌的人

　　19世纪80年代后半期，法国产生了新印象主义画派，他们自称为科学的绘画。这些画家不用轮廓线条划分形象，而用无数个互不相连的小色点在画布上点出形象，其意图在于加强画面的稳定感和色调的跃动感。新印象主义的倡导者是修拉，他运用的笔触是圆形小点，因此，人们称他为点彩派画家。修拉的代表作是《大碗岛的星期天下午》（图9-22）。在画中，画家运用了精确而有条理的科学方法处理人物之间的空间距离，作品中稳定的结构关系给人以古典艺术的印象。《马戏》是修拉一幅没有完成的作品，然而画家的技法却取得了引人注目的成果。

图9-22　大碗岛的星期天下午

　　修拉虽然有才华，但是在32岁时英年早逝。此后，西涅克成为新印象派的首领。他善于描绘巴黎城市风光和乡间景色，特别是水上风光，《马赛港》是他此类题材的杰作。

第十章 共和制度的确立

第一节 共和制度的胜利

法国共和制度的建立走的是一条漫长而曲折的道路。1792 年 8 月 10 日，在国内外封建势力联合一起向法国进攻的危急时刻，巴黎人民举行武装起义，废除了王权和君主立宪制，于 9 月 22 日，建立第一共和国，这个共和国没有存在多久，就被拿破仑的帝制所代替。1848 年，在以法国工人阶级为首的广大人民群众反抗七月王朝的斗争中，第二共和国成立，但是第二共和国也只存在了 3 年。

第三次建立共和国的努力也历尽艰辛。1870 年，法国和普鲁士因西班牙王位问题明争暗斗，7 月 19 日，法兰西帝国便向普鲁士宣战，普法战争爆发。9 月 2 日，法国在色当被打败，皇帝投降。消息传到巴黎，群情激愤，共和派于 9 月 4 日宣告法兰西第三共和国成立。

这时的共和国名不副实，实际上是一个非共和党人统治的共和国。共和国初期，君主派操纵议会，掌管政府。他们由三个派别组成：正统派、奥尔良派、波拿巴派。他们在谁做国王的问题上，争论不休，以至于不能马上建立君主制。第一任总统是奥尔良党人梯也尔，他之所以受到君主派和共和派的一致拥护，是因为君主派认为，他在法国与普鲁士媾和的问题上及在镇压巴黎公社革命中有功，稳定了政局，带来了和平；共和派认为他挽救了共和国。梯也尔虽然是奥尔良派，但是，他感到恢复君主制已不可能。为了避免再次引起革命，他想建立一个保守共和国，维持没有共和党人的共和国的局面。而君主派连梯也尔的保守主张都不能接受。1873 年，议会中的君主派以微弱的多数票迫使梯也尔辞职。正统派麦克马洪当上总统。他是一个顽固的君主派，他要恢复王权加教权的君主制。议会为稳定麦克马洪的地位，巩固没有共和党人的共和国，于 1873 年 11 月 20 日通过把麦克马洪总统任期延长为 7 年的法案。

共和派利用君主派因王位争论不休之机，积极活动，扩大影响。甘必大等人不仅联合共和派中的各个派别，而且采取灵活的策略，促使奥尔良党人转变立场，拥护共和国。在他们的努力下，议会于 1875 年通过新宪法，宣布法国为共和国，从此共和国在法律上得到了承认。根据宪法的规定，必须选举新的议会来代替国民议会。在新议会中有 75 名是终身参议员，在甘必大等人的积极努力下共和派占了 60 名；1876 年 1 月 30 日，参议院选举揭晓，300 个议席中共和派占了 146 个；在众议院的选举中，共和派更是大获全胜，在 530 个议席中占了 349 个。

共和派在议会中的胜利引起了君主派和麦克马洪的不满，麦克马洪任命年迈的君主派杜福尔为内阁总理，结果，杜福尔因受到参众两院的夹击而被迫辞职。麦克马洪只好责成温和共和派朱尔·西蒙组阁，新议会的选举和西蒙内阁的建立使共和派的地位得以巩固。共和派利用在议会中的优势制定了财政、铁路、军事等方面有利于共和派的规定。教权派对此大为不满，在报刊上大肆攻击共和派。1877 年 5 月，议会以多数票责成政府限制教权派的宣传，西蒙接受了这一决议，而麦克马洪坚决反对。5 月 16 日，麦克马洪以破坏出版法为由迫使总理西蒙辞职，任命君主派首领布罗格利公爵为总理。共和派强烈反对，他们以议会 363 名议员的名义签署了一份宣言，声称对布罗格利政府不信任。麦克马洪不能接受一个与自己政见相悖的议会，因此他使用宪法给予他可以解散众议院的权力，于 5 月 25 日，在征得参议院同意之后，强行解散众议院。但是在 10 月众议院的重新选举中，共和派仍保持了多数议席。布罗格利只好辞职。共和派一鼓作气，在 1879 年 1 月参议院的部分改选中又取得了优势。共和派终于控制了两院，麦克马洪不得已在 1 月 31 日辞职，共和派格列维担任总统。至此，共和派已掌握了参众两院、内阁及总统的全部大权，资产阶级共和国终于名副其实了。

法国第三共和国是一个议会制共和政体。这种政体的特点主要是以议会作为国家政治活动的中心；内阁由议会中占多数席位的政党和政党联盟组成；政府对议会负责；国家元首并不掌握实权。

这些特点在 1875 年宪法中都有体现。1875 年宪法包括 3 个法律文件：一是 1875 年 2 月 24 日议会通过的《关于参议院组织的法律》，它规定：参议院和众议院共同拥有创议并制定法律的权力，参议院组成最高法院，以审判共和国总统和部长等危害国家安全的案件；参议院由间接选举产生，其中 75 名为终身议员。

二是 2 月 25 日通过的《关于政权组织的法律》，法律规定：立法权由参议院和众议院共同行使，众议院依据选举法由普选产生；共和国总统和两院共有制定法律、公布法律、监督并保证法律实施的权力；总统在征得参议院的同意后，可以解散法定任期尚未届满的众议院，任命文武官员，但他的每项法令须由一名部长附属。

三是 7 月 16 日通过的《关于政权机关之间关系的法律》，法律规定：除非总统提前召集，两院有权于每年 1 月的第二个星期二集会；总统只能通过咨文同两院发生联系，可要求两院重新审议法律；总统在经过两院同意之后才能宣战；议会对政府有进行监督、质询和投不信任票（倒阁权）的权力。

这部宪法表明总统的任期不再是终身的，他的权力已受到法律的限制，总统必须由国民议会选举产生。但是，它仍然赋予总统以很大的权力，如可以在参议院的同意下解散众议院，可以任命政府官员等。这是因为在制定宪法时，君主派在政治上仍然保持着相当大的权力。在共和派掌权之后，议会于 1879 年对 1875 年宪法进行了审议，1884 年再次对宪法进行审议和修改，修改过的宪法规定：政体的共和形式不得成为宪法修正案的对象；取消终身议员制，参议员一律由选举产生；关于总统可以解散众议院的权力，实际上，从 1877 年以后就不再行使；总统只能选择一个作为众议院多数所能接受的政府，内阁在得不到众议院多数信任时必须辞职。1896—1932 年，有 5 届内阁因议会表示不信任而被迫辞职。到此时，议会不仅有对政府的监督、质询和倒阁的权力，有立法权力，还有监督和审判总统的权力，议会权力的强化致使总统权力中心的地位下降，议会成为政治中心。法国成为典型的议会制国家。

法国的议会制不同于英美，法国议会的权力比英美议会的权力大得多，法国议会的监督和倒阁权力是它们两国的议会所不能比拟的，美国从未发生过议会推翻政府的事情，英国也很少发生；19 世纪末，英美的议会权力逐渐下降，内阁权力上升，专横一时，而法国在此时刚刚完善议会制，这种制度一直存在到 1958 年。此外，在法国议会中，不像英美某个政党占多数议席，法国是几个党派联合形成多数，因此，没有形成像英美那样的两大党轮流执政的局面，这也是法国政局不稳的原因。

从大革命以来，法国经历了君主立宪政体、共和政体、帝制政体两度交替的变化，最终确立了议会制共和政体。法国共和政体难产的原因主要是法国封建势力的强大和资产阶级力量的薄弱。法国是典型的封建专制主义国家，封建经济基础相当牢固，封建等级制度森严。虽然法国大革命比英国资产阶级革命更彻底，但是，封建势力并非靠一次革命就能彻底消灭，就是在第三共和国建立之初，以君主派为首的封建势力仍在政治上占优势。而 19 世纪上半叶法国资本主义经济增长相对平缓，这就影响了资产阶级整体力量的增强。正是由于资产阶级经济实力的薄弱，他们中的大多数人才被剥夺了参与政治的权利；资产阶级本身也不能构成一种强大的政治势力，不能建立自己的统治形式。因此，他们必然要依托于一股强大的力量，企图借助这种力量来实现自己的目的，采取哪种统治形式，对他们来讲并不重要，所以当督政府无力保护资产阶级的利益时，他们就抛弃共和制，转而拥护拿破仑帝国；当七月王朝无视工业资产阶级的权利时，他们又起来反对君主立宪制，要求建立共和国；当 1848 年革命要求建立社会共和国时，资产阶级由于惧怕无产阶级革命，又一次投靠波拿巴的帝制。这就造成了君主制、帝制和共和制政体交替的局面。

法国的共和制之所以在此时建立，首先是因为，法国在大革命之后工业化的进程加快，资本主义的经济体系逐渐建立，到 19 世纪 60 年代，法国工业总产值已跃居世界第二位。资本主义经济基础的建立为政治现代化铺平了道路，这是历史发展的必然规律，是谁也不能阻挡的，就连君主派人士梯也尔都承认，他之所以主张实行共和制，是因为法国的现实实际上已经决定法国不可能有别的选择。

其次，共和思想已深入人心，成为革命的象征。在法国，建立共和国的思想由来已久。启蒙思想家孟德斯鸠和卢梭都曾经描绘过新政体的蓝图。孟德斯鸠提出三权分立、相互制约的原则；而卢梭则提出人民主权原则，认为立法机关应该代表人民的意志，主张行政权从属于立法权，由一院制议会来行使国家主权。他们的思想虽然有区别，却深深影响着法国大革命。《人权宣言》确认了国民主权、三权分立、公民权利等原则，承认国民主权就等于否认君权神授封建主义王权的概念；三权分立就是以权力制约权力，有利于资产阶级民主制的建立和国家政治的民主化；人权和公民权的确立成为资本主义国家政治民主化和社会民主化的重要原则。在法国革命的过程中，1792 年共和制度的确立使共和思想更加深入人心，人民自然地把共和思想当作反封建的武器，从此，这种思想就成为法国革命的传统思想。在此后几十年的斗争中，法国经历了政体的几度变更，法国人民更加清楚地意识到，只有建立共和政体才能实现法国大革命提出的国民主权原则和自由、平等的原则。因此，第三共和国的建立有着深刻的思想基础。正如我国学者所说，"共和国是一个强有力的统一和团结的要素，共和国能把各种进步力量团结起来，共和国意味着民主和普选权"，共和国"具有一种新理想主义的魅力，直到它最终巩固时仍然保持这种魅力"。

共和制有广泛的社会基础。工商业资产阶级主张经济上自由竞争，所以赞成共和制；占法国人口绝大多数的农民，经历了法国革命以来的风风雨雨，尤其是波拿巴帝制，使农民放弃了对波拿巴主义的迷信，转向拥护共和，他们成了一种巨大的政治力量；工人阶级更是共和制坚定的拥护者，从大革命以来，历次革命斗争都是以工人阶级为主力军，就是在第三共和国成立初期，工人阶级也进行了坚决的斗争，没有他们的努力，共和国是不可能巩固的。由此可见，共和政体是大势所趋，人心所向。

此外，议会制共和政体也体现出各派资产阶级的参与意识。19世纪最后30年，法国仍然是一个小农经济占优势的国家，中小型企业占主导地位，资本垄断和集中的程度远不如美、德等国。中小资产阶级成为资产阶级中的大多数，他们在经济上强大之后必然要求得到政治上的权利。但是，无论是大资产阶级还是中小资产阶级，都无力形成一个统一的政治派别，因而出现党派林立的政治局面，而议会制共和政体的建立正符合法国资产阶级各派要求参与政治决策的意识。

法国第三共和国的最终确立标志着法国80年来反对封建主义的斗争取得了最后的胜利，标志着法国工业资产阶级统治的全面确立，是与经济发展一致的。法国议会制共和政体一直存在了70多年，第二次世界大战后建立的第四共和国仍然是以议会为国家权力中心，在戴高乐创立第五共和国之后，这种议会制共和政体才退出历史舞台。

第二节　现代教育体制

政权的巩固不仅需要经济基础做后盾，而且需要相应的思想文化基础。思想文化的改变离不开教育，而系统深入的教育靠的是学校教育体系。共和派人士对此认识十分深刻，他们说："谁控制了学校，谁就能支配世界；谁控制了法国的学校，谁就能统治这个国家。"因此，建立资产阶级教育体系就成为当务之急。

资产阶级在此时大力发展教育事业，形成了近代的教育体系。

初等教育在大革命之前一直由教会开办，在大革命时期曾经由国家来办，随着封建制度的复辟，教会又重新接管教育。拿破仑帝国对初等教育毫无兴趣，所以初等教育一直不受重视。在七月王朝时期，君主立宪派领袖之一基佐任教育部长，后来曾任内阁总理。他于1833年制定出初等教育大法，此法被称作"基佐教育法案"，是法国初等教育的第一个宪章。法案规定：基础教育，每5个市镇至少要建一所小学，教育所有人都应该掌握的知识，包括道德和宗教、读写算、语法基础、计量单位等。1831—1847年，法国的初等教育有了很大的发展，公立和私立学校学生总数从193万增加到314万。

此外，基佐提出民众教育的高级形式，即高级初等教育，是比初等教育高一级的教育，这是基佐的重要创新。法令要求每个省会、每6000居民以上的城市要建一所高级小学，承担较高水平的教育，主要课程为：实用几何、物理基础、自然常识、音乐、法国地理等。市镇也可以根据本地的需要开办相宜的课程。虽然有了高级初等教育法，但是，高级初等教育并未建立起来。

从七月王朝到第三共和国建立初期，教育普及的程度有所提高，但是教学内容仍然以宗教教育为主。第三共和国在教育方面的贡献是建立起近代教育体系，主要体现在4个方面。

首先，制定初等教育的原则，即免费、义务和世俗化。费里于1881年6月和1882年3月颁布两项法律，史称"费里法案"。该法案明确规定初等教育免费、义务和世俗化的原则。这项原则并非费里的独创，在大革命时期就已经提出，只是到这时，才作为办学的基本原则写入法案，成为一项重要的原则，一直沿用到第二次世界大战以后。关于免费教育方面，法案规定，公立学校和幼儿园的学费全部免除。

义务教育方面规定，6—13岁是义务教育期，无论男女，都要接受公立或私立学校的教育，每个地区都要设立学务委员会，市长是该委员会的主席，负责监督此项法令的执行。如果某学生每月有4天旷课，其父亲就要到学务委员会做出解释，再次旷课就点名批评，并公之于众，或受刑事处罚，拘留9天。学生11岁时可以参加考试，通过者获得证书，结束义务教育。从1878年底到1882年底，法国共新建19678所小学，改建1.4万所学校。1876年有21%的学生旷课，1887年只有8%。1889年小学生人数从382.3万增加到444.3万名，还有62.7万名幼儿园的孩子。

教育世俗化方面，法案规定，取消教会人员的施教和管理、开办教育的权利；私立学校必须得到国家的承认。在教学内容方面，取消公立学校的宗教课程，学校每周有一天不上课（除星期天），以便使学生可以到教堂接受家长所希望的宗教教育。此外，1882年3月28日的法律将道德和公民教育放在一切教育的首位。教科书和读物常常很有趣味地讲述日常礼节与道德，以及公民的职责。再有，通过历史人物小传或传记宣传法国人要爱祖国、爱自由和正义，爱法国就是爱一切，就是爱人类。一本名为《两个儿童在法国颠沛流离》（1877）的书，被改编采用，此书一版再版，1877—1902年共发行600多万册。此外，在教学内容上，除道德及公民教育外，还增设历史、地理、绘画、音乐和体操等课程。

其次，完善高级初等教育和师范教育。"基佐教育法案"虽然提出建立高级初等教育要求，但此项法案只是规划出新教育的轮廓，并不具体，如1833年11月15日给各学区长的通知中只是指出，高级初等学校可以归属小学或师范学校，校舍可以建在中学，在法律和实际上要与中学有区别，实际上高级初等教育只是名义上存在，常常和初等教育及职业教育相混淆。为了把高级初等教育学校和初等教育学校、中学区分开来，费里和戈贝莱及共和派组织和发展了公立高级初等教育。1886 年 10 月 30 日的组织法，又被称为"戈贝莱法"，规定了整个初等教育的构成：初等教育包括母育教育和幼儿班、初等教育学校、高级初等教育学校和补习班、学徒学校。这种初等教育的形式从此固定下来，直到 20 世纪 50 年代以后。师范学校也因初等教育的发展而逐渐发展起来。

中等教育与初等教育不同，它是为特权阶层开办的。中等教育收费昂贵，资产阶级和贵族阶层的子女可以在 6 岁时进入中等教育学校的小学班，然后升入中学和大学，或者请家教，然后升入高等学校。中等教育教授的知识有利于学生将来执掌政权。它主要培养行政人员和工业界的高级干部。初等教育和中等教育是完全并列的两个体系，相互之间毫无关系，不能相互混淆，初等教育的学生绝不可能升入中等教育的学校，中等教育的学生也不会进入初等教育的学校，这正体现出社会阶级的划分。所以中等教育的发展缓慢，在 1880 年至 1930 年的 50 年中都没有什么变化，人数一直稳定在 7.5 万人左右。

再次，全面恢复高等教育。大革命时期，大学被看作是旧制度的象征，于 1793 年被取消。拿破仑帝国建立起全国教育的组织体系——帝国大学，高等教育被分成 5 个学科：神学、法学、医学、科学和文学。封建势力复辟以后，他们以摧毁拿破仑的体系为名，进一步削弱大学。所以从大革命到 1880 年，大学只是发放文凭的机构。学院和大学校（高等教育专科学校）是唯一的高等教育机构，但是多数学校只有几间昏暗潮湿的教室，教师的职务名不符实，学校没有实验室，没有图书馆，也没有多少学生。普法战争后的政治经济形势的发展要求振兴教育，共和派更是把教育看成共和制的基础，所以他们极力恢复高等教育。他们采取的主要措施有：第一，恢复大学的自主权。费里颁布的 1880 年 3 月 18 日法律剥夺了教会的学位授予权，交由国立大学颁发。私立大学的学生必须到公立大学注册，通过考试才能得到国立大学颁发的学位。禁止私立学校自称大学和学院。各学院在知识和科学的教学方面享有自主权。第二，1885 年，大学重新得到法人资格，有权建立财政机构，管理赞助、馈赠和市镇、省的资助，学生的学习和考试费用及国家的拨款。1890 年的财政法完善了 1885 年的法律，指出国家每年为学院提供的经费可以由各学院自己支配。许多城市依靠本市的经费建立起适合本地区需要的学校。第三，在大学管理机构方面，从 1885 年开始，学院的行政领导由校长担当，使大学有了较大的自治权。校长由部长任命，每 3 年更换一次，在教师中挑选。1885 年 12 月 28 日法令规定学院理事会和教师代表大会为学院行政管理机构，辅助校长工作，学院理事会由教授组成，负责在科研、行政、财政及课程方面的协调工作；教师代表大会由所有授课的正式教师和有教师职务及客座教授（中级职称）参加，大学生也可以参加，后来由各级教师代表组成，管理教学、科研和学校生活等。第四，雷蒙·布尔热瓦于1890年7月22日向参议院提出一项关于办学方向的法律草案，条文规定，大学及相应的高等教育单位的目的是进行整体科学文化的教育，明确提出，恢复过去的4个学院的设置，即法学院、医学院、文学院、科技学院。1896年7月10日的法令正式把学院改称为大学，规定必须由两个以上学科的学院组成，这就进一步体现出高等教育的整体性。

1876—1890年，国家投资9900万法郎重建大学。大多数学院在市政府的帮助下得到恢复，如波尔多学院、里尔学院、里昂学院、马赛学院、土伦学院等。它们每年从国家得到600万法郎的资助。政府从1875—1905年对教育的拨款增加了6倍，从0.37亿法郎增加到2.3亿法郎。国家用于高等教育的投资占全部教育投资的25%。高等教育成为培养研究人才的场所和研究机关。这一时期，扩大了221个教师职位，大学生人数迅猛增长，1890年已达2万。新大学的建立促进了适合本地区工业科学的进步。

最后，中等职业技术教育体系建立。法国技术教育的历史悠久，法国第一批技术学校始建于17世纪末，当时的杜埃炮兵学校、矿业学校、桥梁道路学校等都是为统治者培养高级技术人才的场所。而以学校形式从事技术教育的、培养熟练工人和技术人员的中等职业技术学校则创建于19世纪工业革命时期，较早的职业技术学校是1817年建立的夏隆和昂热地区的工艺学校。

1880年以前，法国统治者由于受传统思想的影响，偏重正统的古典教育，因此，国立技术学校寥寥无几，而由雇主、工业协会、宗教团体开办的私立学校却发展较快，目的是为本地区、本部门培养技术熟练的工人和技术员。比较突出的是学徒学校或徒工学校。这些学校的特点是既学习专业方面的知识和基础知识，又参加劳动实践。

1886年以后，法国政府加强了对私立学校的管理，并不断完善国立技术学校。1880年12月1日，第一部关于技术教育的立法颁布。该法律规定：省、市镇开办的技术学校归商工部管理；创建国立中等技术学校。1881—1882年在维埃尔宗、南特等地兴办了4所学校，后改名为国立职业学校。到1914年，全法国有6所此类学校，招收1850名学生。

1892年，法国政府颁布了将高级初等教育学校改建为商工实科学校的法令。

1892—1899 年，法国政府共发布 6 项通告，将 28 所高级初等学校改成商工实科学校。商工实科学校由国家、市镇或省政府共同资助、建立，教师由国家聘任。这一时期是法国中等技术教育的初创阶段，大部分学校，尤其是私立学校还谈不上是什么等级的教育。各技术学校独立存在，彼此毫无关系，政府干预十分有限。教学水平参差不齐。教学内容根据地区和工商业的需要及创办人的意图而定。

中等技术教育制度的确立是在 19 世纪末至 20 世纪初，法国在第二次技术革命的推动下，工业发展速度加快，因此，技术教育的改革迫在眉睫。1919 年 7 月 25 日，法国政府颁布关于技术教育的《阿斯蒂耶法》。《阿斯蒂耶法》是第一部关于技术教育的大法，被誉为技术教育宪章。全文共分 5 章、52 条，该法的主要内容为：

第一，所有工商业技术学校归商工部管理。由此，国家对职业技术教育的管理体制逐渐建立起来，初步实现了国家的管理和监督。

第二，将职业技术教育划分为 3 级：初等教育培养熟练的工人和技术员；中等教育培养工商业的中层职员；高等教育为国家培养高级管理人才。此规定改变了以往技术教育混乱无序的状况，使之成为循序渐进的教育体系。

第三，技术教育的内容包括 3 个方面：补习普通初等教育的教学内容、职业基础的各门科学及劳动实习。学生接受培训 3 年，考试合格者可获职业能力证书。

第四，14—18 岁的青年人必须接受职业技术培训。企业和工厂要安排工人在工作时间学习，每周 4 个小时，每年不低于 100 个小时，学制 3 年。1938 年又规定每年学习时间延长到 150 个小时，并强行规定雇主必须执行。

1925 年，国家颁布向雇主征收"学徒税"的法令。雇主每年要交纳相当于工人工资 2% 的费用，作为青年人职业教育培训费。如果雇主自办或组织职业培训或讲座可免交学徒税。学徒税用于国立职业学校或商工实科学校等技术教育事业，部分解决了技术教育的经费。1914 年工商实科学院改为技术中学，学习年限仍为 3 年，合格者发给专业毕业文凭，毕业后直接就业。

此时，法国中等技术教育制度基本确立，国家加强了对技术教育的控制和管理，形成了高、中等级教育的形式，为社会经济的发展培养了大批有一技之长的年轻人。1929 年有 16.2 万人，1939 年有 18.4 万人接受了不同程度的技术教育。

在第三共和国初期，法国现代教育体系最终形成。它有以下两个特点；第一，初等和中等教育实行双轨制，初等教育面向大众，中等教育属于特权阶层。初等教育与大学和职业技术教育也没有必然的联系。这种双轨制是不平等的，但是，这种制度是符合当时经济发展水平的，因为知识与经济的发展、文化水平与所从事的职业的关系并不十分紧密，人们的劳动不需要很高的文化水平，或不需要有文化，工厂往往雇用廉价的妇女和童工。因此，人们看不到受教育的好处，所以民众接受教育往往是被迫的。许多人认为，上学是一种奢侈，不如让子女去劳动更实惠，因此，必须颁布义务和免费教育法，强迫人们去读书。而国家办教育的目的更多地出于政治考虑，是为了培养资本主义社会的新人，培养遵纪守法的公民，巩固资产阶级的统治。而文化知识的学习位于次要的地位。统治者深信，教育是精神与社会统一的工具，是统一思想的工具，只有这种统一才能建立社会秩序。尤其是普选制建立以后，统治阶级更是深刻感到，选民们必须有足够的知识，才能有批判的思想，有正确的判断力，才能在选举中投"正确的一票"。基佐就说过，社会秩序最牢固的基础是年轻人的教育。国家应该利用学校解决社会的发展问题，教育应该普及，因为无知使人民不安分、残暴。但是，民众的文化教育是有限度的，不能超越这个限度。所以就形成了教育的双轨体制。第二，大学的恢复促进了本地区工业科学的进步。但是这时的大学仍然受旧的传统思想的影响，重视古典学科的教学，而忽视新科技知识的传播，教学内容脱离社会实际。

教育体制的全面确立，带来了丰硕的成果。19世纪末到20世纪初是法国经济的繁荣时期，科学技术突飞猛进，开始了以电力为中心的第二次工业革命。1896年物理学家贝克勒尔发现铀元素的放射性质；1898年居里夫妇发现钋和镭两种新元素；1889年代表当时先进建筑技术的埃菲尔铁塔建成。工业方面，钢产量从1890年的80万吨增加到1900年的1500万吨；汽车拥有量仅次于美国居世界第二位。在文化教育方面，1900年法国仅有极少数文盲存在；报纸已经成为人们闲暇时的消遣；反映下层群众生活的小说、报刊大量出版发行。

第十一章　现代主义

第一节　存在主义

　　19 世纪末，自然主义低落，孔德实证主义在法国文化领域中的影响随之衰竭，接踵而来的是新哲学思想的崛起。尽管科学技术日新月异地发展（1914 年约里奥·居里夫妇发现镭元素及其放射性是 20 世纪科学进步的重要里程碑），哲学和其他人文科学却不再像 19 世纪中期那样向科学靠拢，而是朝着相反的方向前进，抛弃客观存在，抛弃理性，抛弃逻辑和推理，信奉直觉，信奉生命的力量，信奉神秘。这种倾向的出现，就意识形态本身的原因说，和政教分离前后基督教思想与世俗思想的结合有相当密切的关系。

　　19 世纪和 20 世纪之交，法国出现了以拉贝托尼埃、布隆戴尔和勒卢瓦为代表的哲学和神学思潮，他们反对传统神学用理性推理的办法证明上帝的存在，认为上帝只能通过人的主观去感悟，上帝和人的主体是一个整体，不能分割。他们继承并发展了 18 世纪瑞典神秘主义哲学家斯威登堡的学说，将上帝的存在和人的心灵体验统一起来。与他们的学说平行发展的是以一本文学杂志《犁沟》为核心的思想运动。杂志创办于 1894 年。1899 年，一位叫桑尼埃的退伍军官担任主编，他在杂志上竭力宣传所谓社会天主教思想，主张天主教的平民化，主张基督教教义与近代改造社会的理论相结合。《犁沟》很快成为社会天主教思想的重要阵地。

　　首先出现的一股主观唯心的、带有神秘主义色彩的哲学思潮便是柏格森的生命哲学。柏格森 1889 年完成博士论文《论意识的直接材料》（通用译名是《时间和自由意志》），为他的哲学体系奠定了基础。随后，他又发表了《物质与记忆》（1896）、《形而上学导言》（1903）、《创造进化论》（1907）、《精神能源》（1919）、《思想和运动》（1934）等重要著作。

柏格森的著作文笔优美，又经常涉足文艺（他的著作《笑》可以看作是论喜剧的专著），因此，他这个哲学家 1928 年破例获得诺贝尔文学奖。柏格森的思想对法国文艺创作影响很深。诗人兼评论家贝基是柏格森的信徒，罗曼·罗兰的《约翰·克利斯朵夫》带有生命哲学的痕迹，小说家普鲁斯特的作品《追忆似水年华》描写意识活动的手法受到了柏格森理论的启示。许多艺术家，例如，画家莫奈和音乐家德彪西，也都或深或浅地受到过柏格森的思想的熏陶。

40 年代以后，存在主义渐渐成为占据主导地位的哲学思想，柏格森哲学的影响逐渐缩小。不过，柏格森哲学毕竟是 20 世纪非理性主义哲学的滥觞，它的理论广泛融合进以后的哲学和文艺作品中，因此，虽然从 30 年代起它的影响就每况愈下，但是即便在今天，仍旧可以感觉到它的存在。

柏格森的理论在本体论上与德国狄尔泰等人的生命哲学基本相同，即肯定生命是最根本的、最真实的存在，是一切事物和生物的本质属性。从这个本体论的基本命题出发，柏格森提出了他的理论体系中最重要的概念，即生命冲动。柏格森认为，生命冲动是宇宙间的一种原动力，推动事物的演变和生物的进化，这就赋予了生命冲动以超验的、神秘的本质。在认识论上，柏格森否定理性在认识中的作用，把直觉当作唯一可靠的认识途径。在柏格森看来，所谓认识，就是生命对自身的知觉，即所谓"从运动本身之中来了解运动"，而直觉就是"从运动本身了解运动"的过程中超乎感性认识和理性认识之上的"一种理智的交融"。

从这样一种直觉论衍生出了柏格森的"心理时间"说。柏格森把"心理时间"看成与客观时间毫不相干的"延续"，它存在于人的内心世界，与生命的"绵延"相重合，人的意识活动就是按照"心理时间"的规律进行的。

无独有偶，正当柏格森构建他的唯心主义哲学体系时，奥地利精神病学家弗洛伊德创立了精神分析学说。早在 1895 年，弗洛伊德就在法国的《精神病学通报》上发表过《强迫性思想和恐惧症，它们的心理机制和病因学》这篇学术论文，不过当时并未引起人们的注意。他的思想真正传入法国是一战后。战后，精神分析理论不但迅速得到精神病学界的响应（法国精神病学权威拉福格 1919 年的一份报告对精神分析法予以肯定），而且很快就为一批文艺家所接受。精神分析学认为人的意识包含反映人的本能特别是性本能的潜意识层，这就从心理学的角度与柏格森的哲学相呼应，肯定了人的感情和行为的非理性因素。战后，弗洛伊德的学说和柏格森的理论之所以风靡一时，是因为战争和战后相当长的时间里，法国知识分子中弥漫着恐惧、困惑、迷离、愤懑、失望的情绪和严重的危机感。经过 1914 年到 1919 年的腥风血雨，接着又亲身感受政治和经济的动荡，越来越多的人开始反思传统和历史，其矛头所向，直接指向以理性和科学为特征的传统价值观。柏格森哲学和弗洛伊德学说的唯心主义和非理性主义正好迎合了这种反思的需要。

　　值得注意的是，在法国知识阶层，唯心主义和非理性的倾向和政治上的"左"倾往往是联系在一起的。20世纪20年代和30年代是法国知识阶层积极介入生活的时代，他们在重大政治斗争中往往构成进步民主力量的中坚，有些人甚至接受了马克思主义的影响。小说家巴比塞、罗曼·罗兰成了工人运动的同路人，诗人阿拉贡、布勒东和艾吕雅加入了法共（布勒东、艾吕雅后退出），另一位诗人维尔德拉是左翼"人民阵线"的活动家，画家毕加索是进步运动的战士（他于1944年加入法共），就是像纪德这样一贯与现实斗争保持距离的作家，也一度同情社会主义革命。30年代高涨起来的反法西斯斗争，把更多的知识分子团结起来。先后成立了"反法西斯作家委员会""营救季米特洛夫委员会""营救台尔曼委员会"等组织。1935年"国际作家保卫文化协会"第一次代表大会在巴黎召开，大会主席由纪德担任，许多著名作家参加了大会。1937年，西班牙内战爆发后，马尔罗、圣埃克苏佩里等作家、艺术家毅然加入"国际纵队"，同西班牙人民并肩作战。对民主和进步的渴望与法兰西知识分子传统的人道主义博大胸怀在他们的行动中得到了高度统一。然而正是这些知识分子，他们在世界、人类、社会、生活及艺术等一系列问题上提出了与马克思主义不同甚至相反的观念和主张。这是因为：首先，这些知识分子虽然怀疑否定传统，然而归根结底仍旧生活在资本主义的文化传统中；其次，对传统文化的否定固然决定了他们同情、欣赏甚至支持反抗传统社会结构的行动，但是对理性在人类认识过程中的作用产生动摇，或者根本否定这个作用，又决定了他们不可能循着马克思主义的理论方向构建自己的思想。他们怀疑甚至否定资本主义文明，企图实行精神变革，然而这些变革并没有带来他们预期的效果。而且他们自身的思想和心理的弱点必然要从他们的理论中反映出来，这就使他们经常处于自相矛盾的境地而难以自拔。在这方面超现实主义者和存在主义者具有鲜明的代表性。

　　超现实主义是一战后法国发生的一场重要的文化和思想运动。虽然超现实主义主要以文学艺术运动的形式出现在法国历史上，但这场运动的发起人和许多参加者却是带着改造社会、改造生活的信念投入行动的。它对法国20世纪的文化发展取向起了重要作用。关于这场运动的文学艺术特点。

　　超现实主义诞生于第一次世界大战的烽火刚刚熄灭的1919年。与它有直接血缘关系的是以瑞士苏黎世为中心的达达运动。达达运动是一个文化虚无主义色彩极其浓厚的团体，领袖是原籍罗马尼亚的青年诗人查拉，成员多是在瑞士逃避战祸的青年诗人和艺术家。1916 年 2 月，这些年轻人给自己的小团体取名"达达"。"达达"的法文原义是"马"，捡这样一个与文学艺术毫不相干的词为名，意思是要说明这个团体没有任何既定的主张。初期的"达达"对第一次世界大战前的先锋派艺术还有几分敬意，但是不久，达达运动便走向了否定一切的极端。1918 年，查拉在《达达评论》上发表了《达达宣言》，他大声疾呼："每个人都发出这样的喊叫：必须完成一项巨大的破坏工作，巨大的否定工作。需要打扫，需要清除。"然而，对"达达"来说，破坏不是为了建设，否定不是为了肯定。查拉在《达达宣言》里讲得很明白："不再有画家、作家、音乐家……不再有共和派、保王派、帝国主义者、无政府主义者、社会主义者……不再有军队、警察、祖国。总之一句话，所有这一切愚蠢的东西我们已经受够了，任何东西都不要，一点儿都不要，都不要，不要，不要，不要！"破坏成了"达达"的全部目的，也成了"达达"存在的唯一价值。因而有的达达主义者说："达达什么也感觉不到，什么也不是，达达是虚无，是乌有。"

"达达"在西方各国引起了程度不等的反响，美国、德国都有一批作家和艺术家追随"达达"的口号。反应最为热烈的是巴黎。1919 年，查拉来到巴黎，与布勒东、阿拉贡、苏波等人的文学小组会合，"达达"的中心随之转移到巴黎。"达达"中心的转移实际上也就标志着超现实主义的诞生，不过那时超现实主义还没有打出自己的旗帜。1922 年，布勒东提议召开一个以"保卫现代精神"为主题的国际会议，查拉不同意，理由是"达达不是现代主义"，"达达既否定传统艺术，也否定现代艺术"。以后双方的分歧日益尖锐，终于导致 1924 年的破裂。这一年布勒东发表了《超现实主义宣言》，超现实主义小组成立。同年，超现实主义创办自己的杂志《超现实主义革命》，这样，超现主义便取代达达成为战后法国文化的先锋派。

查拉说："达达从未有任何理论，它只是一种抗议。"布勒东、阿拉贡、苏波等人正是从这个意义上接受达达运动的。这些人虽然都是文学青年，但是他们发起的超现实主义运动，由于根植于社会思想的一场广阔深刻的变迁之中，因而便以彻底改变法国乃至整个西方的生活方式和思想方式为己任。超现实主义者认为，经过第一次世界大战的灾祸，浸透着传统理性文化的西方生活方式和思想方式已经令人无法忍受，继续宣扬这种生活方式和思想方式是对人的毒害。他们呼吁彻底挣脱社会、道德、精神、文化的束缚，他们在文学（主要是诗歌）方面的革新不过是他们社会革命和思想革命总纲领付诸实践的一种尝试。布勒东在《什么是超现实主义？》一文中说："总之，我们是要系统地、顽强地拒绝在我们这样的年龄就要我们在其中生活的环境。但是，我们拒绝的东西并不止于此。我们的拒绝是贪得无厌的……它包括拒绝精神、道德、社会方面的全部约束。我们从来就认为，这些约束从各方面沉重地压在人们身上。"法国评论家布雷雄在《超现实主义》这本著作里正确地指出：超现实主义"要我们把所有的观念、形象、神话和思想习惯统统推倒，因为这些东西同时制约了关于我们自身、关于世界及关于我们和世界关系的全部知识"。

尽管超现实主义高喊改造生活、改造社会，但它却完全不是一种实践的思想，相反，它的领袖布勒东坚决主张精神革命和政治的亦即实践的革命相分离。布勒东认为，马克思主义搞的是政治革命，超现实主义则要搞精神革命。在这一点上，标榜与传统思想决裂的超现实主义恰恰暴露了它未能超越资产阶级唯心主义思想体系，它那些激烈的言辞不过是脱离生活，脱离实践的空谈。也正是在这一点上，布勒东和阿拉贡、艾吕雅等人意见相左，而终至于分道扬镳。

布勒东曾经说过，超现实主义在反抗传统和反抗社会时，不需要任何先人的指导。然而实际上超现实主义和弗洛伊德学说的继承关系是很明显的。第一次世界大战期间，布勒东在一所精神病院服兵役，接触了弗洛伊德的著作。当他发誓要摧毁全部传统文化时，他需要从一个理论的悖论中解脱出来，这个悖论就是，他既置身于传统文化之中（起码在使用传统文化的载体——语言），却又要彻底割断与传统文化的联系。这时，他觉得可以从弗洛伊德的潜意识理论里找到解脱的途径。按照弗洛伊德的思想，潜意识是人的ego（自我）层次，不受外在道德意识的影响。布勒东以此为根据，把否定传统文化的基点建立在开发潜意识上，用他的话说，潜意识里包含着"精神的原始力量"。布勒东认为，现代人类社会的全部困扰都来自资产阶级的文明，而消除资产阶级文明一切恶果的可能就在于人类还保留了潜意识这样一块未受资产阶级文明污染的绿洲。

超现实主义虽然不像"达达"那样"前不见古人，后不见来者"，但是由于它像"达达"一样，满足于成为一种抗议的声音，所以其仍然具有相当浓厚的虚无主义色彩。早年参加超现实主义运动的人，如阿拉贡、艾吕雅、戴斯诺斯等，后来因为思想上和布勒东不和，以及其他种种原因，先后脱离了超现实主义。而同时，又不断有人成为新的成员。第二次世界大战期间，布勒东流亡美国，超现实主义在美国一度颇为时髦。二战后，超现实主义运动进入了风烛残年，勉强维持到20世纪60年代，终于寿终正寝。

实际上，从20世纪30年代起，超现实主义便因内部的分裂而日见虚弱。这时，一股新的思潮已经崛起。这股思潮在许多方面和超现实主义是一脉相承的，它和超现实主义一样怀疑资本主义的传统价值观，怀疑传统人道主义在新的历史条件下的作用，嘲笑传统理性论对人及对人和世界的关系所持的乐观态度。这股思潮就是存在主义。

然而，存在主义和超现实主义在形式和内容上都有相当大的差别。超现实主义是泛文化思潮，而存在主义则首先是一种哲学思潮。超现实主义缺乏严格的理论，而存在主义则有它自己的一套理论体系。超现实主义以现存秩序（主要是文化秩序）的破坏者的面目出现，而存在主义则主要以伦理哲学家的面目出现，对人生的本质和价值进行思考。超现实主义用人的本能对抗现存秩序，而存在主义则鼓吹个人行为的选择。

存在主义几乎同时在德国和法国诞生，在德国的奠基人是海德格尔和雅斯贝斯，在法国最早的代表是马塞尔。由于海德格尔的影响，二战以前存在主义的中心在德国；二战以后，法国哲学家萨特的影响逐渐扩大，存在主义的中心遂转移到法国。法国存在主义其他重要的思想家还有梅洛－庞蒂、波伏瓦，另外，加缪也和存在主义有比较密切的关系。

马塞尔的第一部存在主义哲学著作《存在与客观性》发表于 1925 年。以后他又陆续发表了《论本体的神秘》《存在与持有》《在的神秘》《论具体哲学》等著作。马塞尔的思想和拉贝尔托尼埃等天主教现代主义者的思想有着千丝万缕的联系。马塞尔所研究的存在主要是人的主观存在。从 20 世纪 30 年代起，他开始研究本体的"在"。他认为，"在"具有极其丰富的内容，然而又极其难以定义。"在"不是人们感觉到的客观事物，也不是抽象的概念，而"在"的问题之所以有意义，是因为人的主观上意识到"在"的必要，并且为人的主观经验所证明。他认为，人的"存在"和本体的"在"作为哲学问题应该看作一个统一体，因为人的"存在"不是一个简单的认识工具，而是整个的自我，而这个自我只能存在于"在"之中。他说："提出'在'的问题就是提出一个作为整体的'在'和被视为一个整体的我自身的问题。"马塞尔把历来哲学的思考分为两类：一类是问题，另一类是神秘。问题是能够回答的，而神秘则无法予以回答。哲学应该给神秘保留地位。这样，马塞尔就不但用一个神秘的"在"和一个神秘的心灵的"存在"为他的哲学确定了主观唯心的框架，而且把基督教的神秘主义引进他的哲学，表现出把基督教和存在主义哲学调和起来的倾向，因此，他的存在主义一般被称作有神论存在主义。

与马塞尔有神论存在主义相对的是萨特的无神论存在主义。20 世纪 40 年代以后，尤其在二战以后，基督教神秘主义开始颓替，马塞尔的思想渐渐失去市场，萨特的存在主义应运而生，把法国的存在主义思潮推向了巅峰。

1943 年，萨特发表《存在与虚无》，为他的存在主义奠定了理论基石。1960 年，他的《辩证理性批判》问世，在这部著作中，萨特企图用存在主义关于人的主观世界的理论"补充"和"改造"马克思主义。萨特自己对这部著作极为重视，1975 年发表的《七十自述》把这部著作列为他本人最得意的四部作品之一。海德格尔认为，"在者"即存在物之上还有一个抽象的"在"，哲学的任务就是要研究这个"在"的本质，而人是唯一能够意识到自身"在"的"在者"，所以解释人的"在"是解释一般的"在"的前提。从这个认识角度出发，海德格尔把研究人的存在当作存在主义的首要课题。他为此借用了德国古典哲学里 Dasein（此在）这个术语来表示人的存在，他把自己的本体论称为"基本本体论"。在这些基本哲学问题上，萨特承袭并发展了海德格尔的理论。萨特的存在主义认为，人作为"自为者"，相对于"自在者"（客观世界），是一种缺乏存在基础的存在（因为人有意识，而意识不但是对存在的意识，而且是对意识的意识，这样人便具有不断的超越性），因此，人起初的存在全属偶然。人是被"抛"到这个世界上来的，环境对他来说是"陌生的""荒诞的""恶心的"。另一方面，萨特的存在主义认为不存在先天的、共同的人类本性，"存在先于本质"，先有每个人的存在，然后才有每个人的本质。个人在存在中有选择存在方式亦即行为方式的完全自由，即所谓"自由选择"。

萨特的存在主义继承了 18 世纪以来法国哲学的传统，具有两个明显的特点：一个是伦理性，另一个是介入生活。这两个特点又是密切相关的。伦理性首先表现在对存在的规定上。萨特用"人的实在"代替海德格尔的"此在"，这个术语表示的是个别存在的人。因此，萨特的存在主义讨论的重点不是一般的本体论，也不是一般的认识论，而是个人的存在。萨特存在主义的伦理性特征还表现在它重视研究个人的心理经验、个人行为的意向性和价值、个人与个人之间的关系等。正是在这个意义上，萨特称他的存在主义"也是一种人道主义"。由于萨特的存在主义以研究具体活动着的人为重点，所以与现实保持着较为密切的关系，力图回答现实生活提出的问题。这就形成了萨特存在主义哲学介入生活的特征。萨特的《辩证理性批判》就是这个特征的体现。萨特的著作相当晦涩、相当深奥，本不易为一般人所理解。然而从 20 世纪 40 年代起，尤其是第二次世界大战后，萨特的存在主义广为流传，一时竟成为颇为大众化的哲学，这显然得力于萨特哲学伦理性和介入生活这两个特点，同时也与战后法国的精神状况和思想状况有关。

第二次世界大战前后的历史不但把法国政治的真实面目暴露无遗，而且深刻地揭示了法国的政体、文化和心理诸方面的弱点，因而造成了战后法国社会严重的精神危机。这种危机既带有战争引起的突发性，又蕴含着历史的累积，即是20世纪20年代后国内政治和经济危机极度深化的结果，而积蓄愈久，爆发就愈烈。在普遍的精神危机中，萨特的存在主义便产生了双重吸引力：首先，存在主义关于人的存在状态的描写，像强烈的光束，把人们心里模糊不清的感觉和印象映照得清晰起来。其次，存在主义自由选择的理论使人们觉得，即使不能获得集体的解脱，起码可以缓解个人的危机感。自由选择是萨特哲学受责难最多的一个思想，萨特本人曾经多次对这个命题做过解释，说明自由选择并非鼓吹超越一切价值标准（包括道德标准）。从萨特本人的历史和他的一些文学作品（如《自由之路》）来看，他的确是重视行为选择的价值标准的。但是，由于他最初提出这个命题时采取完全抽象的哲学方式，加之他赋予了自由以绝对的性质，所以造成了这个问题上的混乱。事实证明，"自由选择"只能是有条件的，它或许能够部分说明人对于自身存在的责任，但是并没有能够指出一条真正超越"荒诞"的道路。

以探讨所谓"荒诞哲学"称著于世的加缪企图从另一个角度来解决这个难题。加缪不是严格意义上的哲学家，他的主要论著《西绪福斯》和《反抗者》都缺乏哲学的思维方式和论述方式。他自己不承认是存在主义者，不过他深受海德格尔和雅斯贝斯的影响，接受了存在主义对现代人存在条件的基本哲学判断，所以人们大都把他看作存在主义思想家。在法国所有的存在主义者当中，加缪最接近传统的人道主义。他在《反抗者》里大声疾呼，谴责任何伤害人、破坏人类现时幸福的行为。他认为人生的荒诞性是改变不了的，但是人的本性（生的渴望、爱的要求和施予等）给人生带来了一线光明。在意识到人生永恒荒诞性的同时执着地追求这线光明，这就是人生的全部意义。

从柏格森的生命哲学到萨特的存在主义，法国的哲学界和思想界经历了几次大的演变。不过，不论是生命哲学，还是超现实主义，还是存在主义，都有一个基本的哲学认识贯穿其中，那就是把人自身放在全部哲学关系的中心，把人的自我看作主观经验的整体，是生命存在的具体方式，而不仅仅是观照与认识的工具。这些学说有的带有神秘主义色彩，有的虽然摒弃了神秘论，但是对人的完整性的关注及对完整性难以企及的意识，给它们蒙上了一层悲观主义的阴影，从而为神秘主义的回潮打开了方便之门。在柏格森的时代，哲学家和思想家还能较为超然地进行纯哲学和纯审美的思考，到一战之后，社会环境的变化就迫使他们逐渐放弃纯学术的态度，艰难地探索人在世界上的真实位置。这种探索到存在主义可以说是以一种悲观和乐观参半的理论暂时告一段落。

第二节 结构主义和解构主义

一、结构主义

结构主义是法国人类学家列维·施特劳斯在文化人类学中开创的一个学派，这个学派把各种文化视为系统，并认为可以按照其成分之间的结构关系加以分析。根据他的理论，文化系统中的普遍模式，是人类思想中恒定结构的产物。在列维·施特劳斯所提出的体系中，人类的思想被看作是各种自然物质的一个贮存库，从中选择成对的成分，就可以形成各种结构。对立的两种成分可以分开，各成单一成分，这些单一成分又可以构成新的对立成分。列维·施特劳斯在分析亲属关系名称和亲属关系系统时，曾提出其基本结构或基本单位有 4 种类型：兄妹关系、夫妻关系、父子关系、舅甥关系，其他所有亲属系统都建立在此基础之上。列维·施特劳斯强调指出，对亲属关系结构的分析，必须把重点放在人类的意识上，而不是放在客观的血统联系上或者亲族关系上。列维·施特劳斯认为，社会生活的一切形态，都体现为普遍法则的作用，而此种普遍法则是可以控制思维活动的。

结构主义似乎是离得很远的东西。即使是一些专业的文学工作者，如果不太接触西方理论，也很可能会不以为意地说："结构主义是什么东西？有什么了不起？"事实上，结构主义作为一种思维方式，早已渗透进了我们生活的方方面面，它是思想方法上的一场广义的革命。结构主义诞生之后，就像一把利剑一样改变着人们看问题和思考问题的方式，并无孔不入地渗透到社会生活和政治生活的各个角落：作为文化思潮，它涉及社会科学的各个门类，如语言学、人类学、心理学等；作为文艺思潮，结构主义几乎影响到文学艺术的所有领域，从理论到创作，从小说、戏剧、诗歌到电影。这一思潮还产生了相当广泛的国际影响，从 20 世纪 60 年代中期开始，它以法国为中心，迅速扩展到英、美、西德、意大利、丹麦，并对苏联、民主德国、波兰、捷克等社会主义阵营的国家产生了影响。它是战后继英、美新批评派和法国现象学派而成为当代西方文学理论界的第三大思潮。有人认为，从 20 世纪 60 年代以后，"结构主义的人"取代了"存在主义的人"。

没有一种思潮可以在一夜间形成并名震天下，结构主义也不例外。尽管结构主义思潮的黄金时代是 20 世纪 60 年代，但它并不是在 60 年代才形成的，也不是诞生于法国的，它的历史可以追溯到 20 世纪初的岁月。当时西方有一部分学者对现代文化分工太细，只求局部、不讲整体的"原子论"倾向感到不满，他们渴望恢复自文艺复兴以来中断了的注重综合研究的人文科学传统，因此，提出了"体系论"和"结构论"的思想，强调从大的系统方面（如文化的各个分支或文学的各种体裁）来研究它们的结构和规律性。其中最有代表性的是奥地利哲学家路德维希·维特根斯坦在《逻辑哲学论》（1922）中所表达的见解：世界是由许多"状态"构成的总体，每一个"状态"是一条众多事物组成的锁链，它们处于确定的关系之中，这种关系就是这个"状态"的结构，也就是我们的研究对象。这是一种最初的结构主义思想，它首先被运用到了语言学的研究上。

出生于瑞士的斐迪南·德·索绪尔是将结构主义思想运用到语言学研究的第一人，他在长期的语言学研究中逐渐形成了一系列与 19 世纪在语言学研究中占统治地位的比较语言学的观点相对立的新观点。比较语言学把一些语言事实当作孤立静止的单位对待，只注意了它们的历史比较，而忽视了语言要素之间相互制约、相互依赖的关系；忽视了语言是一个系统的整体。索绪尔则把具体的语言行为（"言语"）和人们在学习语言中所掌握的深层体系（"语言"）区别开来，把语言看作一个符号系统。产生意义的不是符号本身，而是符号的组合关系。语言学是研究符号组合规律的学问。索绪尔使用的词虽然是"系统"而不是"结构"，但意思是一样的。他把语言的特点看作是意义和声音之间的关系网络，纯粹的相互关系的结构，并把这种关系作为语言学研究的对象，这是结构主义语言学的主要理论原则。索绪尔的理论在他死后由他的学生整理出来以《普通语言学》的书名出版，对结构主义思潮产生了深远的影响。索绪尔也因此被人们敬称为"结构主义之父"。

1945 年，法国人克劳德·列维·施特劳斯发表了《语言学的结构分析与人类学》，第一次将结构主义语言学方面的研究成果运用到人类学上。他把社会文化现象视为一种深层结构体系来表现，把个别的风俗、故事看作是"语言"的元素。他对于原始人的逻辑、图腾制度和神话所做的研究就是为了建立一种"具体逻辑"。他不靠社会功能来说明个别风俗或故事，而是把它们看作一种"语言"的元素，看作一种概念体系，因为人们正是通过这个体系来组织世界的。他随后的一系列研究成果引起了其他学科对结构主义的高度重视，到了 20 世纪 60 年代，许多重要学科都与结构主义发生了关系。一个如火如荼的结构主义时代到来了。

结构主义为什么能在 20 世纪 60 年代的法国流行起来并如日中天呢？其原因大概如特里·伊格尔顿所说："结构主义最好被看作既是我概述的社会和语言危机的表

现，也是对那种危机的反应。它从历史逃到语言，这是一种讽刺行为，因为正如巴尔特所看到的，没有什么行动在历史上能更有意义。"战后的法国和其他曾经将版图延伸到国土之外其他土地上的老牌资本主义国家一样，因为第三世界国家的独立，法国的学者们已不能自由地出入曾经是他们殖民地的第三世界国家进行实地考察，重实地调查、轻理论分析的研究方法已不再适合他们，结构主义的出现，正好迎合了他们的需要。这大概也是结构主义的大师们看上去都是"一些不食人间烟火的大学教授"的原因。另外，战后法国经济飞速恢复与发展，以"他人是我的地狱"为宗旨的存在主义哲学同现实格格不入，人们对"个人""存在""自我意识"等这些存在主义的概念失去了早先的热情和兴趣，结构主义在这种背景下作为存在主义的否定的思潮而兴起。结构主义认为："我"、主体，既不是自己的中心，也不是世界的中心，这样一个中心，根本不存在。

于是，在存在主义的退潮声中，以后起之秀身份出现的结构主义思潮紧锣密鼓地登台亮相了。

结构主义不是一种单纯的传统意义上的哲学学说，而是一些人文科学和社会科学家在各自的专业领域里共同应用的一种研究方法，其目的就是试图使人文科学和社会科学也能像自然科学一样达到精确化、科学化的水平。

结构主义的方法有两个基本特征。

首先是对整体性的强调。结构主义认为，整体对于部分来说具有逻辑上优先的重要性。因为任何事物都是一个复杂的统一整体，其中任何一个组成部分的性质都不可能孤立地被理解，而只能把它放在一个整体的关系网络中，即把它与其他部分联系起来才能被理解。正如霍克斯所说："在任何情境里，一种因素的本质就其本身而言是没有意义的，它的意义事实上由它和既定情境中的其他因素之间的关系所决定。"再如索绪尔认为，"语言既是一个系统，它的各项要素都有连带关系，而且其中每项要素的价值都只能是因为有其他各项要素同时存在的结果"。因此，对语言学的研究就应当从整体性、系统性的观点出发，而不应当离开特定的符号系统去研究孤立的词。列维·施特劳斯也认为，社会生活是由经济、技术、政治、法律、伦理、宗教等各方面因素构成的一个有意义的复杂整体，其中某一方面除非与其他联系起来考虑，否则便不能得到理解。所以，结构主义坚持只有通过存在于部分之间的关系才能适当地解释整体和部分。结构主义方法的本质和首要原则在于，它力图研究联结和结合诸要素的关系的复杂网络，而不是研究一个整体的诸要素。

结构主义方法的另一个基本特征是对共时性的强调。强调共时性的研究方法，是索绪尔对语言学研究的一个有意义的贡献。索绪尔指出："共时'现象'和历时'现象'毫无共同之处：一个是同时要素间的关系，一个是一个要素在时间上代替另一个要素，是一种事件。"索绪尔认为，既然语言是一个符号系统，系统内部各要素之间的关系是相互联系、同时并存的，因此，作为符号系统的语言是共时性的。至于一种语言的历史，也可以看作是在一个相互作用的系统内部诸成分的序列。于是索绪尔提出一种与共时性的语言系统相适应的共时性研究方法，即对系统内同时存在的各成分之间的关系，特别是它们同整个系统的关系进行研究的方法。在索绪尔的语言学中，共时性与整体观和系统性是相一致的，因此，共时性的研究方法是整体观和系统观的必然延伸。

结构主义有两个大师，分别是索绪尔和列维·施特劳斯。

出生于瑞士的语言学家费迪南·德·索绪尔一生最重要的阶段是1906年到1911年他去世前的几年间。他在日内瓦大学讲授普通语言学的课程，建立起与传统语言学理论完全不同的语言学体系。在此之前，他做的一切似乎都是为了这一事业做铺垫：他年轻时曾经在日内瓦大学和莱比锡大学读书，并从事历史比较语言学的研究工作，于1878年完成了《论印欧系语音元音的原始系统》的著名论文，引起轰动。此后，他又在柏林大学和莱比锡大学继续深造，1881年到巴黎的高等研究学院教授梵语，并兼任巴黎语言学学会秘书，建立起法兰西语言学派。他还来不及将他的讲稿编写成书就与世长辞。后来，他的学生们根据他的一部分手稿、材料和同学们的笔记，编辑整理成了《普通语言学教程》，于1916年出版，从此，他的语言学理论便以极大的冲击力和影响力被扩散到全世界，并渗透到各行各业的研究中。其影响正如美国学者戴维·罗比所说："索绪尔的语言学理论是使语言学改变发展方向的最重要的因素，它的强大影响使现代语言学在文学研究中的作用超越了纯粹文学语言问题而产生出有关整个文学甚至整个社会文化生活的性质和组织的新理论。"

由索绪尔的语言学理论引申出来的一些普遍性的结构原则，在日后成为结构主义思潮的一些重要方法论的基础，也就是说，这些普遍性的语言学原则包含有结构主义的基本思想，这就是索绪尔对结构主义的最主要贡献。具体表现如下：

其一，索绪尔对语言和言语的划分引发出结构主义重分析结构的方法。索绪尔认为言语是第一性的，而语言是第二性的。语言是社会性的，是一种抽象记忆的产物，语言优于言语，言语的意义源于语言；语言不是如词典式的集合，而是一个整体，一个系统，一种规则的躯干，它是各种因素间关系的系统。而言语是个别性的，是创造的产物，是一种受经验控制的线性形式，是一个特定制造的事件。语言是言语行为的社会部分，是个人被动地从社会接受而储存于头脑中的系统。它存在于个人意志之外，是社会每个成员共同具有的，是一种社会心理现象。

言语是言语行为的个人部分，是个人对语言系统的运用。语言和言语紧密相连，互为前提。简单来说，个人要说话使人理解，必须用语言，同时语言的存在又必须体现在言语当中，而且使语言发生变化的也是言语。所以，语言既是言语的工具，又是言语的产物，但"这并不妨碍它们是两种绝对不同的东西"。正是因为索绪尔对语言和言语的划分，才产生了结构主义的一个无处不在的法则："结构主义者的最终目标是永恒的结构：个人的行为、感觉和姿态都纳入其中，并由此得到它们最终的本质。"它也表明了结构主义的一个基本思想：语言——即系统——是一种自主的、内在化的、自我满足的体系，它不与外界的实体事物发生关系。

其二，索绪尔对能指和所指的区分引发了结构主义对"意义"的追求。与实证主义方法论的要求相比，结构主义者更感兴趣的是事实背后的意义，而不是事实本身。这是因索绪尔视语言自身是个符号系统引发而来的。索绪尔认为，声音和书写形式仅仅是传递意义的符号，任何符号如果没有意义，它就不是语言。他的对于符号及其构成关系的强调，导致后人建立了"符号学"。在符号学家看来，现实中任何东西如穿戴、人的行动等，都可视为符号，因而都可建立一个有关穿戴、人的行动等的符号系统。索绪尔视语言为一种符号系统也是结构主义的一个基本思想：意义的构成只取决语言的各种关系（句段关系和联想关系），所谓语言，就是一个个相互依赖的要素（于能指／所指）所组成的符号系统。

其三，从索绪尔对共时分析的追求引发出在特定时空中的定性研究法。共时分析是结构主义者最喜欢用的分析方法之一。结构主义的另一个基本思想也包含其中，即语言符号的识别，只能借助于它与其他语言符号的关系和差异。

事实上，后来的结构主义者正是把索绪尔的各种语言学原则泛化为一切事物的共同性特征，并且将能指与所指、语言和言语、共时性和历时性、句段关系和联想关系等一系列既互相联系又互相区别的对立概念上升为一种固定的二项对立的关系，从而形成一种普遍的结构分析原则，并借用语言学的规则、术语去讨论一切社会——文化现象。而索绪尔关于语言的符号性质、语言符号系统的内部规律更被用来对文学现象进行分析，用语言学原理对文学的功能系统做出解释，并以此为基础建立起结构主义诗学和叙事学。

克劳德·列维·施特劳斯是结构人类学的缔造者，1908 年生于法国，是当代著名的哲学家、社会学家、神话学家和人类学家，也是法国结构主义的领袖人物。他早年就读于巴黎大学，1935 年到巴西圣保罗大学教授社会学，并用了 4 时间对巴西的原始部落进行民俗学、人种学的调查考察。二战开始，他曾回法国服兵役，巴黎陷落后，他旅居美国，结识了俄国形式主义和捷克结构主义的领袖人物、结构主义语言学家罗曼·雅各布森，在他的影响下，列维·施特劳斯把结构主义语言学方法运用于人类学和神话学研究，用语言学的模式来解释亲属关系和神话结构，从而对结构主义运动产生了不可忽视的影响。他的著作有：《亲属关系的基本结构》（1949）、《热带的忧郁》（1955）、《结构人类学》（1955）、《野性的思维》（1962）和《神话学》（四卷本）（1964—1971）奠定了把结构主义方法引入社会—文化研究的重要基石。

列维·施特劳斯认为，社会是由文化关系构成的，而文化关系则表现为各种文化活动，即人类从事的物质生产与精神思维活动。这一切活动都贯穿着一个基本的因素——信码（符号），不同的思想形式或心态是这些信码的不同的排列和组合。他通过亲属关系、原始人的思维形式和神话系统所作的人类研究，试图找到对全人类（不同民族、不同时代）的心智普遍有效的思维结构及构成原则。他认为处于人类心智活动的深层的那个普遍结构是无意识地发生作用的。其结构主义方法主要有如下原则：

第一，对整体性的要求；

第二，整体优于部分；

第三，内在性原则，即结构具有封闭性，对结构的解释与历史的东西无关；

第四，用共时态反对历时态，即强调共时态的优越性；

第五，结构通过差异而达到可理解性；

第六，结构分析的基本规则：

结构分析应是现实的；

结构分析应是简化的；

结构分析应是解释性的等。

列维·施特劳斯把结构主义方法应用于神话学研究领域，所取得的成果也是举世瞩目的。他对神话的考证、确定某一神话的原始真实版本和内容没有兴趣，他所进行的工作是想从神话研究中找到对所有人类心灵普遍有效的逻辑或思维原则，用他的话说，就是全人类的心灵都具有的原始逻辑或"野性思维"。从现代社会的文化中是难以找到这种普遍的野性思维的原则的，因为科学技术的发达和普遍的教育驯化，使现代人的心灵充满了各种特殊的逻辑或思维方式，那种原始的逻辑或野性思维已被掩盖或被埋起来了。神话是不受时间影响的"冷"社会的文化，从中将能寻求普遍的原始逻辑或野性思维。

列维·施特劳斯在神话学研究中所提供的语言学方法，实际开了法国结构主义叙事学的先河，他的神话分析也就成为一切叙事作品结构分析的一个摹本，他所提出的著名论点——每一个具体神话的各自单独的叙述，即神话言语，都是从神话的语言的基本结构中脱胎而出并从属于这个基本结构的，也就成为结构主义叙事学的一个基本原则，并为结构主义研究方法的建立奠定了基础。

二、解构主义

19 世纪末，尼采宣称"上帝死了"，并要求"重估一切价值"。他的叛逆思想从此对西方产生了深远影响。作为一股质疑理性、颠覆传统的思潮，尼采哲学成为解构主义的思想渊源之一。另外两股启迪和滋养了解构主义的重要思想运动，分别是海德格尔的现象学及欧洲左派批判理论。

1968 年，一场激进学生运动席卷整个欧美资本主义世界。在法国，抗议运动被称作"五月风暴"。可悲的是，这场轰轰烈烈的革命昙花一现，转眼即逝。在随之而来的郁闷年代里，激进学者难以压抑的革命激情被迫转向学术思想深层的拆解工作。不妨说，他们明知资本主义根深蒂固、难以摇撼，却偏要去破坏瓦解它所依赖的强大发达的各种基础，从它的语言、信仰、机构、制度，直到学术规范与权力网络。

解构主义在此背景下应运而生。为了反对形而上学、逻各斯中心，乃至一切封闭僵硬的体系，解构运动大力宣扬主体消散、意义延伸、能指自由。换言之，它强调语言和思想的自由嬉戏，哪怕这种自由仅仅是一曲"戴着镣铐的舞蹈"。除了它天生的叛逆品格，解构主义又是一种自相矛盾的理论。用德里达的话说，解构主义并非一种在场，而是一种迹踪。它难以限定，无影无踪，却又无时无处不在。换言之，解构主义一旦被定义，或被确定为是什么，它本身随之就会被解构掉。解构的两大基本特征分别是开放性和无终止性。解构一句话、一个命题或一种传统信念，就是通过对其中修辞方法的分析，来破坏它所声称的哲学基础和它所依赖的等级对立。

解构主义作为一种设计风格的探索兴起于 20 世纪 80 年代，但它的哲学渊源则可以追溯到 1967 年。当时一位哲学家德里达基于对语言学中的结构主义的批判，提出了"解构主义"的理论。他的核心理论是对于结构本身的反感，认为符号本身就能反映真实，对于单独个体的研究比对于整体结构的研究更重要。在海德格尔看来，西方的哲学历史即是形而上学的历史，它的原型是将"存在"定为"在场"，借助于海德格尔的概念，德里达将此称作"在场的形而上学"。"在场的形而上学"意味着在万物背后都有一个根本原则，一个中心语词，一个支配性的力，一个潜在的神或上帝，这种终极的、真理的、第一性的东西构成了一系列的逻各斯，所有的人和物都拜倒在逻各斯门下，遵循逻各斯的运转逻辑，而逻各斯则是永恒不变的，它近似于"神的法律"，背离逻各斯就意味着走向谬误。

而德里达及其他解构主义者攻击的主要目标正好是这种称之为逻各斯中心主义的思想传统。简言之，解构主义及解构主义者就是打破现有的单元化的秩序。当然这秩序并不仅仅指社会秩序，除了包括既有的社会道德秩序、婚姻秩序、伦理道德规范之外，还包括个人意识上的秩序，如创作习惯、接受习惯、思维习惯和人的内心较抽象的文化底蕴积淀形成的无意识的民族性格。反正是打破秩序然后再创造更为合理的秩序。

解构主义是对现代主义正统原则和标准批判地加以继承，运用现代主义的语汇，却颠倒、重构各种既有语汇之间的关系，从逻辑上否定传统的基本设计原则（美学、力学、功能），由此产生新的意义。用分解的观念，强调打碎、叠加、重组，重视个体与部件本身，反对总体统一而创造出支离破碎和不确定感。

也许耶鲁批评学派中的激进分子希利斯·米勒在这一问题上阐述得更为形象一点，他说："解构一词使人觉得这种批评是把某种整体的东西分解为互不相干的碎片或零件的活动，使人联想到孩子拆卸他父亲的手表，将它还原为一堆无法重新组合的零件。一个解构主义者不是寄生虫，而是叛逆者，他是破坏西方形而上学机制，使之不能再修复的孩子。"

德里达以《文字语言学》《声音与现象》《书写与差异》三部书出版宣告解构主义的确立，形成以德里达、罗兰·巴尔特、福科、保尔·德·曼等理论家为核心并互相呼应的解构主义思潮。解构主义直接对人类文化传播载体——语言提出了挑战。德里达以人的永恒参与为理由，认为写作和阅读中的偏差永远存在。

在欧陆哲学与文学批评中，解构主义是一个由法国后结构主义哲学家德希达所创立的批评学派。德希达提出了一种他称之为解构阅读西方哲学的方法。解构阅读呈现出文本不能只是被阅读成单一作者在传达一个明显的信息，而应该被阅读成在某个文化或世界观中各种冲突的体现。一个被解构的文本会显示出许多同时存在的各种观点，而这些观点通常会彼此冲突。将一个文本的解构阅读与其传统阅读来相比较的话，也会显示出这当中的许多观点是被压抑与忽视的。

解构分析的主要方法是去看一个文本中的二元对立（比如说，男性与女性、同性恋与异性恋），并且呈现出这两个对立的面向事实上是流动与不可能完全分离的，而非两个严格划分开来的类别。而这个的通常结论就是，这些分类实际上不是以任何固定或绝对的形式存在着的。

解构主义在学术界与大众刊物中都极具争议性。在学术界中，它被指控为虚无主义、寄生性太重及根本就很疯狂。而在大众刊物中，它被当作是学术界已经完全与现实脱离的一个象征。尽管有这些争议的存在，解构主义仍旧是当代哲学与文学批评理论里的一股主要力量。

解构在建筑上：解构主义建筑师设计的共同点是赋予建筑各种各样的可能性，而且与现代主义建筑显著的水平、垂直或这种简单集合形体的设计倾向相比，解构主义的建筑却运用相贯、偏心、反转、回转等手法，具有不安定且富有运动感的形态的倾向。

解构主义最大的特点是反中心，反权威，反二元对抗，反非黑即白的理论。德里达本人对建筑非常感兴趣，他视建筑的目的是控制社会的沟通、交流。从广义来看，建筑的目的是要控制经济，因此，他认为新的建筑，后现代的建筑应该是要反对现代主义的垄断控制，反对现代主义的权威地位，反对把现代建筑和传统建筑对立起来的二元对抗方式。

建筑理论家伯纳德－屈米的看法与德里达非常相似，他也反对二元对抗论。屈米把德里达的解构主义理论引入建筑理论，他认为应该把许多存在的现代和传统的建筑因素重新构建利用，以更加宽容的、自由的、多元的方式来建构新的建筑理论构架。他是建筑理论上解构主义理论最重要的人物，起到把德里达、巴休斯的语言学理论，哲学理论引申到后现代时期的建筑理论中的作用。

另外一个重要的发展了建筑的解构主义理论的人是埃森曼。他认为无论是在理论还是在建筑设计实践上，建筑仅仅是"文章本体"（TEXT），需要其他的因素，如语法、语义、语音这些因素使之具有意义。他是解构主义建筑理论的重要奠定基础的人物。他与德里达保持着长期的联系，大量的书信往来，加深了解构主义在建筑中的发展，应用的理论探讨水平，奠定了重要的应用基础。他们所研究的中心意义是如何通过建筑构件之间的关系，通过符号来传达的。他们认为，通过解构主义，后现代主义的理论，意义是根本没有可能完全充分地表达的。因此，他们对于理论研究，对于评论在建筑发展中的作用表示怀疑。

解构主义建筑理论的中心内容之一就是建筑的主要问题是意义的表达，而表达意义的建筑有时候是不可信赖的，有时候是会误解误译的。因此，建筑传达的意义并不可靠，一个符号有时候会传达好几个不同的意义，这样，建筑家如何能够使他所希望传达的意义表现出来？如何能够代表社会社区表达意义呢？根据后结构主义语言学的

239

研究，语言是不可靠的，那么如何建立所谓的"建筑语言"呢？对于历史的态度，对于历史建筑的立场，由于语言的不可靠性，也出现了问题，那么在建筑中有什么是真正可靠，可以传达意义的呢？这一系列问题，都是解构主义建筑家经常考虑的。

身为海德格尔在法国的思想传人，德里达一方面深受海德格尔反形而上学、反逻各斯主义的理论影响；另一方面他又广纳新学，另辟蹊径，大胆从语言学、符号学的角度出发，提出了针对逻各斯中心论的一整套销蚀瓦解的策略。这就有了他 20 世纪 60 年代中期名扬天下的解构主义。德里达的解构理论内容冗杂，前后矛盾，至今难有明确公认的统一解释。然而，其中最为关键的一些概念与方法，诸如反逻各斯中心论、延伸、替补等，都需要一一细加说明。

根据上述海德格尔的逻各斯批判，我们已经大概了解，西方形而上学思想传统发端于柏拉图对于古希腊逻各斯问题的强行曲解。在柏拉图及其弟子看来，真理源于逻各斯，即真理的声音或上帝之言。这种逻各斯主义认为，世上万物的存在都与它的在场紧密相连。为此，最理想的方式应当是直接思考"思想"，而尽量避免语言的媒介。但这偏偏又是不可能的。所以他们要求语言应该尽量透明，以便人类能够通过自身的言语，自然而然地成为真理的代言人。换言之，逻各斯主义认为，言语与意义（真理，上帝的话）之间有一种自然的、内在的直接关系。言语是讲话人思想"自然的流露"，是其"此刻所思"的透明符号。据此，逻各斯主义也被后人称为"语音中心论"。与此同时，书面文字则传统地被认为是第二位的，是一种对于声音的代替，是媒介的媒介。即便是索绪尔的能指，也首先是一种"声音的意象"。书面文字作为能指，则是由声音转化而来的。

言语优于文字的另一个体现，是讲话人的"在场"。讲话人在现场，可以准确地解释其"意图"，避免歧义。与之相对，文字只是一系列的符号，由于讲话人的不在场，它们很容易引起误解。

德里达的重要性，就在于他在海德格尔批判的基础上，针对上述逻各斯中心论的种种戒律提出了积极有效的颠覆解构方法。他声称书写文字并不见得天生就低劣于语言发音，为了打破传统的"语音中心"偏见，他力图建立一种"文字学"，以便突出并确认书写文字的优越性。这种文字的优越性，首先表现在它在符号学意义上的"可重复性"。

德里达认为，可重复性乃是符号存在的前提条件。只有当一个符号能够在不同情况下都被认作"相同"时，符号才能够成其为符号。符号的另一必备条件是：当听话人对最初讲话人的意图一无所获时，同样也能借助于符号系统了解其意图。换言之，符号应该在不考虑讲话人的意图的情况下，依然能被人们正常地加以理解和接受。

符号上述的两个必备特征，即"可重复性"和"不考虑讲话人之意图性"，验证了德里达所说的文字优越。在更大的范围来说，文字总体包括了整个语言学的符号系统，因而它也是狭义上的言语和文字赖以存在的基本条件。这便是德里达所谓的"元书写"。元书写的概念一经确立，必然打破逻各斯主义的语音中心说。

德里达是 20 世纪后半期解构主义思潮的代表人物，也是哲学史上争议最大的人物之一。支持者认为他的理论有助于反对人类对理性的近乎偏执的崇拜，有助于打破形而上传统对真理、本体的僵化认识，有助于打破形形色色的压制差异和活力的权威和中心。反对者认为，既然德里达相信语言没有确定的意义，真理只是人的臆造，势必导致虚无主义和相对主义。德里达的理论确实充满了矛盾，也提供了多种解读的可能性，但要更充分地把握它的要义，就必须把它置于 20 世纪的历史语境乃至整个西方哲学传统来考察。

解构主义的出现与 20 世纪人类在哲学、科学和社会领域发生的深刻变动密不可分。从哲学内部的发展来看，从康德等人开始，就有从本体论转向的趋势。哲学家们越来越对人类把握宇宙本体的能力感到怀疑。康德虽然试图用先验的思维形式来弥合人的经验与物自身之间的鸿沟，但他仍然充满了疑惑。19 世纪的哲学家对形而上的问题更缺乏兴趣，占统治地位的是实证主义、实用主义和意志哲学。尼采重估一切价值和超善恶的姿态对传统哲学的冲击尤其剧烈。到了 20 世纪，形而上问题几乎从哲学中消失。现象学将本体问题悬置起来，更多的哲学流派则受语言学转向的影响，探讨的领域已经转到语言本身。当发轫于索绪尔的现代语言观通过结构主义运动渗透到人文科学的方方面面时，对结构的痴迷就在很大程度上取代了对真理的追寻。

解构主义脱胎于结构主义，它认为后者仍未摆脱传统的形而上学，因而有必要对后者进行扬弃。20 世纪物理学的突破也对人类思维产生了深刻影响。传统哲学是建立在一种"客观观察者"的假定前提基础上的，也即是假定有一个观察者（人的理性或者神）能够从世界外部"客观"地观察，这种观察活动不会对世界施加任何影响。哲学家们相信存在客观的、超时空的、确定的真理，正是由此而来的。量子力学的出现粉碎了这种虚拟的客观性。量子力学的测不准原理表明，作为观测者的人或者仪器在观测对象的同时已经干预并改变了对象的存在状态，客观的测量是不存在的，主观和客观其实是不可分的，它们之间的区别只是概念上的区别。传统哲学还认为，宇宙是遵循拉普拉斯决定论的，因而从理论上讲可以一劳永逸地找到支配世界的原则或真理。量子力学和混沌理论否定了这一观念。在微观粒子领域，发挥作用的是概率决定论，每一次具体的结果都是不可预测的。混沌理论指出，很多系统具有对初始条件的极端敏感性，初始条件的细微差异都将导致天壤之别的结果。另外，传统哲学把物质、时间和空间看成实体，但相对论却指出，时间和空间只是物质的属性，物质又等价于能量，所以，作为实体的物质不存在，相对论用"事件"代替了"物质"。总之，20世纪物理学的基本走向就是关系取代了实体。德里达用无形的"踪迹"取代有形的"符号"，用"文本间性"打破了封闭的文本，与物理学的走向是一致的。

德里达曾指出，解构主义并不是要取代结构主义或者形而上传统，并且也取代不了。因此，对待解构主义的最好态度不是把它当作教条，而是把它当作一种反观传统和人类文明的意识。解构主义反对权威，反对对理性的崇拜，反对二元对抗的狭隘思维，认为既然差异无处不在，就应该以多元的开放心态去容纳。在对待传统的问题上，解构主义也并非像一些人认为的那样，是一种砸烂一切的学说。恰恰相反，解构主义相信传统是无法砸烂的，后人应该不断地用新的眼光去解读。而且，即使承认世界上没有真理，也并不妨碍每个人按照自己的阐释确定自己的理想。解构主义是一种"道"，一种世界观层次的认识，而不是一种"器"，一种操作的原则。所以，把解构主义作为文本分析策略的耶鲁学派最终走入了一条死胡同，而解构主义作为一种意识却渗透到了很多自认为绕过了解构主义的思潮和流派里面，比如，女权主义、后殖民主义等。

巴尔特、德里达等人的理论一般被称为后现代主义理论。20世纪法国的思想理论的发展至此似乎打上了句号。尽管总不断有人翻出"新曲"，但是没有再出现新的超越。20世纪法国思想历史的一个重要特征是对资产阶级传统文化价值的怀疑。超现实主义以愤世嫉俗的激进态度高喊"打倒一切传统文化"，存在主义对现代文明下人类的生存条件表示了深深的忧虑，巴尔特的结构主义力图证明传统文学艺术的资产阶级性质并且否认这种性质的普遍意义，到了德里达的解构主义，则更进一步认为，西方文化长期以来未能走出形而上学的误区，必须彻底改造。解构主义否定本文具有稳定的意义，否定结构具有稳定的中心，这就提出了一种观察和分析文化的全新态度和方法。这种态度和方法似乎已经走到了怀疑和否定的顶点，人们很难预测今后将如何发展。在这个怀疑和否定的过程中，法国的思想界不断提出了建设新文化的构想，对西方乃至全世界都产生了相当大的影响，尽管人们对它们的评价莫衷一是，却都不能不严肃地对待它们、研究它们，这本身就证明了它们的历史意义。

第三节　电影的兴起及发展

20 世纪文化的一个重要现象是电影的迅速发展。电影被称为第七艺术，即建筑、绘画、雕刻、音乐、文学、舞蹈六门艺术之外的一门艺术。电影又被称为综合艺术，因为电影制作牵涉到文学、音乐、绘画、摄影等多种门类。电影又是一种工业产品，电影制作是一种企业行为，可以这么说，在各种艺术中，电影是商品化程度最高的艺术。电影的这个特点决定了电影具有双重性：一方面，电影在现代社会文化生活中所占的比重和它所发挥的作用大大超过其他艺术；另一方面，电影又最缺少独立性，艺术规律和商品经济的规律最容易发生冲突。纵观法国电影发展的历史，可以发现法国电影就是在它自身矛盾的夹缝里艰难地走过来的。电影的产生对其他文化门类特别是文学产生了极其重大的影响。作为一种叙事艺术，电影的渊源之一是文学（主要是小说），反过来，电影在其一百余年的历史中，又有力地冲击了文学（主要是小说），极大地改变了文学的观念和技巧。电影产生后不久，法国就有文学家参与电影事业，较早的有科克托、帕约尔，后来有马尔罗，再后来有罗布－葛利耶、杜拉斯。这些作家把电影语言吸收到自己的文学作品中来，使他们的作品具有新的面貌。当然，大量的作家并不亲自从事电影创作，但是许多人自觉不自觉地受到电影的影响。可以毫不夸张地说，自从有了电影，作家就再也不能用老眼光看待文学了。电影改变了人们的欣赏习惯，于是文学作品的语言、叙事方式、结构框架都自然地顺应社会欣赏心理的变化而变化。20 世纪小说的快节奏与多样化之所以为作家所喜爱，为读者所接受，这在很大程度上得力于电影。

电影产生在法国，这是法兰西民族对世界文明的一大贡献。电影产生的基础是摄影，所以在介绍电影的历史之前，我们先简单回顾一下摄影的产生。

摄影技术生成于 19 世纪初，它的诞生地到目前为止还是一个有争议的问题，然而说法国是摄影的发祥地之一大概是没有错的。现存最古老的照片是摄影的发明人、物理学家尼埃普斯在 1816 年拍摄的，虽然清晰度很差，但是照片上房屋的轮廓依稀可辨。1824 年他拍摄的一张名为《餐桌》的相片清晰度大为提高。相片曝光时间长达 12 小时。尼普埃斯用氯化银作为感光材料，制成有实用价值的负片，但是当时他还没有找到定影的办法。1822 年，他同达盖尔合作研究冲洗法和定影法。他去世后，达盖尔继续他们的研究工作，终于在 1835 和 1837 年先后发明了氯化银底片的冲洗法和定影法，并又在 1838 年发明了达盖尔相片。

由于达盖尔照相的发明，摄影技术迅速进步。19 世纪中期，著名摄影家纳达尔和芒特的摄影作品已经不停留在一般地传达影像的层次上。他们的作品依靠人物造型、光线设计、整体构图诸方面的手段表现人物性格和感情，具有相当高的欣赏价值，宣告了艺术摄影的诞生。

在摄影产生七八十年之后，出现了电影。关于电影的发明权也是有争议的，因为法、德、英、美等国当时都开展了电影这种被看作活动摄影的研究，实际上电影是科学技术成果历史积累的结晶，并非出自一国或一人之手。不过，通常的看法认为电影的故乡在法国。在众多从事电影技术研究的法国人当中，有两个人起了重要作用：一个是生理学家、医生马莱，他首先发明了可以拍摄分解动作的固定底版摄影机，随后在 1888 年又发明了软片摄影机。这种软片摄影机就是现代摄影机的雏形。另一位是动画制作人莱诺，他与马莱同时发明了光学影戏机，可以观看动画片，这也是现代摄影机的雏形。

但是，用银幕投影代替马莱和莱诺的视镜（美国爱迪生的电影机也是通过视镜在机内观看），使马莱和莱诺的技术真正获得电影意义的却是卢米埃尔。1894 年，卢米埃尔发明了活动电影机。1895 年 12 月 28 日，卢米埃尔举办了世界第一场电影放映会，从而宣告了电影的诞生。正因为如此，他被公认为电影的创始人（不是严格意义的发明人），而法国也就成为电影的发祥地。卢米埃尔用这种拍摄和放映两用的机器拍摄了许多短小的纪录片，保存到今天的有《工厂的大门》《火车进站》《水浇园丁》《婴儿午餐》等。它们记录下了电影跟跟跄跄迈开的充满稚气却也充满希望的第一步。

最早从事电影活动的还有梅里埃。他原是剧场老板，卢米埃尔的发明引起了他极大的兴趣。但是和一向做照相机生意的卢米埃尔不一样，他的兴趣不在纪录片上。当卢米埃尔雇用大批摄影师到各地拍摄纪录片时，他却找人搭起简陋的布景，拍摄短小的"故事片"。1897 年，他在巴黎郊外建立了世界上第一座摄影棚，在里面陆续拍摄了《灰姑娘》《小红帽》《蓝胡子》《月球旅行记》《海底两万里》等影片。这些影片的平均长度是 300 米，在当时已经很了不起了。梅里埃的电影活动具有重大的意义，他不但开启了故事片的历史，而且初步确定了导演的位置。更为重要的是，他使电影具备了现代工业生产的性质。

包括梅里埃的许多影片在内的早期故事片制作十分粗糙，制片人随便雇几个人充当演员，把镜头马马虎虎连缀一下就算完成了。这些影片当然谈不上什么艺术性，充其量是搬上银幕的小闹剧，基本上没有脱离早年活动影视机街头杂耍的性质。

1908 年，拉菲特兄弟的"艺术电影公司"拍摄了《吉斯公爵遇刺》。影片以 16 世纪宗教战争时期天主教派重要人物吉斯公爵遇刺为题材。编剧是当时颇有名气的小说家兼剧作家亨利·拉弗当，由法兰西喜剧院的舞台监督卡尔梅特和著名演员勒巴尔吉执导，勒巴尔吉并出演主角。其他重要角色也都由喜剧院的演员担任。这个阵容说明影片的制作者已经开始以一种比较严肃的态度，一种可以称为艺术的态度对待电影。这样拍摄出来的影片当然不再是简单地卖弄噱头，不再停留在市井游艺的层次上，而是具备了一定的心理深度和表现深度。影片获得了成功。20 年后，美国著名导演格里菲斯还称赞它是"新颖的、大胆的和革命性的创新"。

以后，"艺术电影公司"又陆续拍摄了一系列由勒巴尔吉执导的影片，如《俄狄浦斯王》《布里塔利古斯》《哈姆雷特》《麦克白》等。仅从片名就可以看出，这些影片全由著名的舞台剧改编而来。这家电影公司成立时的宗旨就是利用电影发扬光大舞台剧。虽然后来电影的历史证明这种观念是进入了一个误区，但是由《吉斯公爵遇刺》所开创的"艺术电影"的确代表了当时法国电影的最高成就，而且事实也证明，将经典舞台剧搬上银幕对促进电影艺术的成熟起了积极的作用。

从 1908 年到 1918 年，法国电影在世界影坛上脱颖而出，不但出现了《吉斯公爵遇刺》这样的优秀影片，而且拥有费雅德这样的著名导演和林戴这样的著名喜剧演员。费雅德擅长拍摄喜剧片和侦探片。他最著名的侦探片是《芳托马斯》系列，主角是一个神出鬼没的强盗。影片风靡世界，吸引了许多模仿者。林戴是 20 世纪一二十年代世界最杰出的喜剧大师，一生主演了 100 多部影片，主人公马克斯憨态可掬的形象深得广大观众的喜爱。连喜剧大师卓别林都一直把他尊为自己的老师。

第一次世界大战之后，电影的故乡法国失去了电影的领导地位，美国电影凭借雄厚的经济实力，以高品位的制作风靡世界。格里菲斯、英斯和卓别林的作品令法国电影界叹为观止。同时，瑞典和德国导演的作品也异军突起，成就卓著。横向的比较使法国的电影家们痛感必须改变法国电影的停滞状态。此时的法国，思想和文化正在发生深刻的变化，超现实主义运动正在酝酿，印象主义音乐和立体主义绘画方兴未艾。电影家们嗅到了文化气氛的变化，更加激发起改革的热情。

首先对法国电影的现状提出挑战的是影评家戴吕克。他认为法国电影缺乏深厚的传统，必须加以彻底的改造。为了实现"法国电影必须是真正的电影"的目标，他从评论转向创作。他反对艺术电影改编舞台剧的道路，主张创作专门的电影剧本。他的第一个剧本《西班牙的节日》从情节说有模仿英斯的痕迹，但格调上完全是法兰西的。戴吕克执导的影片中，《无家可归的女人》很有代表性。戴吕克为影片写了详细的分镜头剧本。影片描述一个妇女和情人私奔，20 年后回到当年住过的宅子，前夫正好外出，家里只有现在的女主人和一个年轻人。她发现女主人正准备像她当年那样与年轻人私奔，就力劝女主人放弃荒唐的计划。第二天，正当女主人满怀柔情地迎接归来的丈夫时，这位妇女孤独地踏上了灰尘飞扬的大路。戴吕克的这部影片相当典型地表现了这个时期一批导演的追求。在他们看来，以往的电影，包括所谓的艺术电影和费雅德的影片，都是商品而不是艺术品。所以新时期电影家的任务是创造真正的艺术品，即戴吕克说的"真正的电影"。这批导演除戴吕克外，还有冈斯、莱比埃、杜拉克和艾普斯坦，他们组成的流派被称为印象派。

印象派这个称谓显然来自印象派绘画。印象派的导演们在自己的作品中追求景物的再现，在主观感受的基调上将人们习以为常的风景诗化，如《无家可归的女人》中风景就占据了重要地位。另外，他们影片的题材多是现实生活中看似平常的事件。从这两点上说，印象派电影和印象派绘画的确声气相通。但是，由于印象派电影并不否认电影的叙事功能，所以它和现实生活仍旧保持着相当密切的关系，并不像它的名称使人感觉的那样是主观色彩很浓的流派。印象派电影对法国 20 世纪 20 年代现实生活所持的直率的感觉方式，实际上是对法国文学中的现实主义的积极继承，它开创了法国电影现实主义的优秀传统。

戴吕克是一位重视剧本而轻视拍摄技巧的导演，与他相反，莱比埃几乎把全部注意力都集中在镜头效果上，正因为如此，莱比埃的影片代表了"典型的印象主义"。他 1921 年拍摄的《黄金国》集中体现了他的风格。影片描写一个被遗弃的舞女为抚养残疾的孩子艰难地生活，最终绝望自杀。在这部影片中，莱比埃充分利用镜头的视觉效果渲染气氛，使镜头具有了主观色彩。用法国电影史家米特里的话说，他运用"视觉记号说明了能够说明的一切"。艾普斯坦认为，《黄金国》"开辟了法国默片完全成熟的时期"。

印象派电影到 20 世纪 20 年代中期开始衰落，先锋派电影成为法国影坛的新潮。广义地说，印象派在兴起之时也是一种先锋派，不过 20 年代初的先锋派由于深受超现实主义的影响，因而更具有人们通常在"先锋派"这个字眼中所理解的那种背离常情、惊世骇俗的品格。先锋派电影的主要导演有克莱尔、科克托、布努艾尔、杜拉克、维果、卡尔内。代表作品有克莱尔的《幕间》、科克托的《诗人的血》、布努艾尔的《一条安达鲁狗》和《黄金时代》、杜拉克的《贝壳和僧侣》、维果的《尼斯景象》、卡尔内的《诺让——星期天的乐园》等。

先锋派接受了超现实主义的基本思想，把表现幻觉和梦境，展示人的潜意识当作电影艺术的根本任务。先锋派电影没有完整的故事，创作主旨在于形象化地表现梦境和潜意识活动。现实的场面和令人费解的怪诞场面交织在一起，表现主观世界的混乱、幽暗、痛苦和严重的失落感。这个主观世界是叙事人的精神也好，是影片主人公的精神也好，都包含着对生活的不满和嘲弄，特别是对资产阶级的厌恶。法国的先锋派电影除了带有明显的"达达运动"和超现实主义的痕迹外，还受到了德国表现主义电影例如《卡里加里博士》的影响。

《一条安达鲁狗》是一部典型的先锋派影片。导演布努艾尔是西班牙人，很早就投身超现实主义运动。影片杂乱无章地把许多怪诞不经的镜头连缀在一起，例如，手掌心化为蚂蚁窝、眼球被剃刀割成两半等，反映了世界在创作者或者影片人物潜意识里折射出的扭曲形象。

先锋派电影由于过分荒诞，主观色彩过于浓厚，改变理性传统的意图过于直露急切而未能为广大观众所接受，在法国影坛上很有些曲高和寡的情况。但是，尽管同时代和后世的不少电影艺术家都拒绝接受先锋派关于电影的功能和表现方法的理论，先锋派对法国乃至世界电影的贡献却是不可抹杀的。先锋派在探索表现潜意识的过程中，对电影画面、蒙太奇、慢镜头等技法如何表现主观感觉和感情，如何表现主观意识和客观世界的关系做了许多大胆而有益的尝试，极大地丰富了电影的语言，并且提高了已有的电影语言的表现力。正是靠着印象派和先锋派的艺术努力，电影才迅速演变成为一门真正的艺术。

20 年代末发生了一件在电影史上具有重大意义的事情，这就是有声片的出现。法国第一部有声片《尼罗河水》在 1928 年发行，翌年生产了第一部法语对白片《三个面具》（与美国第一部对白片《纽约之光》同年）。当时克莱尔等电影界著名人士曾对有声片怀有疑虑，认为这是对电影艺术的破坏。这种疑虑一方面是早期有声电影质量低劣造成的，另一方面也是因为电影家们担心自己熟悉的艺术方法可能受到威胁。当然，这种疑虑很快就被事实证明是多余的。

有声片的产生提高了电影表现生活的能力和深度。于是在 30 年代出现了被称为"诗意现实主义"的影片。"诗意现实主义"的内涵很模糊，我们无须拘泥于它的定义。宽泛地说，它指的是 30 年代产生的一批影片，这些影片都以法国的现实生活特别是下层人民的生活为题材，以富有感情的笔调描写普通人的遭遇，并且大量调动电影的表现手段展示人物的心理活动。这些影片多数是悲剧，由于导演手法细腻，往往能够给予观众一种诗意的满足。诗意现实主义的主要导演有费代尔、雷诺阿、杜威维埃、卡尔内、帕约尔等。

诗意现实主义的源头可以追溯到印象派电影鼎盛的 20 年代。电影史家萨杜尔认为，费代尔 1923 年根据法朗士的小说《克兰格比尔》改编的同名影片是朴素现实主义和诗意现实主义之间的"一个过渡"。费代尔的这部影片实地拍摄夜景（不用通常的蓝色遮光的办法）以获得真实的气氛，运用主观镜头以表现主人公被压抑扭曲的心理，这些都很接近印象派，正说明诗意现实主义和印象派之间本没有明显的界限。

诗意现实主义的代表影片有费代尔的《米摩萨公寓》和《大赌博》、雷诺阿的《托尼》和《大幻想》、杜威维埃的《逃犯贝贝》、卡尔内的《雾码头》、帕约尔的《安吉尔》。另外，维果的《操行零分》和《尼维奈兹美人号》也可以归入其中。萨杜尔在《世界电影史》中说：

"在这个可称为诗意现实主义的倾向中，我们可以看出除了自然主义的文学和左拉的自然主义的影响之外，还有齐卡、费雅德或德吕克的一些传统，以及勒内·克莱尔和让·维果的某些经验在内。"

20 世纪 30 年代法国左翼运动高涨，电影界和文学界的情况相同，产生了许多密切反映现实问题的作品。诗意现实主义影片大都属于这个左翼潮流，其中成就最突出的是雷诺阿。雷诺阿是著名印象派画家奥古斯特·雷诺阿的儿子，20 年代中期步入电影界，20 年代末以影片《娼子》崭露头角。以后他接连拍摄了许多尖锐表现现实问题的影片，如反映外籍工人问题的《托尼》、表现工人齐心协力创造生活的《朗基先生的罪行》、探索民族矛盾和阶级矛盾的《大幻想》等。雷诺阿的这些影片在艺术上也有比较高的成就。例如，在《大幻想》里，许多场面是采用长焦距镜头拍摄的，远景和近景同样清晰。萨杜尔指出，这部影片"为以后的技术发展提供了巨大的可能性。这种可能性雷诺阿后来又在他的《衣冠禽兽》中系统地加以发展，在时间上比奥逊·威尔斯的《公民凯恩》要早得多"。

30 年代中期后，随着国内外各种社会矛盾的急剧激化，以及法西斯势力的日益猖獗，法国人普遍对前途忧虑重重。这种情绪也反映到了电影中来，在那些关注社会问题的艺术家的作品里尤为突出。雷诺阿的《大幻想》、杜威维埃的《逃犯贝贝》都渗透着相当强烈的不安与困惑。

二战初期，法国的电影业因战事陷于停顿。德国军队占领巴黎后，出于法西斯宣传的需要恢复了电影生产。此时法国的电影界，克莱尔、雷诺阿等优秀导演流亡国外（主要在美国），留在国内的导演，一部分到了南方维希政权统治区，另一部分则留在巴黎。在法西斯的严密控制下，加之财政困难，法国电影当然不可能有大作为。

战后，法国电影业面临双重困难：一方面是设备老化，资金匮乏；另一方面好莱坞电影从《布鲁诺—贝尔纳斯协定》打开的大门蜂拥而入。1948年协定废除，法语版美国片的进口受到限制，法国电影业才逐渐有了转机。电影发行量接近战前平均每年120部的水平。到50年代，生产了相当数量的优秀影片，广为人知的有《魔鬼的美》《金盔》《安东尼夫妇》《一个乡村神父的日记》《可尊敬的妓女》《禁止的游戏》《没有留下地址》《四海之内皆兄弟》等。1947年，奥当-拉哈导演了他的一部重要影片——《情魔》，从影不久的钱拉·菲力普出演男主角，获得了极大的成功。50年代菲力普又主演了《郁丁香芳芳》《勇士的奇遇》《大演习》《社会中坚》《危险的关系》等一系列影片，成为法国电影史上最受观众喜爱的表演艺术家之一。

总体上说，战后十年的法国电影稳步发展。战前已经蜚声影坛的老一辈导演又拍摄了一批比战前的作品毫不逊色的影片，战争期间起步的导演如布莱松、贝凯尔、勒夏诺阿在艺术上走向成熟，战后开始导演生涯的年轻人如阿斯特吕克在《绛红色的窗帘》一片里已经开始显露才华。

50年代到60年代是法国文学重要的探索时代，新小说、荒诞剧和新批评引起了社会的广泛注意。和文学密切相关的电影也在这个时候兴起了一股颇具声势的革新运动，这就是电影的"新浪潮"。

从战后到50年代中期，法国电影取得了可喜的成就，但是同时暴露出因循守旧的风气。大多数编剧和导演在习惯的表现方法中裹足不前，缺乏创新的意识和胆识，整个电影界的空气比较沉闷。50年代初，新小说和荒诞剧相继兴起，文化艺术领域因而吹起了变革之风。不久，随着一批新人进入导演队伍，变革之风也吹进了电影界。1956年，28岁的瓦迪姆拍摄了他的第一部长片《上帝创造女人》，由此一举成名。他当时的妻子碧姬·芭铎也因饰演女主角而成为观众的偶像。1958年，阿斯特吕克执导了《一生》，夏布洛尔执导了《漂亮的赛尔杰》，两部影片都以手法的清新而获得广泛好评。1959年戛纳电影节放映了雷乃的首部长片《广岛之恋》和特吕佛的首部长片《四百下》，还有加缪的第二部长片《黑人奥尔菲》。第二年，又有马凯尔、瓦莱尔等一大批青年导演开始制作他们的第一部长片。这样，从20世纪50年代中期（特别是1958年后）到1961年，如平静的水面上涌起了横空巨浪，新人势不可挡地进入电影界。批评家们于是想起女作家兼报人吉鲁1957年在《快报》上称呼年青一代的词——"新浪潮"，他们觉得用这个词来标定电影界涌现出来的新人新作十分合适，因为从年龄来讲，大多数新导演属于吉鲁所谓的新浪潮；从作品来讲，他们带来的也是一股不折不扣的新潮流。

1960年，在法国南方城市拉纳普尔召开了以研究青年导演作品为主题的讨论会，

"新浪潮"这个词便在电影界流行起来。其实,新浪潮并非真的平地起浪,它与1950年以后出现的短片艺术研究有着密切的关系。短片艺术研究的方向虽然五花八门,但是大都力求突破固定的表现模式。成就最突出的是拉摩里斯,他的《白鬃野马》《红气球》等影片为中国观众所熟悉,享有相当高的国际声誉。

这些短片放弃了叙事功能,在一种充满诗意的气氛中表达了对人生哲理的思考。这些当年从事短片艺术研究的导演在50年代末和60年代初转向长片摄制时带来了短片摄制的经验、思考和语言。因此,新浪潮虽然并不是一个统一的流派,被归入新浪潮的导演的社会理想和艺术追求各不相同,但是他们都削弱甚至摈弃了电影的叙事功能,而把对社会和人生的、历史的和哲理的思考放在了核心位置。他们或多或少地受到存在主义思潮的影响,对现实抱着悲观的态度,有时也显示出对社会的反抗情绪。

新浪潮有时被划分为两大派:电影手册派和左岸派。电影手册派的代表人物是戈达尔和特吕佛。《电影手册》是著名电影评论家巴赞与多尼奥尔—瓦尔克洛兹于1952年创办的杂志,在法国电影界很有影响。

戈达尔等人曾经在《电影手册》杂志社工作,所以被称为电影手册派。这一派导演积极响应巴赞的电影思想。戈达尔在60年代初先后拍摄了《精疲力竭》《小兵》《卡宾枪手》《轻蔑》,这些影片从不同的角度探讨了资本主义现代文明中人的地位和处境,用寓意手法展示了现代人"异化"的窘困和无法把握自我的悲哀。和这个时代的文学作品一样,男女性爱在戈达尔的影片里包含着现代人的一种精神和感情的焦虑。影片骚动不安的情绪借助违反常规的、故意破坏平衡的电影语言表达出来,使当时不少观众看后茫然不知所措。电影手册派的成员主要还有瓦迪姆、夏布洛尔、瓦尔达、卡斯特、里维特等。

雷乃、罗布—葛里耶等被称为"左岸派"。他们两人合作的《去年在马里安巴》无妨说是电影化的新小说。这部影片典型地说明了50年代到60年代电影和小说的相互渗透和相互影响。影片的蒙太奇手法极其艰涩,人物的语言也晦暗难明,一种似有似无的时空对比暗示了人生的苍白甚至荒诞。雷乃的代表影片《广岛之恋》由另一位与新小说有密切关系的小说家杜拉斯编剧。影片和《去年在马里安巴》一样仅有一男一女两个角色,不过这一次他们代表了两种不同的文化。影片把他们放在现时和二战、东方和西方的对比之中,使他们的性爱关系与人类生存的状态和价值联系起来。雷乃极富个性地运用电影画面的对比,巧妙地割裂画面和音响的联系,更增强了影片的寓意色彩。

60 年代后半期到 70 年代，法国思想界空前活跃，以结构主义为代表的各种思潮纷至沓来。电影思想不可避免地受到影响。最明显的例证是《电影手册》与后结构主义的《原样》杂志等最激进的派别建立了密切的关系。1969 年，《电影手册》的编委柯莫利和瓦尔波尼在该刊上发表了长篇文章《电影·意识形态·批评》，文章的中心思想是巴尔特和德里达反复阐明的理论，即现代西方文化具有强烈的资产阶级性质，是向群众灌输资产阶级意识形态的文化。这篇文章预示了由新浪潮开启的电影改革向着更加意识形态化的方向发展。

电影手册派的戈达尔成为这种方向的代表。戈达尔等人接受了结构马克思主义和结构精神分析学的理论，创造了带有"左"倾色彩的新先锋派电影。这些影片，例如，戈达尔的《东风》，把意识形态的说教和艰深晦涩奇特地结合在一起，很难为普通观众所喜爱。到了 70 年代后期，先锋派文学衰退，结构主义也不再时髦，缺少观众的新先锋派电影也随之走向颓败。1977 年，在巴黎第一大学召开了关于新先锋派电影的讨论会，实际上为新先锋派电影画上了句号。

这个时期的政治化倾向实际上广泛表现在法国电影活动中。1967 年，法国抗议越南战争的呼声高涨，雷乃、克兰等著名导演在这个时候联合制作了《远离越南》这部纪实片。更有意义的是，促使他们联合的最初原因是他们恰好同到一家工厂支持正在罢工的工人。这个事例充分说明了当时电影家们对国内外政治的强烈关注。在运用或基本运用传统语言的影片里，这个时期出现了像加福拉斯的《Z》和《供词》、索托的《圣地亚哥有暴雨》（与保加利亚合拍）这样具有强烈政治色彩的影片。直接反映当前公众所关注的社会问题的影片在这个时期也取得了令人瞩目的成就，例如，《圣保罗的钟表匠》《妇女之光》《最后一班地铁》等。1980 年出品的《最后一班地铁》获得了巨大成功，男主角的扮演者德帕迪厄从此成为法国电影界的一颗明星。

这些影片和新先锋派的电影不同，它们都有完整、清晰的故事，有真实、可信的人物，蒙太奇手法也基本上是传统的。法国电影从费代尔、戴吕克、冈斯、杜威维埃开始的优秀的现实主义传统在这些影片中得到继承和发展。电影家抓住了最敏感的政治问题或社会问题，在镜头的拍摄和剪接、音响和音乐等方面运用富于个性的语言，同时吸收了从印象派以来的多次电影艺术探索的成果，因而能够在心理学、社会学、电影美学诸方面将现实主义传统提高到一个新的水平。

80 年代，法国文化思想领域意识形态化和政治化的倾向明显减弱，电影于是出现了所谓的新浪漫主义。《罗瑟琳和狮子》《熊》《碧海情》几部影片可以说是这种新倾向的代表作品。它们的共同特点是继承了拉摩里斯《白鬃野马》的抒情传统，具有浪漫主义的情调，同时寄托了一种回归传统人性观的道德理想。它们凭借高精技术，在拍摄、音响、色彩等方面，达到了很高的艺术境界。它们从人类学和环境学的成果出发，探讨了人在自然中真实合理的位置，无论在感情上还是在哲理上都处理得十分细腻。

1990 年获得戛纳电影节金棕榈奖和恺撒电影节十项大奖的《西哈诺·德·贝杰纳克》则从另一个角度反映了新浪漫主义的特点。影片是根据 20 世纪初著名戏剧家罗斯当的同名剧本改编的。剧本写于 1897 年，正是浪漫主义回潮时期，因而充满了温情的诗意，在色调上和技巧上都与当年的浪漫主义戏剧作品相似。由拉普诺执导、德帕迪厄主演的这部影片基本保持了原著的特点，它的轰动性成功恰好说明了 80 年代后期到 90 年代电影的审美取向。

从 40 年代末重整旗鼓到当代的优秀影片，法国电影走过了曲折的道路，也取得了举世公认的成就，但是商业效益和艺术水准固有矛盾的梦魇一直困扰着电影事业，给电影事业造成了愈来愈大的压力。电影的拍摄经费日益膨胀，使不少制片人望而却步，不少导演扼腕叹息。电视和录像业的发达既给电影带来了机遇，也给电影带来了严重的挑战。法国电影百年兴衰，困惑随着成就俱增，未来的命运如何，众说纷纭。毫无疑问，今天的法国电影遭遇到了巨大的困难，然而同样毫无疑问的是，社会文化生活对电影还有远未枯竭的需求。

第十二章　进入 21 世纪的法国

第一节　教育的发展

进入 21 世纪，法国加大了教育改革的力度。2007 年 8 月 10 日通过的《大学自由与责任法》规定：所有大学都应在预算和人力资源管理方面实行自治，并且可以要求拥有大学的不动产。按照 LMD 学制（学士、硕士、博士）使法国大学文凭与欧洲高等院校通用文凭同步，采用欧洲学分积累和转换体系。2009 年，法国进一步进行教育改革，旨在赋予公立大学更多的自主权，鼓励大学之间的良性竞争，法国的高等教育与国际上通行的制度相衔接，鼓励学业多样化和学制灵活机动，实行可累积的学分制。

总之，法国的教育制度、教育体制及教学内容和教学方法仍然存在诸多问题。目前，法国政府仍然继续努力，寻求各方都能接受的方案，加速教育制度、教育体制及教学内容和教学方法的改革，以便迎接新世纪的挑战。

一、教育概况

法国一向重视教育，1989 年出台的《教育方向指导法》的第一条规定："教育是国家置于优先地位的事业。"

法国为了提高教育的地位采取了许多措施：第一，政府牢牢地控制着教育的领导权，不仅控制着国立学校的领导权，还通过经济杠杆等手段干预私立学校的教育。目前在法国，国立学校占 3/4，私立学校占 1/4。自 20 世纪 80 年代以来，为了贯彻国家的教育方针，法国加强了对私立学校的控制，不仅通过财政资助来干预，而且同时加强了对私立学校的监督。第二，把所有国立学校的职工都纳入国家公职人员的范畴，并根据法国《公务员总章程》和按照总章程原则制定的《教师章程》进行管理。

二、教育管理体制

为了管理教育，法国建立了国民教育部及高等教育与研究部。国民教育部及高等教育与研究部起草和执行政府的教育政策、掌握教育的方向、进行教育的规划、管理教职工人事、负责教育财政、对外交流与合作。

法国大学区经常变动，一个大学区大体上相当于一个行政大区，但是法兰西岛大区划分为巴黎、克雷泰尔、凡尔赛3个大学区，罗纳－阿尔卑斯大区划分为里昂和格勒诺布尔两个大学区，普罗旺斯－阿尔卑斯－蓝岸大区划分为爱克斯－马赛和尼斯两个大学区。大学区设大学区区长，他贯彻教育部的所有指示，领导、管理和监督大学区内的教育事务。

法国还设有中央教育咨询机构。中央咨询机构有"教育高级委员会""全国高等教育和研究委员会"等。教育高级委员会有97名委员，由教师代表及各界人士代表组成。它就教育公共机构的运行和目标提出意见，就教育大纲、考试、毕业证书的发放、入学等的条例提出意见，就私立小学、中学和中技学校的有关问题提出意见，就私立学校的合同教师的地位问题提出意见，就教育或教学的全国性问题提出意见，就部长提出的教育问题提出意见。全国高等教育和研究委员会拥有61名委员，由大学生代表及其他各界人士代表组成。它就政府提出的高级科技培训的政策提出意见，就科技教育的总方针提出意见，就技术学校的运行和教学设施的分配提出意见，就改善科技、文化和专业教育提出建议，就国民教育部长提出的问题提供咨询。

2013年3月，法国议会通过教改法案，规定设立"教育计划最高委员会"，对知识、才能及文化的共同基础重新思考，并改善对学生的评分和评估方式。法案还规定了小学的优先行动和教师与教育职业基础培训改革的目标，将设立教育与教师高等学院，教师经过培训之后逐步进入教育职业。

三、教育体制

（一）正规教育学制

幼儿教育。幼儿园创建于1887年，招收2—6岁的幼童。尽管学前的启蒙教育是非强制性的，但法国把它列入学制的范围，幼儿也作为教育对象，因此，要求家长对适龄儿童进行启蒙教育。在幼儿园中，教师对幼儿进行启蒙教育。正因为幼儿园的这些优势，99%的3岁以上孩子都入幼儿园学习，且大部分是在公共教育机构。法国幼儿园由市镇举办，但教师由国民教育部管辖。

小学教育。小学教育是法国义务教育的基础阶段。儿童自 6 岁起进入小学，小学教育 5 年。第一学年为预备班，第二和第三学年为基础班，第四和第五学年为中级班。小学的课程有法语和算术等基础课程，还有历史、地理、道德、图画、唱歌、体育和观察实习等。小学自 1833 年以来一直由市镇管理。教师都受过 3 年的师范教育，并经过考试后录用。

初中教育。法国中等教育的学习年限为 7 年。它分为前 4 年和后 3 年两个阶段，即初中和高中。第一阶段从六年级到三年级。法国小学毕业生通过省一级委员会的考试才能升入初中。初中的头两年是观察期。经过观察把学生按两种类型分班：成绩不够理想的学生编入职业预备班或学徒预备班，毕业后进入短期中学即职业高中。成绩良好的学生编入普通班，毕业后可以考长期中学即普通高中。初中结业时，占 94% 的初中生可以获得专业技能合格证书，或职业学校毕业证书，或中等教育初级阶段毕业证书。

高中教育。高中由大区负责管理。高中分为普通高中和职业高中两类，都由大学区管理，收取学费。普通高中在高一学年时，课程设文科、理科和工业技术 3 组。高二和高三则要完成 6 组课程：哲学和文学，经济和社会，数学和物理，数学和自然科学，农业科学和技术，数学和技术。结业后学生要参加全国会考，以取得毕业文凭。通过会考拿到的文凭，因考试的科目不同而不同：A 类为语言文学文凭，可以升到大学的文学、艺术、哲学等专业；B 类为文科文凭，可以升到大学经济、贸易管理专业；C 类为数学和物理文凭，可以升到大学理科、工科和医科专业；D 类是面向农业院校；E 类为数学与工艺文凭，可以升到大学理科和工科。中学毕业要参加全国的中学毕业会考，成绩合格者可取得中学毕业文凭，中学文凭持有者可升入高等学校。在法国，获得中学毕业文凭的学生占该年龄段（18 岁）的比例在逐年上升，20 世纪 50 年代不到 10%，1980 年约 30%，1997 年约 70%，1998 年达到 79%，法国政府的目标要在 21 世纪稳定在 80% 以上。这就意味着，该年龄段的青年 80% 以上都可以进入高等学府。

在职业高中，持专业技能合格证书的初中生必须学习 3 年，持职业学校毕业证书的初中生必须学习两年，毕业考试合格后可以获得专业毕业证书，然后到第二和第三产业求职。

法国的高等教育分长期和短期两种。前者为 2 年以上，相当于我国的大学；后者为期 2 年，偏重于实用技术，相当于我国的大专。这里主要介绍法国长期普通高等教育。

法国的大学和学院教育分个阶段。每个阶段结束，成绩合格都能得到国家授予的文凭。这个文凭并不意味着你可以自动进入更高阶段的学习，但你能据此进入同阶段的其他学科学习。中学毕业文凭持有者可进入大学第一阶段学习，为期 2 年，成绩合格可获得普通高校学业证明或科学与技术高校学业证明。第一阶段毕业证书持有者可进入第二阶段学习，为期 2 年。第一年考试成绩合格，即可获得学士学位，如继续学习一年，则可获得硕士学位。如果你是就读一些国家高等工程学院，或是大学里的工程学校等，则通常学习 3 年后可获取工程师文凭。第三阶段意味着进一步深造。第二阶段以上的文凭是进入此阶段的必要条件，但各学校又有各自不同的入学考核，最常见的是书面的入学申请和面试。第三阶段的一种情况是获取侧重于职业生涯的大学专科学习文凭，学制 1 年，相当于 Bac+5。第三阶段的另一种情况是攻读博士学位。其中第一年学习结束，可获得博士预备资格文凭（或称大学第三阶段第一年结业证书），也相当于 Bac+5，该文凭与 DESS 的区别是更明确地导向博士的研究。从第二年开始，历时 2—4 年，完成博士论文后，即可获得博士学位。在中国，学士文凭是在 4 年大学毕业后才予颁发的，而法国大学第四年颁发的硕士文凭既可等同于我国的本科学士学位，又可等同于我国的硕士学位；法国大学第五年颁发的 DESS 或 DEA 文凭，则至少等同于或高于我国的硕士学位。至于博士文凭，则相差不多。

法国高校的学习成绩均采用 20 分计分制，16 分以上为优秀，14—16 分为很好，12—14 分为好，10—12 分为及格，10 分以下为不及格。

法国大学的校历大致相同，工程师高等学校一般在 9 月中旬开学，综合性大学多在 10 月中旬开学。一学年分为 3 个学期，其中各学期之间约有两周的假期间隔，一次在 12 月底的圣诞节前后，另一次在 3 月底或 4 月初的复活节前后，暑假在 6 月底或 7 月初开始，长达 3 个月。

除了普通大学外，还有一种叫高等专科学校，如国家行政学院、巴黎高等师范学院、巴黎军事工程学校和综合工科高等学校等。它们都是专门培养行政、教育、军事和外交人才的名牌高等学府。正因为如此，它们比综合大学对学生的要求要严格得多。中学毕业生要进入高等专科学校首先必须经过 2 年的预备班学习，之后参加入学考试，学校择优录取。由于录取人数较少，所以竞争十分激烈。

巴黎大学是欧洲著名的古老学府，创建于 9 世纪末，1261 年正式使用巴黎大学名称。第五共和国时期，巴黎大学得到了空前的发展，特别是 1968 年"五月风暴"后，巴黎大学的院系进行调整，组成了 13 所大学，即巴黎第一至第十三大学。因此，巴黎大学成为巴黎地区 13 所大学的总称，拥有十几万名学生。新成立的巴黎 13 所大学具有多学科性，但各个大学仍保留自己的特点。巴黎大学规模之大、学科之齐全、知名教授之多，在欧洲乃至世界亦不多见。

（二）职业培训

1971 年 7 月，法国决定建立起由国民教育及高等教育与研究部牵头，中央各部和地方政府、企业共同参加的职业培训的管理体制。根据规定，所有进入新职业的职工都有义务接受"继续培训"，以便适应新工作岗位的需要。对那些义务教育结业后的青年工人，还要进行一般理论和实践技能的培训。一般的理论培训在"艺徒中心"进行，然后到企业中实践，从实践中掌握必要的技能。20 世纪 80 年代后，每年平均有 1/3 的劳动力接受过职业培训。

法国目前最大的职业培训机构是法国成人职业培训协会。由雇主、雇员及政府 3 家的代表组成，在 22 个大区有分会，有 405 个培训点及 5000 多名培训教员。协会每年培训人数达 15 万人，提供约 500 种培训项目。在企业中，雇主有义务出资接受学生来企业实习，对新来职工进行培训，对原来的职工进行轮训，以便进一步提高他们的技能。

法国政府行政部门都设有自己的培训学校，对新来的公职人员进行半年至一年的培训，然后分配工作。从 1998 年起，要求各个部门采取措施对下属人员进行信息通信技术的培训。政府要求每个高级公务员都必须能够使用微电脑与互联网。法国政府采取的另一个措施是在国家公职人员的人才开发方面加强国际合作与交流，在公职人员的培训与管理方面加强双边与多边合作交流。

（三）远程教育

法国将发展远程教育作为教育的重要组成部分，以便吸引国内外的学生。

法国国民教育部及高等教育与研究部成立了专门的教育多媒体发展指导机构，制订了"教育资源"计划，在互联网上设立了专门站点对教育多媒体资源的开发提供指导。同时，政府也鼓励公立机构、私营企业等参与教育多媒体的发展，如法国电视五台建立了教育多媒体节目库，法国科技成果推广署也积极参与这一领域的开发。法国政府大力发展多媒体产业的另一个目的是充分利用现代科技扩大教育资源的传播，使更多国民受益。因此，鼓励教师利用多媒体手段进行学术交流、发表论著，鼓励学校图书馆通过互联网进行图书交流等。为了培养网络人才，法国在许多高等院校设置互联网新科技及网络服务的课程，还特别于 2001 年 4 月在马赛成立法国第一所命名为"使用互联网新科技学院"的互联网高校，它将成为首个提供互联网新科技高等教育的院校。

四、科学研究

法国科研实行双轨体制，即除了设置独立的科研机构外，还由教育机构承担一部分科研的任务，法国把教育和科研统一由高等教育与研究部来管理，正好说明法国的教育与科研密不可分，同时也表明高等教育中的科研在法国科研中的特殊地位和作用。

事实也正是如此，法国科研首先是从大学开始诞生和成长起来的。远在中世纪的法国大学，教师一方面向学生传授知识，一方面进行科学研究。至今，法国高等学府依然保持科研与教学相结合的传统。许多举世闻名的和获得诺贝尔奖的法国科学家都是大学教授。

法国高等学府的科研有明确的分工：综合性大学偏重于基础科学的研究，每所大学都有自己的研究重点，如巴黎大学（从第一大学到第十三大学）重点研究物理学、人文科学，其中第七大学在理科、医学、人文学和文学方面开展跨学科的研究，还从事血液、分子生物学、固体物理学、核反应等尖端科学的研究。第十一大学开展电磁辐射的多学科研究。图卢兹第三大学主要从事宇宙空间的研究，格勒诺布尔第一大学主要从事电磁学的研究，南锡第一大学主要从事矿物结晶学和低温物理学的研究。高等专科学院偏重于应用科学和新技术的研究，如与农业有关的土壤学研究、以气象为主的大气层研究、以应用数学为主的数学研究，等等。

五、国际交流

自 20 世纪 90 年代以来，法国接受外国留学生的数量一直在 12—13 万之间，仅次于美国和英国，排名世界第三位。为了在 21 世纪提高法国的国际地位和扩大法国在世界的影响，法国决定增加吸收外国留学生的数量，为此于 1998 年 11 月 6 日宣布成立法国教育国际协作总局，积极开展法国教育的国际合作与交流。

该机构的宗旨是：对外宣传法国的教育、科研和名牌大学，组织各大学赴国外进行教育展览，以吸引更多的留学生来法国学习；为各大学代理招收自费留学生，负责留学生的接机、食宿安排，办理居留手续、开办银行账户、申请住房补贴、联系法语补习学校等。被接待的学生持有教育协作总局颁发的通行证，持此证在法国享受交通、食宿及旅游等方面的优惠；协调并输出教育资源。

法国计划在今后将大幅度提高外国留学生的数量。为实现这一目标，法国着手改善外国留学生的接待条件，简化签证手续，增加奖学金名额。另外，法国外交部还专门设立了奖学金，以吸引外国学生自费来法国学习。

第二节　科学技术

一、科技简况

（一）自然科学简况

法国在历史上一向重视和提倡自然科学的研究，在法国大革命前就已经有许多重大的科学发现，涌现出一批世界著名的科学家，推动了世界自然科学的发展。第一帝国时期，拿破仑虽然出身行伍，却喜欢与学者和专家接近，向他们讨教。他任命的内政大臣和财政大臣等都是学者和专家。他建立起一些科研机构，集中了当时一大批科学家从事科学研究。他对那些为国家做出重大贡献的专家、学者和工程技术人员还给予了一定的奖赏，对发明创造给予巨额奖金。上述措施使法国科技有了较大的发展，在数学、物理学、化学、生物学和解剖学等领域取得了辉煌的成就，并涌现出了一大批科学家。正是在第一帝国时期，建立了近代法国科研机构和科研体制。

19 世纪末至 20 世纪初，法国科技依然处在世界的前列，如 1882 年发明了太阳能印刷机和远距离高压直流输电，1895 年发明自动售货机，1896 年发现铀、钋和镭的放射性，1911 年提出了新的原子结构模型。在这个时期，法国诞生了许多著名的科学家，如居里和居里夫人等。1901—1915 年，法国有 11 位科学家获得诺贝尔奖奖金，而同一时期获得该项奖金的英国科学家只有 7 位，美国科学家只有 2 位。但是，从 20 世纪 30 年代到 50 年代，由于战争的破坏，法国科研大大地落后了。

第五共和国成立后，戴高乐为了维护国家的独立和提高法国的国际地位，大力发展科技，并为此投入大量的财力、人力和物力。到 20 世纪 60 年代末，法国在核能利用、航空、航天、铁路、电信、医学和农业等许多方面的技术和科学水平都处于世界领先地位。80 年代，法国深感在科技许多领域与美国等国的差距越来越大，因此，先后制定了《科技指导和规划法（1982—1985 年）》《科技指导和规划法（1986—1988 年）》。根据这两个法规的规定：增加民用的科研开支，到 80 年代末，用于民间的科研经费要占国内生产总值的 3%；健全官方领导机构，在高等教育与研究部内设置由部长亲自主持的"研究和技术高级委员会"，负责就科研和技术的发展前景、重大政策选择和某些专题研究等提出建议。对国立研究和技术机构进行改革；建立新的规章制度，给予科研人员更优惠的条件和待遇；加紧培养科技人才。

面对 21 世纪国际科技的挑战，法国自 20 世纪 90 年代下半叶以来进一步加大了发展科技的力度：第一，对法国科研体制和大型科研机构进行体制改革，以适应新形势的需要。与此同时，法国政府内增设了两个部际科技组织，如部际科学技术研究委员会，加强对科技的领导，从事对科技的规划，协调各部之间在科技方面的活动。第二，加强科技和科研与企业之间的联系，鼓励科研人员创办企业，促进科研成果向市场转化。第三，大力吸收和培养年轻科研人员，并鼓励年轻有为的科技人员承担重任，提高科研人员的待遇。第四，确定了 7 个优先研究领域和 4 个大型技术开发计划。7 个优先研究领域是农业食品工业、地面运输和航空运输、电子和信息技术工业、组合化学、医学研究、环境与生活质量、产品和工艺技术革新。它们都是技术含量高、具有竞争优势、能够创造就业机会的领域。4 个大型技术开发计划是化学应用研究计划、生物技术研究计划、微生物学研究计划、基因图谱测序计划。第五，加强在科技方面的国际交流与合作。

（二）人文社会科学简况

法国研究人文社会科学的历史悠久。17 世纪前后唯理论创始人笛卡尔提出的"我思故我在"，把"精神实体"和"物质实体"分离，在西方哲学史上开创了二元论的传统。18 世纪下半叶，在开展对宗教蒙昧主义和封建专制主义猛烈批判的启蒙运动中，诞生了著名的法国启蒙思想家如伏尔泰、孟德斯鸠、卢梭、狄德罗及百科全书派的哲学家，出版了许多世界名著。

18 世纪末至 19 世纪，法国出现了一批空想社会主义者如圣西门、傅立叶等。他们发现了资本主义制度的弊端，幻想通过教育、科学和道德的进步来建立一个他们理想中的社会，即人人平等幸福的新社会。人文社会科学不单纯是哲学，还出现政治学、经济学、历史学、社会学、考古学等新研究领域，人文社会科学的分科日益细化，其研究方法也日趋系统化。托克维尔对美国政治制度和政治体制的研究、基佐对法国史的研究都具有相当高的水平。以孔特为代表的法国实证主义和以贝格松为代表的法国直觉主义在当时风靡一时。法国考古学家不仅在国内考古，而且活跃在世界上特别是中东和亚洲。

从 20 世纪初到二战时期，法国人文社会科学又出现了大量的分支学科。以萨特为代表的存在主义开始抬头。他把孤立的个人的非理性意识活动作为真实的存在，并作为全部哲学的出发点，认为人首先存在着，然后才能选择自己的本质，畏惧、焦虑、死亡是通向个人存在的道路。存在主义哲学逐渐代替直觉主义成为主流，并在二战后五六十年代风靡一时，迎合了一部分处于苦闷、孤独中的法国和欧洲知识分子的需要。

二战后，随着法国政治、经济、社会、思想和文化的发展，人文社会学科越分越细，研究领域日益扩大，跨学科的研究、应用性的研究、反思性的研究、开创性的研究、全球性的研究形成热潮，从而使法国人文社会科学十分活跃。进入 90 年代，法国加大了对人文社会科学的投入、调整了科研机构、扩大了研究人员的编制和增添了年轻的新生力量，从而使人文社会科学出现生机勃勃的局面。法国出现了许多思潮和学说流派，在世界上产生了重大影响。

20 世纪末至 21 世纪初，法国人文社会科学在理论和分析方法上正进入一个新的转变时期。第一，加强了跨学科的研究，不仅在人文社会科学的各个学科之间进行综合性的研究，还结合自然科学进行研究，把自然科学的理论和分析方法引入人文社会科学领域，从而诞生了许多人文社会科学的新理论和新分析法。第二，基础科学研究是法国人文社会科学的传统和强项，进入 21 世纪，法国越来越重视应用性的人文社会科学的研究，把眼光朝向基层、企业、社会、国家乃至世界的焦点和热点问题上，特别是国内社会问题与全球热点和难点问题上，提出新的研究成果、理论和解决方案。第三，法国人文社会科学的研究手段和工具越来越现代化，越来越信息化和网络化，越来越走向世界。

二、科技管理体制

（一）自然科学的管理体制

目前，高等教育与研究部主管法国的科技机构建设、科技人员的管理、重大和战略性的科技发展规划和科技国际交流，重大的决策经过科学家、工程技术专家、经济学家和社会活动家的代表大会共同讨论决定。该部主管科技研究的职能司主要有：研究和工艺总司，创新、工艺和地区活动司，研究与工艺高级委员会，科学与技术考察团。研究和工艺总司的主要任务是：制定和实施国家的科技政策；保持同各部科技主管部门和重要科研机构的联系，促进和协调对发明和技术创新方面的各种激励措施；制定各科技职能司的工作方针并协调其行动；对科研部管辖的科研机构进行领导。创新、工艺和地区活动司负责创新和工艺发展项目的科技内容，并保证其实施；对国家科技计划中激励经费的分配进行预审；与生产振兴部、企业和大区合作建立国家资助的科技发展项目；执行该部制定的创新和工艺发展的大区政策；研究、建议和促进公共科研成果向企业的推广和应用等。

行业工商会或联合会的专业技术协会侧重工业基础的技术研究和发展、着眼于产品的开发和市场的竞争来确定研究项目并进行管理。此外，科研机构、大学和企业也拥有一定的自治权，确定和规划本部门的研究和发展计划。

（二）人文社会科学的管理体制

法国对人文社会科学采取集中管理的体制，即从科研机构的设置、组织结构、科研计划的制订到科研经费的开支都由政府统一管理。目前，法国人文社会科学与自然科学一样，归属高等教育与研究部领导。法国人文社会科学采取双轨制，即除了设置独立的人文社会科学研究机构外，在高等教育学府也建立了相应的人文社会科学研究所或研究中心，使人文社会科学研究与教育相辅相成，共同发展。法国人文社会科学由三部分力量组成：一部分是国家独立的人文社会科学研究机构，一部分是高等学府的人文社会科学研究机构，另一部分是私人创办的人文社会科学研究机构。但是，前两部分的研究机构是法国人文社会科学研究的主力，私人研究机构所占比例小。

三、科研机构

（一）自然科学的科研机构

法国主要的科研机构都是由国家创办的，这里介绍法国科学院、国家科学研究中心、国家空间研究中心、国家通信研究所、居里研究所、科技园等。

法国科学院是法兰西学会下属的 5 个学院之一，创立于 1666 年，原名皇家科学院。它集中了最出色的法国科学家和与法国有联系的外国科学家。现有院士 240 余人，外国合作院士 130 余人，通信院士 110 余人。法国科学院的宗旨是鼓励和保护研究精神，致力于提高教育和出版物的质量，并致力于维护法兰西科学用语的纯洁性。法国科学院有两个学部，即数学、物理及其应用科学学部和化学、自然、生物学、医学及其应用科学学部。

国家科学研究中心（自然科学部分）创建于1939年，是法国最大的国家科研机构。该中心确定重大项目和组织攻关，评估科研成果，协调和加强与全体科研机构的联系与合作。该中心设置行政管理委员会和国家科学研究委员会，管理 7 个学部：核物理学部，数学与基础物理学部，工程物理学部，化学学部，生命科学学部，大地、海洋与空间学部，人文与社会科学学部。该中心领导两个研究所：国家核物理与粒子物理研究所、国家宇宙科学研究所。该中心配备 1330 个实验室，其中许多实验室在国际上享有很高的声誉。此外，该中心还设有一个科技文献中心。该中心拥有 2.6 万名职工，其中科研人员约为 1.1 万人，工程技术人员和行政人员 1.5 万人，每年财政预算约为 19.8 亿欧元。国家科学研究中心自 20 世纪 70 年代以来都与中国签订合作与交流协定。

国家空间研究中心创立于 1962 年，是一个集科、工、贸于一体的国家机构。该中心确保国家空间政策的实施，制订未来的空间长期研究计划，管理和执行国家重点空间计划，促进国家空间工业的发展，支持空间基础研究，负责与用户关于空间业务的洽谈，加强与欧洲和其他国家的空间合作。该中心领导图卢兹空间中心、埃夫里空间中心、圭亚那空间中心；配备11个实验室：高层大气物理实验室、宇宙气象观察实验室、卫星与地球物理实验室、动力气象实验室、宇宙气象实验室、天体物理实验室、大地与地球环境物理实验室、空间大地测量实验室、宇宙辐射实验室、宇宙生物实验室、环境物理与化学实验室。国家空间研究中心开发通信卫星、遥感卫星等。它于1987年起参加欧洲空间局的新一代阿丽亚娜火箭、航天飞机的开发计划。全国空间研究中心与中国有良好的合作关系。

国家信息技术研究中心成立于1944年，主要任务是研究通信网络现代化，进行未来通信网络及电子技术的研究与开发。该中心分设4个研究中心，承担会议通信、通信系统软件的可靠设备及方法、公共视听电话系统、最大功能的单模态光纤传输系统等大型研究项目。

居里研究所从事对癌症的研究，寻找对癌症进行预防、诊断和治疗的新方法。

总共建成71个科技园，其中17个是国际科技园。2005年以来，科技园的所属企业启动了455个项目，调动1万名科研人员、28亿欧元的科研和开发经费及9.29亿欧元的公共投资。这些科技园已有外国集团的近500家机构和17.35万名员工，迅速步入国际化。

（二）人文社会科学的科研机构

法兰西研究院成立于1795年。它包含五大学院，即法兰西研究院、铭文及纯文学研究院、科学院、伦理与政治科学院、美术学院。法兰西研究院设院士，投票选举产生。院士在法国人文社会科学界享有崇高的地位，因此，法兰西研究院成为众多学术界名流向往的地方。

国家科学研究中心（人文社会科学部分）负责全国社会科学的规划和领导，对科研成果的评估，开展社会科学的国际交流与合作。人文社会科学部分为人文科学片，语言、百科和创造片，社会科学片共三大片。人文科学片包括考古学、史前学、历史学、人类学。语言、百科和创造片包括语言科学、认知科学、文学、哲学、艺术创造和音乐，共有139个研究所。社会科学片包括社会学、法学、政治学、管理学、地理学、建筑学和城市规划，共有268个研究所。人文社会科学学部设有一个社会科学文献资料中心。国家科学研究中心还积极参与了"楔形文字数字图书馆倡议"的国际项目，其目标是在互联网上建立一个虚拟博物馆，供读者查阅文字（历史）诞生前1500年间出现的所有文献资料。

社会科学高等研究院成立于1945年，后于1975年独立出来，成为法国社会科学高等研究院。它从事人文社会科学研究，同时兼管教学任务。研究院涵盖了人文学科与社会科学的方方面面，倡导并致力于多学科的交叉研究。研究院的传统优势科目包括历史学、人类学、社会学、心理学、哲学、政治科学等，特别是在历史学、人类学、社会学方面拥有深厚的积淀和研究传统。除此以外，研究院在东亚研究和汉学研究方面也一直在法国遥遥领先。

国家统计与经济研究所隶属于财政部，拥有职工7000人左右。它的主要任务是：收集统计情报，主要项目是人口统计、家庭消费、就业、生活条件、经济指数等；国家决算；宏观经济模型辅助的短期、中期和长期规划；企业统计系统；大型索引的管理；经济数据库；出版、发行和散发该所出版的刊物。国家统计与经济研究所还进行各种有代表性的抽样调查（如政治、经济、科技、文化、人口、就业等），为政府部门和各行业的决策提供参考和依据。该研究所的统计数字和抽样调查数字及《法国经济图表》年度统计具有权威性。

全国人口研究所成立于1945年。它的主要任务是：从事人口的研究；进行人口统计；收集和了解人口的变化；培训有关人口学的专业人才；提供人口的情报。国家人口统计研究所设置总人口研究室、方法和预测室、历史和医疗人口统计室、精神—社会学室、群体遗传学室、人口经济理论室。

四、科技投入与科技强项

（一）科技投入

法国自20世纪60年代以来不断增加对科研和发展的投入，科研和发展经费（包括政府和企业的投入）占国内生产总值的比例1960年为1.3%，1978年为1.66%，1995年为2.30%，2000年为2.18%，2005年为2.13%，2010年为2.30%。从法国科研和发展经费投入的数量来看（包括政府和企业），1978年为57.44亿欧元，1995年为275.63亿欧元，2000年为314.38亿欧元，2005年为366.54亿欧元，2010年为446.28亿欧元，年平均增长在3%左右，法国科研和发展的投入在欧盟成员国中仅次于德国，居第二位。在2010年科研和发展投入的总额中，企业科研和发展的投入占60%，其中工业企业科研和发展的投入又占82%，服务业科研和发展的投入占14%。从事科研和发展的工作人员（包括研究人员和行政人员），2010年有

39.3 万人。法国科研人员的数量每年平均增长 3%，是这几年经济合作与发展组织国家当中增长最快的国家之一。

（二）科技强项

法国自然科学和人文社会科学拥有许多强项，并在国际上享有盛誉，从 20 世纪初至今，近 30 名自然科学家和人文社会科学家获得过诺贝尔奖。

1. 自然科学的强项

（1）数学。法国是数学的故乡之一。法国于 17 世纪创立了解析几何，于 19 世纪奠定了微积分学的主要基础。法国于 1935 年建立了布尔巴基团体，每年出版一期《数学原理》丛书，成为世界各国数学书库中必备的巨著。法国在基础数学如数理逻辑、数论、代数学、几何学、拓扑学、函数论、偏微分方程等方面的研究在国际上享有盛誉，在应用数学如运筹学、信息学、控制论等方面的研究也很出色。

（2）物理学。法国在量子光学、原子物理、固体物理和磁力学、流体动力学、微电子材料等方面处于世界领先水平。

（3）化学。法国在超分子化学、固体化学、高温超导材料合成、芳香化学、药物合成化学、癌症化学疗法、苗疫等方面的研究是强项。

（4）生命科学。法国在分子遗传学、免疫学、试管内的基因重组、抗艾滋病疫苗研究、内分泌学等方面都是强项。

（5）农业。法国从植物和动物生物学角度进行研究，如在试管内培养葡萄、谷物的苗，加快了植物的生长时间。法国引进专门的基因改良植物和动物品种，增强它们的抗病能力，如杂交油菜等。此外，法国还有先进的农产品加工技术。

（6）地球学和宇宙学。法国推进了地震学和地质板块构造理论，利用卫星管理地球资源、通信、气象预报及从事天体物理和宇宙学的研究。

（7）航空航天。以法国为主，与欧洲伙伴共同制造的阿丽亚娜火箭和空中客车在技术上是唯一能够同美国的航空航天开展竞争的推进器和飞行器。阿丽亚娜火箭使用液态氢为燃料，其性能安全可靠，成功地获得了国际上发射业务的大部分订单。空中客车 A380 汇集了法国和欧洲伙伴的最先进的科技。

（8）能源技术。法国拥有最先进的核能发电技术和利用垃圾生产电力的技术。法国在科唐坦半岛的阿格角建成了世界上最大的核废料处理中心。法国处理核废料的专业技术名扬世界，技术输出到德国、日本等许多国家。法国核能生产既安全又可靠，既能生产能源又不会对环境造成污染。法国的水电站、火力电站技术也十分先进，特别是使用燃气轮机的电站设备，都输出到许多国家。

（9）陆地交通。在陆地交通方面，法国拥有世界上 12% 的专利技术和欧洲 22% 的专利技术。法国在热力驱动交通工具、同步或异步电力驱动交通工具方面具有技术安全性，制动系统材料的可靠性，信号设备的可靠性，抗噪技术的先进性。在城市内的交通工具方面，如地铁、有轨电车、自动电梯都在国外承包了建设项目。法国国营铁路公司高速电气列车无论科技含量和速度，都在世界上处于领先地位。

（10）土木工程。法国在土木工程和公共工程的技术方面也处于世界先进的行列。在巴黎拉德方斯区有巨大拱顶作为该区现代化高楼建筑群的象征，通往英国的拉芒什海峡地下隧道工程、诺曼底大桥、葡萄牙首都里斯本北部 17 千米长的钢索吊桥都是法国土木工程技术的结晶。此外，法国的自来水设施和饮用水的处理技术，以及引水工程技术在国外都享有盛誉。

（11）电子和信息技术。法国在信号和成像处理、邮电、邮电材料、机器人技术、银行业务电脑化系统、计算机通信技术等方面成绩显著。法国于 20 世纪 80 年代发明和在国内推广应用的视频文字终端使法国成为计算机通信的先驱，最新一代的视频文字终端已经作为法国自己的网站与互联网连接。

2. 人文社会科学的强项

（1）哲学。萨特之后的法国哲学面貌发生了很大的变化，其理论形态丰富多彩，与传统哲学的距离越来越大，与人文社会科学其他领域的交叉性越来越强。主要理论有结构主义运动。它们从具体社会科学领域讨论该学科活动的深层结构，并确认该结构的稳定性和共时性所具有的普遍指导意义。结构主义的方法被广泛地应用于语言学、社会学、历史学、文学理论中，也曾经用来解释马克思主义哲学，具有广泛的影响。结构主义运动反映了法国哲学的泛文化倾向。它的代表人物是莱维、施特劳斯、福柯等。另一个是后结构主义（或后现代主义）对 20 世纪以前的西方哲学进行清算，反对形而上学，提倡多元性、非中心论、非统一。

（2）经济学。法国出现了世界公认的经济学家莫里斯·阿莱、埃德蒙·马兰沃，他们对计划化和分权情况下市场经济运行的研究具有开创性，阿莱因此获得了 1988 年诺贝尔经济学奖。

（3）历史学。法国的历史学具有坚实的基础，在人文社会科学中占有重要地位。近 30 年来，法国历史学界出现了许多学派，有以费夫尔、布洛克为代表的"年鉴学派"，以及布罗代尔、迪梅齐等对法国史的研究，从而呈现"百花齐放，百家争鸣"的局面。在法国史学界兴起了"通史热"，在研究方法上注重综合性的研究，并深入社会生活的各个领域，如文化史、城市史、乡村史、宗教史等。法国历史学界对二战史的研究，由于这个时期历史档案的解禁而成果累累。第四共和国、非殖民化及戴高乐主义也是研究的重点。在法国大革命 200 周年之际再次对大革命中的许多问题开展激烈的辩论，一些历史学家站在新的高度来重新分析和解释大革命。此外，法国历史学界同时出现对政治史的复归、对心态和文化史的研究、书写被遗忘者的历史（如被社会排斥者、外来移民等）。

（4）社会学。法国是社会学思想和社会学的发源地。二战后，法国对社会学的研究越来越深入，分支越来越细。20 世纪 60 年代，法国建立了许多有关社会学的研究所，出版了社会学丛书。70 年代以来，法国涌现了一批具有首创精神的社会学家如布尔迪厄、克罗齐耶等，他们重视用经验的成果来提供理论的依据。与此同时，工业社会学在法国社会学中逐渐占主导地位，其代表人物图雷纳及其代表作《后工业社会》在国际上具有相当大的影响。目前，法国社会学的分支学科已突破 70 个，并有进一步多样化发展的趋势。

（5）政治学。20 世纪 70 年代以来，法国政治学有了较大的发展，尤其是政治哲学。此外，法国学者对政治制度、选举和舆论、政党和政治组织、国际问题的研究都有所建树，出版了许多著作。90 年代，法国对国际问题的研究进入蓬勃发展时期，研究重点则是各国外交、发达国家与第三世界的关系等。

（6）法学。法国的法学研究从传统领域（如宪法学、公共自由、比较法等）走向新领域，如生物伦理学、共同体法、信息法等。

（7）人类学。20 世纪 60 年代，莱维·施特劳斯创立结构人类学理论，提出研究社会中无意识的深层结构，并把这种结构作为分析的基础。他把这种理论用于对亲属关系制度、原始社会图腾的研究。20 世纪 80 年代以来，法国人类学界继承了结构主义的传统，加强了对地区性理论、短期性假设的研究，并使之与相邻学科融合。

（8）考古学。法国考古学在人文社会科学中占据极其重要的地位，不仅研究机构众多，研究人员队伍庞大，而且研究领域超出国界，遍及世界各地，特别是非洲、拉丁美洲、地中海沿岸、阿拉伯世界、东南亚等地。法国考古活动十分活跃，并有重大发现。法国考古学的研究时间跨度则是从史前时期至今。法国考古队在国外平均有 200 处发掘考古点，因此在考古界影响巨大。

五、科技战略

2008 年，金融危机和经济危机爆发后，法国及时调整了科技战略。

（一）加大对科技研发的规划和投入

自金融危机和经济危机以来，法国国家科研与技术高级理事会紧锣密鼓地进行国家科技管理的顶层设计，促进科技事业的快速发展。与此同时，法国还成立了"国家科研署"，对官方和民间的科技进行具体的规划。国家科研署每年都要公布一批自然科学和人文社会科学的研究项目，促进科研机构与企业的合作，以及对科技人员的培养和国际交流计划。

法国意识到，科技特别是高科技在经济不景气的情况下能够成为国民经济新的增长点，而且比较少地受到市场波动的影响。所以，在采取财政紧缩和企业资金紧缺的情况下，仍然每年加大对科技研发的投入，加速科研成果在企业的推广和应用，为国民经济的发展助一把力。所以，自金融危机和经济危机以来，法国的科技投入经常处于发达国家前列。

（二）开发可再生能源

通过对可再生能源的研究和开发，法国计划到2020年将可再生能源至少提高到占能源消费的23%。法国通过提高可再生能源的比例来改变法国的经济增长和社会发展模式，从对碳的依赖中摆脱出来，向"无碳化"的经济和社会模式发展。

（三）发展清洁能源汽车

法国大力研究和开发清洁能源汽车，包括电动汽车和混合动力汽车。为此，法国政府在资金上给予汽车制造业支持，同时在税收政策上进行减免，从而保证法国几个著名的汽车制造公司，如雷诺汽车公司、雪铁龙汽车公司等，有足够的资金投入来进行研发。目前，法国研发清洁能源汽车的计划已经初见成效，电动汽车和混合动力汽车已经面世。

（四）发展数字技术

法国加大对数字技术的研发力度。早在2002年提出"数字共和国"计划，2008年又公布了"解放经济增长委员会"的报告，要进一步实施"雄心勃勃的数字战略"，使数字产业成为法国经济的增长点。

根据计划，法国要大力研发数字技术，普及宽带、数字电视和移动电话。法国打算提高在数字信息化方面的国际吸引力，计划在巴黎或其近郊建立一个大型数字化社区，并将巴黎变成一个数字化首都。法国要借鉴他国的措施，详细规划这一社区，让法国数字化系统中的各部分形成紧密的网络体系。

（五）重视对青年研究人员的培养

法国国家科研署设立了部分主要面向年轻研究人员的非主题类项目，学科涉及生物与健康、化学、数学、物理、农艺与生态、人文与社会、工程科学、信息与通信科学、宇宙及人口与环境科学等。为了给青年研究人员参与科技研究创造条件，国家科研署明确指出：所有研究人员，只要是优秀研究计划持有者，可不分专业积极参与计划性招标活动。这种方式尤其可以使青年研究人员鼓足勇气，打破顾虑和框框，自己呈递研究计划，争取脱颖而出，中标进行科学研究工作，开展科技创新活动。

（六）加强中小企业的科研

法国陆续出台了多项政策法规以鼓励中小企业进行技术创新。为了推动中小企业的科技创新，法国在税收制度和信贷政策上予以政策倾斜。一个技术创新型中小企业成立后第一年其研发经费的 50% 可以免税，第二年企业收益的 50% 也可免税，企业委托研究机构进行的研究项目也可获得免税。同时，法国还通过政府职能部门和法国国家科技创新署等公共机构来促进中小企业与研究机构的合作，并针对法国企业多为中小型企业的特点，在法国各地都设有技术移转中心、技术创新中心、技术资源中心，推动创新信息的交流，同时，在全国范围配置了 1400 名技术顾问，为中小企业提供技术咨询服务。

六、国际合作

法国重视国际科技合作，法国还明文规定，一切科研机构和企业在对外合作和交流中必须遵循从上游到下游的连续性原则，即从科技交流、人员培训、共同研究到技术转让、经济合作结束。迄今为止，法国与 100 个以上的国家和地区签订了双边或多边科技合作和交流协定。

法国积极倡导和推进欧盟的科技合作，认为这是关系到法国和欧盟生死存亡的重大战略问题。法国于 1985 年发起并与欧洲 26 个国家参与的、包含 500 个企业和研究机构参加的高科技研究项目的"尤里卡"计划，迄今已经完成了 547 个项目，正在进行的项目有 600 多个。其中法国承担和完成了 127 项研究项目，排在各成员国榜首。1999 年，法国又投入 6350 万欧元，承担了 27 个项目，继续排在各成员国的榜首。法国积极参加和推进自 1984 年以来欧洲共同体实施的科技发展和研究框架计划，即着重基础研究和应用研究的中长期计划。法国在促进成员国的科研合作，克服成员国间的重复研究、资金浪费和势单力薄等弊端，发挥欧洲整体优势方面做出了巨大贡献。

法国加强和深化与美国在科技方面的合作，在空间领域、生命科学、海洋研究、空间站、航天飞机、核电技术、医学、信息、科技管理等方面学习美国的先进技术，培养自己的高科技人才，增强本国的科技优势，提高本国工业和经济实力。法国也与日本加强和深化在科技领域的合作，派遣年轻的科技人员学习日本的计算机技术、人工智能、生物技术、企业管理等先进技术。

法国为了扩大在第三世界的影响、加强与第三世界的经济与政治关系，通过技术援助、科技合作、技术转让等各种形式逐步发展与第三世界的合作和交流。在非洲，法国主要与前法属殖民地国家及南非等国进行科技合作和技术援助。在亚洲，法国重点发展与中国、印度、泰国、马来西亚等国家的科技合作和交流。在拉丁美洲，法国与巴西进行科技和工业合作。

法国与中国的科技合作和交流自 1978 年签订协定以来日益密切。目前，两国的合作和交流包括所有的科技领域，如航空航天、新材料、生物技术、医学、石油、化工、气象、海洋、地质、电子、自动化、核能、农业、通信、交通、建筑、机械、企业管理，等等。每年都在 100 个项目以上。法国把和中国的科技合作推进到共同研究、共同开发、技术引进、人员培训等。合作和交流的渠道从最初的政府间的合作发展到民间的合作发展，从中央部门之间的合作和交流进一步发展到城市之间和地方之间的合作和交流。2001 年，法国和中国达成协议，互设文化中心，将把两国的科技合作和交流推向更高的阶段。

第三节　文学艺术

法国文化源远流长，具有优秀的传统，出现过灿烂辉煌的时期。法国拥有丰富的文化遗产，如精美的古代建筑、珍贵的档案和图书典籍等。在世界上，许多人都是通过法国的文学艺术（或文学作品，或绘画，或音乐）认识和崇拜法国的，都在学习法国文学艺术中获得启蒙和吸取人类文化的精髓。法国文学艺术在世界上占据极其重要的位置。

法国政府的文化与通信部专门负责管理、保护和利用法国文化遗产，发展现代法国文化，促进和推动艺术创作，组织各项文化活动，培养文化和艺术人才，协调有关文化各部门的关系，扩大法国及其文化在世界的影响。该部下设档案司、博物馆司、图书阅览司、文化遗产司、基金处、音乐舞蹈司、戏剧司和造型艺术司。法国文化与通信部还拥有直属机构国家电影中心和蓬皮杜文化艺术中心。此外，该部还设有很多咨询机构、专门协会及其所属专业中心。

法国政府推行以下文化政策：通过立法规定，凡是国家的艺术珍品、纪念建筑、文物遗址和游览胜地等都要实行严格的保护；支持和鼓励自由的创作，强调文艺工作者的社会责任；对文艺工作者提供充分的社会保障，积极改善他们的物质生活条件，如优先贷款、优先预支稿酬、优先提供图书资料；由国家、地方、学校及有关的单位和企业培养艺术人员，在社会特别是在青年中普及文艺；整理和继承文化遗产，普及、发展和提高文化艺术。这些政策和措施促使越来越多的法国人关心和爱护文化遗产，探索现代法国文化的发展方向。20 世纪 80 年代以来，法国人对名门望族和个人家谱的研究形成了"寻根热"，对博物馆、档案馆和古建筑的兴趣越来越浓。

法国文化与通信部的预算在 2013 年达到 73.8 亿欧元。预算的近半数即 35.5 亿欧元将用于文化各领域和媒体，其余 38.3 亿欧元将用于公共视听。预算中优先考虑的领域包括维护和发扬历史遗产、推动地方文化事业（尤其是表演艺术和造型艺术）、加强文化艺术教育和高等教育等。其中，维护和发扬历史遗产的预算约为 3.22 亿欧元，用于推动表演艺术和造型艺术的预算约为 3.858 亿欧元。

一、现代文学

20 世纪初，法国最著名的文学家有罗曼·罗兰和阿纳托勒·法朗士。罗曼·罗兰著有《约翰·克里斯朵夫》，是具有鲜明时代特征的长篇巨著；阶纳托勒·法朗士著有《企鹅岛》和《诸神渴了》，是具有强烈讽刺性的作品。

一战后，法国文坛上出现了许多思潮和流派。最先是产生了达达主义文学流派，它否定一切传统的写作技巧，企图以文字堆积的方式进行创作。之后，达达主义演变成超现实主义，认为可以不用任何艺术和思维的定式，把梦幻中看到和体验到的一切绝对真实地写下来。这些超现实主义文学家大多是法国年轻的作家，如布勒东，他们写过一些别具一格的作品。到 30 年代末，存在主义文学流派盛行起来。在这期间，法国主要的作家有普鲁斯特、马尔罗、萨特、吉德、阿拉贡等。普鲁斯特是法国意识流小说的鼻祖之一，著有长篇小说《追忆似水的年华》。马尔罗著有《人类的处境》，吉德著有《伪币制造者》，萨特著有《恶心》《墙》等小说，阿拉贡著有《巴勒的钟声》《高等住宅区》。

二战中，法国诞生了抵抗文学。许多作家如阿拉贡、马尔罗等积极参加抗德斗争，并化名在地下报纸和刊物上发表文学作品，揭露德国法西斯占领者的暴行，激发人民的抗德热情。在此期间，存在主义文学继续活动，如加缪创作了《局外人》。此外，安托万·德·圣埃克苏佩里于 1942 年出版的童话小说《小王子》风靡世界，被译成 270 种文字和方言，全球发行量达 1.45 亿册。

二、电影与戏剧

（一）电影

根据法国国家电影中心（CNC）于 2018 年 12 月 31 日公布的初步数据，法国 2018 年年度观影人次为 2.05 亿，同比 2017 年的 2.094 亿人次，下降 4.3％。但法国仍然是欧洲领先的电影市场之一。法国所有的放映厅，包括巡回影院都完成数字化，从而使法国将成为世界上第一个完成影院数字化的国家。2012 年，法国电影观众为 2.04 亿人次，超过近 10 年来的年平均水平。法国人每人年均看电影 3.4 次。

（二）戏剧

目前，法国拥有国家级戏剧中心 42 个，常规的演出公司 170 个，接受津贴的演出公司 398 个。总之，自 20 世纪 80 年代以来独立演出的公司增长了 3 倍，已经超过千个大关。每年大约演出 5 万场戏，定期观众约为 800 万人次。法国每年都举办国内或国际戏剧艺术节，有十几个之多，最著名的有阿维尼翁戏剧节和南锡世界戏剧节。

法国拥有 6 个国家级的剧院：在巴黎有法兰西喜剧院、奥代翁欧洲剧院、夏乐宫国家剧院、巴士底歌剧院、巴黎歌剧院。外省有马赛国家剧院和斯特拉斯堡国家剧院。法兰西戏剧院专门演出保留的古典节目和当代最优秀剧作家的作品。此外，法国还拥有众多的私营剧院，仅在巴黎就有近 60 家。

三、音乐

自 20 世纪 90 年代起，法国音乐如同法国文学发展趋势一样，开始了"复古"，推崇巴洛克时代的音乐，即用最简单的乐器演奏 16—18 世纪中叶的作品。近几年来，歌剧重新受到法国音乐爱好者的青睐。

目前，法国有 4300 所音乐专门机构，其中著名的有凡尔赛巴洛克音乐中心、国家歌曲和综艺遗产中心、国家爵士乐中心、摇滚乐信息中心。法国有 100 多所各种类型的音乐院校，学生约有 50 万人；还有 14 个交响乐团，约 3000 个小型乐团；拥有 2 万多名音乐家、歌唱家和舞蹈家。每年举办 250 次音乐、歌剧和舞蹈会演。最著名的有巴黎交响乐团、巴黎歌剧院乐团。1988 年落成的巴士底歌剧院安装有最现代化的设备，拥有 2700 个座位。法国还经常举办各种音乐比赛，其中著名的有每年一届的巴黎国际音乐比赛。

第四节　体育

一、体育概况

二战前，法国是体育强国之一，在世界近代体育的发展史上占据重要地位。法国教育家和历史学家皮埃尔·德·顾拜旦男爵是奥林匹克运动的创始者，对推动世界体育的发展有重大贡献。他发起奥林匹克运动会，并亲自主持制定国际奥委会章程、奥林匹克会徽、奥林匹克会旗。他在 1896—1925 年任国际奥林匹克委员会主席。因此，顾拜旦被誉为"现代奥林匹克之父"。

正是在顾拜旦的"体育兴国"和"奥林匹克精神"的激励下，法国在二战前举办过第 2 届和第 8 届夏季奥运会及第 1 届冬季奥运会。法国在这两届夏季奥运会上分别获得总分第 1 名和第 3 名。二战前，法国体育运动一直处于世界前 6 名。

二战后，法国在恢复战争中遭到破坏的经济的同时，也在重振法国的体育运动。20 世纪 50—60 年代大规模建设体育场馆和体育设施，从而为发展法国的体育创造了有利的条件。法国还于 1968 年和 1992 年举办过两届冬季奥运会，1998 年举办过足球世界杯比赛，所有这些都极大地推动了法国体育事业的发展。

20 世纪 90 年代以来，法国约有 3/4 的男性和 1/2 的女性经常从事某项体育锻炼，即平均每 4 个法国人中，就有 1 人经常参加锻炼。法国人喜爱足球、橄榄球等集体体育项目，也喜爱滑雪、滑冰、赛艇、网球、高尔夫球等竞赛体育项目，还有些法国人喜好探险或冒险性体育项目，如自行车越野、远足、登山、滑翔等。法国家庭用于体育的年开支平均占全年文化、娱乐开支的 10%。法国被称为"爱好体育的国家"。

正因为体育运动在法国有着广泛的群众性基础，所以在体育运动中涌现了许多优秀人才，在国际体育项目比赛中取得较好的成绩。在 2012 年的伦敦第 27 届奥运会上，法国获得 34 枚奖牌，其中金牌 11 枚、银牌 11 枚、铜牌 12 枚，奖牌数名列第七位。法国在足球、田径、帆船、柔道、击剑、赛车等国际比赛项目中，都能拥有最好的成绩。

为了提高体育运动水平，近年来，法国采取了一系列措施，如制定国家关于发展体育的各项政策法令，健全政府体育机构，加强学校体育和业余训练，改组体育学院，把高水平运动员（国家队）的训练放在法国国家体育运动学院，使训练、教学与科研密切结合。举办国际性体育比赛，开展国际体育交流。

二、体育体制与体育组织

（一）体育体制

法国体育实行官方和民间相结合的管理体制。

在官方方面，青年与体育部是法国官方管理体育的最高行政机构，该部下设办公厅和4个司、处：青年与社会教育活动司、体育运动司、行政管理处、设备总务处。法国青年与体育部任命各地区和省的青体部领导人。省以下设有专门的体育行政机构，每个市都有1名副市长专管体育工作。

在民间方面，最高的机构则是"全国奥林匹克和法国体育委员会"。它领导和管理单项运动联合会。单项运动联合会领导各体育协会，管理1600项比赛许可证持有者，其中一半属于奥林匹克比赛项目的许可证持有者。体育协会下设俱乐部。

青年与体育部同全国奥委会和法国体育委员会一起进行统一规划和领导，组织建设大型体育场馆设施，举办各种体育运动比赛。地方政府（主要是省和市镇）和民间团体可以开办各类体育设施和体育运动。

为了弥补体育经费的不足，法国建立体育基金会，通过该基金会发行体育彩票、社会捐助等筹集经费。

（二）体育组织

法国拥有许多不同等级的体育学校和体育学院，其中最著名的是国家体育和身体训练学院。国家体育和身体训练学院创立于1945年，1976年搬迁到巴黎东郊万塞纳树林，法国全国运动训练中心并入其中。该学院专门培养参加奥运会、世界级锦标赛、欧洲体育比赛的运动员。其建筑面积有8万平方米，可开展38个运动项目，包括田径、划船、羽毛球、自行车、骑马、击剑、美式足球、体操等，其中有28个项目为奥运比赛项目。在1996年亚特兰大奥运会上，法国所获得的37枚奖牌中，出自该学院运动员所拿奖牌就占了20枚。每年，法国体育协会和体育项目联合会都输送一批有前途的运动员到这里进修。

2011年，由青年与体育部资助的单项运动联合会就有150个，其中主要有：法国足球联合会、法国网球联合会、法国自行车联合会、法国马术联合会、法国柔道联合会、法国篮球联合会、法国排球联合会、法国乒乓球联合会、法国橄榄球联合会、法国高尔夫球联合会、法国潜水联合会、法国游泳联合会、法国田径联合会、法国滑冰联合会、法国滑雪联合会、法国体操联合会、法国独木舟联合会、法国地滚球联合会、法国滑翔联合会等，不一而足。

三、体育设施与体育项目

（一）体育设施

法国不仅学校体育设施非常完备，而且公共体育设施建设也很到位。其中，最著名的体育设施是法兰西体育场、韦洛德隆体育场和罗兰·加洛斯体育场。

法兰西体育场位于法国巴黎市郊的圣但尼，是一个有多种用途的大型运动场地，可容纳 8 万名观众。球场是为 1998 年世界杯足球赛而兴建的，并曾作为 1998 年世界杯决赛场地。法兰西体育场主要用于足球、橄榄球和田径比赛，也可举办大型音乐会和各类大型演出。体育场的看台下部（2.5 万个座位）可以移动。当进行田径比赛时，只要把下、中部之间的平台降下去，下部看台就可向后退 15 米，露出田径跑道和跳跃运动场地。这部分看台就像装在一部大滑轮车上，可以推前推后。活动看台的底部装有气垫，以保护跑道。为了场内安全，全场看台划分为 4 个区，每 1000 个座位有一道隔离道，观众须按票上指定的入口进场。按照目前的设计，一旦出现紧急情况，场内观众可在 15 分钟内疏散到安全地方。

罗兰·加洛斯体育场在巴黎西部，以在一战中为国捐躯的空中英雄罗兰·加洛斯的名字命名。该体育场共有 23 个场馆，最大的中央球场最多能容纳 15059 人同时观赛。每年法网国际大满贯比赛就是在这里举行的。此外，巴黎还有顾拜旦体育馆、王子体育馆等。

（二）主要体育项目

在法国的各项体育运动项目中，足球、环法自行车比赛、滑雪、网球、赛马、国际汽车比赛最受法国人的关注和欢迎。

足球是法国人参与最多和最受欢迎的运动。法国是国际足球联合会发起国之一，又是世界杯足球赛和欧洲杯足球赛的创始国。二战后，随着法国足球运动的日益普及，法国国家足球队的水平也在提高，在国际足球赛中取得越来越好的成绩。1998年，在法国举办的第 16 届世界杯足球赛中，法国队在与巴西队争夺冠军的决赛中，以 3 比 0 的大比分击败对手，荣登世界杯足球赛冠军宝座。接着，法国国家足球队又于 2000 年捧得欧洲杯足球赛冠军，2001 年夺得洲际足球赛冠军，这也是史无前例的。一时间，"蓝色"（法国足球队蓝色队服）浪潮席卷了全球。二战后，法国著名的足球明星是 70 年代的普拉蒂尼，90 年代的齐达内和亨利，现在是里贝里和本泽马。

骑自行车也是法国人喜爱的运动之一。从 1903 年 7 月 1 日开始举办环法自行车比赛，每年都举行一次。比赛路线大体上是沿着法国六边形国土环绕一周，约有 4000 千米。环法自行车比赛吸引了世界各国高手前来参加，具有国际性。在比赛期间，法国人沿途夹道观看和欢迎，其场面十分壮观。在比赛中，穿黄色领衫的运动员为总成绩第一，绿衫运动员是冲刺积分第一，圆点衫运动员是爬坡积分第一，白衫运动员是最年轻参赛车手。2013 年是环法自行车比赛 100 周年，其比赛规模超过历届。

法国网球公开赛简称"法网"，1891 年开始创办，1925 年成为国际性的网球大满贯赛事。它每年 5 月和 6 月之间在巴黎的罗兰·加洛斯球场举行。该网球场是红土球场，标志着红土赛事中的最高荣誉。由于红土场地球速较慢，且男子单打比赛采用五盘三胜制，因此，参加比赛的选手需要有超群的技术和惊人的毅力。每年的法国网球公开赛都会吸引众多著名的球员参赛。

达卡拉力赛，从法国一路横跨到非洲，不过由于主办单位无法保证在非洲境内赛段的安全，因此，从 2009 年开始移师到南美洲举行。达卡拉力赛堪称全球难度最大的赛事之一，在超过 8000 千米的赛事中，选手们必须通过恶劣的地形、气候等种种考验，才能完成比赛，比赛分成摩托车组、汽车组及卡车组，虽然名称是拉力赛，不过大部分的赛段都是远离公路的，需要穿过沙漠、河流、泥浆地、草丛及岩石等艰难的路段，每天大约要跑 700 千米，对选手的身心都是一个巨大的挑战。

四、国际体育交流

法国每年都要举办国际性体育比赛，开展体育交流。除了最著名的环法自行车比赛、法网公开赛、达卡拉力赛外，每年还举办其他的体育赛事。例如，2013 年 5 月的世界乒乓球锦标赛在巴黎举行，24 小时不间断摩托车比赛等，2013 年 6 月的首届国际体育摄影节在法国南部城市纳博纳举办等。法国举办国际性体育赛事，促进了国际体育交流。

此外，国家体育和身体训练学院与 40 多个国家开展体育交流，并接受外国留学生前来进修。法国许多城市的体育院校和体育协会也积极地与许多外国体育院校和体育组织建立关系，开展体育项目的培训与交流。

法国体育协会重视东方和亚洲的传统体育，特别是中国的传统体育，积极地吸收东方和亚洲的传统体育文化因素，特别是中国的传统体育文化因素。法国先后主办过首届（2005 年）和第二届（2011 年）国际太极拳集体演练、对抗竞技交流大会。进入 21 世纪，法、中两国体育界签订交流与合作协议，在篮球、手球、马术、击剑、攀岩、国际象棋、武术、射击、体操等 20 多个项目举办训练班和组织体育专家交流会议，共同提高两国的体育运动水平。

第五节　新闻出版

一、新闻出版简史

法国启蒙思想家在同法国封建专制的斗争中，提出了言论和出版自由的口号，同时为传播革命思想和制造革命舆论创造条件。

法国大革命伊始，法国政治活动家米拉博立即向三级会议呼吁："让你们法律的第 1 条永远奉献给出版自由，使它居于神圣的地位。在所有的自由中，它最不能触犯，最不受限制。假如丧失了它，其他自由便永远得不到保障。"正是这些革命活动家高举法国启蒙思想家的理性大旗，推动当时的议会通过许多有关保障新闻、出版和言论自由的法律和法令，《人权宣言》第 11 条指出"自由传达思想和意见是人类最宝贵的权利之一；因此，各个公民都有言论、著述和出版的自由"。关于出版自由和言论自由的法律和法令犹如洪水般冲破了封建法规的禁锢，报纸、期刊、书籍和宣传品如雨后春笋大量涌现出来。

此后一个多世纪，凡实行大资产阶级专政或独裁，都对言论和出版进行严格的限制，或者干脆取消出版和言论自由，实行新闻检查制度，严密控制报刊的出版。第三共和国建立后，1881 年 7 月 29 日通过了《新闻自由法》。《新闻自由法》解除了出版的保证金制度，规定只须向警方申报便可以办报；公民有权建立出版社、经营出版事业和新闻事业、从事出版和新闻活动、自由地从事记者职业。这就基本结束了一个多世纪对法国出版和新闻的严密控制，使法国报刊大量涌现出来，书业也繁荣起来。同年，法国报业集团颁布了《记者公约》。19 世纪末至 20 世纪初，法国出现的新报刊达 60 种之多。1922 年，巴黎建立了第一家私人无线电广播电台。1935 年，法国在埃菲尔铁塔上设置了第一个电视台。

1945 年，法国报业全国联盟发表《报业自由权利与义务宣言》，使新闻出版界的职业权利义务得到了保障。二战后，诞生了许多新的报刊，如《世界报》《解放了的巴黎人报》《法兰西晚报》等。1973 年，法国主要的记者工会颁布了政府和新闻工作者共同遵守的《新闻公约》。根据公约，进一步确认新闻和出版的自由；政府保障新闻的独立，确保不被操纵和垄断；政府对报业集团提供财政资助等。

1981 年社会党执政后，立即对传播媒介进行了大刀阔斧的改革：允许地方设置私营广播电台，放弃国家对视听的垄断，保证出版的多样性和透明度，保护记者的地位和采访自由。1986 年，法国推行了一系列"自由主义改革"：决定法国电视一台、法国电视广播公司、法国电视电影摄制公司私有化，再次重申出版自由，保证出版业财源的透明度，限制报刊的垄断，给予出版和新闻的平等和竞争。这些改革大大放宽了政府对传播媒介的控制，标志着法国传播媒介的发展进入了一个新时期。

法国新闻出版十分发达，新闻、传播媒体和舆论承担着监督的职责，被称为"第四权力"。新闻出版具有如下特征：第一，多样化。有文字和画报等出版物、无线电广播、电视、互联网、民意测验和调查等。第二，官方与私营并存。无论是新闻媒体、出版物、广播台、电视台，都有官方举办和私人经营之分。第三，依附性和独立性并存。法国主要的通讯社、广播电视机构依附国家和政府，但也存在不依附官方、党派和利益集团的新闻出版业。第四，法国有行业制定的《新闻公约》来规范和约束自己。

二、新闻的管理体制

为了保证通信手段的独立性，1989 年成立了视听最高委员会，它监督广播和电视企业遵守法律规定的义务，负责分配广播和电视频率，促进广播和电视的自由竞争，任命国家广播公司和国家电视公司的董事长，捍卫法兰西语言的纯洁性，保护儿童不受视听的毒害，就广播和电视向政府和议会提出意见和建议，对违反法规的广播和电视企业进行处罚，直至命令停止播放。

法国还通过法律手段对新闻进行管理。法国的《竞争法》《关于新闻多样化和公开性的法律》规定了新闻的特点和发展方向，而新闻行业制定的《新闻公约》和1971 年欧洲六国报业工会通过的《新闻记者的责任和权利宣言》规范了法国新闻和记者的律条，包括新闻记者采访和报道新闻的原则、职业道德，新闻记者的义务、权利和生活保障。

三、出版的管理体制

法国是政府和行业协会共同管理出版事务。法国文化与通信部的图书与阅览司，主管图书的创作、出版、发行和阅览各环节的工作。该机构主要是制定出版政策，主管图书进出口，对全国的出版与阅读活动进行指导与资助，制定有关法规，与行业组织及出版社创设各种图书奖。图书与阅览司还掌握着一笔资金，通过国家出版中心资助作者、出版商、书商和图书馆等。法国政府设立了"图书文化基金"支持图书出版业。

法国最主要的行业协会有全国出版协会、法国书业联谊会、法国书商协会联合会、法国书商联合会等。国外出版行业协会的作用非常广泛，归纳起来主要是维权、服务、沟通、公证和监督等。

四、报刊与通讯社

（一）报刊

2011 年，法国各类报刊共有 4550 种，其中日报 122 种，发行量超过 10 万份的全国性报纸有 7 种，地方性报纸有 20 种，全年发行量约 90 亿份。2007 年，每个月全国有 4830 万人至少阅读一份杂志，占全国 15 岁以上人口的 97.2%。每天全国有 2270 万人至少阅读一份日报，占全国 15 岁以上人口的 45.7%。2008 年，约有 2370 万法国人天天读报，其中 47.5% 的年龄超过 15 岁，比 2007 年全年增加 100 万人。值得注意的是，法国出现了《法兰西地铁报》和《20 分钟报》，这样的免费报纸，它们报道新闻快，贴近社会和民众，受到法国民众的青睐。2011 年，《20 分钟报》的日发行量仅次于《舰队报》和《巴黎人报》，排在第三位；《法兰西地铁报》的日发行量排在第五位。但是，法国文字刊物读者的数量在电视、网络等激烈竞争下总体上有所下降。

法国著名的报纸主要有：

《世界报》创刊于 1944 年 12 月。该报纸在政治和财政上独立，采取股份制。《世界报》与政府关系密切，经常在社论中反映法国官方的意见，政府官员也经常以单独接见《世界报》记者的形式发表官方的看法。该报纸刊登严肃主题的文字稿件，新闻报道丰富多彩，内容侧重政治和外交，对国际重大事件反应灵敏，对世界热点地区和热点问题尤为关注，经常刊登长篇的和系统的报道。《世界报》经常刊登系统资料、调查报告和背景材料，内容涉及政治、经济、社会等诸方面，很有参考价值。《世界报》的读者主要是中上层知识分子和政界、工商界、文教界人士等。《世界报》创刊历史不算长，但在全球命名为《世界报》的好几家报纸中就数法国的《世界报》名声最大，在世界上有很大的影响。2011 年，《世界报》拥有 196 万读者，日发行量为 32 万份。

《费加罗报》创刊于 1854 年，1866 年改为日报，是法国全国性报纸中历史最悠久的日报。《费加罗报》由法国最大的埃尔桑报业集团所控制。该报纸重视社论专栏，文风优雅和刻板，其文章反映了该报纸保守的立场和社会上"右"倾的观点。该报纸的主要读者是有一定知识文化的保守派，如工厂主、商人、经理、政府官员、上层知识分子等。2011 年，《费加罗报》拥有 119 万读者，日发行量为 33 万份。

《解放报》创刊于 1973 年，为法国左翼团体办的报纸，反映了左翼的心声。2011 年，《解放报》拥有 96 万读者，日发行量为 12 万份。

《巴黎人报》创刊于 1944 年，原名《解放了的巴黎人报》，1986 年改为现名。该报主要报道巴黎和法兰西岛大区的新闻，语言通俗，内容贴近生活，很受当地人的欢迎。2011 年，《巴黎人报》拥有 244 万读者，日发行量为 46 万份。

《法兰西晚报》创刊于 1944 年，最初被阿谢特报业集团控制，1976 年转为埃尔桑报业集团所有。该报纸 1968 年后支持戴高乐派，反映了右翼的观点。该报善于捕捉读者喜爱的社会新闻，并以大众化的语言报道，经常发表有见地的政治文章和真实性较强的调查报告。2011 年，《法兰西晚报》日发行量为 7.1 万份。

《人道报》于 1904 年创刊，原为统一社会党的机关报，1920 年成为法共的机关报。《人道报》表达法共的立场和观点，反映法国工人阶级的愿望和要求。2011 年，《人道报》拥有 28 万读者，日发行量为 4.9 万份。

《十字架报》创刊于 1883 年，是天主教会报纸。2011 年，《十字架报》拥有 40 万读者，日发行量为 10 万份。

《回声报》创刊于 1908 年，是专门刊登经济类的月刊，一战后改为日报。1988 年 1 月转为英国佩尔松持股公司所掌握。佩尔松公司改编《回声报》后，曾经使日销量大增。2011 年，《回声报》拥有 47 万读者，日发行量为 12 万份。

《舰队报》创刊于 19 世纪末，是全国性的体育报纸，也是世界上最早的体育日报。2011 年，《舰队报》拥有 220 万读者，日发行量为 30 万份。

上述的全国性报纸中，《世界报》和《十字架报》为傍晚出版，其他都在上午出版。

与全国性报纸不景气的状况相比，法国地方报纸则欣欣向荣。一方面，地方报纸设备得到改造，从而降低了报纸的成本；另一方面，地方报纸采访点和销售点分布广，消息来得快；再者，地方报纸用 40% 的版面刊登地方新闻（20%—25% 刊登国内和国际消息，25%－30% 刊登娱乐性文章），很受当地读者的欢迎。著名的地方报纸有《西部法兰西日报》《西南日报》《北方之声》等。

法国著名的综合性期刊有：《新观察家》《快报》《观点》《巴黎竞赛画报》《玛丽安娜》《鸭鸣周刊》等。

《新观察家》创刊于 1950 年，原名《法兰西观察家》，为法国"新左翼"的机关报，1964 年改为现名。该刊物代表着法国知识分子左翼的观点。2011 年，《新观察家》拥有 241 万读者，每期发行量为 53 万份。

《快报》创刊于 1953 年。它在 20 世纪 60 年代改版后成为年轻管理人员和广告客户喜爱的读物。70 年代，《快报》易主，发表自由主义右翼的文章。1995 年，《快报》被阿瓦集团收购。2012 年，《快报》拥有 208 万读者，每期发行量为 43.3 万份。

《观点》创刊于 1972 年。1997 年被皮诺集团收购。该周刊反映保守派和自由派的立场和观点。2011 年，《观点》拥有 183 万读者，每期发行量为 43 万份。

《巴黎竞赛画报》创刊于 1949 年。该刊物为图片杂志，十分受欢迎。1989 年被埃尔桑报业集团收购，并与《费加罗杂志》合并。该刊物热衷于独家报道，追求轰动的新闻效应。2011 年，该报拥有 373 万读者，每期发行量为 63.3 万份。

《玛丽安娜》创刊于 1997 年。该刊物采取股份制，不受任何报业集团支配，具有独立性。它以短小精悍的文章和辛辣的笔调而闻名。2011 年，《玛丽安娜》拥有 171 万读者，每期发行量在 25—30 万份之间。

《鸭鸣周刊》创刊于 1915 年，是不受任何报业集团控制的独立杂志。它不刊登广告，靠销售的收入维持运营。它刊登社会新闻和讥讽性文章，常常揭发政治界的丑闻，震动法国政治生活。该周刊的每期发行量随政治气候而定，最高发行量可达到 70 万份。

20 世纪 90 年代以来，法国专业性的刊物一直保持着强劲的发展势头，每年都要增加数十种新的刊物，特别是休闲刊物和儿童刊物的数量增长十分迅速。著名的经济刊物有《资本》《挑战》《法国的收入》《投资杂志》《扩展》《当代价值》等。著名的科技刊物有《科学与生活》《科学与未来》《研究与为了科学》等。广播和电视刊物有《电视杂志》《电视之星》《电视休闲》等。妇女刊物有《她》《当代妇女》《费加罗夫人》等。家庭和儿童刊物有《家庭杂志》《儿童杂志》等。此外，还有青少年刊物和大学生刊物 80 多种，汽车和摩托车刊物 15 种，摄影和电影刊物 9 种，美食和旅游刊物 20 种，文学、历史和美术刊物 11 种。

（二）通讯社

主要有法国新闻社，简称法新社，是世界五大通讯社之一。法新社原名"阿瓦通讯社"，成立于 1835 年，1944 年 9 月经过重新组合后改名为"法国新闻社"。1956

年，法国政府确定法新社的独立地位，但其财政管理仍由国家控制，实际上仍是法国官方的通讯社。法新社的领导机构有管理委员会、高级委员会和财务委员会等。该社的内部设新闻部、技术部和总务部。它在国内设 18 个分社，在国外设 150 个分社。它雇用 1200 名拥有正式头衔的记者，其中 200 名是摄影记者，在 165 个国家中雇用 2000 名按稿件行数计算报酬的记者。法新社总部每天通过各条线路用 6 种语言编发 200 万字的新闻稿，每年发送 7 万张图片，提供报纸专栏文章和广播通信，给互联网提供多媒体信息。它拥有 650 种报纸、400 多家广播台和电视台、1500 家行政单位和企业、100 多家新闻社的客户。世界上有 30 亿人直接或间接收听和阅读法新社的消息，有 1 万个媒体使用法新社的稿件。

四、广播与电视

（一）广播

自 1982 年后，法国广播事业有了很大的发展。这是因为，法国广播事业从此保持相对的独立性和自由发展空间，此外，广播具有比电视更大的灵活性，可以在就餐、做家务等活动和移动中收听。因此，广播受到法国人的欢迎。

为了改进广播事业，法国国家广播公司内部进行重组，扩大职能。它决定和指导法国的广播事业，领导 54 个广播电台，其中包括 5 个国家台、39 个地方台、10 多个附属台。该公司对广播电台统筹规划，统一编排广播节目；雇用 3000 多名职工，其中记者 450 名；设置 124 个播音室，拥有两个乐团；每年广播 50 万个小时；下设 5 个国家广播电台，即联播台、文化台、音乐台、蓝色台、法兰西新闻台。法国国家广播公司专门设置法国国际广播电台，全天用 17 种语言向国外广播，还与 68 个国家的电台建立了录音资料交换的关系。

目前，法国有私营电台约 1300 家，主要有卢森堡电台、蒙特卡洛电台和欧洲一台。

（二）电视

目前，法国有 7 家全国性的电视台，其中国营 4 家（电视二台、电视三台、法德文化台、电视五台），私营 3 家（电视一台、电视六台、电视四台）。电视二台和电视三台在国内市场上的占有率分别为 25％ 和 20％，1989 年，两台重组共同成立一个董事会，优势互补，进一步扩大其实力。法德文化台播放高品位的文化节目，在欧洲拥有很高的收视率。电视五台于 1994 年建立，作为教育台专门播放知识、培训和就业节目。电视一台于 1987 年私有化，它的市场占有率为 35％，是法国收视率最高的电视台。电视四台是私营的加密电视台，于 1984 年建立。它是收费服务，播放电影和体育比赛节目。电视六台于 1986 年建立，主要用于播放文艺和音乐节目。

法国数字电视 1996 年开始起步，但发展很快，2011 年全部覆盖了收看电视的家庭。法国国际电视台建立于 1989 年，用通信卫星向 80 多个国家转播法语和英语电视节目。

此外，法国还拥有 250 家法国人和外国人主办的有线电视台和卫星电视台。

五、图书出版

法国是西欧第三大图书出版国，也是西方世界第四大图书出版国。进入 21 世纪，法国图书出版保持增长的势头。2010 年，出版图书 79100 种，其中新书 39800 种，重印 39300 种。总共出版图书 62.79 万册，其中新书 38.24 万册，重印 24.55 万册。2010 年，法国出版图书无论新书还是重印都有较大的增长。

在法国图书出版业中，有两大巨头集团：阿歇特出版集团和埃迪蒂出版集团。

阿歇特出版集团的前身是阿歇特书店和出版社，成立于 1826 年。初期，它出版教科书、词典和小说获得成功。从 20 世纪 60—80 年代，阿歇特出版集团处于大变动和大发展时期。它连续兼并了国内的法亚尔出版社、拉泰出版社、格拉塞出版社等，兼并了美国和西班牙两家国际出版公司，从而把阿歇特变为世界第三大国家图书垄断组织。阿歇特出版集团在国内和国外还拥有自己的报刊公司和出版社，如在许多国家使用多种语言出版妇女杂志《她》。阿歇特出版集团还通过控股来控制法国的部分电台、电视台、电影制片公司、音像公司、广告公司等。

法国埃迪蒂出版集团是温德尔的全资子公司，其前身是法国维旺迪－环球出版集团，2003 年 10 月更为现名。2008 年 5 月，被西班牙的普兰塔出版集团以 10.26 亿欧元的价格自温德尔手中收购，收购后埃迪蒂会保留其语言和本国特色。

埃迪蒂是一个出版高质量知识资产的优秀出版社，有员工 2600 人，旗下 44 家出版社，也是欧洲主要的出版伙伴，其业务活动遍及世界 5 个大陆，包括法语地区、葡萄牙语地区、西班牙语地区、英语地区。

集团在文学、教育和参考书三个出版领域，以及促销和发行两个出版服务业界占领先地位，是法国仅次于阿歇特出版集团的第二大出版商，集团的业务主要集中于法语语境国家，在欧洲国家——法国，比利时和瑞士，加拿大和非洲都有重要的影响力。

根据统计，法国有大大小小的出版社约 5000 家，其中只有 600 多家从事正常的出版活动，主要有：阿歇特出版社、克托克出版社、博尔达出版社、法亚尔出版社、拉鲁斯出版社、弗拉马里翁出版社、法国大学出版社、纳坦出版社、法国文献出版社、国家统计与经济研究所出版社等。

参考文献

[1] 中共中央马克思恩格斯列宁斯大林著作编译局.马克思恩格斯选集（第二卷）[M].
北京：人民出版社，2012.

[2] 让－皮埃尔·里乌，让－弗朗索瓦·西里内利.法国文化史[M].吴模信，潘丽珍，
译.上海：华东师范大学出版社，2012.

[3] 罗芃，冯棠，孟华.法国文化史[M].北京：北京大学出版社，1997.

[4] 郭华榕.法兰西文化的魅力[M].北京：三联书店，1992.

[5] 马生祥.大革命与现代化[M].北京：中国档案出版社，1998.

[6] 托克维尔.旧制度与大革命[M].北京：商务印书馆，1992.

[7] 高建为，岳彩忠，李占舟.法国文化解读：西方文化的璀璨明珠[M].济南：济南出版社，
2006.

[8] 雅克·米诺.法国大学史[M].巴黎：法国大学出版社，1991.

[9] 马肇椿.中欧文化交流史略[M].沈阳：辽宁教育出版社，1993.

[10] 郭华榕.法兰西第二帝国史[M].北京：北京大学出版社，1991.

[11] S.E.佛罗斯特.西方教育的历史和哲学基础[M].北京：华夏出版社，1987.

[12] 刘宗绪主编.改变世界历史的二十五年[M].石家庄：河北人民出版社，1989.

[13] 阿·索布尔.法国大革命史[M].北京：中国社会科学院出版社，1989.

[14] 塞缪尔·亨廷顿等.现代化：理论与历史经验的再探讨[M].上海：上海译文出版社，
1993.

[15] 洪波.法国政治制度变迁，从大革命到第五共和国[M].北京：中国社会科学出版社，
1993.

[16] 楼均信主编.法兰西第三共和国兴衰史[M].北京：人民出版社，1996.

[17] 沈炼之主编.法国通史简编[M].北京：人民出版社，1990.

[18] 张泽乾.法国文明史[M].武汉：武汉大学出版社，1997.

[19] 周荣耀主编.当代法国[M].济南：山东人民出版社，1991.

[20] 金波.主要资本主义国家近现代史[M].北京：当代中国出版社，1994.

[21] 郑杭生主编 . 现代西方哲学主要流派 [M]. 北京：中国人民大学出版社，1988.

[22] 路易·让·卡尔韦 . 结构与符号——罗兰·巴尔特传 [M]. 北京：北京大学出版社，1997.

[23] 杨起，郭金花 . 法国名牌的崛起 [M]. 北京：中国发展出版社， 1998.

[24] 吴国庆 . 当代法国政治制度研究 [M]. 北京：社会科学文献出版社，1993.

[25] 吴国庆 . 列国志·法国 [M]. 北京：社会科学文献出版社，2010.

[26] 张芝联 . 法国通史 [M]. 沈阳：辽宁大学出版社，2000.

[27] Jean-Jacques Becker: Histoire politique de la France depuis 1945[M]. Paris: Armand Colin, 2011.

[28] Christophe Verneuil.Histoire politique de la France (1914— 2007)[M]. Paris: Ellipses, 2007.

[29] Eric Duhamel, Olivier Forcade, Histoire et vie politique en France depuis 1945[M]. Paris: Nathan, 2001.

[30] Eric Maurin, L^galitS des possibles： la nouvelle societe frangaise[M]. Paris: Seuil, 2002.